McGraw Hill Education

工商管理经典译丛
"十一五"国家重点图书出版规划项目

组织行为学
提高执行力和承诺的要素

Organizational Behavior
Essentials for Improving Performance and Commitment

Jason A. Colquitt
Jeffery A. Lepine
Michael J. Wesson

（美）贾森·A.科尔基特
　　杰弗里·A.勒平
　　米歇尔·J.韦森　　著

吴晓巍　　主译

东北财经大学出版社
Dongbei University of Finance & Economics Press

大连

© 东北财经大学出版社　2010

图书在版编目（CIP）数据

组织行为学：提高执行力和承诺的要素/（美）科尔基特（Colquitt，J. A.），（美）勒平（Lepine，J. A.），（美）韦森（Wesson，M. J.）著；吴晓巍主译．—大连：东北财经大学出版社，2010. 11
（工商管理经典译丛）
书名原文：Organizational Behavior：Essentials for Improving Performance and Commitment
ISBN 978 – 7 – 5654 – 0165 – 7

Ⅰ. 组⋯　Ⅱ. ①科⋯ ②勒⋯ ③韦⋯④吴⋯　Ⅲ. 组织行为学 – 教材　Ⅳ. C936

中国版本图书馆 CIP 数据核字（2010）第 211601 号

辽宁省版权局著作权合同登记号：图字 06 – 2008 – 25 号

Jason A. Colquitt, Jeffery A. Lepine, Michael J. Wesson
Organizational Behavior：Essentials for Improving Performance and Commitment
Original ISBN：978 – 007 – 811255 – 3
Copyright © 2010 by The McGraw – Hill Companies, Inc.

东北财经大学出版社出版
（大连市黑石礁尖山街 217 号　邮政编码　116025）
教学支持：（0411）84710309
营 销 部：（0411）84710711
总 编 室：（0411）84710523
网　　址：http：//www. dufep. cn
读者信箱：dufep @ dufe. edu. cn
大连图腾彩色印刷有限公司印刷　　　　东北财经大学出版社发行

幅面尺寸：185mm×260mm　　字数：395 千字　　印张：18 1/2　　插页：1
2010 年 11 月第 1 版　　　　　　　　　2010 年 11 月第 1 次印刷

责任编辑：李季　刘东威　吉扬　包利华　　　责任校对：文　心
封面设计：冀贵收　　　　　　　　　　　　　版式设计：钟福建

ISBN 978 – 7 – 5654 – 0165 – 7
定价：38. 00 元

译者前言

本教材是由美国佛罗里达大学的人力资源管理教授贾森·A. 科尔基特和杰弗里·A. 勒平与得克萨斯 A&M 大学的组织行为学教授米歇尔·J. 韦森精心编写的，它凝聚了三位教授多年的科研成果和教学经验之精华，在美国以及世界多个国家和地区拥有广大的读者，并具有很大的影响，相当多的院校选择本书作为工商管理或人力资源管理专业学习的教材。

该教材在编写上主题清晰、内容完整、结构严谨、体例规范、形式统一、难易适度，既适合学生的学习，也易于教师安排教学。本教材围绕组织行为学的两个成果，即工作绩效和组织承诺，从影响变量的个体机制、个人特征、团体机制和组织机制等方面进行了系统论述，做到了由表及里、深入浅出。另外，该教材在内容安排上，不仅专业术语明确、图表清晰，而且还从学生生活、电影剧情、体育运动、跨国公司等活动中分别论述组织行为学的实践应用，更有利于学生对该教材内容的理解。每章前后的案例都是以国际知名跨国公司为例，有助于学生熟悉这些公司的主要经营业务和活动特点。

东北财经大学出版社于 2009 年已出版了该教材的英文影印版，并在大学工商管理专业双语教学中使用，受到了广大师生的广泛欢迎和好评，现根据教学需要，便于原版教材的学习和对其中内容的掌握，在出版社领导和编辑的支持与帮助下，我们对该教材进行了翻译。本教材由吴晓巍担任主译，并对全书做了统一翻译设计和总体安排。第 1 章由吴晓巍和薛乐萌翻译；第 2 章、第 12 章由吴晓巍和杨爽翻译；第 3 章、第 4 章、第 5 章由于欣颖和李宏伟翻译；第 6 章、第 7 章由吴晓巍和徐洋翻译；第 8 章由吴晓巍和彭小娜翻译；第 9 章由王燕和彭小娜翻译；第 10 章、第 11 章由吴晓巍和周金江翻译。

虽然译校者都尽心尽力，但因为水平所限，译释不当之处在所难免，敬请广大读者和同仁指正。

吴晓巍
2010 年 10 月于东北财经大学

目　录

第二部分 个体机制

第 3 章

工作满意度

第 4 章

压　力

第 5 章

激　励

第 6 章

信任、公平和道德

第 7 章

学习与决策

第三部分 个人特征

第四部分 团体机制

第11章

组织结构

第五部分 组织机制

第12章

组织文化

第一部分 导 论

1

组织行为学概述

【学习目标】

通过阅读本章，应该能够：

- 界定"组织行为学"；
- 描述组织行为学研究的两个主要成果；
- 明确影响组织行为学两个研究成果的因素；
- 理解为什么善于运用组织行为学的公司往往会更有利可图；
- 界定"理论"并解释其在科学方法中的作用；
- 描述"相关性"的含义，以及何谓高度相关、中度相关和弱相关。

1.1　Google

阅读本文时若手边恰好有台电脑，不妨上网搜索如下语句："2008 年度最佳雇主。"Google（以下称"谷歌"）是否出现在了搜索结果的前列呢？而您又是否不自觉地使用了谷歌来作为此次搜索的工具呢？回答大致是肯定的，因为这间总部设于加利福尼亚州山景城的企业，已经融入了我们日常生活当中。从网络搜索引擎、谷歌地图，到 Gmail、"谷歌地球"等等，想要避免使用谷歌的产品是很难的。自 2004 年上市以来，谷歌公司的员工数量已从 2 000 人左右攀升至将近 17 000 人，财务业绩也常常超过雅虎、微软等竞争对手。该公司出现在你的网络搜索结果中，是因为它在 2007 与 2008 年度《财富》杂志"100 家最佳就业公司"的评选中均荣登榜首。

是什么使得谷歌公司成为了如此优秀的雇主呢？一个最常被提及的理由是谷歌的"20% 时间"制度，它要求员工将一周工作时间的 20% 花在构思自己所向往的并有助于公司的方案上。包括 Gmail 在内的许多谷歌创新产品，都是源自"20% 时间"的产物。这类自主制度能够激发出员工的工作热情。当被问及谷歌员工工作超时的问题时，系统资源管理员丹尼斯·黄评论说，这些所谓的"谷歌人"会"待在这儿是因为他们没有其他更想去的地方"。谷歌公司也提供了许多使加班时间更为舒适的有诱惑力的津贴服务，包括免费美食、免费洗衣服务、现场诊疗和洗车服务，以及一些游乐和健身设施等。如果烤黑鲈鱼配欧芹香蒜酱和面包屑听起来不错，那么谷歌自助食堂就是你的首选之处了。

尽管如此成功——也许正因为它的成功，谷歌公司目前正面临着一些不寻常的挑战。一方面，一些谷歌员工已经辞职并自己创业，所创建的公司名称富有创意，诸如 FriendFeed、Mogad 和 Mechanical Zoo 等；另一方面，一些员工将股票转让出手后选择"退休"。一部分高级管理人员也纷纷离任，到 Facebook、Twitter、百代音乐等企业任职。尽管谷歌公司的员工流动率保持在 5% 的行业最低水平，但这些员工的离职发生在谷歌股票市值波幅日益增大的时期。谷歌公司的收益大部分来自搜索结果的同步广告，但一间调查公司发现近期这些广告的点击率未见明显增长。当然，假如广告收入下跌，谷歌公司可以转向其他产品，但这些产品面对的是高饱和度和竞争性强的市场。谷歌的高管人员也因此将重点转向了针对降低员工离职率的新策略。

1.2　组织行为学

在为组织行为学的具体研究领域下定义之前，请花点时间仔细考虑以下的问题：谁是你遇到过的最差的一位共事者？想象一下曾与你一起研究班级课题的同学；兼职或暑期工作中的同事；或是目前就职企业里的同辈、下属、上级等等。这位工作伙伴的什么行为使其被冠以了"最差的共事者"的头衔？是表 1—1 中右侧描述的某些（或是全部）行为吗？现在请仔细考虑遇到过的最好的一位共事者。同样，这位同事获得了"最好的共事者"头衔的原因何在——是表 1—1 中左侧描述的某些或大部分行为吗?

假如你有机会与表1—1中描述的两类人共事,很可能会有两个首要问题映入脑中:"为何最差的共事者会如此表现?"和"为何最好的共事者会如此表现?"一旦理解了这两类共事者表现差异如此巨大的原因,你或许就能够想出与最差共事者更有效率地进行互动的方式(从而提高一些工作生活的舒适度)。若是作为负责人,则可以制定出改善工作单位中员工态度和行为的方案。比如,应聘者的甄选、新组织成员的培训和社会化、绩效评价与奖励的管理,以及对员工间冲突的应对等方案。如果不理解员工行为方式的原因,寻找改变其工作态度和行为的方法就会困难重重。

表1—1 最好的共事者和最差的共事者

最好的共事者	最差的共事者
你的同事常常有如下的表现吗	你的同事常常有如下的表现吗
无需监督或提醒,主动完成任务	即使手把手指导,也无法完成任务
当工作要求或完成方式有变时能够很快适应	抵触任何形式的改变,即使是有益的变化
即使身处逆境,也能保持良好的工作状态	无论身处何种状况,都牢骚和抱怨连连
参与额外的会议与职责,来支持同事的工作	即便是必须参与的会议和职责也会缺席
会对新员工或需要帮助者伸出援手	以嘲弄新员工或需要帮助者为乐
即使不完全理解制度本身,也能遵循主要规则	基本上会破坏任何有碍于其工作的规则
对雇主具有持久的归属感和责任感	看似在不断寻找其他机会,即使未必比现在更好
早来晚走	第一个去吃午饭,最后一个回来

至关重要的问题:
为什么这两类员工的行为会有如此大的差异?

"与你合作的同事中,谁会获得首奖?什么使得他们成为优秀的共事者?"

1.2.1 界定"组织行为学"

组织行为学(OB)是一门致力于理解、说明并最终改善组织中个人和团体态度与行为的学科。大学中管理学院的学者和商业组织中的研究人员都会进行组织行为学方面的研究。经理或咨询顾问会应用这些研究成果,检验其是否能够应对实际挑战。组织行为学中的理论和概念来自多个学科的融合。例如,工作绩效和个性特征的研究主要涉及行业与组织心理学;对满意度、情感和团队进程的研究主要来自社会心理学;社会学是团队特征和组织结构研究中不可或缺的部分;人类学为研究组织文化提供信息;最后,在理解激励、学习和决策时,则使用了经济学模型。这种多样性决定了组织行为学研究与众不同的特性,大多数学生能够发现使其感兴趣并引发思考的某些话题。

组织行为学的整合模式

由于课题与学科来源的多样性，学习组织行为学的学生常会疑惑："所有这些内容是如何组合在一起的？"第 3 章中所讲述的内容是如何与第 12 章相关联的？为了明确类似问题，本教材是围绕着组织行为学的整合模式来构建的（见图 1—1），该模式的设计目的在于为组织行为学的研究领域指明方向。整合模式指出了之后的 11 个章节——在模式中用椭圆部分表示——是怎样组合在一起的。需要强调的是，这 11 个主题还有其他结合方式。图 1—1 也过度简化了这些主题之间的联系，但整合模式仍能为本科目的学习过程提供有益的指导。图 1—1 包含了五类不同的主题。

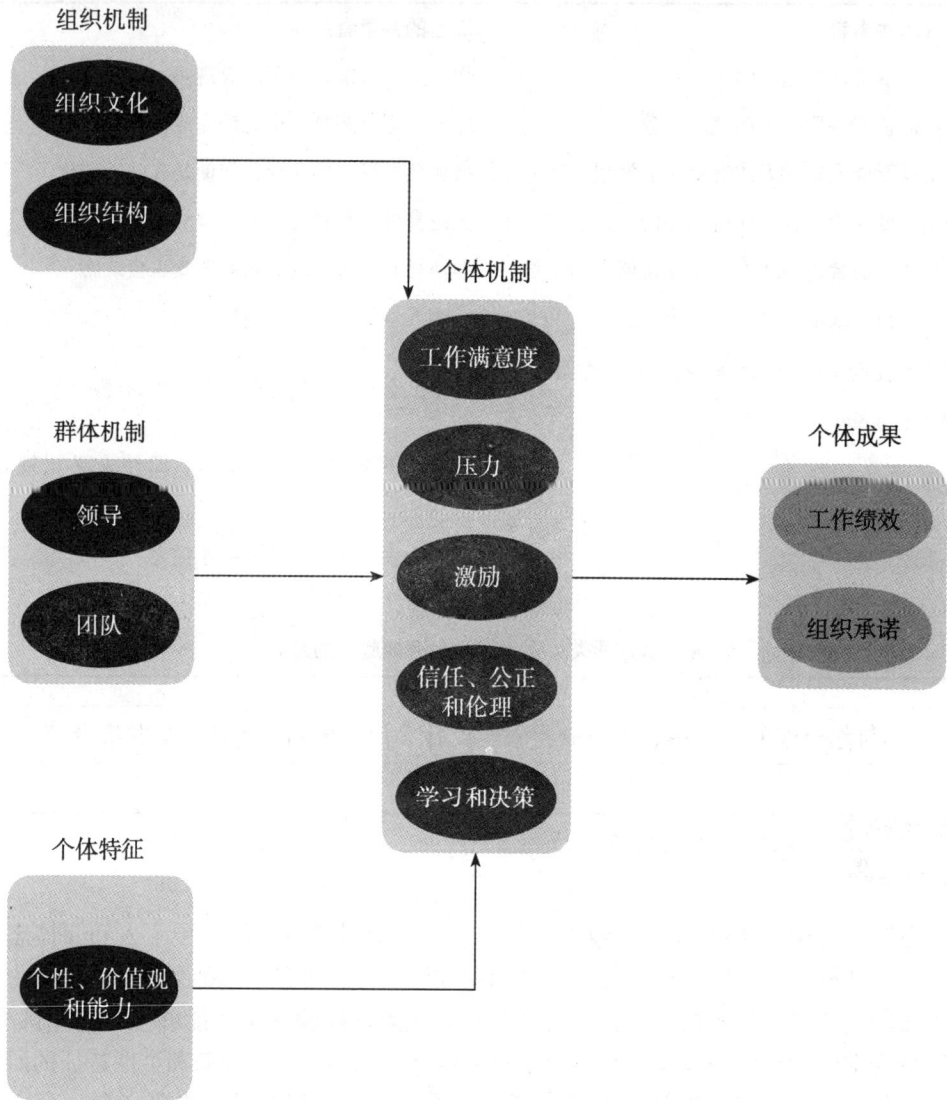

图 1—1　组织行为学的整合模式

> "多数员工工作生涯的两个基本目标：履行好他们的职责并能留在所敬重的组织中。"

1.2.2 描述组织行为学研究的两个主要成果

个体成果。模式的最右侧部分包含了组织行为学研究人员（以及组织中的员工和管理者）最感兴趣的两个主要成果：**工作绩效**和**组织承诺**。多数员工工作生涯中有两个主要目标：履行好他们的职责和能够留在他们敬重的组织当中。同样，多数管理者对其员工也有两个主要目标：使员工的工作绩效最大化和确保员工在组织中长期任职。正如第 2 章中所描述的，某几种特定行为相结合，即可构成优秀工作绩效。一些信念、态度和情感也会使员工保持对雇主的承诺度。

本教材由介绍工作绩效和组织承诺开始，来帮助学生更好地理解这两个组织行为学的主要目标。通过以绩效和承诺作为起始点，我们希望能够强调组织行为学中主题的实践重要性。毕竟对企业来说，有什么能比拥有绩效优秀并且忠诚的员工更为重要呢？这种教学结构也让我们能够通过对每一章节的主题和绩效与承诺之间关系的描述来为其他章节做出归纳。例如，关于激励章节的相关总结是归结激励与绩效和激励与承诺之间关系的。由此，学习这个模式可以更有助于你理解个人工作绩效和选择个人去留。

1.2.3 明确影响组织行为学两个主要研究成果的因素

个体机制。整合模式中也阐释了会直接影响工作绩效和组织承诺的个人机制。其中包括**工作满意度**，描述了当员工考虑到他们的工作和履行日常职责时的感受（第 3 章）。另一种个人机制是**压力**，它反映了员工在工作需求超出个人承受能力时的心理反应（第 4 章）。模式中还包括了**激励**，它描述了驱使员工努力工作的正向动力（第 5 章）。**信任、公正和伦理**反映了员工体会到企业在商业活动中公平、诚实和正直的程度（第 6 章）。模式中最后一项个人机制是**学习和决策**，是处理员工如何获得工作知识以及他们怎样运用这些知识来做出工作上的准确判断的问题（第 7 章）。

个体特征。当然，如果满意度、压力、激励等机制是工作绩效和组织承诺的主要驱动力，理解能够改进这些机制的因素就变得相当重要。反映了员工个体特征的三个因素将在第 8 章中做出解释。**个性**反映了能够解释个人思想、情感和行为典型模式的各种特点，普遍研究的特点包括外倾性，责任心和随和性。**文化价值观**表现了特定文化体系中对理想的行为模式的共同信念。**能力**则描述了雇员在工作中的认知（言辞、量化的等等）能力，情感（其他意识、情绪调节等）能力和体质（力量、耐力等）能力。这些个体特征结合起来，有助于总结员工的特点和能力。

群体机制。图 1—1 中的整合模式也表明了员工并非单独工作，而是参与到由正式（某些时候为非正式）的领导者所带领的团队中。与个人机制类似，这些群体机制包括了满意度、压力、激励、信任和学习。有关**团队**主题的第 9 章描述了工作团队所具有的特性，如它们的标准、角色和团队成员相互依靠的方式。第9章中也描述了能够概括团队行为的**进程**，其中包括的主题有协作、冲突和交流等。第10章着重研究团队的领导者。这一章首先描述了个人最初是如何通过考虑组织团队内部的权力与影响动力来成为领导者的。接下来则描述了当领导者在特定活动中对其他员工产生影响时，是如何表现其领导角色的。

组织机制。最后，整合模式阐明了之前章节中描述过的团队聚合成为更大的组织，并影响着满意度、压力和激励等因素。例如，每个公司都有决定着企业中工作单位间是如何相互联系（以及沟通）的**组织结构**（第11章）。有时组织结构集中围绕着一个决策权力中心，有时则为分权状态，给予每个工作单位一部分自主权。企业同时也都具有表现公司中"事物存在方式"的**组织文化**——能够塑造员工态度与行为的，有关规则、标准和价值观的共同认识（第12章）。

小结

希望这个整合模式能够成为本书的学习指南，通过它来了解正在学习、已经学习和将要学习的内容。这些章节中的主题可以应用到一部分学生目前的工作生活中，无论是全职、兼职或是否从事管理方面的工作。当然，另一些学生则是全职学生或处于两次就业之间的状态。不论是何种就业状态，都拥有学生的共同身份。事实证明，许多预测一个组织能否成功的观念，在学生中也同样适用。在每章节的**"学生中的组织行为学"**专栏中，我们将探究其中的共性，并将说明组织行为学中的概念是怎样得以应用，来提高学术成就的。

☺ 学生中的组织行为学

这一专栏通过将这些原理应用在生活中的另一领域：学生生活，来论证组织行为学原理的普遍性。每一章节都将探究某个特定主题是怎样在学生中得以应用的。本开篇小节将重点介绍接下来专题中的内容。

工作满意度（第3章）。学生如何判断他们对大学生活的满意程度？他们如何权衡诸如居住地点、对同学的喜爱程度、对所学科目的喜爱程度等因素？

压力（第4章）。职场并非压力的垄断市场，学生们同时应对课业与生活中其他职责也会相当有压力。我们将探究各类压力需求是如何影响学生学习和课堂表现的。

信任、公正和道德（第6章）。为什么学生会作弊？是大多数学生视作弊为不道德行为，还是某些作弊形式在当下的教学环境中被视为正常和可接受的行为？

个性、文化价值观和能力（第8章）。多数美国学生都亲身经历过被最为广泛采用的认知能力测试之一：美国大学入学考试（SAT）。SAT真的可以预测到谁会在大学中脱颖而出吗？它的预测价值与其他信息筛选方式相比如何呢？

组织结构（第11章）。学生们在应聘工作时认为哪一类组织结构更加有吸引力？不同学生对组织结构有不同偏好吗？

组织文化（第12章）。新生如何了解一所大学的文化？将组织使员工融入企业的相同方式用于新生融入大学文化是否有益？相应地，融合过程将有怎样的表现方式？

1.3 组织行为学至关重要吗？

在对组织行为学做出了确切描述后，接下来需要讨论另一个十分重要的问题：组织行为学真的重要吗？毕竟，无论企业员工多么快乐、有积极性和忠诚，只要有足够优秀的产品，消费者不就自然会购买吗？暂时也许如此，但有效的组织行为管理能够使产品优势具有持久性。换一个角度说，无论企业员工多么快乐、有积极性和忠诚，假使产品不够优秀，消费者不是仍然不会购买吗？同理，短期内或许如此，但有效的组织行为管理能够更长久地使产品质量逐渐提高。

请考虑如下关于汽车行业的小测试：说出 2002—2005 年间美国最畅销的四个外国汽车品牌。假如你能说出丰田位居第一（167 万台），本田位居第二（120 万台），可获得 B 的成绩。如果你还能说出尼桑位居第三（855 002 台），那么可以得到一个 A。但位列第四的是哪一品牌呢？是马自达？大众？梅赛德斯？并非如此——答案是现代（418 615 台）。现代的产品曾一度被冠以"廉价"的帽子，最广为人知的是杰·雷诺将现代车与雪橇做出的类比（"它没有内部空间，你需要推着来让它启动，而且它还只能走下坡路！"）。近来的新车型——包括产自阿拉巴马州蒙哥马利新制造工厂的车型——则被认为外形美观、制作精良，索纳塔这一车型更被《消费者报告》评选为 2004 年度美国最可信赖车型。这种转变象征着现代集团对于质量的日渐重视；负责产品质量的工作团队数量增长了 8 倍，同时几乎所有员工都参加了针对质量方面问题的专门培训课程。现代集团的经历也可以作为表现组织行为学原理应用于多元文化的一个案例。本书中"**组织行为学的国际化**"这一专栏就聚焦于此类组织行为学主题的跨国、跨文化的应用。

1.3.1 进行概念性的论证

当然，我们不应毫无质疑地认同组织行为学是至关重要的这一论点，也不应仅以看来能够支持该论点的企业作为参考对象。相反，我们所需要的是有逻辑的概念性论证，来准确描述组织行为学为何可以影响组织的底线盈利能力。基于组织**资源观**的论证是其中之一。这一观点描述了资源之所以珍贵的确切原因——也就是说，什么使得资源能够为企业创造长期利润。企业的资源包括财务（收益、资产等）和物质（建筑、机械和技术）资源，但也包括与组织行为学相关的一些资源，如知识、决策、能力、员工的智慧，以及组织的形象、文化和商誉。

☺ **组织行为学的国际化**

科技、通信和和经济力量的变化使得商业活动比以往更为国际化。用托马斯·弗里德曼的话说，即"世界是平的"。商业世界已成为美国与其他国家之间的公平赛场。这一专题聚焦于全球化对于本书中所描述的组织行为学概念的影响。更为具体地说，本专题将会涉及以下主题：

跨文化差异。跨文化组织行为学的研究说明了国家文化会对整合模式之中的许多联系产生影响。换句话说，组织行为学中几乎不存在具有"全球普遍性"或"免文化干扰"的部分。

跨国公司。国际化组织的数量在日渐增多，在海外与国内均有业务运作。将组织行为学概念应用于此类企业将面临特殊的挑战——政策与实践活动应该在不同地区间保持一致，还是应特殊制定，以满足各种文化的特殊需要？

外派雇员。作为外派雇员——在本国之外地区生活的员工——尤其具有挑战性。什么因素会影响外派员工的工作绩效和对组织承诺的水平？

管理多样性。越来越多的工作团队是由来自不同文化背景的成员所构成的。带领和置身于此类团队工作将涉及怎样的特殊挑战？

理解为什么善于运用组织行为学的公司往往会更有利可图

基于资源的观点表明资源的价值取决于几个不同因素，如图1—2所示。例如，处于**稀缺状态**的资源更具有价值。恰恰由于其稀缺性，钻石、原油、贝比·鲁斯棒球卡和《行动漫画》第一期（超人的初次登场）等商品都价格不菲。优秀员工同样稀缺——有谚语为证："良才难觅。"回顾你的同事中，有多大比例曾是有才能、有积极性、满意度高和优秀的团队成员。在某些组织、城市和就业市场中，这类员工并非常态，而是种例外现象。如果优秀人才确实稀缺，那么有效的组织行为管理就应该算是一种珍贵资源。

基于资源的观点还表明具有**独特性**的资源会更为珍贵，也就是说，该资源不能够被模仿。新型技术能够在短期内使企业占据优势，但与采用了相同技术的企业竞争时情况将会如何？尽管有时代价高昂，企业中的许多资源是能够被模仿的。生产规范能够被复制，建筑布局能够被模仿，设备和工具也能够被仿造。与之相反，仿制优秀人才的难度则要高得多。如图1—2所示，人才具有独特性原因有三。

历史性。人们能够创造**历史性**——一种能使组织受益的经验、智慧和知识的集合体。历史性是无法购买的。举一个航空业折扣的例子。西南航空公司和捷蓝（JetBlue）航空公司是这一行业中的领军企业，通过在价格较为低廉的机场间提供点对点的每日直飞来获取利润。达美航空公司也推出了自己的折扣航空品牌——Song——参与到了市场竞争当中，然而这一品牌最终遭到舍弃并被归入母公司的常规运营当中。Song面对的挑战之一，是首次进入了一个西南航空公司已经营了数十年的成熟市场。它们在"产业经验曲线"上的相对位置有相当大的差异。

众多琐细决策（small decisions）。众多琐细决策这一概念描述了人们在日复一日、周复一周地做着无数琐细决策的观点。"那又如何？"你或许会说："为什么要为琐细决策忧心？"请回答"酸柠味健怡可乐"和"无糖酸柠味百事可乐"出现在商店货架上的时间相差了多久？答案是：大约两个月。重大决策能够被复制；它们对于竞争对手来说显而易见，也易于被行业专家和分析师注意到。在达美航空公司的案例中，Song效仿了捷蓝航空的服务特色之一——每个座位配备独立电视——以便Song的乘客能够收看按次计费的电影或玩电子游戏。然而，要效仿西南航空的特色之一——其空乘和服务人员展现出的有趣、诙谐的风格，难度大了许多。达美航空公司的决策者也许从未观看过西南航空公司的空乘将某日的安全带指示变成了一系列搞笑规则，或是在某次飞行中找到将焦躁的婴儿逗笑的方法。对于竞争对手来说这些决策是不可见的，但乘客会铭记在心，并影响着他们日后的旅行计划。

社会复杂资源。同创造文化、信任和声誉一样，人们也会创造出**社会复杂资源**。这类资源会以"社会复杂"来命名，是因为它们的发展起因并非总是十分明确，尽管哪些组织具有（或不具有）这些资源是明显易见的。达美航空公司的高层管理者可以走下一架西南航空公司的班机，确信采用竞争对手轻松愉快的服务文化能够使自己的企业获益。但是到底应该如何付诸实施？贯彻施行一种新企业文化不能像改动软件系统一样直接执行，而是源自于特定时间，某特定企业内部的社会动态。

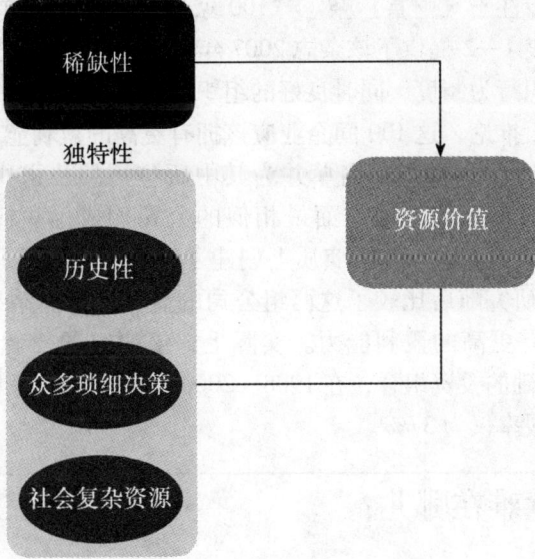

图1—2　是什么让资源如此珍贵？

"结果表明，重视组织行为的公司的生存率要比那些不重视组织行为的公司高出19%。"

1.3.2 研究论据

简言之，我们能够建立概念性的论证，来解释为何组织行为可以影响组织的盈利能力：优秀人才既稀缺又不可替代，因此是创造组织竞争优势的宝贵资源。概念性论证固然有其用处，但最好能有硬性资料作为支持。幸而，有大量研究证据能够支持组织行为学对公司绩效的重要作用。几份研究报告用不同方法对这一问题做了研究。

一项研究专注于 1988 年进行了首次公开募股（IPO）的 136 家非金融企业。进行 IPO 的企业通常成立时间较短，需要注入资金来扩展公司或是引进新技术。此研究的作者考查了各企业提交的招股简章（证券交易委员会要求招股简章包含诚实信息，企业需要为任何能够误导投资者的错误信息负法律责任）。对包含了能够表明组织行为学问题受到重视的信息的招股简章，作者为其做了编号。重视组织行为学问题的实例包括：在战略陈述和宗旨说明中将员工描述为竞争优势的来源之一；重视培训和专业进修教育；拥有人力资源管理官员；重视全职员工，而非兼职或合同雇员。到 1993 年为止，研究涵盖了 136 家中的 81 家企业（60%）。关键问题是对于组织行为的重视程度是否预测了哪家企业能够存活（或不能存活）下来。结果表明，重视组织行为公司的生存率要比那些不重视组织行为的公司高出 19%。

另一项研究是专注于《财富》杂志"100 家最佳雇主"名单，该名单自 1998 年起开始每年发布。表 1—2 提供了该杂志 2007 年评选结果。如果这一名单上的 100 家企业拥有良好的组织行为制度，同时良好的组织行为制度果真能够影响企业的盈利能力，那么就可以得出推论，这 100 间企业应该拥有更高的盈利能力。为了探究这个假设，该研究考查了 1998 年的首份名单并为其中所包括的公司找到了"参照企业"。参照企业由该年度在产业和规模方面最相似的公司构成，并补充要求该公司未在"100 佳"名单上出现过。这一步骤实质上创建了两组公司，区别仅在于是否包含在"100 佳"名单中。研究随后比较了这两组公司的盈利能力。结果表明"100 佳"企业比其参照公司具有更高的盈利能力。实际上，该研究的作者指出，以 1998 年度"100 佳"名单为基础的投资组合，在 1998—2000 年间可以获得 82% 的累计投资回报率，而一般市场回报率仅为 37%。

1.3.3 究竟难在哪儿?

很明显，研究结果看来支持优秀人才构成了公司的珍贵资源这一概念性论证。良好的组织行为在企业盈利能力方面的确至关重要。也许有人会好奇："究竟难在哪儿?"为什么企业不将有效的组织行为管理作为优先考虑，并投入足够多的精力，像它们在会计、财务、市场营销、科技、物质资产等等方面所做的一样？一部分企业无疑在管理其员工的方面乏善可陈，其原因何在呢？

杰弗瑞·菲弗的研究提供了一个可能的答案。菲弗广泛地提及了更易于被成功组织所采用的组织行为学制度。他同时也描述了为何组织不采用看起来更具"常识性"的制度。原因之一是并不存在"灵丹妙药"一样的组织行为制度——本身可自行提高

表 1—2   2007 年度 "100 家最佳雇主"

1. 谷歌公司	35. 亚特兰大儿童医院	69. 耐克公司
2. 基因技术公司	36. 高盛公司	70. 沛奇公司
3. 韦格曼食品超市	37. 西北公众医院	71. 阿斯利康公司
4. 货柜商店	38. 贝雅集团	72. 美敦力公司
5. 全食食品超市	39. SJM 食品公司	73. 美国家庭人寿保险公司
6. Net App 数据管理公司	40. 安进生物科技公司	74. 美国运通公司
7. 庄臣父子公司	41. JM 家庭企业公司	75. Quad/Graphics 印刷公司
8. 波士顿咨询公司	42. PCL 建筑公司	76. 德勤会计师事务所
9. 卫理公会教派医院	43. 健赞生物科技公司	77. 信安金融集团
10. 戈尔公司	44. 雅虎公司	78. 天波蓝公司
11. 思科公司	45. 贝恩国际顾问公司	79. TD 工业公司
12. 威克利家庭室内设计公司	46. FHN 银行	80. 黎翰谷医院
13. 纽格特超市	47. 美国福达坦保险公司	81. 南佛罗里达浸信会健康公司
14. 高通公司	48. 赛仕电脑软体公司	82. CDW 电脑零售公司
15. 美洲世纪投资公司	49. 尼克松—皮博迪律师事务所	83. 依欧格资源公司
16. 星巴克	50. 微软公司	84. 第一资本金融公司
17. 快贷公司	51. 斯图伦纳德超市	85. 标准太平洋公司
18. 站赌场集团	52. 俄州健康组织	86. 国家仪器股份有限公司
19. 奥斯顿—伯德律师事务所	53. 四季酒店	87. 德州仪器公司
20. 快捷旅程便利店	54. 浸信会医疗中心	88. 辛美仕公司
21. 格里芬医院	55. 道康宁公司	89. 万豪集团
22. 瓦莱罗能源公司	56. GVA 公路建筑公司	90. 男人衣仓公司
23. VSP 视力保健保险公司	57. 大众超级市场	91. 纪念医疗机构
24. 诺德斯特龙公司	58. 普华永道会计师事务所	92. 光明前景公司
25. 安永会计师事务所	59. Pella 门窗制造公司	93. 美利肯化工公司
26. 阿诺波特律师事务所	60. 迈塔公司	94. Bingham McCutchen 律师事务所
27. REI 户外用品公司	61. SRA 国际股份公司	95. Vanguard 软件公司
28. Kimley-Horn 建筑规划设计公司	62. 梅约医学中心	96. 宜家家私（北美地区）
29. 爱德华·琼斯投资公司	63. 博思艾伦咨询公司	97. 毕马威会计师事务所
30. 罗素投资集团	64. 伯钦律师事务所	98. 西诺佛金融公司
31. Adobe 软件公司	65. 爱尔康公司	99. AG 爱德华兹投资集团
32. 普兰蒂—莫兰公司	66. 仲量联行	100. 史丹利公司
33. 直觉公司	67. 家园银行抵押公司	
34. 安快银行	68. 宝洁公司	

Source：R. Levering and M. Moskowitz, "In Good Company," *Fortune*（January 22, 2007）, pp. 94 – 114. Copyright Ⓒ 2007 Time Inc. All rights reserved.

盈利能力的制度。有效的组织行为管理反而需要相信不同的制度是重要的。此外还需要长期承诺改善这些制度。这一假设可由**八分之一法则**来概括。

我们必须记住组织中有一半的人员不相信他们管理员工的方法和盈利水平之间有所关联。能够理解这种关联的人中有半数会与众多其他组织采取同样措施——试图以单次变革来解决问题，而没有意识到有效的人员管理需要更全面和系统化的方法。在做出了全面变革的企业中，大约只有一半会将制度持续足够长的时间直至获得经济收益。因为 1/2 乘以 1/2 乘以 1/2 等于 1/8，最多只有大约 12% 的组织会通过"以人为本"来达到创造利润所需的条件。

构建本书所使用的整合模式在设计时就考虑到了八分之一法则。图 1—1 认为高水平的工作绩效不只取决于员工激励，还取决于培养高满意度，有效管理压力，创造诚信氛围，以及承诺员工学习。未能达成其中的任意一项都将阻碍模式中其他概念的有效性。当然，这一系统性揭示了组织行为的另一实际情况：要"整顿"在组织行为问题中挣扎的企业总是充满困难。这类企业通常在许多不同领域和层面上都举步维艰。本章的"**银幕上的组织行为学**"专栏聚焦于一间此类（虚构）企业，这一专题将在每章中出现并使用众所周知的电影来论证组织行为学概念。

☺ **银幕上的组织行为学**

《上班一条虫》

这一专题是用来使学生能够透过银幕设想组织行为学的实际运作。在阅读了一个组织行为学专题后，你将会发现它在身边到处发生，特别是在电影中。首个专题聚焦于（还有什么?）《上班一条虫》（导演：迈克·乔吉，20 世纪福克斯公司，1999）。

自从我开始工作，每一天都比前一天更糟糕，所以每天你所见到的都是我生命中最糟糕的一天。

用这些话，彼得·吉邦斯概括出了在 Initech 工作的状况，他在这间计算机程序设计公司中负责升级银行软件。彼得没有表现出特别优秀的工作绩效，对组织也没有高度的承诺。

为什么彼得有这样的行为呢? 从组织行为学整合模式的观点来看，问题由组织高层而起，并对下层产生影响。组织文化僵化冷漠，管理层貌似以指出错误为乐（比如彼得忘记为他的报告加上封面页）。组织结构导致彼得不知怎么被指派了八个上司（提供了八次重温"封面页对话"的机会）。从领导观点来看，邪恶的比尔·兰伯格似乎享受着他的头衔带来的权力，但对提高他的工作单位的机能几乎无所作为。结果就是员工的激励感聊胜于无，因为绩效对于他们的收入水平没有影响。所有这些都由于两个被称作"The Bobs"的顾问的到来而进一步恶化，他们的职责就是决定员工中哪些将被开除，哪些继续留任。

显而易见要使 Initech 焕然一新需要大量时间和努力。这将需要对涉及组织行为学模式中若干不同要素的制度进行许多变革，并且这些变革需要长期实施才能使企业脱离困境。无疑这将是难以跨越的高山，但 Initech 有一项可以大胆一试的资本："The Bobs"正在为变革努力工作着!

1.4 我们怎么"知道"我们了解了组织行为学的相关问题？

"从一个科学家的角度看，一个人的经历、直觉或权力并不重要；预言必须经过数据检验。"

在描述了什么是组织行为学及为何它是重要的学习课题之后，我们开始转向研究我们是怎么"知道"已了解了这个课题的。换句话说，本教材中的知识从何而来？要回答这个问题，首先必须探究人们是如何了解任何事物的。哲学家论证了了解事物的几种不同方法：

考虑以下预测：以公众口碑和赏识良好行为的形式来提供社会认可度，将会提高工作单位的绩效与承诺。可能你觉得你"知道"这一论断言之属实，因为你自己总是对表扬与认可做出积极反应。又或者你可能觉得你"知道"这一论断言之属实，是因为它看似常识——被公开鼓励一番过后谁不会在工作上加把劲呢？也许你觉得你"知道"它的正确性，是因为受人尊重的上司从过去一直在称赞你那些得到公众口碑和认可的优点。

然而，经验法、直觉法和权威法也可能将人引导到相反的信念上——提供社会认可对工作单位的绩效与承诺没有影响。可能公众口碑常常使你觉得不自在或尴尬，以至于到了要隐藏特别的有效行为的程度，来避免上司的选拔。又或者觉得社会认可将被视为"嘴皮功夫"才看来更具逻辑性，员工更加期待财务奖励，而非口头褒奖。也可能你遇到过最优秀的上司从未提供过一星半点的社会认可，但她的员工总是为她尽力工作。

1.4.1 界定"理论"并解释其在科学方法中的作用

从科学家的角度来说，个人的经验、直觉或权威建议了什么并不重要，预测必须经过数据的检验。换句话说，科学家并不简单地假定他们的信念是准确的；他们认为信念必须经过科学方法检验。科学研究是基于弗兰西斯·培根爵士17世纪创建的科学方法，图1—3中做了一部分改动。科学方法以**理论**开始，界定为大量口头的又具有象征意义的观点集合——具体说明变量之间是如何和为什么相关联的，以及它们应该（或不应该）相关联的条件。简单地说，一个理论讲述一个故事，并且提供与报纸或杂志文章中相似的时间、地点、人物、事件和发生原因等元素。理论通常以理论图做出概括，用"方框与箭头"来图解各变量间的关系。

科学家可以创建理论来解释为何社会认可度能够影响工作单位的绩效和承诺。这一理论应该自何处取得信息呢？理论可能构建自工作环境中的员工面试，员工可提供他们对于社会认可度的优缺点方面的见解。理论也可能构建自工作中对员工的观察，科学家会做记录、记日记，并且研究企业文件来寻找叙述理论所需的所有要素。理论又或者可以构建自研究评论，其中会检验稍早的研究成果来寻找普遍模式或主题。

尽管许多理论有吸引力、有逻辑或是发人深省的，许多也会以完全错误而告终。毕竟，科学理论曾一度预言地球是平的并有太阳围绕其转动。组织行为学理论也曾一度表明金钱并非有效的激励因素，而且确定职业结构最好的方法是使工作尽可能简单和单调。因此理论必须经过检验来证明他们的预测是准确的。如图1—3所示，科学方法要求将理论用于启发**假设**。假设是指具体说明变量之间关系的书面预言。例如，一个关于社会认可度的理论可以用来启发以下假设："由管理人员表现出的社会认可行为将会与他们部门的工作绩效和组织承诺产生正相关。"这一假设清楚地说明了社会认可和单元效能之间的预期关联。

假定一个家庭成员拥有21间连锁快餐店并且允许你运用这些餐厅来检验上述假设。具体来说，你决定在一部分餐厅中训练经理们如何将社会认可度作为强化行为的工具。同时，另一部分餐厅保持原状来作为对照组。接下来通过以特定的时间间隔观察经理的行为，来追踪之后的9个月中经理们表现出社会认可行为的总次数。通过跟踪9个月中顾客开车通过窗口所需时间来测量工作绩效，这一时间长度也用来反映顾客进入餐厅、点菜、结账和离开餐厅所花费的时间。你也可以通过跟踪员工的保留率来反映9个月中员工对工作单位的承诺。

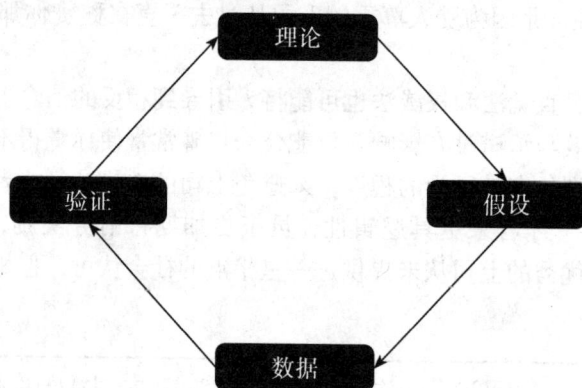

图1—3 科学方法

Source：Adapted from F. Bacon, M. Silverthorne, and L. Jardine, *The New Organon* (Cambridge：Cambridge University Press, 2000).

1.4.2 描述"相关性"的含义，以及何谓高度相关、中度相关和弱相关

那么如何判断你的假设是否站得住脚呢？可以通过检验社会认可行为与顾客开车通过窗口时间之间的**相关性**，以及社会认可行为与员工流动率间的相关性来分析数据。相关性，简写为r，描述了两个变量之间的统计关系。相关性可为正或为负，在0（无统计关系）到±1（完全统计关系）之间变化。想象一张有两纵列数字的电子表。一列包含了所有21间餐厅中社会认可行为的总数，另一列包含了这21间餐厅顾

客开车通过窗口的平均时间。认识关联性的最好方法就是观察散点图————张用这两纵列数字做出的图。图1—4 展现了三张散点图，每张描述了不同程度的相关性。相关性的强度可以通过其散点图的"紧实度"来推断。图1—4（a）表现的是相关性为 1.0 的完全相关；了解社会认可度的数字能够让人完全推测出顾客开车通过窗口时间的数字。图1—4（b）表现了数值为 0.50 的相关性，所以数据的趋势不如图（a）中的明显，但用肉眼还是容易观察出来的。最后，图1—4（c）表现的是相关性为 0.00——没有统计关系存在的情况。理解相关性至关重要，因为组织行为学问题在本质上无法用单纯的"是或不是"来回答。也就是说，所提出的问题并非"社会认可度会提高工作绩效吗"，而是"社会认可度能够多经常提高工作绩效"，相关性提供了一个数字，可以作为回答"多经常"问题的答案。若想对相关值进行更多的讨论，请参见"**运动中的组织行为学**"专栏，其中描述了组织行为学概念在男子和女子运动中是怎样体现和应用的。

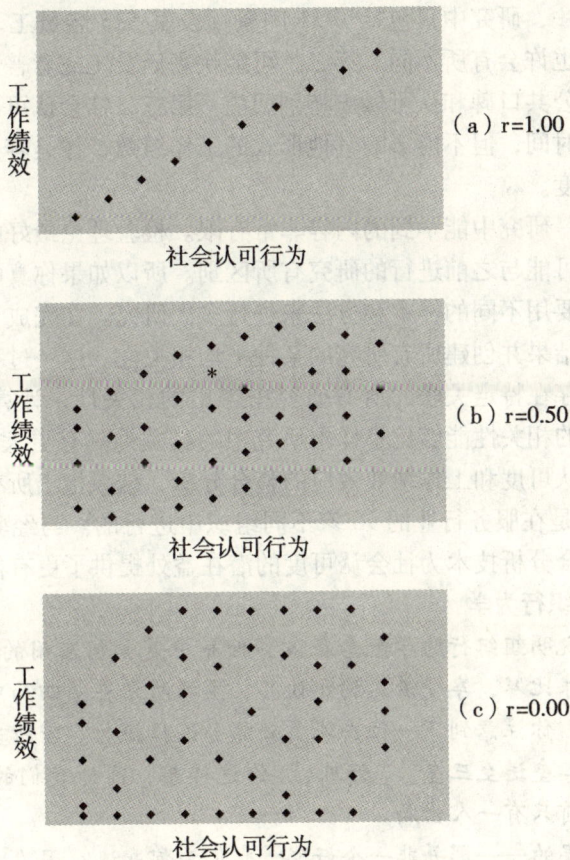

图1—4 三种不同程度的相关性

那么社会认可度和工作绩效（以及社会认可度和组织承诺）之间的相关性是多少呢？恰好有人组织了一个与刚刚描述的例子非常相似的研究课题，使用了 21 家汉堡王餐厅和其中的 525 名员工作为样本。社会认可度与工作绩效间的相关度为 0.28。社会认可度与员工保留率之间的相关度为 0.20。受到了社会认可度培训的餐厅 9 个月之后顾客开车通过窗口平均时间为 44 秒，相对应的是对照组的 62 秒。9 个月之后受到了社会认可度培训的餐厅中的员工保留率比对照组餐厅高16个百分点。研究中还在一部分餐厅中建立了"绩效工资"系统，并发现社会认可度效应与财务效应同样明显。

当然，你可能想知道0.28或0.20的相关度是否有特别意义。将这些数字放在特定背景下，请注意身高与体重之间的相关度大约是0.44。如果身高和体重间的相关度只有0.44，那么社会认可度和工作绩效之间0.28的相关度也不算太坏！事实上，在组织行为学研究中，考虑到能够影响员工感受和行为的因素数量如此之多，0.50的相关度就被认为是"高度"相关了。0.30的相关度被称作"中度"相关，本书中所讨论的许多研究课题将会使用这个范围内的结果。最后，0.10的相关度在组织行为学研究中被认为是"弱"相关。但应当指出的是，即使是"弱"相关也可以是重要的，如果它们描述的是会造成损失的行为，比如盗窃或是不道德行为。

这一研究能够解决社会认可度对于工作绩效和组织承诺的价值的争论吗？并不见得，原因众多。第一，研究中只包括了21间餐厅及其525名员工。假如研究中包括了更多餐厅，结果也许会有所不同。第二，可能快餐店员工或者普通餐厅员工有独特之处，使得他们对公共口碑和认可做出特别回应。第三，社会认可度也许能够影响顾客开车通过窗口的时间，但不能影响其他形式的工作绩效，像是客户服务评价或者完整食品餐单的准确度。

重要的是从单一研究中能学到的内容非常有限。检验理论最好的方法是进行多次研究，每一次都尽可能与之前进行的研究有所区别。所以如果你真的想要研究社会认可度的效应，就需要用不同的样本和方法来进行多次研究。在完成了所有研究后，你需要回顾这些研究结果并创建所有研究的某种平均相关性。这一过程是被称作**整合分析**技术。它需要对存在特定关联的所有研究中得出的相关性，计算加权平均值（这样大规模样本得出的相关性能够比小样本研究中的相关性具有更大的影响力）。有人曾进行过关于社会认可度和工作绩效效应的整合分析，结果指出所有研究的平均相关性为0.21，该研究是在服务行业的96家不同组织中进行的。与经验法、直觉法、权威法相比，这一整合分析技术为社会认可度的潜在益处提供了更有信服力的支持。

☺ **运动中的组织行为学**

本专栏是用以说明组织行为学概念在体育世界中是如何应用的。考虑这个场景：你正在观看一场棒球比赛，享受着热狗和饮品，主场队伍在第四局中还无人出局。首发击球员上了二垒，你注意到下一位击球员必然会选择短打。理所当然，他击出了短打，将他的队友由二垒送至三垒。"好球，"你这样想，因为我们的球队在三垒上有一人，并且本局目前只有一人出局。

但原来你是错误的——那并非一个好球。我们为何知道？因为比尔·詹姆斯曾做过研究。詹姆士，59岁，在堪萨斯州长大，从报纸文章和广播节目中了解了棒球。即使在孩提时代，詹姆士对他从这些棒球权威处所了解到的内容就持怀疑态度。自二十几岁在斯托克利·范·坎普猪肉豆子食品厂工作时起，詹姆士就开始收集数据来检验他自己的棒球理论。他每天上班都带着《棒球百科全书》和一组报纸上登载的击球得分，来建立他自己的棒球数据库。为了适应美国棒球研究社团（SABR）的规定，詹姆士将他的研究称作"棒球统计学"，定义为搜寻关于棒球的客观知识。通过这些科学方法，詹姆士开始揭开一直以来为人普遍接受的棒球学问的面纱——他称这些学问为"棒球之传奇与花招重复上演的乞力马扎罗"。短打的价值便是学问之一——但原来短打与球员得分呈负相关，因为它牺牲了一位宝贵球员使其出局，减少了大局获胜的机会。詹姆士在作品中还阐述了自由上垒的价值，尝试盗垒的风险，以及不同棒球场停车标识设计的影响。

詹姆士的方法和结论使他成了已建立数十年的棒球界的局外人。不过，就如《魔球》一书所描述的，20世纪90年代末，为试图在低薪条件下获胜，奥克兰运动家队的总经理开始应用棒球统计学。当波士顿红袜队在2003年召集新管理团队时，一名成员提议找个"比尔·詹姆士"类型的。另外一人则提议雇用詹姆士本人。詹姆士曾说过："统计数字的价值在于它是否跟获胜挂钩。"红袜队在过去四年中两获世界职业棒球锦标赛冠军，看来詹姆士的统计数字对他们颇为珍贵！

请登录 www.mhhe.com/ColquittEss 网站查询学习资料，包括互动练习、测验、iPod 下载和视频内容。

1.5 案例：Google

——如本章开篇所述，谷歌公司经历了一些主要职员和管理者的离职或退休。27岁的肖恩·奈普是离职人员之一。奈普与另两位同事一起想出了经营网络摄像头的新方法。他们三人并没有将此想法用于新的谷歌产品的开发，而是知会了谷歌他们将要离任去成立自己的公司。谷歌试图竭力挽留他们。奈普回忆说："他们对我们说'这是一张空白支票'，我说，'你们是让我做代孕家长'。"现在奈普和他的同事们能够全面掌控作为"他们的孩子"的 Ooyala 公司，主营为独立网站运行视频所创建的系统。奈普的故事是再普通不过的：离职者组成了有企业家精神的前谷歌人社团。一个前任员工甚至建立了一间风险投资公司，专门针对谷歌人创业。

这些离职人员是谷歌的敏感问题，因为许多商业创意是在员工的"20%时间"起始并得到发展的。这一时间段的目的是为下一个优秀的谷歌创新提供讨论机会，而非提供下一个商业创业机遇。尽管谷歌坚持声称每个月雇用的员工比流失的多得多，但他们已开始寻找提高主要员工保留率的方法。公司正在考虑为焦躁不安的员工提供假期，并为寻找接受全新挑战的员工构思出有新意的职业机会。谷歌创始人谢尔盖·布林和劳伦斯·佩奇设立了一季一次的"创始者奖"。该奖项是颁发给为谷歌创造了能提高利润的产品的团队，将授予其价值数十万美元的限制性股票。谷歌还准备修订其认股权方案，来提高为公司服务多年的员工的待遇。

- 思考谷歌的"20%时间"的企业制度。它的主要优点是什么？它的主要缺点是什么？
- 如果是你负责修订"20%时间"的企业制度，你会增加合同性的约束条件，来防止谷歌人在与其项目相关的方面成立自己的公司吗？此类制度会有重要的缺陷吗？

• 你认为谷歌在降低退休和离职率方面的策略如何？你还能想到案例中没有列举到的其他策略吗？

1.6 重点掌握

• 组织行为学是致力于理解和解释组织中个人和团体态度与行为的学科。简单地说，它聚焦于为什么个人和团体如此表现。

• 组织行为学的两个主要成果是工作绩效和组织承诺。

• 许多因素都能够影响绩效和承诺，包括个人机制（工作满意度，压力，激励，信任、公正和伦理，学习和决策），个体特征（个性、价值观和能力），群体机制（团队、领导），以及组织机制（组织结构、组织文化）。

• 有效的组织行为学管理能使企业获利更多，因为优秀人才是一种宝贵资源。优秀人才不仅稀少，并且难以被模仿。他们创造出无法被购买或复制的历史，做出无法被竞争者观察到的众多琐细决策，并且创造出诸如文化、团队合作、信任和名誉等社会复杂资源。许多科学研究都支持有效的组织行为学和企业绩效间的关联。

• 理论是指大量口头的又具有象征意义的观点集合——具体说明变量之间是如何和为什么相关联的，以及它们应该（或不应该）相关联的条件。关于组织行为学的理论是构建自面试、观察、研究评价和再考虑的组合。理论构成了科学方法的开端并且引发出可由数据检验的假设。

• 相关性表述了两个变量间关系的强度（在 0 到 ±1 之间变动）。在组织行为学研究中，0.50 的相关度被视为"高度相关"，0.30 的相关度被视为"中度相关"，0.10 的相关度被视为"弱相关"。整合分析概括了几个调查研究的结果。它取得这些调查研究的相关度并计算出其加权平均值，以使大规模样本的研究得到更多权重。

1.7 问题讨论

• 回忆你共事过的最差劲的同事——做了表1—1 当中某些行为的人。想想该同事的上司做了（或没做）什么来改善他或她的行为。上司在哪方面做得好或不好？你会采取什么不同措施，哪个组织行为学课题是最相关的？

• 图1—1 中的哪种个人机制（工作满意度，压力，激励，信任、公正和伦理，学习和决策）最能推动你的绩效和承诺？你认为自己在这方面是独树一帜，还是多数人都会作此回答？

• 列出你能想到的最成功的企业。这些企业拥有什么其他企业所不具有的？它们所拥有的特质是稀缺且不可模仿的吗（见表1—2）？什么使这些特质难以复制？

• 基于经验法、直觉法和权威法，分别列举你"知道"是正确的事情。你的知识能够用科学法来检验吗？如何进行？

1.8 测评：个人自我意识

——通过解释为何有时你产生某种感受或以某种方式行事，本书中的许多理论和概念都能够帮助你更好地理解工作生涯。这些理论和概念对善于自我反思者格外有意义。本评测即用来测定个人的自我意识——将注意力指引向内心深处，来更好地理解自己的态度和行为。用题中的反应程度来回答问题。然后用4减去粗体字问题的答案，得出的数字即为那一题的最后答案。例如，如果你对第5问的最初答案是"3"，你的最终答案就是1（4−3）。之后将10个问题的答案加在一起。（更多与本章相关的评测，请点击在线学习中心 www. mhhe. com/ColquittEss）。

0	1	2	3	4
非常不像我	比较不像我	中立	比较像我	非常像我

1. 我经常想彻底了解自己 _____
2. **基本上，我没有太多自我意识** _____
3. 我常常自我反省 _____
4. 我总是自己白日梦的主角 _____
5. **我从不自我审视** _____
6. 我通常会留意内心的感受 _____
7. 我会不断检查分析自己的动机 _____
8. 我有时会觉得我在其他某处观察自己 _____
9. 我对自己的心情变化很警醒 _____
10. 在处理问题时我很清楚自己的思路 _____

得分

如果你的得分是26或更高，说明你常作自我反思并且具有高度的自知力。你大概会发现课本中探讨的许多理论都能够帮助你更好地理解对工作生活的态度和感受。

Source：A. Fenigstein, M. F. Scheier, and A. H. Buss, "Public and Private Self-Consciousness：Assessment and Theory," *Journal of Consulting and Clinical Psychology* 43 （1975）, pp. 522 – 27. Copyright © 1975 by the American Psychological Association. Adapted with permission. No further reproduction or distribution is permitted without written permission from the American Psychological Association.

1.9 练习：组织行为学是常识吗？

——本练习的目的在于运用课本中的一部分课题并考察改善它们是否"只是常识而已"。练习以团队方式进行，老师将会把你分派到团队中或要求你创建自己的团队。练习分为以下步骤：

1. 请看下列理论示意图。其中解释了为何两个"自变量"（电影剧本的质量和影星知名度）会影响一个"他变量"（电影的票房收入）。

```
┌──────────┐      ┌──────────┐
│ 剧本质量  │ ───▶ │ 影评口碑  │ ──┐
└──────────┘      └──────────┘   │        ⬤
                                  └──▶  票房收入
┌──────────┐      ┌──────────┐   ┌──▶
│ 影星知名度 │ ───▶ │ 宣传造势  │ ──┘
└──────────┘      └──────────┘
```

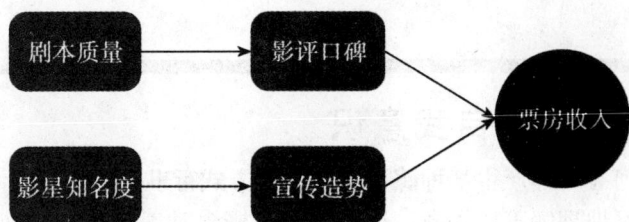

2. 创建你自己的组织行为学理论示意图。以小组为单位，从以下四个课题中选择一个作为你们的他变量：

- 工作满意度：执行工作任务时感受到的愉悦情绪。
- 紧张：由工作压力导致的头痛、劳累或精疲力竭。
- 激励：为工作投入精力的强度和持久性。
- 对指导者的信任度：允许指导者在关键工作问题上做出重要影响的意愿。

使用投影仪、笔记本电脑或黑板，创建理论示意图，概括能够影响你选择的变量的因素。为使理论更全面，尽量包含至少四个自变量。不要参考课本！你应该只运用自己的经历和直觉来创建示意图。

3. 每小组向全班展示其理论示意图。预测的关联关系合理吗？有需要删减的部分吗？有需要添加的部分吗？

4. 现在将你创建的理论示意图与相关章节的内容作比较，注意黑体的关键词。你忽略的黑体关键词能被包含进你的自变量中吗？如果能，说明你的理论示意图不完整。你的自变量中包含的概念有本章中未提及的吗？如果有，说明你的理论示意图中包含了重要性未得到学术研究支持的概念。无论哪种情况，这种差异都说明了组织行为学并非单纯的常识。

本章术语

组织行为学是一门致力于理解、说明并最终改善组织中个人和团体态度与行为的学科。

基于资源观点是以描述什么确使资源有价值，并因此能够为公司创造长期利润的一种观点。

独特性是指不能被其他竞争对手模仿的特性。

历史性是指能使组织受益的经验、智慧和知识的集合体。

社会复杂资源是指其开发过程是无法被清晰理解的资源，诸如文化、信任和名誉等。

八分之一法则是指解释为什么很少有公司能真正做到有效管理员工的法则。

理论是指大量口头的又具有象征意义的观点集合——具体说明变量之间是如何和为什么相关联的，以及它们应该（或不应该）相关联的条件。

假设是指具体说明变量之间关系的书面预言。

经验法是指人们坚持某种信念，因其与他们自己的经历和观察相一致。

直觉法是指人们坚持某种信念，因其"就是理所当然的"——显而易见或不言而喻。

权威法是指人们坚持某种信念，因为某些受尊重的官员、机构或信息来源声称如此。

科学法是指人们接受某种信念，因为科学研究利用一系列样本、设定和方法，可以复制出该结果。

相关性是指描述两个变量之间的统计关系。

整合分析是指采用在特定关系研究中的所有相关性并进行加权平均计算。

2

绩效与承诺

【学习目标】

通过阅读本章，应该能够：

- 界定工作绩效和组织承诺；
- 界定任务绩效，并解释组织如何来识别关键任务行为；
- 理解公民行为，并举出几个具体例子进行描述；
- 理解偏差行为，并举出几个具体例子进行描述；
- 描述组织承诺的三种类型；
- 理解对工作中消极事件的四个主要反应；
- 描述几个心理退缩和行为退缩的例子，并解释它们之间的相互关系。

2.1　Home Depot

作为家庭装修材料专业零售商，现正处在艰难的时期。2008 年中期，在美国有超过百万的住房丧失了抵押回赎权。出于对天然气价格和通货膨胀的担忧，一些人推迟了他们的购房、卖房和翻修计划，这使得房地产市场陷入 25 年以来的最低谷。2008 年 5 月，总部设于佐治亚州的零售商 Home Depot（以下称"家得宝"）报告说它们第一季度的利润下滑了 66%，大部分店铺的销售额都下降了 6.5%。经济的低迷给本已处于困难时期的家得宝带来了又一次打击。公司仍在处理与任职 6 年的前 CEO 鲍勃·纳德里之间的纠纷。纳德里曾是通用电气公司的 CEO，他重视集权制的运营方式和硬数据，并用此来替代原本无拘束的、和气的、与企业有关的文化。尽管纳德里在职期间给公司的销售额带来了巨幅增长，但是他削减正式员工队伍，依赖兼职工，以及专注于专业承包客户的做法导致公司的道德和信誉下降。实际上，2005 年的美国顾客满意指数显示，在众多零售商中，家得宝从第一的位置跌落至最后一位。

这种情况给新任 CEO 弗兰克·布莱克和他的人力资源总监蒂姆·克劳带来了巨大的挑战。在来到家得宝之前，克劳曾在西尔斯和卡玛特公司工作过，并担任过纳德里的资深副总裁。现在，他正试图找到改善员工工作绩效和组织承诺的方式，能够使得家得宝公司度过经济低迷时期。克劳的第一个计划是"卖场里的工作服"，该项目鼓励员工降低运营成本，从而公司能在销售上为员工提供更多的资金支持。这些努力都提升了公司的服务水平，现在，顾客在家得宝的大过道中闲逛，就不会觉得那么孤独了。为了提升员工的技能和工作绩效，克劳还修改了公司的培训计划。新培训计划不再强调"在线学习"，取而代之，该计划更多地依赖于员工自我指导和实践性学习，以及员工之间更多的合作和互帮互助。而且，那些被证实为某些领域的专家，还能够获得财务上的激励，从而影响他们的工作绩效。

关于组织承诺，克劳指出，家得宝的"损耗率"要好过多数的零售商，这意味着与那些典型的有店铺的零售商相比，家得宝员工流失得更少。然而，考虑到经济状况和纳德里任职期的余波，新的管理团队正在寻求能够鼓舞士气的方法。有一个新计划是向那些被公认为"公司核心价值"的员工授予"家得宝勋章"，获得三枚勋章的员工能够得到现金红利。另一个是"成功分享计划"，即那些完成特定销售目标店铺的所有员工都能够获得现金分红。这些计划都旨在提升员工对组织的认可度，他们也能够由此看到自己的成功（与存在的不足）。2007 年至今，家得宝的自愿离职率降低了 14%，因此，克劳坚信这些计划是卓有成效的。当然，出于经济原因，克劳也承认这些计划的开销会很大。他说："我们与公司的同事们做许多事都要花钱，但是我们敢打赌，这是一件正确的事情。"

2.2　绩效和承诺

通过组织行为学的整合模型，我们以组织行为学的两个主要结果——工作绩效和组织承诺来开始我们本章的学习。大多数的管理者对员工有两个基本的要求：做好他们的工作并对公司做出承诺。类似地，大多数员工对于他们的工作都会提出两个问题：具备什么条件才能使他们成为优秀的员工，并且哪些因素影响他们继续留任。考虑到这两个结果的重要性，理解绩效和承诺所代表的含义以及它们的影响因素是至关重要的。本章将详细叙述绩效和承诺。在本书其余的章节中，你将会通过我们的整合模型来理解推动这两个主要结果的各种概念。

界定工作绩效和组织承诺

工作绩效是整体员工行为的价值表现，它可积极地或者消极地促进组织目标的实现。"优秀的员工"从事的那些行为为公司创造积极的价值，"不合格的员工"从事的那些行为阻碍组织目标的达成。组织承诺是指就员工而言，他们要继续留在组织中的愿望。那些对组织作出承诺的员工能够提升组织的"保持力"，因为他们会长期留在组织中。那些未承诺于组织的员工更可能"跳槽"——自愿离职并结束与雇主的关系。本章的前半部分将阐述引起员工绩效的各种行为，后半部分将探究承诺的心理动态，并阐述员工未承诺于组织时会引起什么反应。

工作绩效

我们对工作绩效的定义提起了许多重要的问题。具体来说，你可能会疑惑员工的哪些行为受到"工作绩效"的影响。换句话说，从员工的角度看，成为一名"优秀的员工"究竟意味着什么？要列举出与工作绩效有关的各种行为，我们可能要用一整章的篇幅。然而，这些行为通常会归于三大类。前两类是任务绩效和公民行为，它们都对组织产生积极的作用。第三类是偏差行为，该行为对组织产生消极的作用。在"**银幕上的组织行为学**"专栏，你会发现在不同员工身上表露出的各种水平的工作绩效的实例。下面就详细阐述工作绩效的这三大类。

任务绩效

任务绩效是指直接参与将组织资源转化成组织生产的产品和服务的员工行为。如果你在网上看到一则招聘广告，那么这个广告就会着重描述任务绩效行为——任务、职能和责任，它们构成了该项工作的核心部分。换句话说，任务绩效就是员工获得报酬并继续留在组织中所必须明确履行的义务。对于空中乘务员来说，任务绩效包括通知并解释安全和应急操作步骤，为乘客分发食品和饮料等。对于消防员来说，任务绩效包括搜寻困在失火建筑内的伤者并灭火。对于会计来说，任务绩效包括编写、核查和分析会计报告的正确性和完整性。最后，对于广告经理来说，任务绩效包括开发广告活动，以及向客户提供演示说明等。

界定任务绩效，并解释组织如何来识别关键任务行为

尽管在不同的工作之间，构成任务绩效的那些特有行为会有很大差异，但是任务绩效也可以用更为一般的分类方式来理解。一种分类方式认为，在一定程度上，工作是常规或多变的，**例行任务绩效**是指涉及对以正常的、例行的或可预见的方式出现的任务要求员工做出的那些众所周知的反应。在这些情况下，员工往往用一些习惯性或程序化的方法来工作，这些方法在各种情况下基本相同。下面就列举一个例行任务的例子，你可能会回想起一个面无表情的空中乘务员机械化地说明飞机起飞前如何把安全带扣到座椅上的情景。1920 年至今，安全带就没有改变过，因此乘务员往往是以相同的方式周而复始地对乘客进行说明。相反，**适应性任务绩效**，或更通俗地讲，"适应性"，是指涉及员工对那些异常的，不经常发生的，或至少是不可预见的任务要求所做出的反应。例如，2005 年 8 月 2 日，297 名乘客和 12 名机组人员搭乘的法航 358 号航班，在从巴黎飞往多伦多途中，飞机滑出了跑道，并跌入了峡谷。在烟雾缭绕中，乘务员立刻对这个紧急情况做出反应，在救援队到达之前，以 52 秒的速度帮助 3/4 的乘客安全撤离了飞机。一分钟后，其余的乘客和 12 名机组人员也全部安全撤离了。通过这个例子你可以看出，空中乘务员的任务绩效，从诸如提供安全说明和发放饮料等活动转向了执行紧急应变措施解救乘客的生命。如表 2—1 所示，涉及适应性的行为是多种多样的，并且在当今经济中越来越重要。

表2—1 涉及适应性的行为

行为	实例
处理突发事件或危急状况	迅速分析危险或危机的解决方式以及它们可能的产生影响；头脑清晰，瞬间做出决定
处理工作压力	面对困境或使人吃力的工作负荷和日程安排时保持镇定和冷静；以一种平静的心态应对，指导并影响他人完成工作
有创造力地解决问题	从各个角度重新审视问题，寻求新的解决方法；将那些看似不相关的信息整合起来，并开发新的解决办法
应付不确定或不可预知的工作状况	欣然并轻易地做出改变，以应对那些不可预知或意想不到的事件或状况；有效地调整计划、目标、行动或先后次序来应付变化的状况
学习工作任务、技术和工作内容	能迅速并熟练掌握新方法或那些之前不了解的任务；可预见工作要求方面会发生的变化，寻找并参与到那些筹备这些变化的任务或培训中去
显示出对人际关系的适应性	与他人打交道的时候做到变通并且思想开阔；听取和仔细思考别人的观点，并在恰当的时候改变自己的观点
显示出对文化的适应性	为了表示对他人的服从或对其价值观和习惯的尊重而自动调整行为或表现；理解某些行为的内在含义，并做出适当的调整，从而与其他团队、组织或文化之间保持积极的关系

Source: E. D. Pulakos, S. Arad, M. A. Donovan, and K. E. Plamondon, "Adaptability in the Workplace: Development of a Taxonomy of Adaptive Performance," *Journal of Applied Psychology* 85 (2000), pp. 612 - 24. Copyright © 2000 by the American Psychological Association. Adapted with permission. No further reproduction or distribution is permitted without permission from the American Psychological Association.

☺ **银幕上的组织行为学**

《怪物电力公司》

"苏利文，我今天的状态奇佳，一定会有好的表现，搞不好会打破记录哦。"

这些话是电影《怪物电力公司》（皮克斯动画工作室制作，迪士尼公司2001年出品）中蓝道（紫怪）挑衅苏利文（毛怪）的任务绩效时所说的。电影中怪物世界电力的来源是小孩子在夜晚看到躲在壁橱里的怪物受到惊吓时所发出的高分贝尖叫。

就关键任务绩效而论，苏利文和蓝道都是优秀的，他们是怪物电力公司中两个顶级恐吓专家。在整部电影中，他们都在为打破恐吓纪录而相互斗争着。然而，苏利文和蓝道的相似之处也正在于此。苏利文对于他的工作持有一种积极的态度，并且非常乐意帮助同伴和组织。例如，在一个情节中，苏利文提出熬通宵帮助他的同伴迈克（大眼仔）做报告，这样迈克就可以跟他的蛇头女友希莉娅约会。蓝道则永远都不会考虑做这种公民行为的事情。

在偏差行为方面，电影的大部分时间都在描述一个两岁的小女孩阿布来到怪物世界之后被苏利文暗中送回家的情节。在怪物电力公司，直接与人类的孩子接触是被严格禁止的，因为怪物们相信，即使是跟孩子们最轻微的接触也可能是致命的。苏利文却打破了公司的规则，但是，与苏利文相比，蓝道鲁莽草率的行为却显得相形见绌。为了从孩子们身上提炼能量，蓝道通过攻击和诱拐他人来测试这种不合法的（可能是致命的）新方法。幸运的是，苏利文（和迈克）团结在一起并扭转了局面。他们能送阿布回到自己的家吗？你还得亲自去电影中寻找答案。

现在对于任务绩效行为，你已经有一个大致的理解了，你可能会问对于不同的工作，组织是怎样识别任务绩效行为的。许多组织通过**工作分析**来识别任务绩效行为。尽管工作分析有许多不同的实施方式，但是大多数都可以归结为以下三个步骤。第一，列出工作中涵盖的所有活动，我们通过以下几个数据就能得出，包括观察、调查和员工访谈。第二，列出的每一个活动都是由专家根据该活动的重要性和发生频率进行分析而得出的。这些专家一般都曾从事过此类工作，或管理过从事此类工作的员工，因此他们能够判断出对组织有贡献的那些特定活动。第三，那些在重要性和发生频率方面被高度评价的活动要被保留下来并用来界定任务绩效。

那些被保留下来的行为通常就是经理们对员工的任务绩效进行评估时所参照的依据。男人衣仓（Men's Wearhouse）就是以上述方式使用任务绩效信息的一个很好的案例。公司首先会收集员工工作行为的各种信息。

表2—2列出了对男人衣仓形象顾问的绩效评估所包含的一些要素。在信息收集完毕之后，高级经理就员工需要改变和改进的行为提供了反馈和辅导。这些被表达为建设性批评的反馈旨在改进员工的行为。假如你是男人衣仓的形象顾问，你难道不希望公司根据表2—2中所列的行为而不是全部由销售指标来评估你的绩效吗？归根结蒂，这些行为都是你能控制的，并且你从老板那儿得到的反馈将会比他简单说一句"来年要销售更多的衣服"更有益。

当组织发现用工作分析来识别任务绩效所需的行为没有太大实践意义时，它们就会转向政府建立的一个数据库。**职业信息网**（O * NET）是一种在线数据库，从任务、行为和所需知识、技能和能力方面，涵盖了大多数工作的特征（http：//

online. onetcenter. org）。图2—1显示了对空中乘务员这个职位在线数据库输出的信息，包括本章先前讨论过的许多任务。当然，在线数据库仅仅是为了搞清楚那些指定工作所需的重要任务走出的第一步。许多组织让它们的员工去完成那些竞争对手不会做的工作，以此来确保他们的员工是在以一种独特和有价值的方式来工作。在线数据库很难采集到那些独特的工作需求——大部分有影响力的组织区别于其竞争对手的那些"无数的小决策"。

表2—2　　　　　　　　　　　　男人衣仓咨询顾问的绩效评估表

重要的工作行为

向所有的顾客打招呼，接见顾客，用卷尺准确地测量顾客的尺码

进行团队销售

熟悉当地的竞争对手

保证收益的适当变化

热情并关怀顾客

尽可能让懂得剪裁的员工来测量尺寸

参与管理所有顾客的问题

服侍所有顾客，不根据衣着、年龄或性别来预先判断顾客

促进店铺的维护和储备

在指定时间上班，并立即投入到工作中

穿着和打扮参照 TMW 的标准

Source：C. A. O'Reilly Ⅲ and J. Pfeffer，*Hidden Value：How Great Companies Achieve Extraordinary Results with Ordinary People*（Boston：Harvard Business School Press，2000）. Reprinted by permission of Harvard Business School Press. Copyright © 2000 by the Harvard Business School Publishing Corporation；all rights reserved.

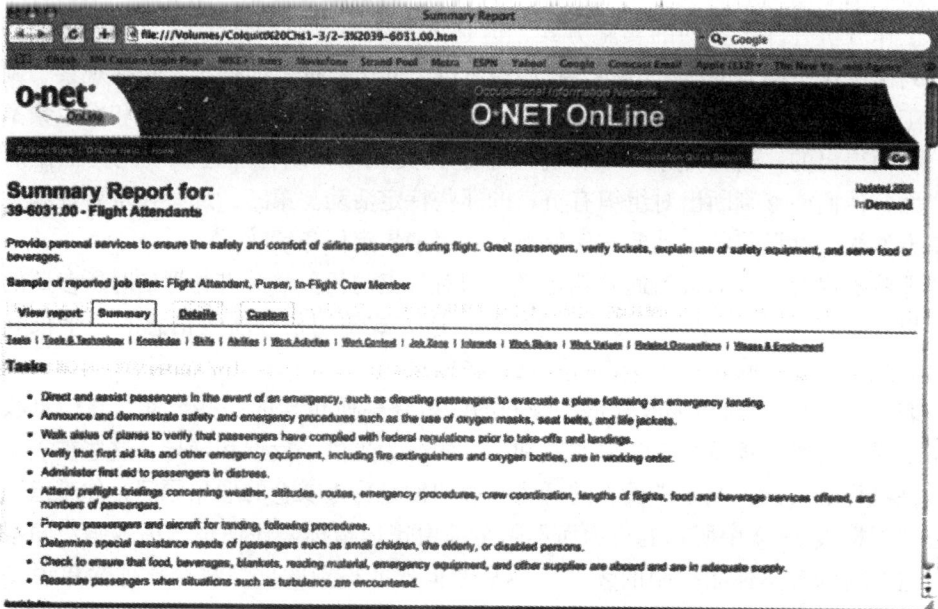

图2—1　对于空中乘务员这个职位，搜索在线数据库得到的信息

O＊Net, or Occupational Information Network, is an online government database that lists the characteristics of most jobs and the knowledge required for each. This sample is for the job of flight attendant.

例如，有一本书，名字叫"狂热"，该书的作者认为"娱乐"就是美国西南航空公司的核心价值观。美国西南航空公司认为在一个充满幽默和欢笑的环境中，人们工作得更加高效和富有创造性。与该种理念一致，西南航空乘务员的任务绩效不仅包括在线数据库上列出的那些一般的活动，还包括能带来幽默感和有趣的活动。例如，一名乘务员就通过对讲机讲这样的笑话："我们即将调暗舱内的灯光……按下带有灯泡标志的开关，您的阅读灯就亮了。但是，按下呼叫乘务员的开关，乘务员是不会亮的。"由此可见，尽管在线数据库可能是一个很好的开端，但是从数据库中得到的工作信息还应补充进来一些支持组织价值观和战略的行为。

2.3 公民行为

公民行为是指员工做出的可能被奖励或不被奖励的志愿行为，这些行为通过提升整体工作环境的质量而对组织做出贡献。你的同事或同学中，谁总是乐于帮助有困难的人？谁为了给同伴助威而经常自愿参加集会或公共集会？谁总能保持一种良好心态，即使是在难挨的时期也是如此？我们往往称这些人为"好公民"或"好员工"，高水平的公民行为赋予了他们这样的头衔。尽管可能有许多不同类型的行为看似符合公民行为的定义，但是研究表明，根据受益者的不同，公民行为主要有两类：同事或组织（见图2—2）。

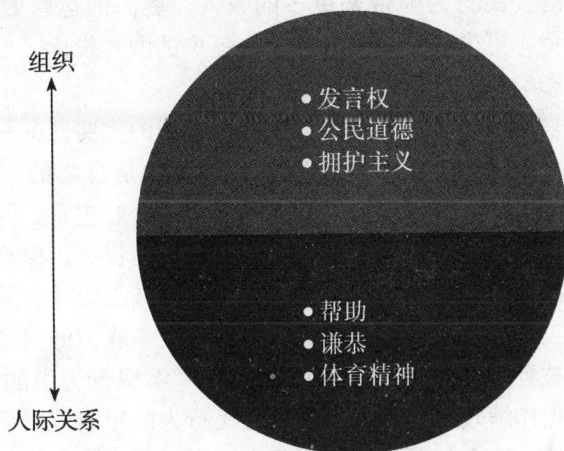

图2—2 公民行为的类型

2.3.1 理解公民行为，并举出几个具体例子进行描述

公民行为的第一种类型就是你可能非常熟悉的人际公民行为。这种行为使同伴和同事受益，并且这些行为以一种超乎常规工作期望的方式对组织的其他成员提供帮助、支持和发展。例如，帮助包括帮助任务繁重的同事，帮助他人处理个人问题，以及给那些初来乍到的新员工讲解职场法则等。谦恭是使同事们对一些相关的信息知情。对于那些切身相关的事实和事件，有些员工往往会保守秘密。好员工则恰恰相

反；他们总是跟同事随时保持联系，因为说不定哪些信息会对其他人有用。**体育精神**指与同事保持一种友好的态度，即便他们惹怒自己或团队正处于困难时期也是如此。抱怨和发牢骚是会传染的；好的员工总是避免去做那些小题大做的事情。

公民行为的第二种类型是**组织公民行为**。这些支持和保护公司，提高公司运转，以及效忠于公司的行为对较大的组织很有益。例如，发言权是指公开地提出对变革有建设性的意见。面对那些不好的规则或政策，好的员工往往积极地尝试而不是消极地抱怨。公民道德是比普通人还要深入地加入到公司的运作中去，如自愿参加集会或公共集会，阅读并紧跟组织的公告，并及时掌握那些对公司有影响的最新信息。拥护主义指在公众场合，离开办公室时，或不工作时，也会用积极的语言来描述组织。回想那些曾在餐馆打工的朋友们，当跟他们聊天，或谈到"厨房轶事"的时候，他们是不是总会说起餐馆好的方面呢？如果是这样的话，那么他们就是高度拥护组织的好员工。

> **"不论任务的特性如何，实际上公民行为与任何工作都是相互关联的，这些行为在工作单位和组织的效率方面都具有明显的益处。"**

你可能已经认识到公民行为在任何工作中都是很有意义的，不论任务多么特殊，这些行为对工作单位和组织效率都很有益。例如，通过对造纸厂进行研究发现，那些有着较多好员工的组织中产出品的质量和数量都要高于其他组织。对30家餐馆的调查也显示，高水平的公民行为能带来更多的收入，更高的运营效率，更高的顾客满意，更高的绩效质量，更少的食物浪费现象，更少的顾客投诉。因此，显而易见，公民行为对净收益的影响是如此重大的。

从员工的角度来看，他们可能企图忽视公民行为的重要性——只关注自己的工作任务，不去管其他"额外的"工作。毕竟，公民行为是自愿的、非强制性的，而工作职责不是这样的。但是，不重视公民行为并不是一个好主意，因为考评人员并不总是把公民行为视作志愿行为。事实上，通过对计算机销售员、保险代理、石化产品销售经理、办公家具制造商、缝纫机操作员、美国空军技工以及美国军队士兵等的调查显示，考评人员对工作绩效的评估与公民行为有很大关联，即使是任务绩效存在差异时，公民行为也会被置于参考之列。正如我们在**"组织行为学的国际化"**专栏中讨论的那样，在评估工作绩效时，考评人员对公民行为的倾向性似乎会根据不同国家的文化有所差异。当然，这个问题与你们有很大关联，因为在多数组织中，考评人员对工作绩效的评价内容对薪酬和晋升有很重要的意义。事实上，员工的公民行为对其获得的薪酬和晋级推荐有很大影响，这些影响甚至高于任务绩效。简单地说，做一名好员工还是很值得的。

2.3.2　偏差行为

现在，我们将目光由组织中的"好员工"转向"害群之马"。尽管任务绩效和公民行为都涉及到有助于组织目标达成的员工行为，但是员工从事的另一些活动却恰好相反。工作绩效的第三种行为是偏差行为，即有意妨碍组织目标实现的行为。"有意"是该定义的关键词，就是说这些事情是员工有意去做的，而不是偶然做出的。尽管偏差行为有许多不同的类型，但是研究表明——如同任务绩效和公民行为——它们还是能被归入到更为具体的类别中（如图2—3）。

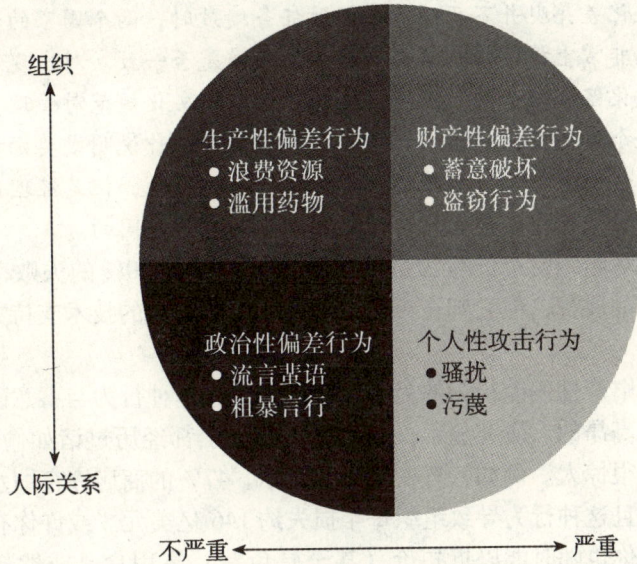

图2—3　偏差行为的类型

Source：Adapted from S. L. Robinson and R. J. Bennett，"A Typology of Deviant Workplace Behaviors：A Multidimensional Scaling Study,"*Academy of Management Journal* 38（1995），pp. 555 –72.

理解偏差行为，并举出几个具体例子进行描述

财产性偏差行为是指有意损害组织资产和财产的行为。例如，蓄意破坏组织的财产表现为蓄意破坏实体设备、公司财产或公司产品。你知道光盘吗？你也许不知道——你不知道光盘的原因就是由于蓄意破坏行为的存在。在20世纪70年代后期，有一家名为Disco Vision的公司（MCA公司的附属企业）生产了光盘，并且刻录了当时流行的电影《大白鲨》以15.95美元零售。尽管这个价格相对于今天的DVD来说还算是合理的，但是却远比当时50～100美元录像带（质量非常低劣）的零售价格便宜得多。遗憾的是，光盘只能在"无尘室"中生产，因为灰尘或碎屑会使电视上的图像出现定格、重复、跳带或停止播放。1979年，MCA公司与IBM公司合并，当时员工的士气低落，偏差行为也随之发生。具体来说，员工开始蓄意破坏组织财产，在无尘室中吃东西——甚至肆意"弄爆"薯片包装袋让食物的碎屑崩到空气中。

☺ **组织行为学的国际化**

正像我们之前解释过的那样，公民行为常被视作志愿行为，因为它不经常在工作描述或直接奖励中详细说明。但是，对于公民行为的自愿程度，组织中的人可能会有不同的看法，并且这些差异还会带来重要影响。有些人可能会认为不同的文化能够对公民行为的不同行为产生影响，这使得公民行为在某些文化中更具强制性，在其他一些文化中更具自愿性。归根结蒂，人们普遍认为，像美国、加拿大和荷兰这样的国家提倡竞争和个人主义；相反，像中国、哥伦比亚和葡萄牙这样的国家提倡相互协作和集体利益大于个人利益。基于这些文化差异，与后者相比，前面提到的那些国家中的人认为公民行为不重要也是合乎常理的。

尽管如此，现实生活中，在近期的一项"比较加拿大和中国的管理者"的研究中发现，这种文化差异观并不正确。在评估任务绩效时，两个国家的管理者都不仅重视公民行为，还非常重视评价员工公民行为的标准是否一致。对出现这种结果的一种解释是，在全球化经济的条件下，有效地经营组织比文化规范对管理实践的影响意义更大。那么从这个案例中得到什么启示呢？尽管由于工作说明或奖励机制无法对公民行为做出详尽的说明，员工可能将公民行为视作志愿行为，但是经理们却十分重视这种行为，并且这种评价在不同文化传统的国家中似乎是相同的。

这种蓄意破坏组织财产的行为最终导致该公司产品90%的失败率。结果，尽管激光盘成本低、品质优，但它却在市场上消失了，激光盘的技术支持方也因此蒙受了巨大损失。

偷窃行为是财产性偏差行为的另一种表现形式，这种行为与蓄意破坏组织财产的行为一样是代价高昂的。研究显示，高达3/4的员工都经历过诸如偷窃的偏差行为，这种行为的代价很惊人。例如，有一项研究显示，47%的商店库存缩水就是由于员工的偷窃行为，并且这种行为导致组织每年损失约146亿美元。或许你有朋友在餐馆或酒吧工作，因此你也随时能以折扣价（甚至是免费）享用食品或饮料。很明显，这种情况对你是有益的，但是，从组织的角度看却是起反作用的。

生产性偏差行为是背离组织，降低组织产出效率的行为。浪费资源就是最常见的生产性偏差行为，如员工使用过多的材料或过多的时间，但是仅仅完成了很少的工作。从事生产制造的员工使用过多的木材或金属就是在浪费资源，这就如同餐馆的员工在烹饪食物时使用了过多配料一样。滥用药物是另一种生产性偏差行为的表现。如果员工在工作之前滥用毒品或酒精，那么他们的生产率就会受到影响，因为他们的工作效率和准确性都会降低。

与财产性偏差行为和生产性偏差行为相反，**政治性偏差行为**是有意做出不利于其他员工的行为。流言蜚语——说别人闲话和那些难以确定真假的事情——就是一种政治性偏差行为。每个人都曾经历过流言蜚语，也理解得知别人在背后谈论自己时的那种心情和感受。这种行为能逐渐破坏群体友谊及工作关系。粗暴的言行表现为一种粗鲁、不礼貌、无礼和缺乏教养的交流方式。这些偏差行为的政治表现对大多数的组织来说似乎不怎么严重，但是，总的来说，政治性偏差行为能够为组织带来一种相互猜疑和不良竞争的风气。撇开员工间缺乏合作会导致生产率低下不谈，存在这种风气的组织很可能留不住优秀员工。此外，有证据显示，流言蜚语和粗暴的言行是一种"连锁反应"——这意味着它们会变得越来越糟，直至达到极点——在发生这种反应后，更多严重的行为也会接踵而至。这些人与人之间的严重行为还包括**个人性攻击行为**，即对他人具有敌意的语言表达或身体行为。骚扰被归入这类行为中，它在员工遭受到同事的身体接触或语言攻击的情况下发生。虐待也是个人性攻击行为的一种类型，它指员工遭受到精神上或身体上的攻击或伤害。你可能会感到惊讶，即使是最过分的个人性攻击行为，在组织中也是很普遍的。在美国，平均每周就有一名员工被现任的或前任的同事杀害。对组织来说，个人性攻击行为可能要付出很高代价的。例如，1998 年，伊利诺伊州 Normal 镇美国三菱汽车制造公司的妇女抱怨男性对她们进行骚扰、使用淫秽语言以及淫秽图画，该公司因此花费 3 400 万美元才使此次性骚扰的集体诉讼纠纷得以解决。

关于偏差行为还有三点需要说明。第一，有证据显示，从事一种形式的偏差行为的人也会从事其他形式的偏差行为。换句话说，这种行为往往代表了行为的范例而不是个例。从这种意义上讲，组织中确实存在"害群之马"。第二，与公民行为一样，偏差行为也存在于任何工作中。工作有什么需要不要紧，重要的是工作中是否会有偷窃、浪费资源和人身攻击等行为。第三，常令人感到大吃一惊的是，哪些员工从事了偏差行为。你可能倾向于认为那些工作效率低下的人会有这种行为，但是，在任务绩效和偏差行为之间仅仅是一种很弱的负相关。有时候，工作效率最高的员工也正是最易逃避偏差行为惩罚的人，因为他们不太可能被怀疑或责怪。

2.4 组织承诺

作为一名管理者或员工，你可能会赞同以下观点：与一个任务绩效和公民行为水平都很高，且几乎没有偏差行为的同事一起工作是愉悦的。很明显，那是最佳情况，并且只有一件事会打破这一和谐的画面：同事变成竞争对手。遗憾的是，这种情况并不是难以置信的。近期，人力资源管理协会的一项调查显示，有 75% 的员工在寻找新工作。在这些找工作的人中，43% 是在寻找薪水更高的工作，而 35% 是由于对现在的组织不满而考虑换工作。由于员工的流动成本很高昂，组织应该对这个数字感到担忧。 项评估认为更换 名小时工需要花费 0.5 倍的年薪加福利，一名职工需要 1.5 倍的年薪加福利，一名高级管理人员需要 5 倍的年薪加福利。为什么更换员工的代价如此高昂呢？评估中包含了各种成本，诸如解约成本，新员工的招募成本、筛选成本以及培训和指导等的管理成本。同时，也包含了一些道德降低、组织技术流失以及生产率下降的"隐性成本"。

组织承诺能够影响员工愿意继续留在组织中还是离开组织寻找其他工作。那些对组织不忠的员工就是在从事一种**退缩行为**，即员工所采取的逃避工作状态的一整套行动——这些行为最终将使员工离开组织。承诺和退缩的关系如图 2—4 所示。表现为较多承诺和较少退缩的员工会在光谱中绿色的部分找到自己。撇开个人或家庭问题不谈，这些员工目前还不是组织的"保留风险"。表现为较多退缩和较少承诺的员工会在光谱中红色的部分找到自己，他们是组织的保留风险——在离开组织的边缘摇摆不定。下面我们将更加详细地解释承诺和退缩行为。

理解组织承诺的关键在于弄清楚它是由何而来的。换句话说，什么因素使员工愿意继续留在组织中？要探究这个问题，请先思考以下情景：你为雇主工作了近 5 年之久，公司使你在该行业获得一个很好的开端，在这儿工作很愉快。你的薪酬水平也是颇具竞争力的，以至于你能在教学质量较高的地区购买住房，这一点对于你来说是很重要的，因为你有一个年幼的孩子，并且你也将拥有第二个孩子。现在试想一下，在你开会的时候，公司的竞争对手联系你并承诺会为你提供一个类似职位，你会考虑哪些事情呢？如果要你把想法列在纸上，会呈现出哪些问题呢？

描述三种组织承诺的类型

一种可能的情况会如表2—3所列的那样。左侧栏反映了继续留在组织的一些情感方面的原因，包括友谊、工作氛围、公司文化和工作带来的愉悦感。这些情感原因构成了**情感承诺**，情感承诺是由于对组织的情感依附和情感投入而想继续留在组织中的愿望。简单地说，你会选择留下，因为你想这样做。中间栏反映了继续留在组织的一些成本方面的原因，包括薪水、福利、晋升和乔迁。这些原因构成了**继续承诺**，继续承诺是出于对离职成本的考虑而要继续留在组织中的愿望。换句话说，你会选择留下，因为你需要这样做。右侧栏反映了继续留在组织的一些责任方面的原因，包括老板、同事以及公司的"人情债"。这些原因构成了**规范承诺**，规范承诺是出于义务情感而要继续留在组织中的愿望。在这种情况下，你会选择留下，因为你应该这样做。

退缩行为

低   高

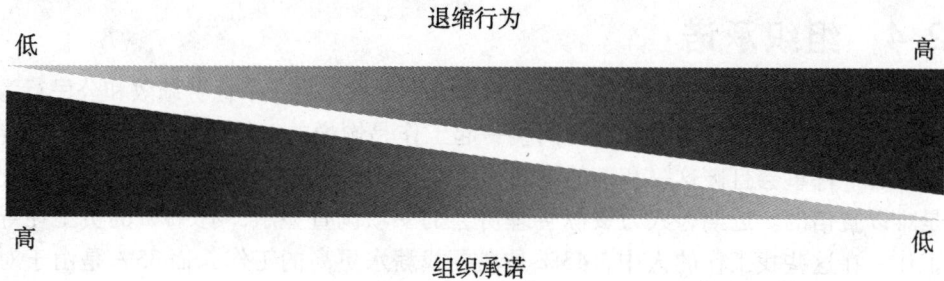

高   低

组织承诺

图2—4　组织承诺和员工退缩

表2—3　　　　　　　　　　组织承诺的三种类型

什么因素使员工愿意继续留在组织中？

情感承诺	持续承诺	规范承诺
基于情感的原因	基于成本的原因	基于责任的原因
－我最好的朋友在公司工作，如果我走了会很想念他们的…… －我真的很喜欢现在的工作氛围，在这儿工作快乐又轻松…… －现在的这份工作很有意义，我很享受每天早上投入工作的那份心情…… 留下，因为你想这样做	－我应该很快就能得到晋升，我在新公司也会晋升这么快吗？ －薪酬和福利使我在这个镇上拥有漂亮的房子，新地区的生活费比这里更高…… －这儿学校的教学质量很高，我妻子有一份很好的工作，我们已经在这儿"扎根"了…… 留下，因为你需要这样做	－我的老板在我身上花费了这么多时间，指导我，训练我，告诉我工作的"诀窍"。 －组织使我的职业生涯获得一个开端，当其他人认为我不能胜任时，他们雇用了我…… －在很多时候，我的上司帮助我渡过难关，我现在怎么能够离开呢？ 留下，因为你应该这样做

如图2—5所示，组织承诺的三种类型结合了员工精神上对公司的依附感。当然，不同的人对这三种类型权衡的轻重可能会有所不同。有的人可能天生就很理性和谨

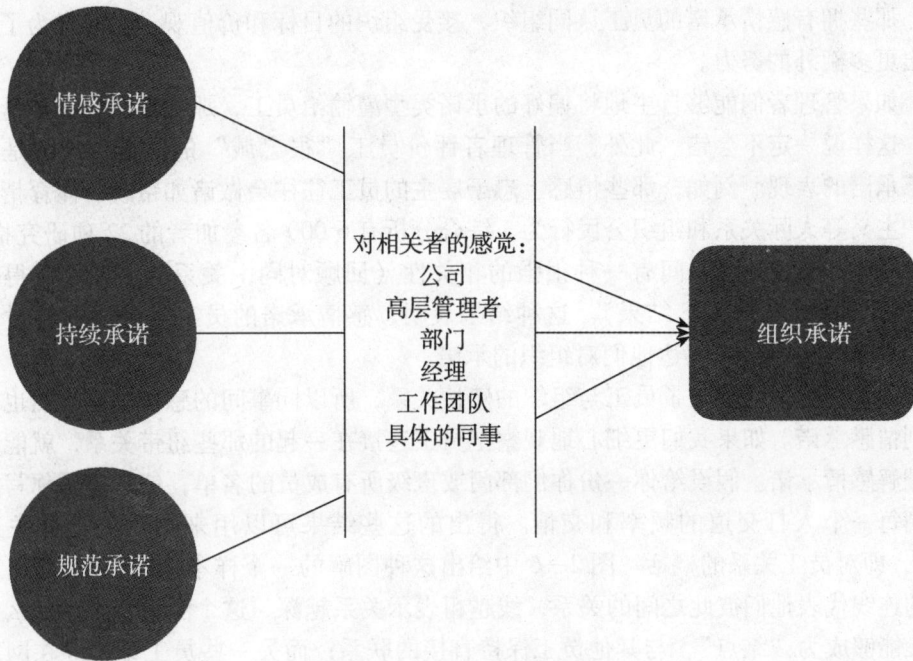

图 2—5　组织承诺的驱动力

慎，他们评价继续留在组织的愿望时，首先会考虑继续承诺。有的人可能天生就是易动感情和直觉型的，他们考虑事情的时候更多地依赖感觉而不是成本和利益。这三种承诺类型对个人的重要程度也可能随其职业生涯的不同发展阶段而有所不同。例如，在职业生涯初期，你可能会优先考虑情感原因，在你成家或在集体中的地位更加巩固之后，你的注意力会转移到一些持续性原因。但是，不管这三个类型的优先次序如何，它们都对"为何有些人会承诺于组织"和"为使员工感到更加忠诚，组织可以做些什么"两个问题给出了重要解释。

图 2—5 表明，组织承诺取决于更多其他因素而不仅仅是组织的本身。也就是说，人们不总是对公司承诺；他们也会承诺于那些在一定时期领导该公司的高层管理者，承诺于他们工作的部门，承诺于直接管理他们的经理，或承诺于具体的团队或那些与他们亲密无间的同事们。我们用"**承诺重心**"来诠释那些能激发员工继续留在组织中的各种人、地点和事件等。例如，你可能选择与你现在的老板一起工作，原因是你非常依赖现在这个工作团队，或担心与薪水和福利联系在一起的成本，或出于对现任经理的一种责任感。如果是这样的话，你留下来的愿望是由多种类型的承诺（情感承诺、继续承诺和规范承诺）和承诺重心（工作团队、公司、管理者）所决定的。既然你已经熟悉了一般意义上的组织承诺的驱动力，下面就让我们更为深入地学习每一种承诺类型吧。

情感承诺

三种承诺类型之间相区别的一种理解方式就是反问自己，如果离开了组织会有什么样的感觉？请思考表 2—3 左侧栏中列出的那几个原因。如果权衡了所有原因你还是决定离开组织加入其他公司，那么，你会有哪些感想呢？答案是：你会感到很忧伤。那些拥有感情承诺的员工认同组织，接受组织的目标和价值观，更愿意为了组织付出更多额外的努力。

如果管理者们能够自主地将偏好的承诺类型灌输给员工，那么他们会选择情感承诺，这样说一定不会错。此外，当管理者评价员工"很忠诚"的时候，这就是一种情感承诺的表现。例如，那些情感上忠于雇主的员工往往会做诸如帮助、体育精神和拥护主义等人际关系和组织公民行为。综合分析有 6 000 名参加者的 22 项研究指出，情感承诺和公民行为之间有一种很强的相关性（回顾对同一关系的多项调查得出的元分析（meta-analysis）结果）。这种结果表明，感情承诺的员工尽可能地"付出比期望更多的努力"来表达他们对组织的承诺。

因为情感承诺反映了员工与组织的感情关系，所以同事间的感情关系自然也会影响到情感承诺。如果我们更细心地观察把员工连接在一起的那些纽带关系，就能更好地理解感情承诺。假设给你一份你们部门或班级所有成员的名单，然后要求你写出与他们每一个人打交道的频率和交情。得出的这些结果可以用来构建"社会关系图解"，即对员工关系的概括。图 2—6 中给出这种图解的一个样本。图中 10 名员工之间的连线代表他们彼此之间的关系，线越粗表示关系越深。这个图解释了为什么一些员工能够成为"结点"，与其他员工保持直接的联系；而另一些员工却始终在网络关系图的边缘上。

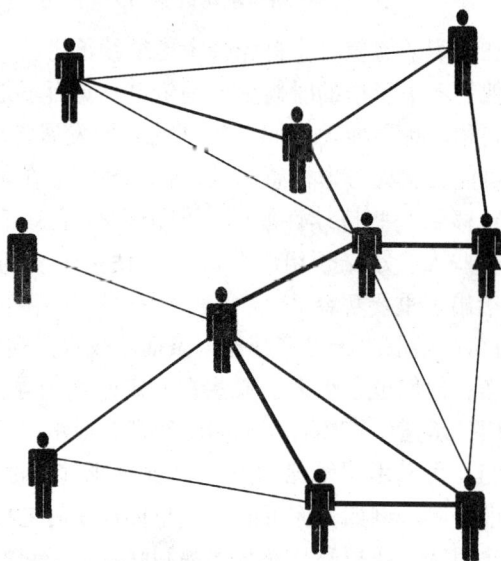

图 2—6　社会关系图解

腐蚀模型认为那些在公司中人际关系较少的员工更容易离开组织。请看图 2—6，谁更容易跳槽呢？对！——就是那些与他人只有一条连结线的员工。从情感承诺的角度看，员工可能感到对工作伙伴的情感依附不怎么深，这也使他们更容易离开组织。社会关系图解也能帮助我们理解跳槽的另一种原因。**社会影响模型**认为，那些与"离职者"有直接联系的员工会更有可能离开组织。这样，情感承诺的降低就会带有传染性，像疾病一样传遍整个组织。想一想，如果位于网络关系图中心位置的员工对组织不满意，那么这种情况会给组织带来多大损害呢？

思科公司仿佛很理解情感承诺的重要性。2004 年《财富》杂志刊登的离职率调查中，在加利福尼亚公司管理者的领导下，网络硬件和软件方面的员工跳槽率是最低的（仅为 3%）。思科的员工指出，愉悦的工作环境是最关键的。在奥斯卡金像奖颁奖期间，公司咖啡厅会提供电影主题的菜单；当专家们讨论重要的科技论题的时候，公司还会准备"午餐便当"。哈雷—戴维森公司也理解促进组织中员工情感依附的重要性，密尔沃基市摩托车制造商的员工自愿离职率低于 2%，民意调查显示了员工对组织文化的强烈认同。事实上，哈雷—戴维森公司花钱让一些员工加入自行车集会，这些活动增强了公司和员工之间的感情关系，也促进了感情承诺。

持续承诺

现在我们来思考一下表 2—3 中间栏员工留在组织的原因。如果权衡了所有原因你还是决定离开组织加入其他公司，那么，你会有哪些感想呢？答案是：你会有一种焦虑感。持续承诺存在于员工留在组织会获得利益而离开会付出代价的情况下，较高的持续承诺使员工难以跳槽去更换工作，这是由于考虑到了与跳槽相关的巨大代价。增加持续承诺的一个因素是员工为了熟悉工作角色或履行组织职责所付出的（时间、精力等的）投入。设想一下，你已努力工作多年，掌握了这个组织的所有工作内容，现在，从得到的经济回报和更好的职位方面来说，你正开始享受着劳动果实。如果你跳到另一个组织中去，那么你之前做的努力就全白费了（并且不得不重新开始学习的过程曲线）。

增加持续承诺的另一个因素是员工缺少可替代的其他工作机会。如果员工没有别的地方可去，那么他留在组织的愿望就会更强。可替代的工作由以下几个因素决定，包括经济状况、失业率以及个人的技术和能力水平。当然，没有人喜欢动弹不得的处境，因此也难怪与情感承诺有关的行为上的优势不会与持续承诺同时发生。持续承诺与公民行为或工作绩效的其他方面之间没有统计上的关联性。因此，持续承诺往往会带来对组织更被动的（与积极相反）忠诚。

看来爱尔康公司很清楚持续承诺的价值。爱尔康得克萨斯州分公司护眼产品部的经理就将自愿离职率维持在低于 2% 的水平。自愿离职率如此之低的一种可能性是由于他们提供给员工的福利。例如，爱尔康公司给员工提供了一项 401（k）员工退休计划，这个计划与员工 240% 的贡献率相一致，并且数额高达薪酬总数的 5%。因此，如果一个员工在某个指定月份向退休计划中投入 500 美元，那么公司就会投入 1 200 美元。这个福利计划比其他最慷慨的公司都要多出 2 倍，它使员工更快地积累起充足的养老金。很显然，当竞争者来"挖角"时，员工会有点顾虑要不要放弃这份福利。

规范承诺

现在我们来思考一下表 2—3 右侧栏员工留在组织的原因。如果权衡了所有原因你还是决定离开组织加入其他公司，那么，你会有哪些感想呢？答案是：你会有一种负罪感。当员工感到留下来是"对的"或是"讲道义的"，那么他就存在规范承诺。认为应该继续为现任雇主工作的想法产生于个人的工作哲学或生活经历中对是与非的感悟。如果员工认为长期忠诚是一种典范而不是例外，那么在公司先前的工作经历也可能影响这些想法。

除了个人的工作哲学或组织社会化之外，似乎还有两种方式有助于员工建立基于责任感的承诺。一种方式就是使员工对组织产生负债感，也就是说他们有亏欠组织的感觉。例如，一个组织可能在培训和培养员工上花了许多钱。为了酬谢组织的这份投资，员工可能会感到有义务用几年的忠诚服务来回报组织。设想一下，老板为你交学费进修，也为你提供有发展的职位来提升技能，如果你选择了其他工作，你难道不会觉得内疚吗？

建立这种承诺的另一种可能的方式是建立一个基于义务感的承诺，即建立一个类似慈善基金的组织。你是否曾想过为什么组织把时间和金钱花在慈善事业上？这些慈善活动不会降低公司在发展研究和产品改良上的投入或损害股东利益吗？为慈善事业做出的努力有以下几个潜在优势。首先，它们能够为组织建立一个良好的公共关系，为组织的产品和服务带来良好声誉，并且还能吸引新员工加入。其次，它们有利于现有员工增加对组织的好感，建立更深的规范承诺。

高通公司非常认可规范承诺的价值，专门从事无线电技术的加利福尼亚州总公司的员工自愿离职率仅为3%左右。6名高通员工在森林火灾中失去家园之后，其他员工便捐款并向红十字会赈灾基金捐出了60 000美元。高通公司每年也将公司1%～2%的税前利润捐给慈善机构。慈善行为也是微软公司文化中的一个重要元素，不仅比尔·盖茨——这个华盛顿软件巨头的创始人将他的大部分财富用于慈善事业，他的员工也积极地为慈善事业做出贡献。这些活动使员工愿意继续留在现任职位。

2.5　退缩行为

当员工并未感觉对组织有很高程度的情感承诺、持续承诺和规范承诺时会如何呢？一种可能的结果是员工开始退离组织。这种退缩行为尤其会发生在工作中出现某些消极事件时，因为在困难时期组织承诺尤为重要。改写一句古语："当路途变得艰难，组织不希望你走开。"在艰难时期，组织需要员工表现出忠诚而不是置身事外地"走开"。当然，同样是困难时期才能检验出员工的忠诚与忠贞。

请思考下面的情景：你已在公司工作3年，并且就在几个月前刚刚成为一个关键产品发展团队中的一员。遗憾的是，团队一直进展得很迟缓。为了提高团队的绩效，组织又增添了一名新成员。这名新员工在产品开发方面极富经验，但是人人都说与他一起工作糟透了。虽然你很容易能看到该员工身上的天赋，但是跟他在一起工作无时无刻都感到厌恶。这种情况是很让人苦恼的，因为即使再有9个月的时间，团队也是无法完成任务的。在这种情况下，你会怎么做？

2.5.1　理解对工作中消极事件的四个主要反应

通过对工作中消极事件进行研究，人们认为，一个人对这些消极事件的反应可能会是以下四种方式之一。第一，你可能试着从该种情况中转移出来，在工作中更频繁地缺勤，或者自愿离开组织。这种移动称为"离职"，即个人通过终止或抑制与组织的关系而做出的一种主动的、有害的反应。第二，你可能尝试通过与新成员们当面解决问题从而改变这种情形。这种行动称为"表达"，在我们讨论人际关系公民行为时已经提及这种行为。"表达"表现出个人在试图改善这种形势时做出的一种主动的、积极的反应。第三，你可能只是会"任劳任怨"，尽管不开心，但仍旧保持着同样的努力程度。这种反应称为"忠诚"，即为保持群众支持而做出的一种不抵抗的、积极的反应，但员工在私下还是期望有所改进的。第四，你可能只是做做样子，你的绩效可能会随心里认为"合格"而慢慢地下降。这种反应称为"忽略"，即一种会导致工作兴趣和努力下降的消极和有害的反应。有时候，"忽略"可能比"离职"的代价更大，因为它不容易引起注意。在老板搞清楚他们的这种行为之前，员工可能已经忽略他们的职责有数月（甚至数年）之久。

总的来说，**离职—表达—忠诚—忽略框架**抓住了对消极工作事件的大多数可能反应，像新同事的加入给工作造成的困难等。那么，组织承诺的地位如何呢？组织承诺应该降低员工以离职和忽略（两个对组织有害的反应）来对待消极工作事件的可能性。与此同时，提高员工以表达和忠诚（两个对组织有建设性的反应）来对待消极工作事件的可能性。研究指出，促进情感承诺和规范承诺的因素实际上增加了表达和忠诚的可能性，同时降低了离职和忽略的可能性。

表2—4 员工的四种类型

		任务绩效	
		高	低
组织承诺	高	明星型员工	平民型员工
	低	独行型员工	冷漠型员工

Source：Adapted from R. W. Griffeth, S. Gaertner, and J. K. Sager, "Taxonomic Model of Withdrawal Behaviors：The Adaptive Response Model," *Human Resource Management Review* 9 (1999), pp. 577–90.

如果将任务绩效的水平与组织承诺的水平放在一起来考虑，我们就会对员工对待消极工作事件的反应勾勒一个清晰的图。表2—4描述了组织承诺和任务绩效的高低水平的组合。**明星型员工**的组织承诺和工作绩效都很高，并被其他员工视为榜样。明星型员工会以"表达"来回应消极工作事件，因为他们有改善现状的期望和激起变革的公信力。在一个具体的组织中，你会很容易认出明星型员工，你可以想想你现在或过去的工作经历，识别出符合以上描述的员工。参见**"运动中的组织行为学"**专栏中世界女子网球锦标赛中明星型员工的例子。**平民型员工**组织承诺较高，工作绩效较低，但是他们自愿完成了许多组织职能之外的活动。平民型员工会以"忠诚"来回应消极工作事件，因为他们可能没有激起变革的公信力，但却期望继续留在组织中。你可以通过以下事件来识别平民型员工，如带新员工参观，买生日蛋糕，订购所需的补给品等。

独行型员工的工作绩效较高，但组织承诺较低，并且他们完成工作目标是为自己而非公司。他们会以"离职"来回应消极工作事件。尽管他们的绩效能带来激起变革的公信力，但是缺乏忠诚又阻碍了他们对其积极的利用。相反，对于下一个雇主来说，他们的绩效水平是很有市场前景的。独行型员工从来不卷入部门的冲突和口角中。最后一种类型是**冷漠型员工**，这类员工的组织承诺和工作绩效都很低，为保住工作做出了最低限度的努力。冷漠型员工会以"忽略"来回应消极工作事件，因为他们缺乏具有市场前景的绩效需求以及公民行为的承诺需求。

☺**运动中的组织行为学**

当男子网球选手赢得英国温布尔登国际网球锦标赛时，他会得到镀金的银杯。当女子网球选手赢得英国温布尔登国际网球锦标赛时，她只会获得一个银盘。但是自2007年开始，两种冠军选手的奖项就有了一个共同点：奖金。那年，全英草地网球和门球俱乐部首次提供了相同的奖励金额——约140万美元——或许是专业网球赛上给男子和女子冠军最慷慨的一次奖励。这个决定要归功于维纳斯·威廉姆斯，她是在奖金公平性的讨论中最积极呼吁的人。在这个政策实行的前一年，威廉姆斯就向英国《泰晤士报》提交了一份建议书，写道"英国温布尔登国际网球锦标赛要怎样才能发现自己站在了历史错误的一边？"，"英国温布尔登国际网球锦标赛怎么能与不平等共存呢？"

反对奖金平等的人指出男子选手是五局三胜的赛制，而女子选手是三局两胜的赛制。然而在网球历史上，比起男子选手，女子选手能带来更多的喧嚣与球迷的兴趣。不管怎样，威廉姆斯努力表达了最真实的声音——积极和建设性地尝试着改善她的运动生涯，以及同伴和其他女子选手未来的利益。在她的文章中，作为三次夺得英国网球锦标赛桂冠的选手，她有着像明星型员工一样对长期存在的现状呼吁变革的公信力。如果没有这种公信力，那么她所表达的声音就不是发自内心的。正如结果证明的那样，威廉姆斯自己也从变革中获益，在2007年和2008年夺得了她的第四和第五次的胜利。有时候，做一名好员工还是值得的。

维纳斯·威廉姆斯向男子和女子选手在英国温布尔登国际网球锦标赛中获得奖金的公平性发起了挑战，现在作为2007年和2008年的冠军，她已经从中获益了两次。

从这个讨论中我们能够明显看出"离职"和"忽略"代表了退缩行为，即我们之前已经描述过的组织承诺不好的一面。组织中的退缩行为到底有多常见呢？答案是很常见。一项历时一年的研究记录了工作中的员工行为，结果发现，这些员工大约只有51%的时间用于工作，其他49%的时间都浪费在迟到、早退、喝咖啡，以及处理私事等其他一些退缩行为。作为一名管理者，你难道不希望员工在工作时间做一些实际工作吗？

2.5.2 描述几个心理退缩和行动退缩的例子，并解释它们之间的相互关系

如图2—7所示，退缩行为有两种形式：心理退缩（忽略）和行动退缩（离职）。**心理退缩**是在思想上逃避工作环境。当员工心理退缩的时候，就是一种"灯亮着，却没有人在屋里"的状态。一些商务文章谈到心理退缩就是"职位的消耗"，意思是即使员工还占着职位，但实质上组织已经失去了他们。心理退缩问题有多严重呢？一项盖洛普民意测验显示，70%的员工感到他们的工作是"空闲的"（这就意味着前面讨论中51%的工作时间还是比较乐观的情况）。

心理退缩多种多样。严重程度最低的就是"做白日梦"，即员工看似在工作，实

际上在走神。"社交"表现为与工作无关的话题的口头闲聊，它大多发生在休息室、咖啡间、信箱或自动售货机处。"假装在忙"指员工故意装作正在工作的样子。有时候员工整理办公桌或围着办公楼漫无目的地溜达。（那些非常擅于掩饰的人很容易做出这种事，并且他们脸上有着专注的表情！）当员工从事"兼差"时，他们就是在利用工作时间和资源去做超出他们工作职责的事情，如完成另一项指派的任务。

或许对于那些白领员工来说，心理退缩最普遍的表现形式就是工作时间"上网冲浪"——使用互联网、电子邮箱和即时消息供个人娱乐多过工作职责。近期对来自 750 个不同组织的 3 000 名员工进行调查，结果显示员工每天花费约 40% 的工作时间处理个人邮件或在网上冲浪。接受调查的人中有 97% 的人承认使用网络主要是为了满足一己私欲而非工作需要。对照一下你自己，有多少次是绕着办公室闲逛，浏览过多少次 ESPN、Amazon、易趣、iTunes 的主页，以及旅游站点、股票交易和（当老板看不见时）登录求职网站。2003 年末，一项评估认为，这种工作时间上网冲浪的行为为美国经济造成 2 500 亿美元的损失。有些员工将工作时间上网冲浪的行为视作一种个人和工作权衡的天平。例如，一名调查参与者说道："对于我来说，工作时间上网处理个人事务是正常的。毕竟，我工作超时也没从老板那里得到过额外的补偿。"尽管这种观点是很合理的，但是有一些员工则把工作时间上网冲浪行为视作一种报复消极工作事件的方式。同一个调查的另一名参与者谈道："我老板不会心存感激；我会利用尽可能多的时间上网，这是我进行反击的一种方式。"

行动退缩是实际行动上（长期或短期地）逃避工作环境的行为。行动退缩也是多种多样的。"拖拉"反映了工作迟到（或早退）的癖性。当然，"拖拉"有的时候是在所难免的，如员工的车辆出现问题或者天气不好。但是，它通常代表了一种将更少的时间用在工作上的期望。

对于为什么认为工作时间上网冲浪，或在网上处理个人事务是可以接受的，员工们给出了不同的解释。不管可不可以接受，很明显，这些都是心理退缩的一种表现形式。

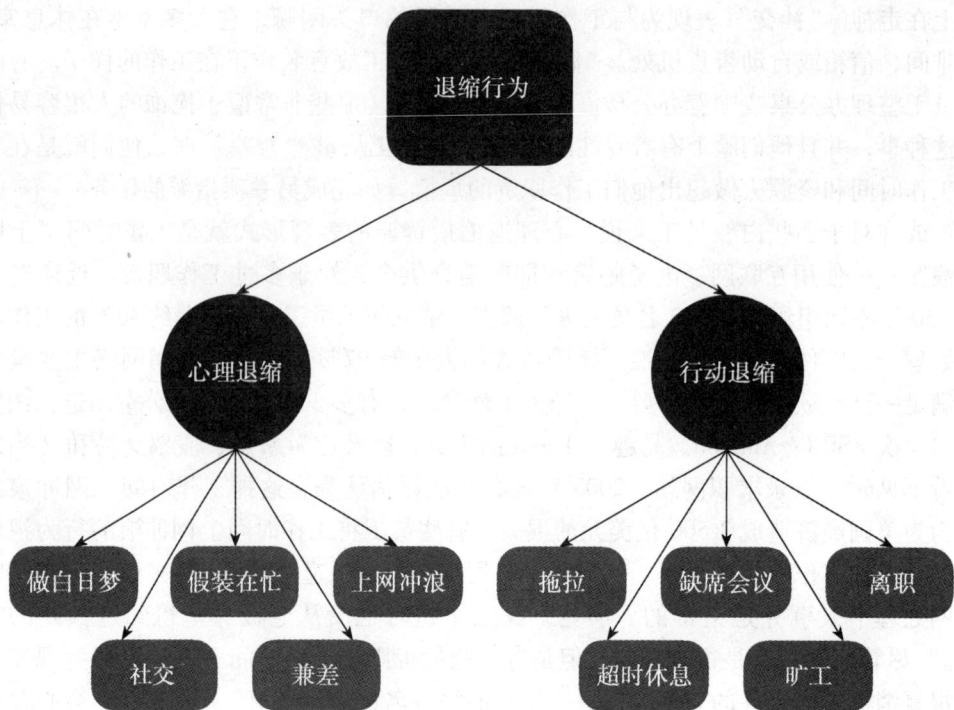

图 2—7　心理退缩和行动退缩

"超时休息"包括超出规定时间的午休、喝咖啡时间等逃避工作的行为。本·哈默的经典书籍《铆钉头：流水线上的故事》讲述了通用汽车公司员工超时休息的例子。例如，员工在流水线上轮流做掩护，这样他们就能够有更多的时间在车里或家里睡觉，四处闲晃，甚至在附近的酒吧喝酒。有时候，这些休息还可以延伸为"缺席会议"，即员工无视工作职责离开工作岗位的行为。作为一名管理者，你希望午休时间回家的员工在到上班时间时确定能够赶回来，但在多数情况下，这并不是一件能确定的事。

"旷工"是指员工缺勤一整天。当然，员工离开公司回家也有许多种原因，包括生病和家里出现紧急状况。但是"旷工"还有另一种情况。例如，员工更可能在周一或周五旷工。此外，良好的出勤率又营造出缺席的压力，这会作为一种个人义务，直到呆在家已不可抗拒的那天为止。这种类型的缺席有时还是能起到一定作用的，因为员工能精力充沛地回到工作中。团队和部门守则也能影响旷工，传达出员工能否在不被注意的情况下侥幸地逃掉处罚。暂且不谈这些问题，多数的管理者都在乎组织承诺，而旷工是组织承诺较低的一种表现。旷工也与指导教师有关吗？参见**"学生中的组织行为学"**专栏。

最后，行动退缩最严重的形式就是"离职"，即自愿离开组织的行为。跟其他退缩形式相比，员工选择"跳槽"是出于很多原因的。最常见的原因包括更多的薪水和更好的工作机会，对管理者、工作条件、工作时间安排的不满意，家庭因素，以及健康原因等。这些原因中有许多是可以避免的离职，就是说组织可以采取一些措施留住员工，也许通过提供更多的薪水、更频繁的晋升机会或更好的工作环境等方式。相反，家庭和健康原因通常反映出一种不可避免的离职，这些离职不一定就表示员工缺乏组织承诺。

　　不考虑这些原因，一些员工在经过非常彻底、谨慎和理性的分析之后还是选择了离开。最典型的是某种形式的"打击"，即这是否是一次重要的工作变动，或者工作经历是否是消极的，这些打击都会促使员工有离开组织的想法。一旦产生这种离开的想法，员工就会到其他地方寻找工作，将那些可供选择的职业与现在的工作进行对比，并且——如果比较的结果是满意的——就会离开。这个过程可能要花费数日、数周，甚至数月的时间做思想斗争。至于其他情形，打击可能导致一种冲动的、未经思考的离开决定，而根本不考虑其他的工作选择（或者将其他工作机会与现在的工作进行比较）。当然，有时候，打击从来都不会发生。相反，员工决定离开是由于工作乐趣慢慢衰减直至"最后添加的一根稻草会压断骆驼背"这种情形。

　　图 2—7 列出了员工对工作环境做出的心理或行动退缩的 10 种行为。一个关键问题是"这些行为之间的相关性如何？"请思考以下几个低组织承诺员工的想法：

　　●"我不能忍受我的工作，因此，我尽可能地蒙混过关。有时我缺勤，有时我社交，有时我迟到。没有什么真正的原因，我当时仅仅是觉得这样很实际，就这样做了。"

　　●"在老板周围，我没有可乘之机。我讨厌旷工，因此我尽力做好工作以避免旷工。我想如果利用工作时间社交或是在网上冲浪，那么我就不需要旷工了。但是如果我无法做这些事情，我也只好呆在家里了……"

　　●"我不再尊敬我老板了。开始的时候，我工作时做白日梦或者与同事社交。长此以往，我开始迟到或超时休息。最近，我一直呆在家不去工作，我在想是否要跳槽。"

　　这些话似乎道出了每一个低承诺的员工要说的。但是，每一种阐述对图 2—7 所列退缩行为之间的关系做出了不同的预测。第一种阐述总结出退缩行为的**独立形式模型**，该模型认为各种退缩行为都互不相关，它们发生的原因各不相同，并能够满足部分员工的不同需求。从这个角度来看，我们能了解到员工上网冲浪与是否有可能旷工没有什么关联。第二种阐述总结出退缩行为的**互补形式模型**，该模型认为各种退缩行为之间都是负相关的——做一种行为意味着你不太可能去做另一种行为。这种观点认为任何退缩行为的表现形式都能够弥补或抵消不满足感，这就使其他的任何表现形式都不需要了。从这个角度来看，我们能了解到上网冲浪的员工不大可能旷工。第三种阐述总结出退缩行为的**演进模型**，该模型认为各种退缩行为都是正相关的：做白日梦或社交的行为导致员工迟到或超时休息，这些行为又导致员工旷工或离职。从这个角度来看，我们能了解到上网冲浪的员工在不久的将来可能会旷工。

　　这三个模型中哪一个对你来说最合理？尽管三个模型都有一定的意义，但是多数人认为演进模型最科学。许多研究都显示，图 2—7 中的各种退缩行为之间是正相关的。此外，如果你将这些行为视作从左（做白日梦）到右（离职）具有因果关系的移动，那么那些彼此最紧密的行为往往相关性更高。例如，离职与旷工的关系比拖拉更密切，因为在一系列退缩行为中旷工是紧挨着离职的。这些结果解释退缩行为可能始于微不足道的行为，但最后逐步升级到对组织有害的更为严重的行为。

　　☺**学生中的组织行为学**
　　对于一名学生而言，退缩意味着什么呢？学生的退缩行为中最显而易见的就是逃课——学校版旷工。为什么学生选择呆在家里而不去上学呢？一项研究揭示了学生逃课最常见的六种原因，排名如下：

1. 要完成其他课程的作业。
2. 这门课程太枯燥乏味了。
3. 得了重病（如流感）。
4. 有些不舒服（如发冷、喉咙痛）。
5. 厌倦社交活动。
6. 睡过头了。

这些原因解释了有许多因素导致学生逃课。有些是可以避免的，有些则无法避免；有些是与课程有关的，有些则是无关的。在列出的所有原因中，认为"课程枯燥"是对与课程相关的消极事件做出的反应。学生不喜欢这门课，因此他们就选择"离开"。旷课也有一定的节奏性和季节性，如学生最有可能在周五或者临近期末时逃课（因为在这时作业的截止日期变得更加紧迫）。

对任何学生来讲都有一个关键问题：旷课对学习有害吗？很明显，答案是"有害"。一项研究调查了 17 门不同课程的上课出席率和课程分数的相关性情况，结果显示，它们的相关性从 0.29 到 0.73 不等。另一项研究发现，参加所有课程的学生的平均分比那些只上一半课程的同学高出 0.45 分。即使把学生的平均累计成绩和他的动机水平考虑进去，还是会出现同样的结果。

这些结果解释了为什么一些教师在他们的课堂上建立考勤制度，让学生每天签到，以此来降低缺席率。一项对上心理学课程的两个班级进行比较的结果证实了这个制度的好处。其中一个班级要求学生签到，而另一个不做要求。要求签到的班级的缺席率比不要求签到的班级低了 1/3，并且签到班级的学生在 8 次测验中有 7 次都比不签到班级的学生表现得好。作为一名学生，底线是很明显的——来上课，你会学习更好。

请登录 www.mhhe.com/ColquittEss 网站查询学习资料，包括互动练习、测验、iPod 下载和视频内容。

2.6 案例：Home Depot

像"卖场里的工作服"这样的计划，是努力削减开支，从而提高销售区员工的数量。该计划旨在改善家得宝员工在公司困难时期的工作绩效和组织承诺。尽管"卖场里的工作服"计划最初看似很有前景，但是公司的新 CEO 弗兰克·布莱克和新人力资源总监蒂姆·克劳的一些削减开支的行动还是颇有争议的。例如，公司将人力资源领域的员工由 2 200 人削减至半数，解雇了上千名员工。在鲍勃·纳德里任职时期，公司的每个商店都至少有 1 名人力资源经理。在新公司的结构下，由 1 名人力资源区域总监和 3 名人力资源经理组成的管理小组将监管 6~10 家商店。商店将继续保留 1 名本地的管理人员编制日程安排，并设置呼叫中心来处理员工和经理们与人力资源总监联系的电话。家得宝将雇用200名员工在呼叫中心工作。

　　克劳认为以前店铺人力资源管理者的许多职责已经随着时间演变成培训店铺经理的领导能力。就是说，店铺经理已经参与到招募和筛选有才能的人，寻找改善职业发展的途径和最大限度地留住员工等活动中。克劳还坚持认为，店铺一周会有4~5天能看到"HR团队"的成员。他还指出，呼叫中心将会雇用家得宝的员工，以此反对外包的行为。同时，这种大量缩减规模的行为也在一定程度上说明了"人员管理"对于像家得宝这样的公司来说是多么的重要。很显然，艰难的时刻需要做出艰难的抉择。看看这个公司的重组最终会怎样影响到员工的绩效和承诺的，这将会是很有趣的事情。

- 你赞同家得宝通过裁员的方式来提高销售区员工的数量吗？
- 请思考，像家得宝这样的公司中人力资源管理者最典型的职能——招聘、筛选、培训、薪酬、保留——在店铺之间是标准化的吗？不同的店铺是不是应该用不同的方式处理这些问题呢？
- 裁员是降低成本最常用的一个战略，特别是在经济动荡时期。通过裁员来改善工作绩效有哪些缺陷呢？如果你是那1 000个保住工作的人力资源经理中的一员，你的绩效和承诺会在多大程度上受到裁员的影响呢？

2.7　重点掌握

- 工作绩效是指整体员工行为的价值表现，它可积极地或者消极地促进组织目标的实现。组织承诺是员工继续留在组织的愿望。
- 任务绩效是指直接参与将组织资源转化成组织生产的产品和服务的员工行为。组织使用工作分析来收集相关任务行为的信息。
- 公民行为是指员工做出的可能被奖励或不被奖励的志愿行为，这些行为通过提升整体工作环境的质量而对组织做出贡献。公民行为的例子包括帮助、礼让、体育精神、发言权、公民道德和拥护主义。
- 偏差行为是有意妨碍组织目标实现的行为。偏差行为的例子包括蓄意破坏财产、盗窃、浪费资源、滥用药物、流言蜚语、粗暴言行、骚扰和虐待。
- 组织承诺有三种类型。情感承诺发生在员工愿意留在组织中的情况，并受到员工间感情关系的影响。持续承诺发生在员工需要留在组织中的情况，并受到薪酬、福利和其他经济因素的影响。规范承诺发生在员工感到应该留在组织中的情况，并受到组织对他的投入，或从事慈善事业的影响。
- 员工能以四种方式对工作消极事件做出反应：离职、表达、忠诚和忽略。离职是行动退缩的一种形式，表现出员工终止或限制与组织的关系。表达是为改善条件做出的积极的和建设性的反应。忠诚是被动的和建设性的，当员工期望境况要靠自身的力量改变时，他们就会保持支持的态度。忽略是心理退缩的一种形式，表现出员工的工作兴趣和努力程度的降低。
- 心理退缩的例子包括做白日梦、社交、假装在忙、做兼差和上网冲浪。行动退缩的例子包括拖拉、超时休息、缺席会议、旷工和离职。与演进模型一致，退缩行为在逐步上涨到更加严重的行动退缩之前往往始于微不足道的心理退缩。

2.8　问题讨论

- 描述公民行为对组织职能的影响非常重要和不太重要的工作类型，是什么因素使公民行为更重要呢？
- 图2—3认为生产性偏差行为和政治性偏差行为在本质上比财产性偏差行为和个人性攻击行为次要得多。在何时这些偏差行为的类型能被证明代价高昂呢？
- 对于大多数员工来说，你认为组织承诺（感情承诺、持续承诺或规范承诺）中哪个类型是最重要的？对你来说哪个最重要呢？
- 请思考你在何时曾以离职、表达、忠诚或忽略来回应那些消极工作事件？在哪些情形下你会做出这些反应？你经常以相同还是不同的方式回应这些消极工作事件？
- 组织是否能够组合监督和惩罚方式来降低心理退缩和行动退缩？从现实意义来讲，这些做法会带来多大的效果？你认为它们有效吗？

2.9　测评：情感承诺

你对雇主有多大程度的感情依附？这项评估用于测量感情承诺——你想要继续留在组织的情感。想想你现在的工作或上一份工作（兼职或暑期工也可）。用给定的标准回答以下每一个问题，然后用6减去下面加粗问题的答案，以得出的差作为那个问题的新答案。例如，如果你第3题原来的答案是"4"，你的新答案就是"2"（6－4），然后计算这六个问题的得分总和。（与本章内容有关的更多测评，请登录在线学习中心：www.mhhe.com/ColquittEss）

1	2	3	4	5
强烈反对	反对	不确定	赞同	完全同意

1. 我非常愿意余下的职业生涯继续在该组织工作。
2. 我真的觉得组织的问题也就是我自己的问题。
3. **我不觉得自己是组织这个"大家庭"中的一部分。**
4. **我感觉不到对组织有"情感依附"。**
5. 这家组织对我有许多个人意义。
6. **我没有一种要归属于组织的强烈感觉。**

得分

如果你的总分数是20分以上（包括20分），那么你对你现在或过去的组织的感情承诺就是强烈的，这意味着你对公司或公司中的人有一种情感依附，这就降低了你自愿离开组织的可能。如果你的分数低于20分，那么你对你现在或过去的组织的感情承诺就是微弱的。如果你是做兼职或暑期工的话，这个结果便很有可能产生，因为你没有足够的时间去促进更深的感情关系。

Source：J. P. Meyer and N. J. Allen, 1997, *Commitment in the Workplace*, Sage Publications. Copyright © 1997 Sage Publications Inc. Reproduced via permission from Copyright Clearance Center.

2.10 练习：对消极事件的反应

这个练习的目的是探究个人对消极工作事件中三个非常普通的场景做出的反应。这个练习需要团队来完成，所以，老师要把你分派到一个团队中，或者让你创建你自己的团队。这个练习步骤如下：

1. 独立阅读下面的三个场景：讨厌的老板，乏味的工作，薪酬和资历。针对每一个场景，写出你可能会做出的两种具体的行为。写出你实际会做的事情，而不是你希望做的事情。例如，你可能希望自己会长驱直入老板的办公室要求变革，但是如果你实际上什么都没做，就写"没做什么"。

讨厌的老板	你已经在这家公司工作一年多了。随着时间的推移，你的老板变得越来越令人讨厌，也不是说你的老板就是一个坏人或坏老板，这主要是个人的冲突——你老板说话的方式、管理的方式等每一件小事，甚至是你老板的表情。时间越久，你就会越难以忍受你的老板。	两种可能的行为
乏味的工作	你已经在这家公司工作一年多了。你感觉到工作非常乏味，这是你的第一份工作，起初，你很高兴赚到钱并且每天都有事可做。但是，对这份"新工作"的热情已经逐渐消失了，工作变得单调乏味，每天都在做着相同的事情。你每个小时都在查看手表，周三也感觉像周五一样。	两种可能的行为
薪酬和资历	你已经在这家公司工作一年多了。合意的是你正在做的是一份伟大的工作——你得到了优秀的绩效评估，在许多项目中都处于领导者地位。虽然你获得了如此高的地位，但你感觉自己的工资有点少。你们公司的薪酬制度是资历重于工作绩效。结果，你看到团队中其他绩效不如你的员工，获得的薪酬却比你多，仅仅因为他们的资历更久。	两种可能的行为

2. 在小组中，比较和对照你们对以上三种场景可能做出的反应，对小组成员可能做出的行为达成共识。推选出一名组员在黑板上写出每种场景你们组可能做出的两

种行为。

3. 班级讨论（以小组或班级为单位）应该围绕适用于离职—表达—忠诚—忽略框架的反应进行，讨论哪些个人因素和环境因素导致个人做出某个反应而不是其他反应？有没有哪些反应不适用于离职—表达—忠诚—忽略框架的？

本章术语

工作绩效是指整体员工行为的价值表现，它可积极地或者消极地促进组织目标的实现。

组织承诺是指就员工而言，他们要继续留在组织中的愿望。

任务绩效是指直接参与将组织资源转化成组织生产的产品和服务的员工行为。

例行任务绩效指涉及对以正常的、例行的或可预见的方式出现的任务要求员工所做出的那些众所周知的反应。

适应性任务绩效指涉及员工对那些异常的，不经常发生的，或至少是不可预见的任务要求所做出的反应。

工作分析是指用来确定代表不同工作"任务绩效"整体行为的过程。

职业信息网是一种在线数据库，从任务、行为和所需知识、技能和能力方面，它涵盖了大多数工作的特征。

公民行为是指员工做出的可能被奖励或不被奖励的志愿行为，这些行为通过提升整体工作环境的质量而对组织做出贡献。

人际公民行为是指有益于合作伙伴和同事的志愿行为，如帮助、谦恭或体育精神。

组织公民行为是指有益于较大组织的自愿行为，如发言权、公民道德和拥护主义。

偏差行为是指有意妨碍组织目标实现的行为。

财产性偏差行为是指有意损害组织资产和财产的行为，如蓄意破坏和盗窃行为。

生产性偏差行为是指有意降低工作产出效率的行为，如浪费资源和滥用药物。

政治性偏差行为是指有意做出不利于其他员工的行为，如流言蜚语或粗暴言行。

个人性攻击行为是指诸如骚扰或污蔑等对他人具有敌意的语言表达或身体行为。

退缩行为是指员工所采取的逃避工作状态的一整套行动。

情感承诺是指由于对组织的情感依附和情感投入而想继续留在组织中的愿望。

持续承诺是指出于对离职成本的考虑而要继续留在组织中的愿望。

规范承诺是指出于义务情感而要继续留在组织中的愿望。

承诺重心是指能激发员工继续留在组织中的各种人、地点和事件等。

腐蚀模型是指那些在公司中人际关系较少的员工更容易离开组织。

社会影响模型是指认为那些与"离职者"有直接联系的员工会更有可能离开组织的理论。

离职—表达—忠诚—忽略框架突出描述了对消极工作事件的大多数可能反应。

明星型员工是指在组织承诺和工作绩效上都拥有较高水平的员工。

平民型员工是指在组织承诺上水平较高，但工作绩效较低的员工。

独行型员工是指在工作绩效上水平较高，但组织承诺低的员工。

冷漠型员工是指在组织承诺和工作绩效上都很低的员工。

心理退缩是指思想上逃避工作环境的行为。

行动退缩是指实际行动上（长期或短期地）逃避工作环境的行为。

独立形式模型是指认为各种退缩行为都互不相关的模型。

互补形式模型是指认为各种退缩行为之间都是负相关的模型。

演进模型是指认为各种退缩行为都是正相关的模型。

第二部分 个体机制

3

工作满意度

【学习目标】

通过阅读本章，应该能够：

- 界定工作满意度；
- 描述价值观以及它是如何影响工作满意度的；
- 列举出人们通常用来评价工作满意度的几个具体方面；
- 理解工作本身能够带来满意感的那些工作特征；
- 描述日常事件是如何影响工作满意度的；
- 界定心境和情绪并描述它们的具体表现形式；
- 理解工作满意度是如何影响工作绩效和组织承诺的，以及如何影响生活满意度的。

3.1　Patagonia

我们来描绘一下这样的场景：你26岁，获得过一个学士学位，两个硕士学位，在两家著名的欧洲公司（雀巢和联合利华）实习过。你已经得到了一家服装公司的邀请，这家公司专做毛衣、夹克和其他的户外用品。你会接受这份工作吗？是的，服务于一家服装公司可能并不是最让人感到兴奋的，但是如果它提供了一个好的职位和一份优厚的薪水，你很可能会考虑。如果是仓库物料员的工作会怎么样呢？"没门！"你会说。但是那确实是加利福尼亚州南部的斯科特·罗宾逊做出的选择——事实上，是他请求的这份工作。为什么呢？因为这家公司是Patagonia（以下称"巴塔哥尼亚"），总部设在加利福尼亚的户外衣物和设备经销商，它不仅仅是一般的服装公司。正如罗宾逊所说的，"我想为一个由价值观驱动的公司工作"。该公司是由长期进行冲浪和爬山运动的伊冯·乔伊纳德创建，致力于以环境的可持续发展方式生产最好品质的产品。

罗宾逊不是唯一一个20多岁就到巴塔哥尼亚工作的员工。该公司拥有1 275名员工，在7个国家有分店，平均每提供一个岗位就会有900个人应聘。在这种激烈的竞争中，尽管巴塔哥尼亚要求雇员能够做有难度的工作，有创造力并且能产生绩效，但是它还是能够雇用到有激情的员工。由于巴塔哥尼亚独特的管理方法，他的员工对自己的工作是满意的。乔伊纳德相信"让我的人冲浪"的哲学，它的意思是该公司鼓励员工在天气好的时候出去冲浪，滑雪，爬山或者钓鱼，而不是待在办公桌前。这种态度给了员工自主性，他们可以自己安排工作和测试公司产品。该公司还提供了公司内日托、带薪产假和弹性工作时间。薪酬在市场价格之上，并且每个人每年会根据利润得到奖金。

除了用这种创造性的方法对待员工之外，巴塔哥尼亚也是众所周知的致力于环境事业的公司。该公司在"回收利用工艺"被普遍推广的几十年前就开始重复使用原材料了。它的带有标志的羊毛夹克衫是用废弃的汽水瓶产生的聚酯做的。它还和一个日本公司一起来完善聚酯的回收利用功能，并且鼓励消费者寄回穿坏的衣服，这样的话它就会变成新产品。巴塔哥尼亚也是加州第一个使用新能源的公司，比如用太阳能或风来给它所有的建筑发电。乔伊纳德组织了一个商业联盟，叫做"星球的百分之一"。该联盟里的公司每年将净收入的1%捐赠给环境事业。巴塔哥尼亚也鼓励它的员工参与进来，允许他们有两个月的带薪休假来做环境事业。所有的这些活动都让员工感觉到工作的重要性——这种感觉就是他们除了卖夹克和毛衣外还要做一些其他的事情。正像一位员工说的那样："当你做自己喜欢的事情还有报酬时，工作是很轻松的。"

3.2　工作满意度

本章我们介绍了组织行为学整合模型中的一个新的部分。工作满意度是几种能够直接影响工作绩效和组织承诺的个体机制中的一种。正如巴塔哥尼亚的例子中所展示的那样，如果员工在工作的时候对自己的工作很满意，并且抱有积极的情绪，他们可能会更好地完成工作，并且会愿意更长久地留在公司。想想看你做过的最差的工作吧，它可能仅仅是一个暑期兼职或者一个短期的项目。在每天的工作中你的感觉是怎样的呢？不考虑花费在偏差行为和退缩行为上的时间，就你花费在工作上和实施公民行为上的时间而言，这些感觉是怎样影响你的行为呢？

> **"不幸的是，工作场所调查显示，满意的员工变得越来越少了。"**

3.2.1　界定工作满意度

工作满意度被界定为是一种来源于对工作或工作经历评价之后得到的愉悦的情感状态。换句话说，它代表了你对自己工作的感觉和想法。工作满意度高的员工在想到自己的工作职责或者在工作的时候是有积极的情绪的。不幸的是，工作场所调查显示，满意的员工变得越来越少了。比如说，最近的一项调查表明，只有49%的美国人对自己的工作满意，10年前这个数字是58%。这项调查同时也揭示了只有20%的人对他们公司的员工晋升和薪酬制度满意，只有33%的人对自己的报酬满意。要想逆转这种趋势需要对真正影响工作满意度水平的因素有更深刻的理解。

那么，导致某些员工比其他人更满意的原因是什么呢？总的来说，当工作能够提供给员工自认为有价值的东西时员工就会满意。**价值**是指人们有意识地或下意识地想追求或想得到的东西。仔细想想这个问题：你想从工作中得到什么，也就是，你想让工作提供给你什么？一份好的薪酬？一种成就感？还是周围都是有趣的同事？如果你将这些白认为工作中有价值的东西列表的话，大部分或全部因素可能都会呈现在表3—1中。这个表总结了在5个最受好评的工作价值调查中评估出的那些价值，这些价值被分解成了更一般化的几个类别。许多价值都涉及工作能够提供给你的那些东西，比如好的薪酬或者频繁晋升的机会。其他的价值是那些从属于工作的因素，包括是否有好老板或好同事。还有一些价值涉及工作本身，如工作是否给你带来自由或成就感。

3.2.2　描述价值观以及它是如何影响工作满意度的

表3—1　　　　　　　　　　　**得到普遍评价的工作价值**

类别	具体价值
薪酬	高薪；有保障的报酬
晋升	频繁的晋升；基于能力的晋升
上司	好的上下级关系，对工作出色的加以表扬
同事	有趣的同事；有责任感的同事
工作本身	能力的应用；自由和独立性；智力的刺激；创造力的表达；成就感
利他主义	帮助他人；道德原因
地位	威望；在他人之上的权威；名誉
环境	舒适；安全

关键问题：这些内容中哪些对你是最重要的？

Source：Adapted from R. V. Dawis，" Vocational Interest，Values，and Preferences，"in *Handbook of Industrisl and Organizational Psychology*，Vol. 2，ed. M. D. Dunnette and L. M. Hough（Palo Alto，CA：Consulting Psychological Press，1991），pp. 834 – 71.

> "尽管钱总是越多越好，但大多数员工期望工资还是在认真考虑过他们的工作职责与同事对比之后所得到的。"

> **49%** 的美国人对其工作表示满意。

3.2.3 价值—认知理论

价值在解释工作满意度时起到了关键性的作用。价值—认知理论认为，工作满意度取决于你是否认为工作给你提供了你认为的有价值的东西。这个理论可以概括为下面的公式：

满意度 =（期望价值 – 已获价值）× 价值重要性

在这个公式中，期望价值反映了员工想要某种价值的程度，已获价值反映了工作能够提供那种价值的程度，价值重要性反映了这项价值对员工的重要程度。期望和现实之间的巨大差距会产生不满意，尤其是当这种价值非常重要的时候。我们注意到，期望价值和已获价值之差与重要性是相乘的关系，因此，重要的价值会将已有的落差扩大，不太重要的价值则将已有的落差缩小。举个例子来说，比如评估你的薪酬满意度。你想一年赚到大概 7 万美元，但目前每年赚 5 万美元，所以，这里有 2 万美元的落差。这是否意味着你对薪酬有很多的不满呢？从表 3—1 中看到，只有当薪酬对你来说是最重要的价值之一的时候才会产生不满。如果薪酬不是那么重要，你很可能不会感觉有很多不满。

价值—认知理论也表明了人们是根据工作的具体"方面"来评估工作满意度的。毕竟，一项"工作"不是一件事情——它是任务、工作关系和报酬等的集合。图 3—1 中呈现了人们在判断工作满意度时考虑的最常见的几个方面。这个图包括了"期望与现实"的计算公式，它主要涉及薪酬、晋升、上司、同事和工作本身这几个方面的满意。这个图也展示了这五个方面的满意整合在一起是如何产生"整体工作满意"的。图 3—1 表明员工可能因为各种各样的原因产生满意。一个人可能因为自己有一份高薪工作和一位好老板而满意，另一个人则可能因为他有好的同事和令人愉悦的工作任务而产生满意。你可能已经注意到表 3—1 中的一些价值如道德原因，名誉和声望没有在图 3—1 中体现。这是因为这些价值不像薪酬、晋升等，和所有的工作都有关。关于价值和满意在体育界中的讨论，请看我们的"运动中的组织行为学"这一专栏。

列举出人们通常用来评价工作满意度的具体几个方面

在图 3—1 中第一个方面就是薪酬满意度。它涉及员工对薪酬的感觉，包括它是否是员工应得的，是否有保障，用于日常开支和奢侈的项目是否足够。与其他方面一

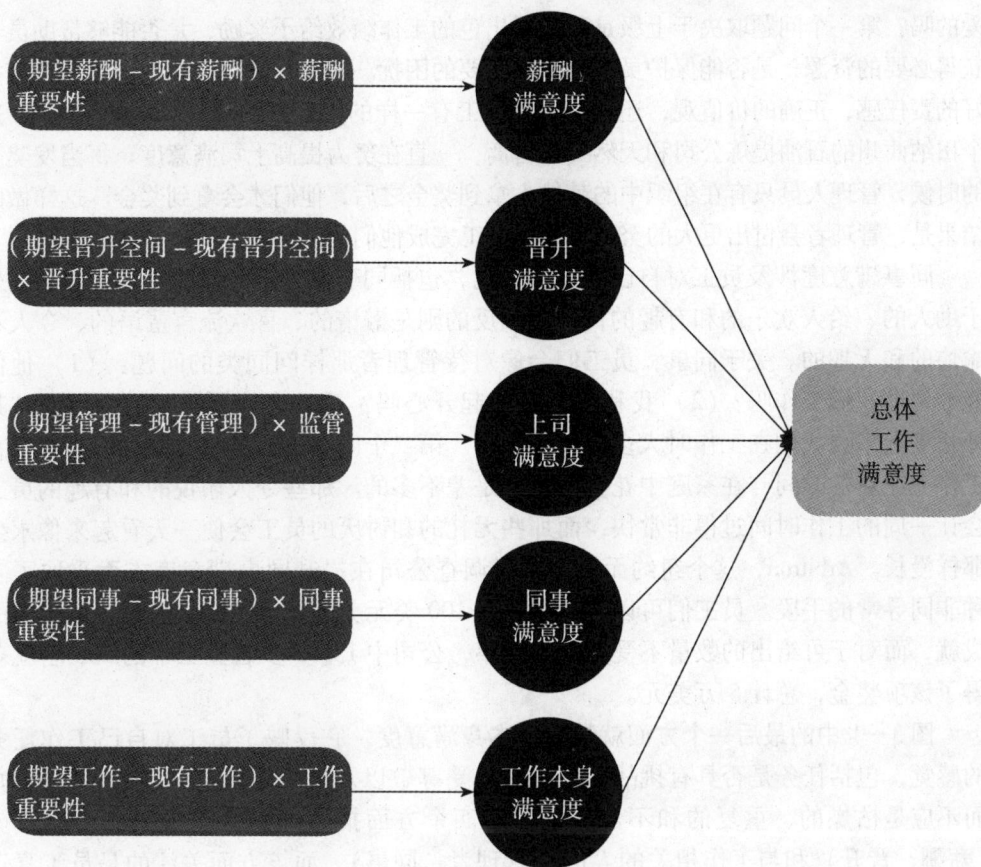

图3—1　工作满意度中的价值—认知理论

样，薪酬满意是以员工的期望薪酬和现有薪酬的对比为基础的。尽管钱总是越多越好，但大多数员工还是期望工资是在认真考虑过他们的工作职责和与同事对比之后所得到的。所以，即使是非百万富翁也会对自己的工资非常满意。（这要感谢我们中的大多数人！）以 Bright Horizons 的员工来举例吧。马萨诸塞州的儿童看护和早期教育项目给他的员工们人均 5 万美元的工资，然而这个行业却是以低工资而闻名的。Bright Horizons 的员工拥有很高的薪酬满意度，因为他们比该行业中的同僚们赚得多。

图3—1 中的第二个方面是晋升满意度。晋升满意度涉及员工对公司晋升政策与政策实施的感觉，包括晋升是否频繁、公平和是否以能力为基础。与薪酬不同，一些员工可能不想频繁地晋升，因为随着晋升他们要承担更多的责任，工作时间会更长。然而，许多员工认为晋升是有价值的，因为晋升会为个人的进一步成长、更高的工资和更多的威望提供机会。QuikTrip，这个俄克拉荷马州的天然气和便利店连锁公司在促进员工晋升满意度方面做得很好。"内部晋升"是该公司的一个主要的座右铭，它的 400 多个管理者都是从底层一步步晋升上来的。

上司满意度反映了员工对自己老板的感觉，包括老板是否有能力，是否文雅，能否很好地沟通（而不是懒惰的、易怒的、不可接近的）。大部分的员工对自己的上司都会问两个问题：（1）他们能帮助我得到我认为有价值的东西吗？（2）总体来说他们是可爱的吗？第一个问题取决于上级是否能对出色的工作绩效给予奖励，是否能够帮助员工获得必要的资源，是否能保护员工免受不必要的困扰。第二个问题取决于上级是否有很好的责任感，正确的价值观，还有是否和员工有一样的人生哲学观。Valero Energy，这个田纳西州的石油提炼公司和天然气零售商，一直在努力提高上司满意度。每当发奖金的时候，管理人员只有在组织中的其他人拿到奖金之后，他们才会拿到奖金。这样做的结果是，管理者会付出更大的努力以确保员工完成他们的工作。

同事满意度涉及员工对自己同事的感觉，包括同事是否是聪明的、负责任的、乐于助人的、给人欢乐的和有趣的；与此相反的则是懒惰的、喜欢流言蜚语的、令人不愉快的和无趣的。关于同事，员工们会像对待管理者那样问同类的问题：（1）他们能够帮助我做工作吗？（2）我和他们在一起开心吗？第一个问题很关键，因为从某种程度上来说我们在工作时大多会依赖同事。第二个问题也是很重要的，因为我们在工作上花费的时间与在家庭中花费的时间是差不多的。那些令人愉悦的和有趣的员工会让一周的工作时间过得非常快，而那些无礼的和讨厌的员工会使一天看起来像永生那样漫长。Arbitron，这个纽约无线电市场调查公司在提升同事满意度方面采取了一种非同寻常的手段。员工们可以选择用一张 100 美元美国万事达礼品卡来认可同事的成就，而对于可给出的数量不受限制。去年，公司中 1 400 多名员工中的 300 名就获得了该项奖金，总计 5 万美元。

图 3—1 中的最后一个方面就是工作本身满意度。它反映了员工对自己工作任务的感觉，包括任务是否具有挑战性、有趣、受尊敬以及是否用到了自己的主要能力，而不应是枯燥的、重复的和不舒服的。前四个方面描述的是工作带来的一些成就（薪酬、晋升）和与工作相关的人员（管理者、同事），而该方面关注的是员工真正做什么。毕竟，即使是再好的老板，最有趣的同事也不能为你每周 40 或 50 个小时的厌倦做出补偿。

☺运动中的组织行为学

如果你发现喜欢和擅长的东西不能在美国为自己谋生你会怎么想？这种情况正是大学女子篮球运动员所遭遇的，而这是在 1996 年女子国家篮球协会（WNBA）形成之前的情况。莉莎·莱斯利（Lisa Leslie），这个身高 6 尺 5①的洛杉矶火花队队员，是 WNBA 首个赛季的成员。十多年以后，她三次获得联盟 MVP 的称号，或许她是该联盟的标志性人物。

当莱斯利公布说她要开始 2008 赛季的训练时，她是抱有极大热情的。将要到来的这个赛季一定会让她实现各种工作价值。比如说，迈克尔·库珀（Michael Cooper）指导火花队拿到了 2001 年和 2002 年的冠军。她回来后，带来了很好的管理关系，这对工作满意度是至关重要的。另外，莱斯利现在和坎迪斯·帕克（Candace Parker）一起形成了该联盟的重要前场之一，坎迪斯·帕克：身高 6 尺 4，是田纳西大学的毕业生。帕克的加盟带来了积极的同事关系，这会促进工作满意度。莱斯利和帕克已经花时间研究给对方的有效篮球手势，当用这些手势得分的时候，她们一定会以手势"L"（代表 Lisa）或"C"（代表 Candace）示意。WNBA 也提供了一份稳定的薪水，

---

① 英制单位，这里是指 6 英尺 5 英寸，下同。

每个赛季的平均薪水是4.7万美元，最高时9.1万美元。

莱斯利的WNBA职业也给了她从事慈善事业的机会。比如，因为她的母亲曾经受到过乳腺癌的困扰，所以她用自己的名誉唤起人们对乳腺癌的注意。她曾是1996年、2000年、2004年和2008年奥运会上夺得金牌团队中的一员，作为金牌获得者她也是国家的代表。所有的这些机遇都有重要意义，这超过了篮球本身"得分与失分"的意义。当被问及会打多久时，莱斯利说，只要我还享受着篮球，我就会继续打下去；当我觉得它无趣时，我就停止。

雇主们是如何向员工灌输要对工作本身满意的呢？Valassis，这个密歇根的报纸广告插页和优惠券发行商，它会每年对员工进行技术评估，让员工对自己擅长的技术更加自信。它还会给员工提供晋升机会，有时甚至会为了发展员工的特殊才能而创建新的职位。

总而言之，价值—认知理论表明，当员工认为工作所提供的薪酬、晋升、上司、同事和工作任务是有价值的时候他们才会满意。当然，这个理论引出了一个问题：哪些因素是重要的呢？换句话说，图3—1中的五个方面哪个对总体的工作满意度影响最大呢？一些研究已经调查了这些问题并得出结论，见图3—2。这个图描绘出工作满意度五个方面与总体工作满意度的相关性和工作满意度指数（回忆一下，0.10、0.30和0.50的相关系数分别代表弱相关、中度相关和高度相关等等）。

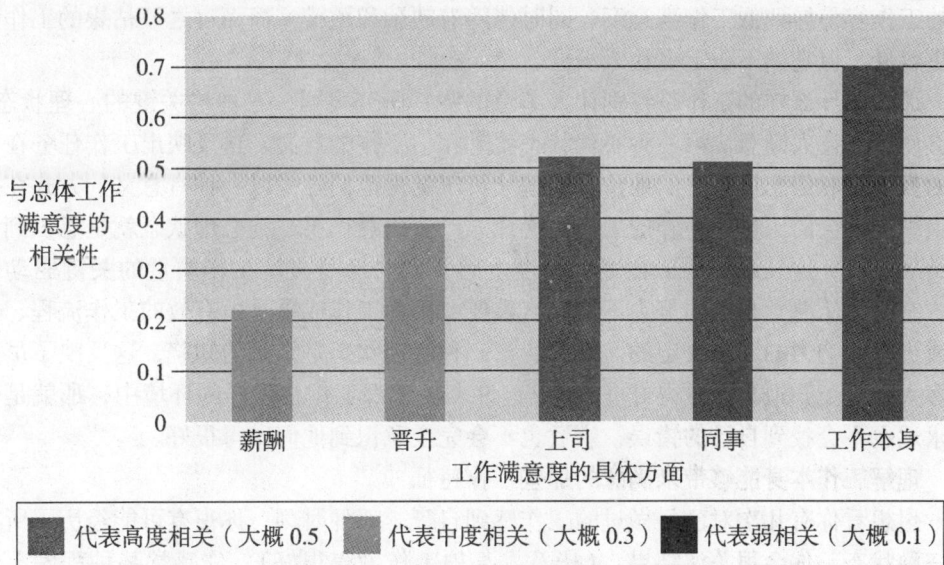

图3—2　工作满意度的几个方面与整体工作满意度的相关性

Sources：G. H. Ironson, P. C. Smith, M. T. Brannick, W. M. Gibson, and K. B. Paul, "Construction of a Job in General Scale：A Comparison of Global, Composite, and Specific Measures," *Journal of Applied Psychology* 74（1989），pp. 193－200；S. S. Russell, C. Spitzmuller, L. F. Lin, J. M. Stanton, and G. H. Ironson, "Shorter Can Also Be Better：The Abridged Job in General Scale," *Educational and Psychological Measurement* 64（2004），pp. 878－93.

图3—2表明对工作本身的满意度是整个工作满意驱动因素中最强的一个。上司和同事满意也是很强的驱动因素，晋升和薪酬满意有中等程度的效果。为什么对工作

本身的满意度如此重要呢？我们知道，一个标准的工作周大约相当于2 400分钟。在这些时间里，你有多少时间是在想自己赚了多少钱呢？10分钟？20分钟？晋升也是一样——我们可能想得到这些，但我们不必每天花时间去想这些。然而，我们却需要花费相当多的时间和其他人在一起。在午餐、会议、过道闲聊和其他的交谈中，我们可能每周与上司和同事很轻易地就度过了600分钟。那么，还剩下1 800分钟留给我们自己和工作。因此，如果你不喜欢你正在做的事情，那么就很难产生工作满意。当然，那些全日制的学生就会想满意对自己意味着什么。那么，参见"**学生中的组织行为学**"专栏中会对学生满意度产生影响的那些因素。

3.2.4　工作特征理论

考虑到愉悦的工作任务对总体工作满意的重要性，那么我们用更多的时间来描述大多数员工感到愉悦的工作类型就是值得的。研究者们从20世纪五六十年代就开始关注这类问题，他们主要基于"科学管理"的视角，对这个时期的实践活动做出解释。科学管理主要关注的是怎样使工作任务简单化、专业化，运用时间和动作研究来仔细地规划工作的进展和顺序，以此来提高工作效率。这样做是希望能够提高工人的生产效率，减少完成一项工作的技能广度，最终提高组织的盈利水平。然而，简单重复的工作容易导致低工作满意度，同时伴随着缺勤和跳槽。简而言之，枯燥的工作可能更容易，但它们不一定更让人满意。

那么，什么样的工作是特别让人满意的呢？研究表明，三种"关键的心理状态"能够使工作让人满意。第一种心理状态就是相信工作的意义，这反映出工作任务在员工的哲学观和信念体系中的地位。那些让员工觉得他们好像以一种有意义的方式在拯救组织或社会的工作比琐碎的工作更能让人产生满意。第二种心理状态就是意识到要为结果负责，这关系到员工在多大程度上感觉到自己是决定工作质量的关键驱动因素。有时员工感觉自己的努力不是那么重要，因为工作成果是由有效的工作流程、技术或更有影响力的同事决定的。最后，第三种心理状态是结果的知晓，这反映了员工在多大程度上知道自己做得好（或坏）。许多员工都工作在这样的环境中，那就是他们永远也不会找到自己的错误，永远也不会完全意识到他们做得很好。

理解工作本身能够带来满意的那些工作特征

想想看你有几次对已经做过的工作感到自豪。那种时刻，你很有可能经历了所有这三种状态。你会很关注结果。（毕竟，某项工作做得很好）。你感觉某种程度上你对结果是负有责任的（否则，为什么你会感觉自豪？）最后，你感觉工作结果某种程度上是有意义的。接下来一个明显的问题就是，"什么样的工作会导致这些心理状态？"**工作特征理论**描述了产生内在工作满意的核心特征，试图去回答这个问题。如图3—3所示，工作特征理论列出了5个核心工作特征（多样性、一致性、重要性、自主性和反馈，你可以记住首字母的组合"VISAF"），这些会导致高水平的三种心理状态，从而使得工作更令人满意。

☺学生中的组织行为学

对于学生来说，满意意味着什么呢？毕竟，薪酬、晋升和监督对于全日制学生来

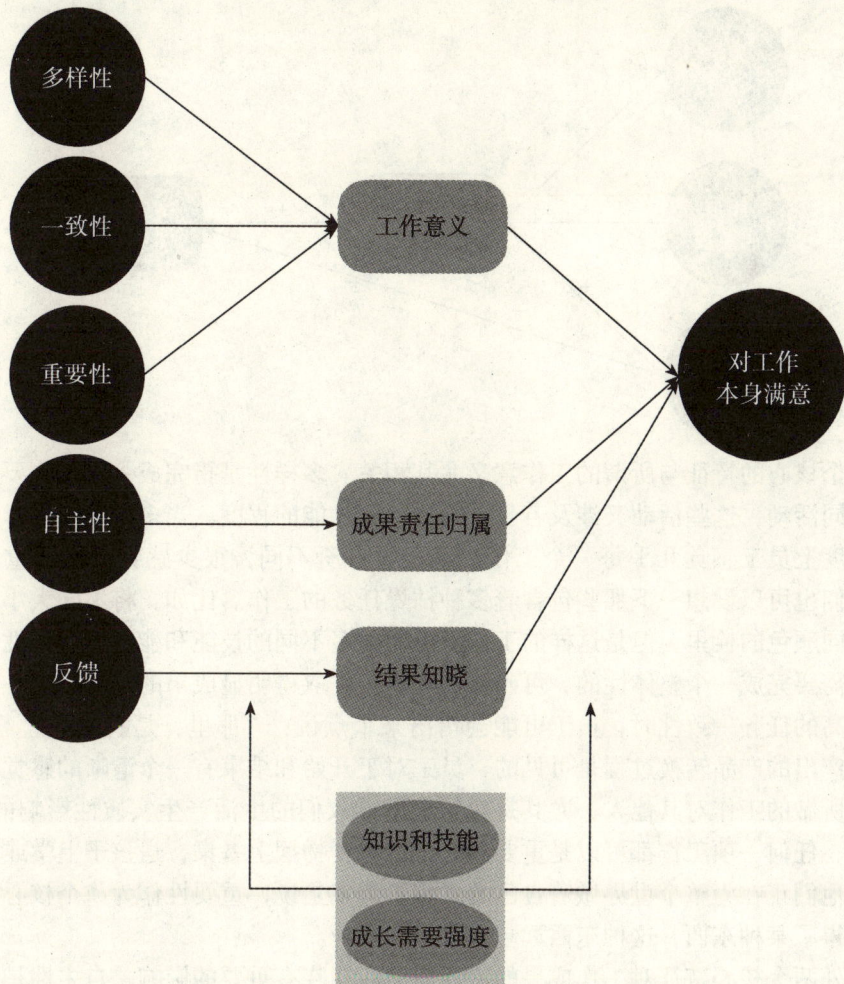

图3—3 工作特征理论

说不如对全职员工那么息息相关。一项最近的研究检验了学生满意度的三个方面，包括：

● 大学满意度。学生们对他们的学校选择和经历感觉好吗？他们会把自己的大学再次推荐给其他人吗？

● 住宿满意度。学生们对他们的住宿地点和周围的邻居感觉好吗？

● 休闲满意度。学生们对他们的社会生活、休闲活动和朋友关系感觉好吗？

这项研究的结果表明，所有这三个方面对学生的总体满意指数都有中等程度的正相关关系。那么，当学生喜欢大学，喜欢住宿地点，生活很愉快的时候就会更满意。另外，学生们越满意，他们的平均课业成绩（GPA）就越高。换句话说，快乐的学生更容易成为好学生。

然而，有一个忠告。我们注意到，从休闲满意到学生的平均课业成绩有一个负向的路径。那条路径表明两个变量确实负相关。换句话说，玩得开心会使学生更满意，但却在课程上表现更差。这个故事告诉我们：好得过头反而可能成坏事，凡事适可而止。

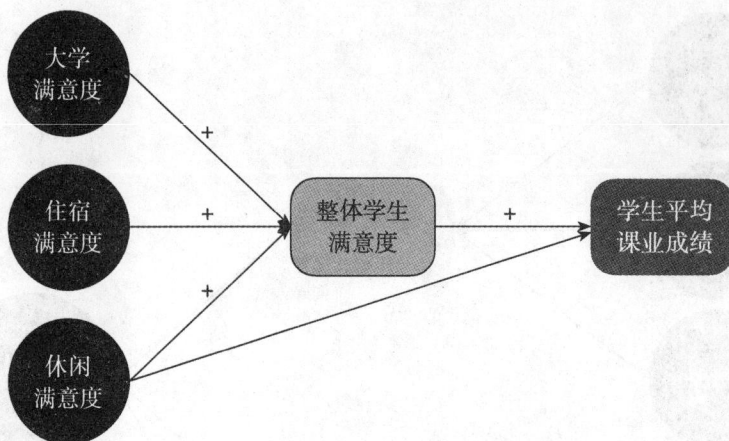

三个核心的特征与所谓的工作意义尤其相关。**多样性**是指完成一项工作要求有若干个不同活动，这些活动又涉及若干不同技艺和才能的程度。当多样性高的时候，在某种程度上员工感觉几乎每一个工作日都过得有所不同，很少感觉单调和重复。当然，我们也可以设想一下那些包含着多种枯燥任务的工作。比如，将不同大小的螺母拧到不同颜色的栓里，但是这样的工作不需要很多不同的技能和能力。**一致性**是指自始至终需要完成一个整体性的、可确认的工作，并取得明显成果的程度。当一项工作具有很高的任务一致性时，员工可能会指出某个点说："那里，是我做的。"这种从投入到产出的产品转换过程是可见的，员工对于开始和结束有一个清晰的感觉。**重要性**，即所做的工作对其他人，尤其是对整个世界人们的生活产生实质性影响的程度。实际上，任何一项工作都可以是重要的。帮忙把食物摆上餐桌，送孩子上学或者让员工感觉他们正在为整个世界做着自己的贡献。那就是说，重要性作为一个核心的工作特征赢得了某种东西，这种东西远超过了工作本身。

另外两个核心特征对工作成果的责任归属和知晓有重要的影响。**自主性**是指在个人进行工作中其工作所能够提供的自由度、独立性和自由决断权的程度。当你的工作给你提供自主性，你就会把工作成果看成自己努力的结果而不是老板细心指导或遵守写得很好的程序手册的结果。自主性有多种形式，包括控制工作时间、进程和顺序的自由，还有流程和方法使用的自由。对于我们许多人来说，高度的自主性在宽幅管理和微观管理中是有所不同的。

反馈是指在完成工作过程中，所做的工作在多大程度上能让员工明确地知晓其工作的好坏状态。一个关键的特点要注意：这种核心特征的反馈必须是直接从工作中得来的，而不是从同事或上司那里得来的。大部分员工从老板那里会得到正式的绩效评价，但是这种反馈可能每年只有一两次。工作本身提供的反馈可能每天都会体验到。

这些核心的特征对于工作本身的满意有多重要呢？对 75 项不同的调查研究的分析表明，这五个核心的工作特征与工作满意度是中等程度到很强的相关关系。然而，那些结果并不意味着每一位员工都想要运用更多的变化，拥有更大的自主性等。图 3—3 底部列出了另外两个变量：知识和技能以及**成长需要强度**（描述员工对于个人成就或超越自我是否有强烈需求的一种特征）。在理论图表的用语中，这些变量被称作"调节器"。在图表中，它们不是直接影响其他变量，而是影响变量之间关系的强度。

如果员工缺乏知识和技能或者成长和发展所需要的其他因素，那么更多地运用技能和更大的自主性就不能在很大程度上提高他们的满意度。但是，当员工非常有能力，并且有很强的成长需要，这些核心的工作特征就变得非常起作用。调节器的作用以图表的形式展示在图3—4中，这里表明了核心工作特征之间的关系。还有，当成长需要强度增强的时候，满意度就会提高。

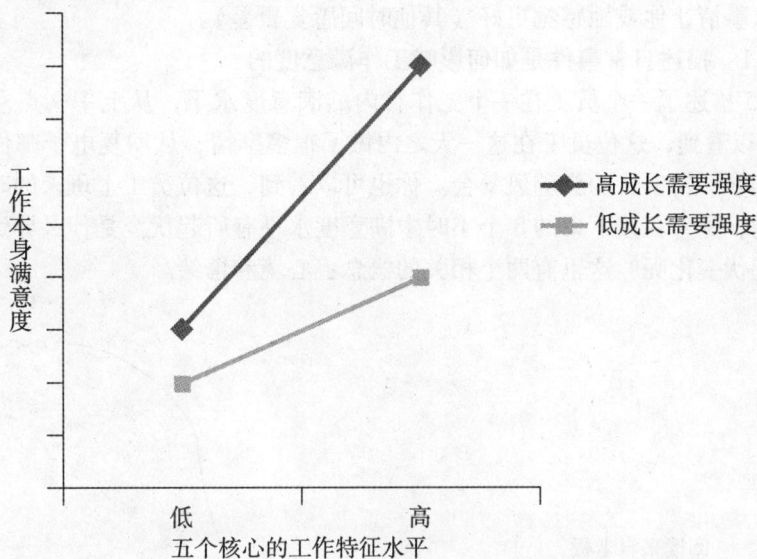

图3—4　作为工作特征效果调节器的成长需要强度

Source: Adapted from B. T. Loher, R. A. Noe, N. L. Moeller, and M. P. Fitzgerald, "A Meta-Analysis of the Relation of Job Characteristics to Job Satisfaction," *Journal of Applied Psychology* 70 (1985), pp. 280 – 89.

> "每个员工的满意度水平都是随着时间不断变化的，像情感的股市一样时升时降。"

考虑到这五个核心工作特征对工作满意度如此关键，许多组织已经采用该理论来帮助员工提高满意度。第一步是评估组织中这些特征的水平，从而得到一个"满意度潜在得分"。组织和工作设计顾问一起来尝试重新设计涉及工作的几个方面，从而来提高核心工作特征水平。通常情况下，这一步做完会达到**工作丰富化**，也就是与工作相关的任务和责任的多样性、一致性、重要性、自主权和反馈进一步提升。研究表明，这种工作丰富化确实会提高工作满意度水平。另外，工作丰富化的努力也会提高工作准确性和顾客满意度，尽管这样做的结果容易使培训和劳动力成本增加。

3.2.5　心境和情绪

我们说你是一个满意的员工，可能是因为你的薪水不错，老板很好或者是你的工作任务给你提供了多样性和自主性。这就意味着下个周二的上午 11 点或下下个周四的下午 2 点也是满意的吗？显然不是。每个员工的满意度水平都是随着时间不断变化的，像情感股市一样时升时降。这种波动可能看起来奇怪，因为人们的薪酬、上司、同事和工作任务不会每小时都变。关键在于，要记住工作满意度是反映你对工作的看法和感觉的。所以，它只有部分是理性的，如它是以对工作及其所能提供的东西认真地评估为基础的。但其他的部分就是感性的，如它也是以在工作中对工作的感觉为基础的。因此，一个满意的员工对自己的工作通常是感觉不错的，但在某天的某个阶段也会有什么事情让他或她感觉更好（其他时间感觉更差）。

3.2.5.1 描述日常事件是如何影响工作满意度的

图 3—5 描述了一个员工在一个工作日内的满意度水平，从上午 9 点左右到下午 5 点。你可以看到，这位员工在这一天之内做了很多事情，从回复电子邮件到和朋友吃午餐再到参加新项目的头脑风暴会。你也可以看到，这位员工上班来的时候感觉是相对满意的，尽管在接下来的 8 个小时中满意度水平有所起伏。是什么导致满意度水平的这种起伏变化呢？这里有两个相关的概念：心境和情绪。

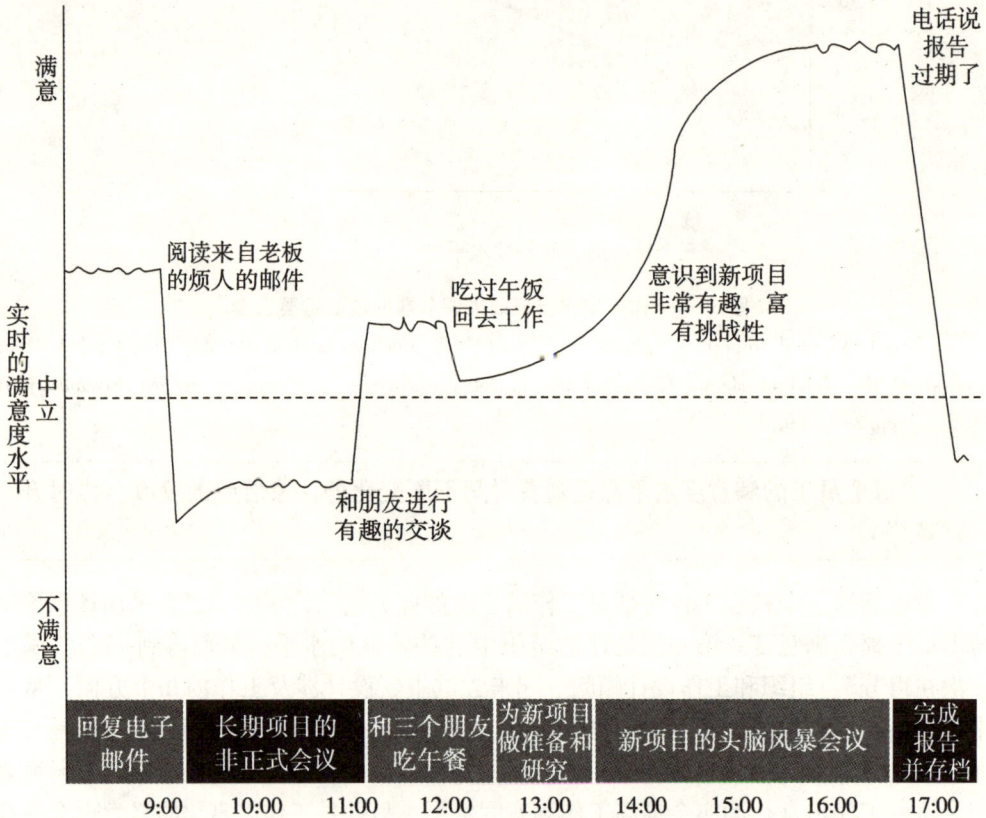

图 3—5　在工作日内工作满意度的实时变化

3.2.5.2 界定心境和情绪并描述它们的具体表现形式

你现在的心境怎么样呢？是好还是坏，还是居于二者之间呢？为什么你会处于这种心境呢？

你知道吗？（如果你的心境不好，我们希望和这本书没有关系！）**心境**是指一种强度温和、持续较长一段时间，并不明确针对某事或因某事引发的感觉状态。当人们心情好或不好的时候，他们通常不知道该去相信或责怪某人（或某事）。他们只是在一天中的某段时间碰巧感觉是那样的。当然，把所有的心境只分为好和坏是过于简单化了。有时我们心境很平静，有时我们又很热烈。这都是好的情绪但显然感觉非常不同。类似地，有时我们感觉很烦躁，有时我们又是充满敌意的。这些都是差的心境，但感觉也会非常不同。

结果是，在一个工作日内我们可能会经历很多不同的心境。图3—6总结了人们通常会有的几种心境。这个图表明心境可以从两个方向列出来：高兴和参与度。首先，图中的水平轴反映了你感觉是高兴（心情好）还是不高兴（心情差）。该图用浅颜色描述好心境，深色描述差心境。其次，图中的垂直轴反映了你是愿意参与的、活跃的、易受鼓励的，还是不愿参与的、不积极的和不易受鼓励的。该图用黑色来表示高参与度水平，用更浅一点的颜色来表示低水平。我们注意到一些心境是既不好也不坏。比如，惊喜和惊讶（高参与度），安静和平静（低参与度），就是既不是高兴也不是不高兴。所以，那些后面的心境在图3—6中就用很淡的颜色来表示。

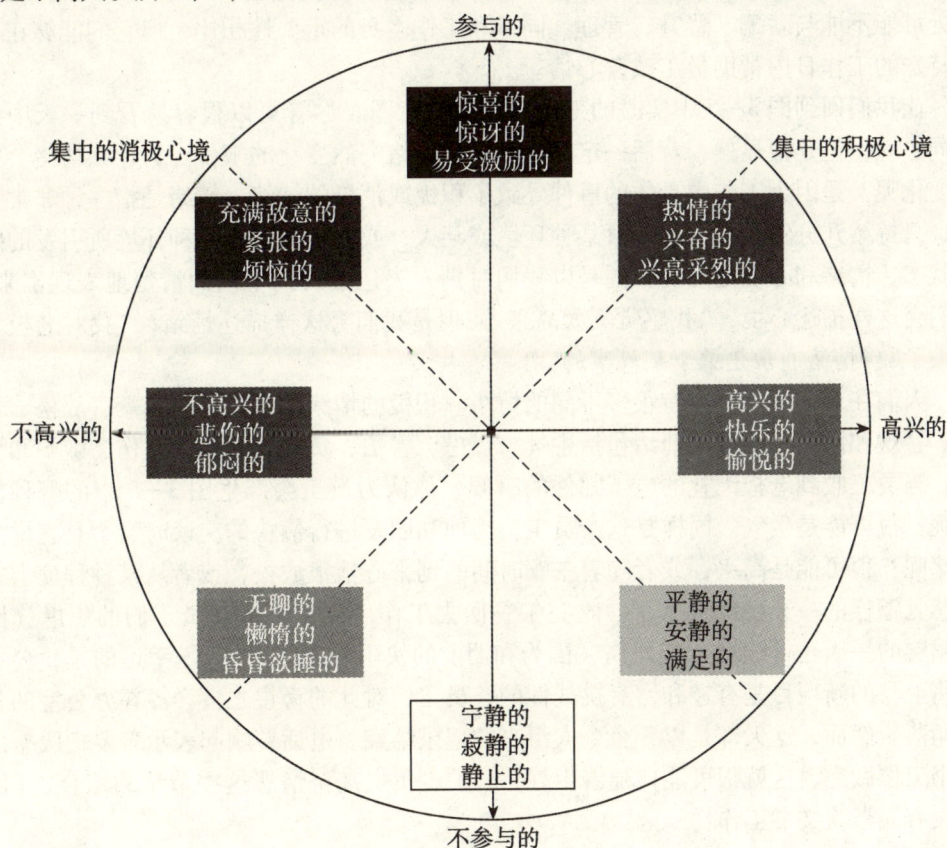

图3—6 不同的心境种类

Source：Adapted from D. Watson and A. Tellegen, "Toward a Consensual Structure of Mood," *Psychological Bulletin* 98（1980），pp. 219 - 35；J. A. Russell, "A Circumplex Model of Affect," Journal of Personality and Social Psychology 39（1980），pp. 1161 - 78；R. J. Larsen and E. Diener, "Promises and Problems with the Circumplex Model of Emotion," in *Review of Personality and Social Psychology*：*Emotion*，Vol. 13，ed. M. S. Clark（Newbury Park，CA：Sage，1992），pp. 25 - 59.

图3—6也展示了最强烈的积极心境，表现为热情的、兴奋的和兴高采烈的。当员工们有这种感觉的时候，同事们就会说："哦，你的心情不错！"相反，最强烈的消极心境表现为充满敌意的、紧张的和烦恼的。这种心境通常会引起别人的疑问："哦，你怎么心情这么糟？"如果我们回到图3—5中实时工作满意度的示意图，你认为员工在回复电子邮件的时候是一种什么样的心境呢？很有可能是高兴的、愉悦的和放松的心境。在长期项目的非正式会议上又会是什么样的呢？很有可能是不高兴的、悲伤的和郁闷的。最后，在新项目的头脑风暴会议上员工的心境又如何呢？显然是热情的、兴奋的和兴高采烈的。员工在这时尤其会有高工作满意度。

一些组织采用一些有创意的方法来强化员工的积极情绪。比如SAS研究院，这个坐落在北卡来罗纳州的统计软件包生产商，公司内有带游泳池的健身中心、台球厅、排球场、足球场、网球场、乒乓球台和一个小型高尔夫球场。有时一场乒乓球赛就会使员工们不高兴的情绪变得很愉悦。格里芬医院坐落在康涅狄格州，它会给员工（或患者）提供家庭风格的厨房、音乐家巡回演出的门票、非荧光灯和按摩椅。这些好处可能不能与薪酬、晋升、管理、同事和工作本身的重要性相比，但它们能够在一个特殊的工作日内帮助员工改善心情。

让我们回到图3—5中实时的工作满意度示意图。尽管可以很容易看到一天中的不同心境，但是很显然，背后一定存在着激起情绪突然变化的事件。为什么情绪会突然变化呢？是因为工作中具体的事件导致了积极或消极的情绪。**情绪**是指一种非常强烈、只持续几分钟，并明确针对某种环境或某人，或者由某人或某种环境所引发的感觉状态。情绪和心境之间的不同是以我们对别人表达方式的不同而清楚地表现出来。我们会这样描述心境："我感觉不太高兴。"但是我们会这样描述情绪，"我对老板人气愤了"。情绪通常是关于某件事的。

人们在日常生活中会有很多不同的情绪。积极的情绪包括高兴、自豪、放松、希望、喜欢和同情。消极的情绪包括生气、焦虑、害怕、负疚、羞愧、悲伤、嫉妒和憎恶。当员工收到老板无礼的电子邮件的时候，你认为员工会产生图3—5中的哪种情绪呢？很可能是生气。同样是这个员工，当他和朋友进行愉快的交谈时又会是怎样的情绪呢？很可能是高兴，或者随着午餐时间的到来心情很放松，或者从某种程度上来说感觉糟糕的一天已经过半了。吃完午餐回去工作可能又会激起员工们的焦虑（因为糟糕的一天还得继续）或悲伤（因为和朋友的快乐时光结束了）。幸运的是，公司即将上马的新项目是有趣和富有挑战性的，员工们对此的喜悦之情洋溢在办公室的各个角落。然而，这天却是以一个令人沮丧的记录结束。电话铃响起表示着要把厌恶的文书工作做完，这就很可能伴随着生气、害怕、负疚甚至憎恶这些情绪的综合。（因为没有人喜欢文书工作！）

当然，员工们在一天中会有不同的情绪并不意味着他们一定要表现出来。一些工作要求员工达到这句格言的标准"永远也不要让别人看到你出汗"。尤其是那些直接和消费者打交道的服务工作，它要求员工隐藏愤怒、焦虑、悲伤和憎恶的心情。这种工作的"**情绪劳动**"水平很高，或者说要管理好情绪才能成功完成工作。飞机乘务人员经训练后，要在乘客面前保持微笑；零售人员经训练后，要在顾客面前抑制自己的烦躁情绪；餐厅服务人员经训练后，要表现出从工作中得到了乐趣，即使他们不是这样的。

要求员工情绪劳动是个好主意吗？对情绪感染的研究表明，人们是可以被他人的情绪触动或感染的。如果一个客户服务代表生气或悲伤的话，那些消极的情绪也会传递给顾客（像感冒或疾病一样）。如果发生那种传递的话，顾客就不太可能觉得这是一次愉快的消费经历，也就不会更多地消费。这样做可能在不经意间触碰了盈亏平衡线。从这个角度看，情绪劳动对于优秀的顾客服务来说是至关重要的。不幸的是，其他的研究结果表明，情绪劳动会对员工产生巨大的压力，压抑的情绪最终会抑制不住，有时会对顾客爆发出来，或者导致情绪疲劳。有关更多的情绪管理，参见"**银幕上的组织行为学**"专栏。

3.3　工作满意度有多重要？

几个影响员工工作满意度的因素有薪酬、同事、工作任务、日常的心境和情绪。当然，余下的最明显的问题是："工作满意度真的那么重要吗？"再准确一点说，工作满意度对工作绩效和组织承诺（这两个组织行为学整合模型中主要的产出）有重要影响吗？图3—7总结了工作满意度与工作绩效和组织承诺之间关系的研究成果。这种类型的图表也会出现在接下来的章节中，这样你就可以对我们整合模型中的概念对工作绩效和组织承诺的强烈影响有一个更深刻的了解。

3.3.1　理解工作满意度是如何影响工作绩效、组织承诺和生活满意度的

图3—7揭示了工作满意度对工作绩效确实有影响。这是为什么呢？一个原因是工作满意度与任务绩效是中度相关的。满意员工的工作会比工作描述中所阐述的做得更好。研究结果表明，积极的感觉会提高创造力、问题解决能力和决策制定能力，并且会提高记忆力和回顾某些信息的能力。除了这些发现，工作满意度对工作绩效的好处还可以从时点的角度来解释。在任何一个时刻，员工都会在专注工作和"开小差"之间进行斗争，如走神、分心、中断等。

☺银幕上的组织行为学

《逃出克隆岛》

"我希望还能有更多的事情……不仅仅是等着去岛上。"

林肯·6E（伊万·麦克格雷戈饰）用这些话总结了他在影片《逃出克隆岛》（由迈克尔·贝导演，梦工厂2005年发行的电影）的单调生活。他每天早上起床，穿好他白色的连衣裤，继续生活在封闭的组织中，这个组织是用来保护未受病原体污染的幸存者的。这种病原体已经摧毁了外部世界。随着幸存者慢慢开始重返受到侵害的地球，这个组织致力于让它的居住者健康长寿。

对于林肯来说，不幸的是，该组织似乎要让这里的居民一直处于一种不活跃的情绪中：安静，平淡，平静，宁静的。表达对任何小事的不满都会引来安全局的到访。

居民之间的相处都是很谨慎的。因此，当林肯触碰到乔丹·2D（斯嘉丽·约翰逊饰）的胳膊时，他收到了一个"接近警告"。扬声器里反复播出这样的信息："要有礼貌，要快乐，要和谐。"健康的人是快乐的。

林肯工作时，心情也没有好到哪去，在那，他要每天检测一些细管子，他甚至不知道这些管子要通向那里，什么将通过这些管子流出去。就像他对他的朋友琼斯·3E（艾森·菲利普饰）说的那样："琼斯，你有没有感觉做这个……这个枯燥的工作很无聊？我的意思是，我们到底在做什么啊？"显然，他的工作在每一个可以想象得到的核心工作特征都是低水平的。

在组织中唯一受鼓励的情绪就是希望。每天都会抽签，幸运的人将得到一张岛上（唯一远离病原体污染的地区）的单程票。每天晚上，那些没有抽到幸运签的人都会想到这句箴言："你的机会就要来了。"不幸的是，事情并不是他们想的那样，这个岛可能并不是他们想象的天堂。我只想讲，去岛上旅行一次并不一定会有宁静和满足的感觉！

当工作任务能够使员工集中注意力、只关注任务的完成时，员工积极的情绪就会产生。当员工集中注意力的时候，他就会更注意在规定的时间完成工作。当然，满意度和任务绩效的关系在某种程度上也会有反作用。比如，人们喜欢做那些他们能够做得更成功的工作。

工作满意度也和公民行为有中等程度的相关性。满意的员工会更频繁、更努力地帮助同事和组织。积极的感觉会增加他们与其他人交往的欲望，并且通常会产生自主的帮助行为，因为员工们会寻求与他们目前的心境相符的行为方式。另外，工作满意度与偏差行为有中等程度的负相关。满意的员工很少有故意的破坏行为来破坏工作环境。强烈的不满经常是促使员工们进行粗暴的破坏、偷窃、暗中破坏和其他报复行为等这些被痛斥的行为的诱因。员工们越满意，他们越不可能受到那些诱惑。

图3—7也揭示了工作满意度对组织承诺的影响。为什么呢？因为工作满意度与情感承诺是强相关的，所以，满意的员工更有可能想留在组织中。那究竟为什么员工想离开让他快乐的地方呢？另一个原因就是工作满意度与规范承诺也是强相关的。满意的员工更可能感觉到留在公司中的责任，他们更可能有回报组织的需求，不管以什么形式，去回报那些让他们如此满意的东西，不管是好的薪酬、有趣的工作任务还是有效的管理。

然而，工作满意度与持续承诺是不太相关的。因为满意不能激发一个基于成本的考虑而留在组织的员工。把持续承诺和其他承诺放在一起，当你考虑到那些离职的员工时这些承诺的影响会变得更明显。在许多情况下，不满意的员工是那些整天在办公桌前做白日梦、迟到、经常缺勤和最终决定不工作的员工。

3.3.2　生活满意度

当然，工作满意度由于其他原因也变得很重要，这些原因是与工作绩效和组织承诺没有关系的。比如，工作满意度和**生活满意度**或者说员工生活幸福感的程度是紧密相连的。研究表明，工作满意度是生活满意度最强大的预警器之一。简单来说，当员工对工作感觉较好时他们也会对生活感觉较好。这种联系在你意识到自己的身份在工作中得到印证的时候会发挥作用。当别人向另外一个人介绍你的时候,那个人的第一个问题会问什么?——"你是做什么的?"对了。如果你对这个问题的答案感到悲伤的时候,那么你对自己生活也不会感觉很好。

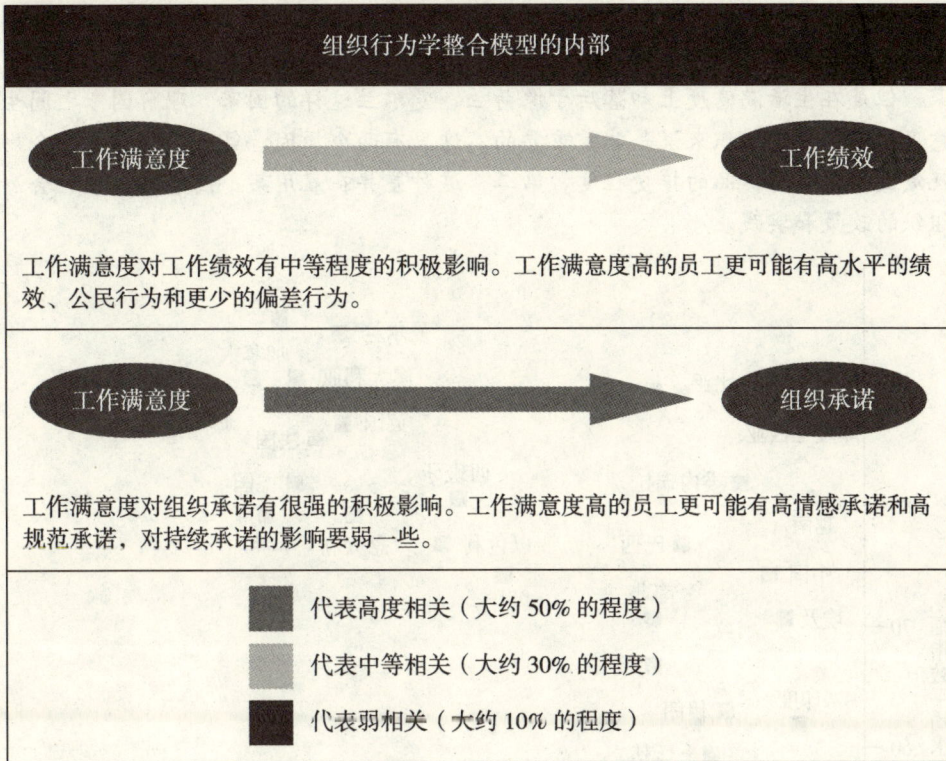

图3—7 工作满意度对绩效和组织承诺的影响

Source:A. Cooper-Hakim and C. Viswesvaran, "The Construct of Work Commitment:Testing an Integrative Framework," *Psychological Bulletin* 131 (2005), pp. 241 –59;R. S. Dalal, "A Meta-Analysis of the Relationship between Organizational Citizenship Behavior and Counterproductive Work Behavior," *Journal of Applied Psychology* 90 (2005), pp. 1241 –55;D. A. Harrison, D. A. Newman, and P. L. Roth, "How Important Are Job Attitudes? Meta-Analytic Comparisons of Integrative Behavioral Outcomes and Time Sequences," *Academy of Management Journal* 49 (2006), pp. 305 – 25;T. A. Judge, C. J. Thoreson, J. E. Bono, and G. K. Patton, "The Job Satisfaction-Job Performance Relationship:A Qualitative and Quantitative Review," *Psychological Bulletin* 127 (2001), pp. 376 – 407;J. A. LePine, A. Erez, and D. E. Johnson, "The Nature and Dimensionality of Organizational Citizenship Behavior:A Critical Review and Meta-Analysis," *Journal of Applied Psychology* 87 (2002), pp. 52 – 65;J. P. Meyer, D. J. Stanley, L. Herscovitch, and L. Topolnytsky, "Affective, Continuance, and Normative Commitment to the Organization:A Meta-Analysis of Antecedents, Correlates, and Consequences," *Journal of Vocational Behavior* 61 (2002), pp. 20 –52.

☺组织行为学的国际化

"金钱买不来快乐"这句谚语甚至可以用国家层次的数据来支持。比如,对美国、英国和日本的调查数据表明,尽管平均收入比50年前的两倍还多,但人们没有那个时候开心了。另外一种调查这个问题的方法揭示了国民财富和平均幸福感之间的关系：越富有的国家它的国民生活幸福感越高吗？右侧的数据揭示了一个国家人均收入和被调查者中认为自己幸福的人数比例之间的关系。

通过对各个国家的比较，我们可以看到，在贫穷线以上的国民确实比在贫穷线以下的国民要幸福。然而，对于那些处于平均收入 2 万美元或者再多一点的国家来说，额外的收入与更高的生活满意度水平是没有关系的。比如说，美国是世界上最富有的国家，但是在生活满意度上却落后于像荷兰、爱尔兰这样的国家。理解国家之间生活满意度的不同对于组织来说是非常重要的。这里有两个原因。第一，这种差异会影响到既定国家对公司产品的接受程度。第二，这种差异在雇用某个国家的员工时会影响到组织的政策和实践。

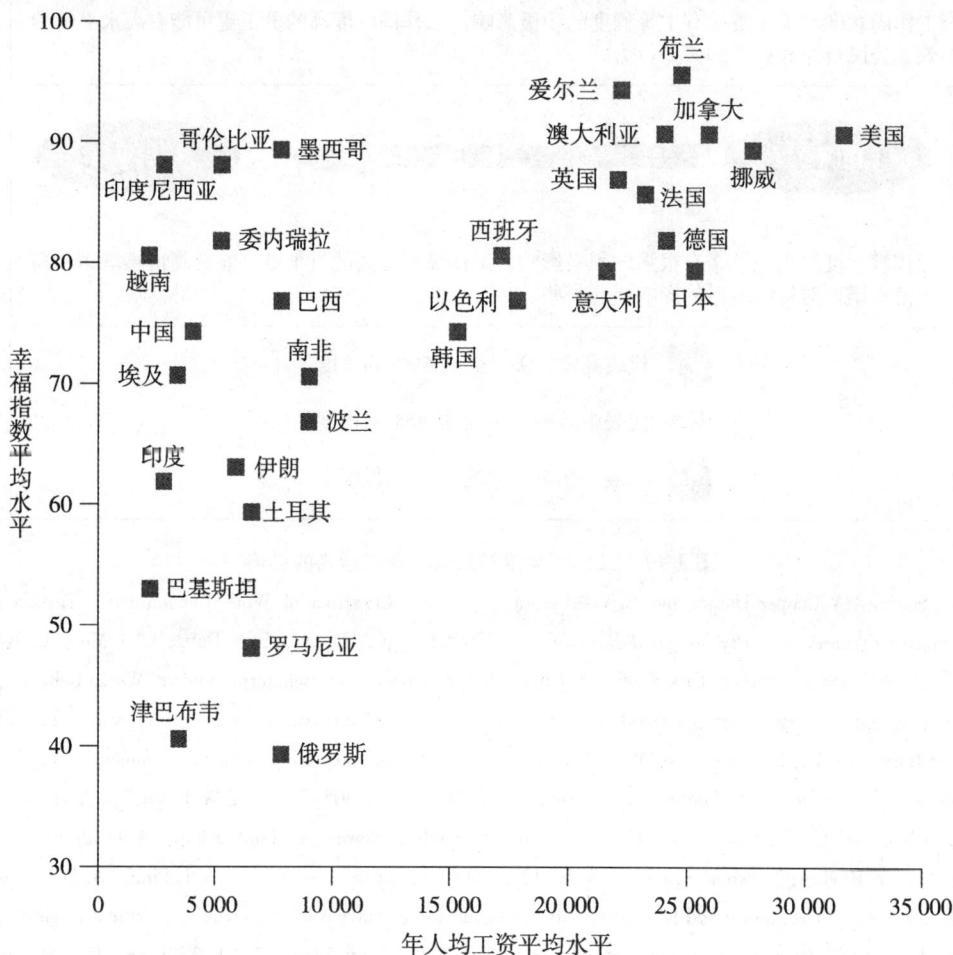

正如结果所呈现的，工作满意度的提升比起工资或收入的提高对生活满意度有更大的影响。就像古谚语说的："金钱买不来快乐。"考虑到薪酬满意是整体工作满意的一个方面（见图3—1）这点，这种发现可能看起来令人惊奇。但是，你可能会回忆起薪酬满意对整体的工作满意比起其他方面，如工作本身、管理或同事（见图3—2）来说只是一个较弱的驱动因素。我们也应该注意到薪酬满意度很少取决于绝对工资水平，而更多地取决于相对工资水平（如你的工资和你的同事们相比如何）。正如作家门肯所说，"一个富有的男人是指比他妻子姐姐的丈夫每年多赚100美元的男人"。关于金钱与幸福之间关系的更多问题，参见我们的**"国际组织行为学"**专栏。

3.4 案例：Patagonia

一个公司无论何时建立了一套独特的文化或管理风格时，随着时间的流逝，保持这种独特性就变成了挑战。伊文·乔伊纳多用两种方法应对这种挑战。第一，他将巴塔哥尼亚的增长速度限制在每年5%左右。这个增长率使得公司在雇人的时候十分挑剔，这样就保证了新员工分享公司的激情。第二，乔伊纳多抵制住将巴塔哥尼亚公有化的压力，使公司仍然是独资公司。这种选择使他不用被迫去判别他的"让我的人都去冲浪"哲学是否正确，也不用去辨别他给基层环境组织的捐款对于那些强调季度利润的股东来说是否合理。正如乔伊纳多总结的那样，"每个人都告诉我这是一个价值被低估了的公司……我们可以使公司疯狂地增长，然后把它公有化，大赚一笔。但是，那也将是我想做的事情的终结"。

然而，巴塔哥尼亚正致力于一项新的有挑战性的战略。尽管大家总是把巴塔哥尼亚和寒冷天气的衣物和设备联系在一起，但乔伊纳多相信气候的变化对冲浪用品的诉求比冰上用品的诉求增长要快。因此，该公司准备和三个冲浪专家联手来构想一个巴塔哥尼亚的冲浪商店。即使降低薪酬，冲浪玩家们也与巴塔哥尼亚合作，而不是和更大的、更有名的冲浪连锁店合作，为的是能和乔伊纳多一起分享愿景和价值观。

他们的计划是要创造出更持久耐用的服装和冲浪板，同时将商店变成一个冲浪玩家和环保主义者的聚集地。在接下来的几年里，巴塔哥尼亚将开办10家冲浪商店。我们可以期待随着店铺的增加，在开店方面巴塔哥尼亚能够取得成功。对员工的挑战是要在新的地点和一个不是很在行的行业来复制"巴塔哥尼亚"模式。

- 如果你负责开一家新的巴塔哥尼亚冲浪商店，你要向员工强调公司的哪些方面，让他们相信巴塔哥尼亚是一个让人满意的工作地点。

- 你将采取哪些步骤来确保潜在的员工对公司都是热情的，原因是什么？这些步骤有没有什么缺陷？

- 对于让人如此满意的"让我的人都去冲浪"哲学到底是什么意思？如果你经营一家新的冲浪商店，对于这个哲学，你还有什么担心的吗？

> 请登录 www. mhhe. com/ColquittEss 网站查询学习资料，包括互动练习、测验、iPod 下载和视频内容。

3.5 重点掌握

- 工作满意度：是一种来源于对工作或工作经历评价之后得到的愉悦的情感状态。它代表了你对工作的感觉和想法。

- 价值观：人们有意识地或下意识地想追求或想得到的东西。根据价值—认知理论，工作满意度取决于你是否认为工作给你提供了你认为的有价值的东西。
- 人们通常是根据工作的具体"方面"来评估工作满意度的。这些满意的因素包括薪酬满意、晋升满意、管理满意、同事满意和工作本身满意。
- 工作特征理论表明，五个核心特征——多样性、一致性、重要性、自主性和反馈——联合作用尤其对工作本身会产生很高的满意度水平。
- 除了管理、同事、薪酬、工作本身的影响，工作满意度水平在一天之内是不断波动的。工作满意度的升降是由经历的积极的和消极的事件引起的。这些事件会引起情绪的变化，最终会导致心境的变化。
- 心境是指一种强度温和、持续较长一段时间，并不明确针对某事或因某事引发的感觉状态。强烈的积极心境表现为热情的、兴奋的和兴高采烈的。强烈的消极心境表现为充满敌意的、紧张的和烦恼的。情绪是指一种强烈、只持续几分钟，并明确针对某种环境或某人，或者因某人或某种环境引发的感觉状态。积极的情绪包括高兴、自豪、放松、希望、喜欢和同情。消极的情绪包括生气、焦虑、害怕、负疚、羞愧、悲伤、嫉妒和憎恶。
- 工作满意度与工作绩效有中等程度的正相关关系，与组织承诺有很强的正相关关系，与生活满意度有很强的正相关关系。

3.6 问题讨论

- 在表3—1中你认为对员工最重要的价值是哪些？有没有后三个项目（利他主义、地位和环境）比前五个项目（薪酬、晋升、管理、同事、工作本身）更重要的时候呢？
- 组织能够采取哪些步骤来提高晋升满意度、监督满意度和同事满意度呢？
- 想想五个核心工作特征（多样性、一致性、重要性、自主性和反馈）。你是否认为有一个特征比其他四个特征都重要呢？可不可能有过多的工作特征呢？
- 我们有时说同事或朋友是郁郁寡欢的。从表3—6的角度来看，你认为"郁郁寡欢"意味着什么呢？

3.7 测评：核心工作特征

你的工作任务有多么令人满意呢？这项评估是用来衡量工作特征理论的五个核心特征的。想想你目前的工作或者你的最后一份工作（即使是兼职或暑期工作也可），用回复模式回答每个问题。然后用8减去黑体问题的答案，从而形成那个问题的新答案。比如，如果V2问题的最初答案是5，那么你的新答案就是3（8-5）。然后，用公式计算出潜在满意度得分（SPS）。（这一章更多的相关评估，请登录在线学习中心www. mhhe. com/ColquittEss）

1	2	3	4	5	6	7
非常 不正确	很不正确	有些 不正确	不正确	有些正确	很正确	非常正确

V1. 工作要求我用很多复杂的或高水平的技术。

V2. 工作是非常简单的、重复的。

I1. 工作是安排好的，这样我可以从开始到结束做一个完整的工作。

I2. 工作给我提供了从开始到完成这项工作的机会。

S1. 这项工作做得好坏会影响到很多其他人。

S2. 工作本身是非常重要的，并且在更大范围的事项中也是非常重要的。

A1. 工作允许我用个人的主动权和判断力来开展工作。

A2. 在我怎样开展工作方面，工作给了我独立自主的机会。

F1. 工作要求的"只管去做"这一点给我提供了很多机会让我知道我做得怎么样。

F2. 完成一项任务以后，我知道自己做得怎么样。

SPS = | （V1 + V2 + I1 + I2 + S1 + S2）/6 | × | （A1 + A2）/2 | × | （F1 + F2）/2 |

SPS = | （　）/6 | × | （　）/2 | × | （　）/2 |

SPS = （　）× （　）× （　）= （　）

得分

如果你的得分是 150 或者在 150 分以上，你的工作任务更趋向于是令人满意和愉悦的。因此，你很可能认为自己的工作是有意义的，并且感觉对工作成果负有责任（和知晓）。如果你的得分小于 150，那么你的工作任务可能不是那么让人满意和愉悦。你可能通过向主管要求更有挑战性的任务来丰富你的工作，从而获益。

Sources：J. R. Hackman and G. r. Oldham, *The Job Diagnostic Survey：An Instrument for the Diagnosis of Jobs and the Evaluation of Job Redesign Projects* （New Haven, CT：Yale University, 1974）; J. R. Idaszak and F. Drasgow, "A Revision of the Job Diagnostic Survey：Elimination of a Measurement Artifact," *Journal of Applied Psychology* 72 （1987）, pp. 69 - 74.

3.8　练习：不同工作的工作满意度

这项练习的目的是检验不同工作中工作本身的满意度。这项练习采用团队形式，所以你的老师会把你安排到某个团队里或者让你自己创建一个团队。这项练习有以下几个步骤：

1. 用第 3 章的测评部分来计算出以下 4 个工作的潜在工作满意度分数（SPS）

a. 一个和自己的儿子一起经营自家渔船的龙虾捕鱼者

b. 一名喜剧专职艺人

c. 一位计算机程序员，他的任务是在上千条计算机代码中用"1998"代替"98"

d. 一位美国总统

2. 哪一个工作的 SPS 分数最高？哪些核心工作特征最好地解释了一些工作得高分而一些工作得低分的原因？在教室的电脑上用 excel 或在黑板上写下这四个工作的

得分。

3. 课堂讨论（以组或班级为单位）应该关注两个问题。第一，得分高的工作真的是让人们每天最愉悦的工作吗？第二，那是否意味着如果你拍拍手就能神奇地获得单子上的一个工作的话，你就会马上选择它？为什么或为什么不呢？对于这个问题其他相关的工作满意度理论又是什么呢？

本章术语

工作满意度是一种来源于工作或工作经历得到评价之后的愉悦的情感状态。

价值观是指人们有意识地或下意识地想追求或想得到的东西。

价值—认知理论认为，工作满意度取决于你是否认为工作给你提供了你所认为的有价值的东西。

工作特征理论是指用来描述内在工作满意度的核心特征的理论。

多样性是指完成一项工作要求有若干个不同活动，这些活动又涉及若干不同技艺和才能的程度。

一致性是指自始至终需要完成一个整体性的、可确认的工作，并取得明显成果的程度。

重要性是指所做的工作对其他人，尤其是对整个世界人们的生活产生实质性影响的程度。

自主性是指在个人进行工作中其工作所能够提供的自由度、独立性和自由决断权的程度。

反馈：是指在完成工作过程中，所做的工作在多大程度上能让员工明确地知晓其工作的好坏状态。

成长需要强度是指描述员工对于个人成就或超越自我是否有强烈需求的一种特征。

工作丰富化是指扩展与工作相关的职务和责任，以进一步提供多样性、一致性、重要性、自主性和反馈。

心境是指一种强度温和、持续较长一段时间，并不明确针对某事或受某事所引发的感觉状态。

情绪是指一种强烈、只持续几分钟，并明确针对某种环境或某人，或者因某人或某种环境引发的感觉状态。

情绪劳动是指管理员工情绪，从而使员工能够成功完成工作职责的一种需要。

情绪感染是指一个人能够"感染"另一个人的情绪或被另一个人的情绪所影响的过程。

生活满意度是指员工生活幸福感的程度。

4

压 力

【学习目标】

通过阅读本章，应该能够：

- 界定压力、压力源和紧张三个术语；
- 明确并描述压力源的两个类别；
- 描述个体如何处理压力；
- 描述 A 型行为模式是如何影响压力过程的；
- 描述社会支持是如何影响压力过程的；
- 描述压力对工作绩效及组织承诺的影响。

4.1 Best Buy

你是否感到过这种压力：在生病的时候还不得不决定是否去上班，是否去行使一项重要的个人责任？或者想象一下你在这种情况下的压力：工作的时候虽然没有什么事情但仍然被迫待在那，而同时你却正在错过一个家庭聚会或者其他你真正想做但与工作无关的事情。让我们来想象一下，如果老板给你全部的自由决定什么时间、什么地点完成工作，那么你就可以处理好这些情境。你可以选择在你效率最高、最方便的时间工作，如果你愿意，可以在去 Bonaroo 音乐节的路上工作。事实上，上述事情就是 Best Buy（以下称"百思买"）的经营模式。百思买，这个明尼苏达州的电子产品零售商，它的 4 000 个公司总部办公室员工都在一个叫"只问结果的工作环境"（ROWE）的系统下工作。

在 ROWE 系统下工作的员工不用一定要在办公室或小隔间内固定工作几小时。他们来和走都随他们高兴，不用经过批准。他们可以在任何他们想工作的时间和地点去做。他们的工作绩效是基于他们达到的成果来衡量的。百思买希望的是，如果员工可以自己控制工作和个人生活方面的平衡的话，他们将不会那么有压力，也不会那么劳累，相应地，他们将会有更高的生产效率和承诺。这种希望是怎样被意识到的呢？在 ROWE 下工作的员工不仅工作满意度增加了，而且组织承诺和生产率也提高了。

由于 ROWE 在公司总部运作得非常好，所以百思买的管理者打算在那些压力和低组织承诺是突出问题的零售店也采用这种系统。但是，在要求员工对顾客做出敏捷反应的零售店，ROWE 也能够发挥作用吗？想象一下管理者要面临的挑战吧，他们要保证在职员和收银员来去自由的时候，销售区和收银区都有人顶替。当考虑到 ROWE 的长期收益问题时，其他问题也随之而来。比如，ROWE 可以给员工每天工作 24 小时的自由，但这种自由也会让一些人不能确切地分清工作和非工作的生活状态。由于 ROWE 是一个很新的尝试，因此，只有时间才能证明这个系统是否能够帮助百思买在竞争激烈的领域独占鳌头。

4.2 压力

压力是组织行为学中的一个命题,你可能对它很熟悉。尽管你没有很多的工作经历,但是想想学期末你不得不为了期末考试死记硬背、完成很多学期课题时的感受。而在那时,你可能也在找工作或者打算和朋友或家人旅行。尽管可能有些人处理这些事情不感觉很疲惫,但是大多人还是会说这类情况使他们心力交瘁。这种心力交瘁的感觉可能会伴随着头痛、胃痛、背痛或者失眠。虽然你可能认为你的压力会随着毕业消失,但是工作上巨大的压力会比以前更普遍。(美国)国家职业安全与健康研究所(NIOSH)总结了各个不同来源的调查发现,有40%的美国员工感觉他们的工作是"非常有压力的"或者"极其有压力的"。不幸的是,管理者们认为自己的工作有压力的比普通员工多21%。这些压力在你们毕业以后的工作中是非常普遍的。表4—1列出了从压力最小到压力最大的一些工作。

4.2.1 界定压力、压力源和紧张三个术语

当然,从组织的观点来看,压力也是紧密相关的。据估计,有60%~90%患者的病都是由与压力有关的原因产生的,并且给高压力病人提供的医疗看护费用比低压力病人的费用大概要多50%。来自于不同行业工作的统计数字显示,当工作压力大的时候,工人要求索赔的频率也高。比如,在一个复印机分销商的公司,工作压力大的时候,索赔要求的频率是平时的8倍。当然,在本章中,你也会学到压力对于组织行为的管理来说有其他的意义。但是首先,对于压力所涉及的内容有一个更深入的理解是非常重要的。

压力是指当个人面对利益攸关的需求时所产生的心理反应,应对此需求将超过个人的承受能力和可用资源。那些导致人们经历压力的特殊需求叫做**压力源**。当个人的承受能力或资源超过一定限度时所产生的负面结果叫做**紧张**。这个定义阐释了压力取决于需求的本质和碰到压力的人这两个方面。不同的人评估压力和处理压力的方式是不同的,因此,当他们碰到相同的需求时所感受到的压力层次也是不同的。

> "虽然你可能认为你的压力会随着毕业消失,但是工作上巨大的压力会比以前更普遍。"

4.2.2 人们怎样看待和评价有压力的需求?

为了完全理解"感觉有压力"是什么意思,我们有必要描述需求是怎样被认知和评估的。当人们第一次碰到需求时,初级评估过程就产生了。在这个过程中,人们会评价需求的重要性和意义。这里,人们第一次考虑到一个需求是否会让他们感觉到压力,如果有,他们就会从个人目标和总体的幸福角度来考虑压力源的含义。这个过

程如表4—1所示。

表4—1　　　　　　　　　　　工作压力从低（1）到高（250）排序

低压力工作	压力水平	高压力工作	压力水平
1. 乐器维修员	18. 77	212. 注册护士	62. 14
2. 花商	18. 80	220. 律师	64. 22
4. 精算师	20. 18	223. 报纸记者	65. 26
6. 器具修理师	21. 12	226. 建筑师	66. 92
8. 图书管理员	21. 40	228. 伐木工	67. 60
10. 文档管理员	21. 71	229. 渔民	69. 82
11. 钢琴调音员	22. 29	230. 股票经纪人	71. 65
12. 门房	22. 44	231. 美国国会议员	72. 05
16. 投币自动售货机修理员	23. 47	233. 房地产经纪人	73. 06
18. 理发师	23. 62	234. 广告客户专员	74. 55
24. 数学家	24. 67	238. 公共关系专员	78. 52
29. 收银员	25. 11	240. 航空公司调度	83. 13
30. 洗碗工	25. 32	241. 飞行员	85. 35
32. 药剂师	25. 87	243. 警察	93. 89
40. 生物学家	26. 94	244. 航天员	99. 34
44. 计算机程序员	27. 00	245. 外科医生	99. 46
50. 天文学家	28. 06	246. 出租车司机	100. 49
56. 历史学家	28. 41	248. 企业高级总裁	108. 62
67. 银行出纳员	30. 12	249. 消防员	110. 93
78. 会计	31. 13	250. 美国总统	176. 55

Source：Adapted from L. Krantz, *Jobs Rated Almanac*, 6th ed. （Fort Lee, NJ：Barricade Books, Inc. ，2002）.

注：压力水平得分是通过计算21类因素，包括最后限期、竞争力、环境条件、速度要求、准确率要求、首创精神要求、身体要求、面临的危险等得出的。

举一个初级评估的例子，让我们来想象一下一家经营得很好的便利店中收银员的工作。在这个商店里，收银员从事的是循规蹈矩的与顾客的销售交易工作。顾客进入商店，选择商品，然后收银员把销售额记录到收银机上并收钱。在每天正常的工作环境里，一个熟练的收银员应该不会感觉这些交易超过了他或她的能力，因此，收银员也不可能把自己的工作评价为是有压力的。那些不易被评估为有压力的工作需求叫做良性工作需求。

然而，想象一下如果便利店收银员在一个收银机和信用卡刷卡机经常坏掉，并且没有任何提示的店里工作的话，他的反应会是怎样的呢？在这种店里工作的收银员很可能认为他们的工作压力很大，因为他们不得不诊断和处理设备问题，与此同时，又要应对顾客的不耐烦情绪。

另外，这个店里的收银员会把这种压力大的情况看成是阻碍他们达到顾客和店长眼中有效员工这一目标的一个不必要的因素。

最后，再想象一下收银员在另外一家便利店工作的情景，这里收银员由于有收货、盘库和培训新员工等额外的责任而工作量变得更大。在这里，收银员会认为工作也是压力很大的，因为有更大的工作量和权衡工作次序的需要。然而，与之前收银员的例子相比，这个店里的收银员可能认为这些要求是在给他们学习和展示自己能力的机会，而这些通常会用令人满意的晋升和加薪来给予回报。

在前面的两个例子中，收银员都面临着初级评价为"有压力的"的那些需求。然而，研究表明这两个例子中的需求类型有很大的不同。处理机器故障和应付不高兴的顾客从长远来看不太会使员工受益。这种压力源叫做**障碍性压力源**——是指多数人认为会阻碍个人的成功或目标实现的那些需求。障碍性压力源容易导致负面的情绪，比如生气和焦虑。相反，担当额外的责任或者承担更大的工作量有长远的利益，它会帮助员工增长技能。这种类型的压力源叫做**挑战性压力源**——是指多数人认为能为学习、成长和成功提供机遇的那些需求。尽管挑战性压力源可能使人很疲惫，但它会导致积极的情绪，提高员工的积极性。正如图4—1所示，障碍性压力源和挑战性压力源有几种具体的类型。

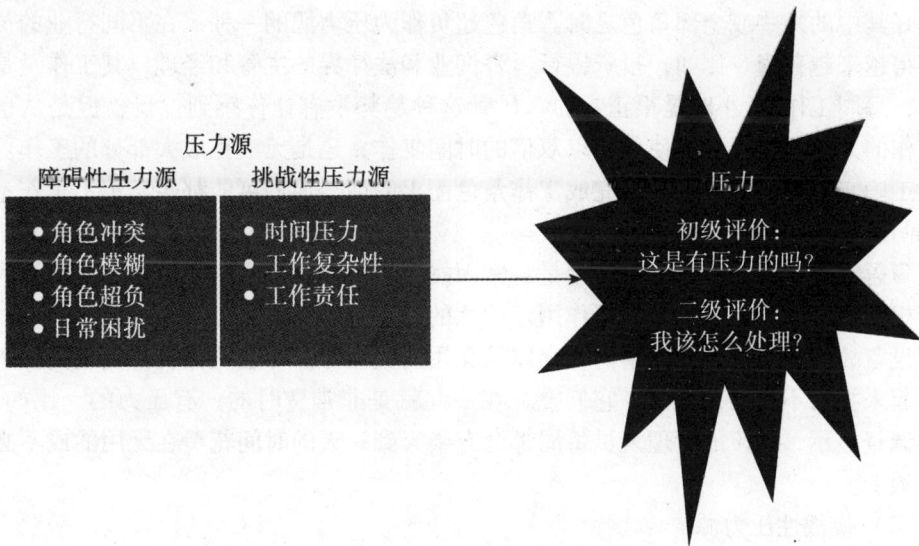

压力源

障碍性压力源　　挑战性压力源

- 角色冲突
- 角色模糊
- 角色超负
- 日常困扰

- 时间压力
- 工作复杂性
- 工作责任

压力

初级评价：
这是有压力的吗？

二级评价：
我该怎么处理？

图4—1　压力源以及对它们的评价

4.2.2.1　明确并描述压力源的两个类别

（1）障碍性压力源

障碍性压力源的一种类型是**角色冲突**，是指来自于他人的冲突性期望。

电话中心操作人员的工作作为角色冲突的一个例子，它是由某人所担当的一个简单角色有着不能兼容的需求而产生的。人们都期望做这项工作的人在一定的时间内能够联络尽可能多的人，这也就意味着和每个人联络的时间要尽可能少。但是，与此同时，人们也期望电话中心的操作人员能够对人们提出的问题和关心的事情给予积极的解答。因为在这方面工作的有效性可能需要很多的时间，所以工作中心的操作员这个岗位使他或她根本不可能同时达到这两种期望。

角色冲突也会发生在工作角色的要求影响了家庭角色的完成这样的情况下（或相反）。比如，有些员工不得不处理工作上的障碍，而他们回家以后，仍然不能放下此事，结果，他们可能变得对家人急躁、不耐烦——这种情况就叫做"工作导致的家庭冲突"，因为工作的要求影响了家庭角色的有效性。但是，这种类型的角色冲突也会以相反的方向发生。也就是说，当一名销售人员经历着夫妻不和这样的压力来工作时，就会带着负面的情绪，这样和顾客有效互动就非常困难。这种情况叫做"家庭导致的工作冲突"。

角色模糊是指员工在工作角色需求和结果不可预见性两方面缺乏信息。员工有时被要求做一些项目，但是关于怎样做却很少得到指导和帮助。在这种情况下，员工可能就不知道他们在这个项目上能花多少钱，应该多长时间完成或者是完成的产品应该是什么样的。角色模糊在新员工中很常见，因为他们还没有足够的时间从上级那里得到指导，或者观察和模仿前辈们的行为。学生们有时也会经历角色模糊，当教授们对于某门特定课程的要求或者评分过程很模糊时，学生们就会经历。在这种情形下，这门课程就变得有压力，因为关于如何得到高分学生们并不清楚。

角色超负发生在一个人所扮演的角色要求过多，以至于这个人根本不可能有效地扮演好其中的某些或全部角色之时。角色超负作为压力源的一种，在不同行业的员工中变得越来越普遍。比如，投资银行、咨询业和法律界的主管和经理，其工作量是很大的，每周工作80小时是很正常的。尽管这种趋势没有让你感到惊讶，但是从事这些工作的人们却表示，即使他们以双倍的时间工作，还是无法完成大部分的工作。如果员工确实花费足够的时间来完成工作角色需求的话，他们可能都会忘记了工作室或小隔间外的生活是怎样的。

障碍性压力源的最后一个类型是**日常困扰**，它反映了日常相对次要的需求对我们真正想要完成的事情起到了阻碍作用。困扰的例子包括不得不处理不必要的文件、办公室设备故障、和粗鲁的同事的冲突以及无用的交流等。尽管这些日常困扰的例子可能看起来相对不重要，但是，它们叠加在一起就是非常费时的、有压力的。比如说，一项调查显示，40%的管理人员每周都会有半天到一天的时间花费在无用的或不必要的交谈上。

（2）挑战性压力源

挑战性压力源的一种类型是**时间压力**，是指可能没有足够时间来完成工作的一种强烈的感觉。尽管大多数人都把处于高时间压力的这种状态看做是压力很大的，但是他们更倾向于把这种情境看作是有挑战性的，而非阻碍性的。人们会为了迎合时间压力的需求而更加努力，因为成功地达到这些需求会得到奖励并取得内在的满足感。关于时间压力正面效应的例子，让我们来看看一位在纽约顶级公司工作的建筑师迈克·琼斯的例子吧。他的工作是要监督众多的项目在规定的时间内完成，那么这样做的结果是，他的工作总是忙碌不停。尽管琼斯已经承认他的工作压力很大，但是他也相信承担这些压力之后的结果会是令人满意的。从曼哈顿建筑物的轮廓线上琼斯能够看到他的劳动成果，这会让他觉得他是其中的一部分。

> **"40%的管理人员每周都会有半天到一天的时间花费在无用的或不必要的交谈上。"**

工作复杂性是指工作超过了个人的知识、技术和能力的程度。关于工作复杂性的例子，让我们来看看许多公司用来培训未来主管和公司领导的员工发展实践的本质。在许多情况下，这些公司都会给员工一些工作，而这些工作所要求的技能和能力是他们还不具备的。比如，一位正在为领导层职位做准备的优秀的营销经理可能就被要求到地球另一边的某个国家去管理运行很差的产品设备，而这里的员工关系也是很差的。尽管此类的发展型经历是很有压力的，但是经理们还是反馈说，这种与增长能力有关的痛苦还是非常值得去经历的。

工作责任是指工作中涉及对他人的义务履行的程度。从大体上讲，当工作职责所涉及的数量更大、范围更广、重要性更高的时候，工作责任的等级也就更高。其中的一个例子，让我们来看看杂货店老板和杂货店装袋工的工作有什么不同吧。尽管装袋工的职责是实行一项重要的任务——高效地把东西装袋，还要不损害东西——但是老板的职责是确保商店盈利、顾客满意、员工高兴和安全。至于员工对时间压力和工作复杂性的反应，人们更倾向于把责任大的那些需求评价为既是有压力的、潜在的，也是积极的。关于工作责任特别大的一个例子，请参见"**银幕上的组织行为学**"专栏。

4.2.2.2 管理压力源

组织试图管理压力的一种方法是通过管理员工遇到的压力源的性质来进行。本章开篇的案例表达出了百思买是如何通过"只问结果的工作环境"来达到目的的。另一个用这种方法管理压力的例子是最近的一项调查，这项调查中19%的组织用工作分享来减少某个岗位的工作量，促进工作和家庭的平衡。工作分享并不意味着将某项工作一分为二，而是两个人共同分担某项工作的责任，就像一个人在工作一样。"尽管工作变成了24/7，但是人没变"这项假设可以作为实践的基础。这可能会诱导你认为工作分享在底层工作中应用是非常适合的，因为责任和任务量是以数计的，相对来说非常容易分割。

☺银幕上的组织行为学

《空中塞车》

"这项工作可能是有点压力过大了！"

《空中塞车》（迈克·内威尔导演，20世纪福克斯公司发行，1999年上映）这部电影中的航空调度员是用这样的词语描述他的工作的，他每天要在肯尼迪、拉瓜迪亚和纽瓦克这三个全国最拥堵的机场指挥7 000架飞机的飞行。

从电影的开场所描写的动作来看，你应该能够感受到航空调度员这个工作最明显的压力源就是巨大的工作量。调度员坐在一个黑暗的屋子里，这样做是为了保持对数百个光点和雷达信号内的其他信息进行跟踪。同时，他们还要与几个飞机的飞行员进行交谈。比如，在开场的情景中，尼克（约翰·库萨克饰）在电话里说："大陆981，从外指点标8英里，左转，飞向080，保持2 000米高度，直到切入航道，可以在4号盲降。"尽管你可能在不到6秒的时间就能喊出这个指令，像尼克在电影里做的那样，但是航空调度员要在同一时间负责指挥几架飞机，这些飞机都是以每小时300英里的速度在不同的方向行进。

对于航空调度员来说，第二个关键的压力源就是他们每天要对成千上万旅客的生命负责。尽管导致空中相撞的错误发生几率极小，但是这种可能性在调度员的头脑中却是沉重的负担。举个例子来说，电影里有个场景是描写设备经理有一次去看望小学生的旅行。他告诉他们："你们年轻人知道吗，航空调度员操作上的一次简单改变所要负责的生命比一个外科医生一辈子要负责的生命都多。"一个小男孩回答说："那就像一个电脑游戏"——这个经理对此的回答是："我告诉你，这不是游戏，年轻人。如果这里你出现了一次错误，那么根本没有后悔药吃。"

事实上，现在甚至在组织高层也应用工作分享。比如说，坐落在波士顿的富丽银行，两位女士共同分享了全球市场和外汇副主席这一职位六年，直到富丽被美国银行收购，她们的部门解散为止。在这期间，她们有一张桌子、一把椅子、一台电脑、一部电话、一个语音邮件信箱、一系列目标和一个绩效总揽。她们每个人每周工作20～25个小时，同时还能配合得天衣无缝。

4.2.3　人们如何应对压力？

描述个体如何处理压力

人们评价了一个有压力的需求之后，他们会问自己，对于这种情况"我该做什么"和"我能做什么"。这些问题就反映了**二级评价**，在图4—1中有所展示。问题的中心关注的是人们怎样处理他们面对的各种各样的压力源。**应对方法**是指人们用来管理有压力的需求和自己情绪的行为和思想。如表4—2所示，应对方法包括不同的行为类型，这些类型从两个维度被分为四个类型。第一个维度是关于应对的方式（行为和认知两方面），第二个维度是关于应对方法的关注点（解决问题和管理情绪两方面）。

表4—2　　　　　　　　　　　　　　　**应对战略举例**

	问题导向	情绪导向
行为方式	更努力工作 寻求帮助 获得额外的资源	从事其他的活动 寻求支持 发泄愤怒
认知方式	制定战略 自我激励 改变优先顺序	逃避、远离、忽视 在又一次消极的评估中寻找积极的一面

Source：Adapted from J. C. Latack and S. J. Havlovic, "Coping with Job Stress：A Conceptual Evaluation Framework for Coping Measures," *Journal of Organizational Behavior* 13（1992），pp. 479 - 508.

> "应对战略的选择对于人们能在多大程度上有效地迎合和适应压力源有重要影响。"

首先，应对的行动可以从行为和认知两方面进行分类。**行为应对**包括人们用来处理压力情形的一系列身体上的行动。举个例子来说，在工作上碰到很多时间压力的人会选择通过加速工作来应对。再有，有很多日常困扰压力的员工可以通过逃避工作来应对——迟到、早退，甚至待在家里。

与行为应对不同，**认知应对**涉及的是人们在试图应对压力源时的思想。比如说，时间压力增大的人就会想通过别的方式工作来应对，这样也可以更有效地完成工作。另外一个例子，有日常困扰压力的员工可能就会试着说服自己——那些困扰毕竟还没那么坏。

我们对应对方法的定义第一部分涉及的是应对的方式，而第二部分则涉及应对方法的关注点问题——就是说，应对方法是想表达有压力的需求还是想表达由需求引发的情绪？**问题导向型应对**是指人们管理压力情境本身时的行为和思想。为了理解问题导向型应对，让我们来看看前两段中提到的人是如何处理时间压力的吧。第一个例子中的人试图通过更加努力工作来应对时间压力。而第二个例子中的人试图去寻找一个更有效的完成工作的方法。尽管具体的应对方法不同，但是这两种人都是努力去迎合需求而不是试图逃避。

与问题导向型应对不同，**情绪导向型应对**是指人们调节自己对压力源的情绪反应所采用的各种各样的方式。之前我们描述过的对日常困扰的两种反应就展示了两种情绪导向型应对的类型。在第一段中，员工用逃避和远离的行为来释放压力和环境带来的情绪上的苦恼。

在第二个例子中，员工再次评估需求以使它看起来不那么有压力，那么可怕。尽管人们为了避免不愉快的情绪成功地改变了自己的理解方式，但是需求或者问题最初还是引发了评估过程。

到现在为止，对你来说有一点是非常明显的，应对战略的选择对人们能在多大程度上有效地经历和适应压力源有重要影响。比如，在工作环境中，经理很有可能希望下属用问题导向型的战略——更加努力工作，而不是情绪导向型战略——中午喝两瓶日本清酒来远离压力——应对工作量的压力。当然，情绪导向型应对也有发挥作用的时候。比如说，想象一下这种情景：某个人虽然上了很多年的声乐课程，练习了无数个小时，但是在为《美国偶像》试音的时候几次都没有通过。如果这个人不在情绪上加以应对的话——可能通过降低自己的志向，或者至少忽视西蒙·考威尔的挖苦——这个人的自我概念就被伤害了，这样的话会导致他在其他角色上的低效发挥。请参见"**组织行为学的国际化**"专栏，学习一下侨民处理国际任务的压力对组织的意义。

4.2.4　紧张体验

这一章的前面部分，我们将紧张定义为当个人的承受能力或资源超过一定限度时所产生的负面结果。压力导致紧张这一说法有多么精确呢？研究压力的医学研究者花费了很多年的时间来检测人体对于不同种类压力性需求的反应。很多研究成果已经被总结成了一个理论叫做一般适应综合征（GAS），在图4—2中有所展示。简言之，GAS表明，人体有一套一般的反应系统，在人们面临压力性的需求时可以有效地适应和反应。然而，当压力性的需求不能得到减少或者出现得太过频繁时，人体的适应性反应就变得有毒（toxic）了，这也是导致紧张的因素。

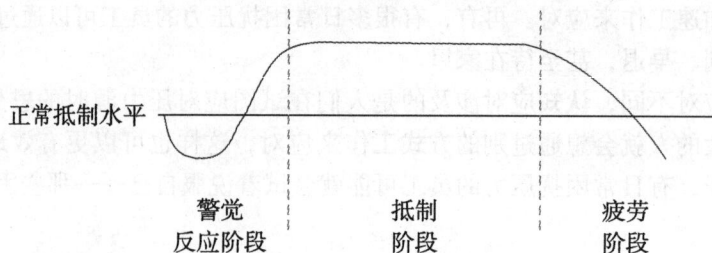

图4—2　一般适应综合征

Source：Adapted from H. Seyle, *The Stress of Life*, revised ed.（New York：McGraw-Hill, 1976），p. 111.

4.2.4.1　一般适应综合征的各个阶段

GAS 第一阶段是警觉反应阶段。当面临压力源的时候，人们对压力源的抵制有一个短暂的时期是非常弱的。在这个时点上，身体和意识还没有反应过来——实际上，压力源只是"被吸收了"。紧随其后，身体激活了抵御机制来抵制压力源。身体开始分泌化学物质，这会导致心跳加快，血压升高，并且血流会掉转方向，如从脾脏到大脑和骨骼肌肉。

☺组织行为学的国际化

由于商业组织国际化趋势的增强，派遣到国外工作的员工数量也有所增加。例如，一项对全球再定位的数字和趋势的最新调查显示，47%的公司报告说去年在国外工作的员工的任务量有所增加，54%预计会在来年再增加任务量。这项调查也表明了超过半数的海外工作的员工希望他们的任务可以持续 1～3 年。不幸的是，到海外工作的美国员工通常都没能有效地完成任务，40%都提早回国了。那么，是什么原因导致的呢？

外派员工的回国与否的一个关键的驱动因素是他们怎样处理在异国他乡的巨大压力。外派员工会经历很多压力，它们表现为不确定性，包括社会文化的不同和与工作相关的一些活动的差异。由于他们的同事和领导都不在身边，也不能给予支持和帮助，结果，这些压力就容易转变成挫折和对任务的不满。最后，他们只能以提早回国的行为应对方式来处理这种压力。尽管跨文化培训看起来是管理这个问题的一个明显的方式，但是它并不能像你想象的那样频繁。事实上，很多美国公司根本就没有提供正式的跨文化培训，即使有的话，它也不强调文化理解和有效的跨文化互动所需的技能。还有，培训只会发生在出国前，员工出国以后就没有后续培训了。很清楚的是，在今天全球化经济环境下的组织对外派员工进行应对方法选择的培训，而不是让他们从这种情形下逃避，这样做组织会从中获益。

在警觉反应阶段，人体发生的变化是要在身体和心理两方面为"战斗或逃避"做好准备。在这之后，人体就进入了 GAS 的第二阶段——抵制阶段。这一阶段，身体分泌的化学物质唤醒了身心，帮助人们去回应和接受需求。不幸的是，如果长时间地或者经常地面对压力的话，血液中的化学物质就会升高，这样就导致人的身体开始垮掉，精疲力竭，甚至死去。最后一个阶段就是疲劳阶段。尽管 GAS 听起来像是一个描述人们对极端压力源反应的理论——比如，穿过丛林的时候被老虎追赶——但是研究表明，大部分类型的压力源都会导致相同的生理反应。正如图4—3中展示的那样，压力产生的三种负面结果有：生理紧张、心理紧张和行为紧张。

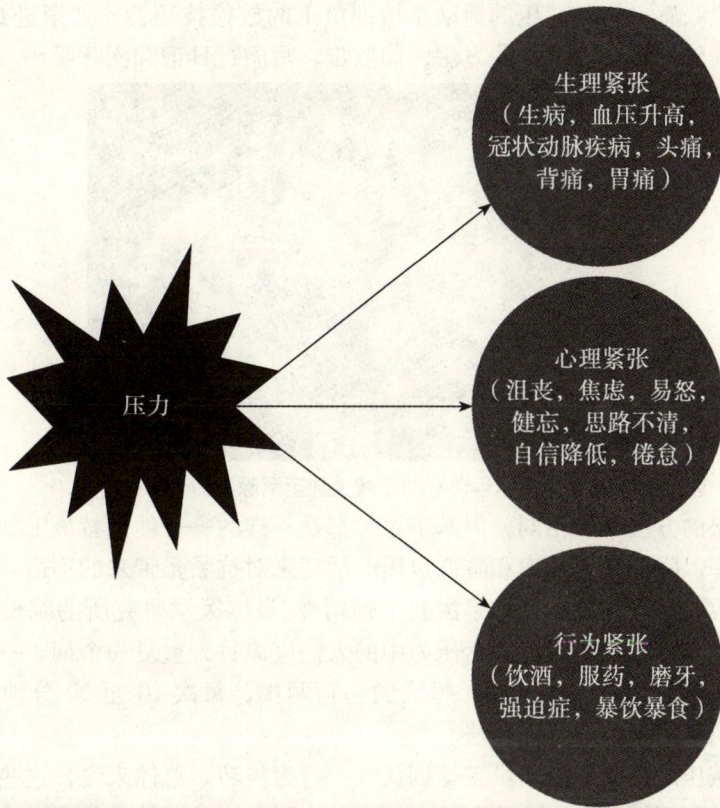

图4—3　紧张的举例

Source：M. E. Duke, "2005 Benefits Survey Report," *Society of Human Resource Management.* Reprinted with permission.

紧张。压力源带来的生理紧张发生在人体的四个系统中。第一，压力源可以降低人体免疫系统的有效性，这会使身体很难避开疾病和感染。第二，压力源能伤害人体的心脑血管系统，导致心跳加速，血压升高，产生冠状动脉疾病。第三，压力源也会伤害到人体的骨骼肌肉系统，发生紧张性头痛、肩部僵硬和背痛，这些都与各种各样的压力源有关。第四，压力源还会导致胃肠系统问题。这类紧张的表现有胃痛、消化不良、腹泻和便秘。

压力源产生的心理紧张包括沮丧、焦虑、气愤、敌意、不自信、易怒、思路不清、健忘、缺少创造力、记忆力减退和幽默感的丧失（考虑到余下的部分就不惊讶了）。这些紧张很可能是倦怠的征兆。**倦怠**是指由持续的处理压力需求而带来的情感上、精神上和身体上的疲劳。**"运动中的组织行为学"**专栏向我们描述了即使是最强壮的人也能够产生倦怠。

与生理紧张和心理紧张相比，行为紧张是与GAS联系最少的。事实上，很多不健康的行为，如夜晚磨牙，过于挑剔和专横，过量吸烟，难以抑制地咀嚼口香糖，过度饮酒，暴饮暴食，都可以看作是其他紧张类型的行为表征。

4.2.4.2　员工紧张的管理

因为紧张是由于工作充满压力而带来的自然结果，所以有些组织开展一些活动帮助员工降低紧张感。一种减压的活动是培训员工的**放松技巧**，比如渐进式肌肉放松、沉思，以及其他的让心情平静的方法，如散步、写旅行日记和深呼吸。

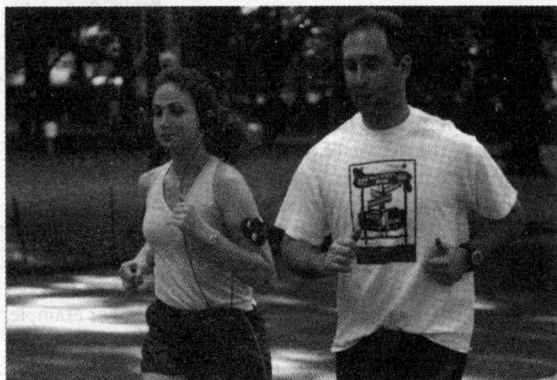

人们发现，慢跑或者做其他身体运动有助于减少甚至消除压力。

尽管放松的方法不尽相同，但基本思想都是一样的——他们教员工如何通过参加一些减缓心率、降低呼吸频率和降低血压的活动来对抗紧张带来的不适。这里有一个相对简单的放松技巧的例子，它是由波士顿精神/身体医学研究所的院长兼内科医生赫伯特·本森推荐的。他建议处于压力中的人们应该每天重复一个词、一种声音、一种祈祷、一组词语或者一个行动，每天做一至两次，每次 10 至 20 分钟，在这期间里，尝试去忽略头脑中的其他想法。

第二种减压的活动就是向员工培训**认知—行为技巧**。总体来说，这些技巧试图帮助员工以一种更理性的方式评估和处理压力。为了理解这些技巧的内涵，你可以想象一下你认识的人，有些人不仅夸大了压力性需求的层次和重要性，而且很快下结论说需求不能被达成，之后就预测厄运和灾难。如果你认识这样的人，你可以向他推荐认知行为训练，它包含"自我对话"技术，人们通过学着说一些关于压力性需求的东西，从而反映了他们的理性和乐观。所以，当人们面临压力性需求时，可以试着练习说："这个要求并不难，如果我努力工作是可以完成的。"另外，认知—行为训练主要是指对压力应对方法进行有效的指导。所以，除了自我对话，人们还可以练习怎样把需求按重要性排序、管理时间、交流需要和寻求帮助。

第三个减压的活动是**健康与福利计划**。举个例子来说，在一项调查中有 3/4 的组织有员工帮助计划，这些计划是要帮助人们解决诸如酗酒和其他嗜好等个人问题。在这项调查中，超过 60% 的组织为员工提供了福利计划和资源。

这些计划和资源的本质在各个组织之间是非常不同的。但是，总体来讲，它们是一种综合性的努力，包括健康检查（血压、胆固醇水平、肺功能）以及相关的健康课程和信息。其他的健康和福利计划的例子主要是减压，包括戒烟计划、公司内健身中心或者健身中心会员、减肥和营养计划。

☺运动中的组织行为学

布雷特·法尔夫，这位前绿湾包装工队四分卫，全国橄榄球联盟最成功、最受人认可的球员，在 2008 年 3 月打完 17 个赛季之后宣布退役。为什么这个 3 次获得 NFL

最有价值、9次参加职业杯赛的球员会退役呢？是因为他受伤了，还是在几个赛季之后身体大不如前了呢？都不是。法尔夫说，他身体很好，从统计数字上看，他的最后一个赛季是最出色的。那是不是因为他处在一个无法与更好的球队竞争的球队中而受挫呢？也不是。在最后一个赛季，他带领包装工队拿到了NFC比赛的冠军，并且他相信球队有潜力在来年拿到超级杯赛的冠军。最终的结果是法尔夫决定退役是因为压力和倦怠。但是一个曾被兰斯·阿姆斯特朗称为"铁人"的人怎么会在他最热爱的项目上感到倦怠呢？

一封法尔夫留给ESPN记者克里斯·莫腾森的语音邮件给出了答案："我只是累了，你知道。我精神上累了。身体上，我感觉还好，你知道。我不能抱怨。我只是，太有压力了。我是说每周我都要学习，准备，我们赢的次数越多，就越感到有压力。你可能不这样想，但是，你知道，在以前我打球的日子里，我总想拿到第一名。"赢球的这种持续压力使得法尔夫要花费更多的时间准备，天长日久，这种压力逐渐积聚，最后导致疲劳和承诺的丧失。在一个新闻稿中，他说，当他打完比赛回家以后，他会坐在电脑前看下一个对手的影像资料，而不是和妻子迪娜一起分享胜利的快乐。这种不能放松的情况给他带来了麻烦。尽管法尔夫开始的时候放弃了回到NFL的可能性，但是他后来又表示想要继续打球，然后就到了纽约喷气机队。由于倦怠从体育界退役后产生这种内心的变化是很正常的。从比赛中休息一段时间不仅给了运动员休息和充电的机会，同时也给了他们自由的时间来想想关于以后再打球的兴奋点和挑战。

4.2.5　描述A型行为模式是如何影响压力过程的

4.2.5.1　对压力过程中个体的解释

这一章到目前为止，我们已经讨论了个别人和一般人对于不同压力源的反应。当然，人们在处理压力性需求方面也有所不同。人们对压力的不同反应的其中一个方面在于他们是否表现出**A型行为模式**。A型人有强烈的时间紧迫感，容易不耐烦，工作努力，竞争意识强，有自我控制力，有进取心，甚至是有敌意的。如果你走路、说话、吃饭都是快节奏的，并且你发现自己对做事慢的人经常表现出没有耐心的话，那么你很可能就是A型人。

A型行为模式是很重要的，因为它可以影响压力总体模型中的每一个变量。第一，A型行为模式可能对人们碰到的压力源级别有直接影响。为什么存在这种联系呢？因为A型人都是倾向于努力工作的，并且有强烈愿望达成目标。因为反映这种倾向的行为是被组织所称道的，所以A型人得到的工作量会更大，工作层次更高，组织以此作为"奖励"。第二，A型行为模式影响了评价过程。事实上，A型人更容易把需求评价为是有压力的，而不是良性的。第三，可能也是最重要的，A型行为模式与冠心病和其他的身体、心理和行为紧张有直接的关系。A型行为模式和这些紧张之间的关系大小还没有强烈到如果你是A型人就要打911的程度。然而，这种联系也是足够强烈的，它表明对A型人来说，他要面临这些问题的风险会更大。

4.2.5.2　描述社会支持是如何影响压力过程的

另一个影响人们管理压力方式的个体因素是**社会支持**的程度。社会支持是指人们收到的来自于老板、同事、朋友和家庭成员的支持。社会支持指的是当人们碰到压力性需求时得到的帮助，它至少有两种类型，一种类型是工具性支持，它是指人们受到的帮助可以直接用来处理压力性需求。比如，如果一个人的工作量过大，那么他的同事可以帮他承担一定的工作量或者提供一些关于如何更有效工作的建议，以这样的方式提供工具性支持。社会支持的第二种类型是情感性支持。这种类型的支持是指帮助人们处理由压力性需求带来的情感上的痛苦。举个例子来说，当某个个体超负荷工作的时候，他的上司如果对这种状况表示关注、理解和同情，那么这种方式就是提供了情感性支持。大部分关于社会支持的研究都是关注社会支持是以怎样的方式缓和压力和紧张之间的关系方面。根据这项研究，高水平的社会支持可以给员工提供非常有用的应对压力的工具或情感资源，这种资源有益于减少压力给人们带来的伤害。如果是低水平的社会支持，人们就不能获得额外的应对压力的资源，所以，压力就容易给员工带来更大的伤害。尽管不是每一项研究都发现了社会支持的缓冲作用，但是大部分的研究结果都是支持这个结论的。

4.2.5.3 描述紧张对工作绩效及组织承诺的影响

紧张对工作绩效及组织承诺的影响见图4—4。

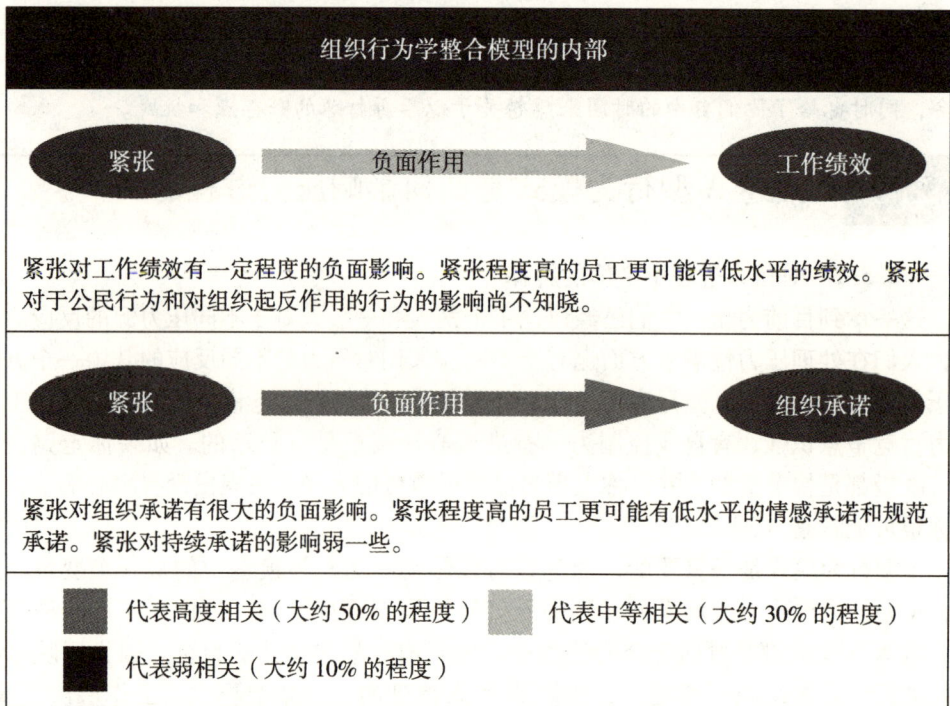

图4—4 紧张对于工作绩效和组织承诺的影响

Source：J. A. LePine, N. P. Podsakoff, and M. A. LePine, "A Meta-Analytic Test of the Challenge Stressor-Hindrance Stressor Framework：An Explanation for Inconsistent Relationships among Stressors and Performance," *Academy of Management Journal* 48 （2005）, pp. 764 – 75; N. P. Podsakoff, J. A. LePine, and M. A. LePine, "Differential Challenge Stressor-Hindrance Stressor Relationships with Job Attitudes, Turnover Intentions, Turnover, and Withdrawal Behavior：A Meta-Analysis," *Journal of Applied Psychology* 92 （2007）, pp. 438 – 54.

4.3 压力有多重要?

此时,你可能好奇,压力是怎样影响工作绩效和组织承诺这两个组织行为学整合模型的最终产出的。描述压力的影响在某种程度上来说是很复杂的,因为在整个过程中有很多影响因素。所以,为了将事情简化,我们就只讨论紧张的影响。图4—4揭示了紧张对工作绩效有一定程度的负面影响。紧张和工作绩效之间的负面关系的大体解释是,紧张会降低员工干劲的总体水平和员工原来对工作的关注度。当然,我们也很容易意识到身体、心理和行为紧张的一些表现形式:疾病、疲劳、分心,这些在大多数的工作情景中都会影响员工工作的有效性。

图4—4也揭示了紧张对组织承诺有强烈的负面影响。为什么呢?因为紧张通常会使人们产生不满意,而我们在前面的章节中讨论过,满意对员工的组织承诺程度有很强烈的影响。人们工作在时常感觉厌倦和疲劳的岗位上很有可能对工作不满意,并且会越来越不想留在组织中而另寻他处。

在这章的讨论中和图4—4的描述中,我们将压力描述为会给工作绩效和组织承诺带来负面影响的因素。但是这还不是全部。事实上,虽然压力的所有类型都和紧张有关,但是某些压力的类型对绩效和承诺是有正相关关系的。

☺学生中的组织行为学

你可能在想压力的概念和理论是怎样应用在学生中的。最近的一项研究发现,学生在学术方面面临着障碍性压力源和挑战性压力源,而这两种压力源对学生成绩的影响是不同的。

那些面临很多障碍性压力源的学生更容易得低分,这些压力源包括花费在繁多的课业的时间,对最后课程成绩的关注程度,学生们要完成的项目或任务的相关困扰等。对于学生来说,应对障碍性压力源是非常容易让人疲惫的,而疲惫的感觉就会使学生很难有精力学习。另外,面临很多障碍性压力源的学生更容易不相信努力学习会得到好成绩,所以,他们也不会竭尽全力。

经历过较高强度挑战性压力源的学生更容易得到高分。这些压力源包括完成课内和课外作业的困难和完成课业的时间压力等。尽管学生们感觉应对挑战性压力源很疲惫,但是这种压力源的激励作用非常大。事实上,挑战性压力源尽管会让学生们感到极其疲惫,但是也会激励他们努力学习。

那么得到了这些信息你会怎么做呢?一种选择就是采取行动减少障碍性压力源。尽管这种方法处理某些障碍是可行的——比如让教授提供清晰的指导——但是这种方法可能对其他障碍就不适用——比如让教授减少功课量。当然,另外一种选择就是把障碍看成挑战,相信学习应对压力一定是有价值的。

但是怎么会这样呢?为了理解这种反直觉的关系模式,让我们来回顾一下之前讨论过的挑战性压力源。比如,时间压力和责任容易导致积极的情绪。还有,当人们面临挑战性压力源的时候,更倾向于采用问题导向型战略来应对。这些积极情绪和应对战略的净利润会超过增加的紧张感带来的成本。那么,结果就是挑战性压力源与工作绩效和组织承诺有正相关关系。挑战性压力源对工作绩效和组织承诺的正面影响已经由经理和基层员工的行为体现出来。这在我们的"**学生中的组织行为学**"专栏中也表明了这一点。

> 请登录 www. mhhe. com/ColquittEss 网站查询学习资料，包括互动练习、测验、iPod 下载和视频内容。

4.4 案例：Best Buy

正如我们在本章开篇的案例中讨论的，百思买的"只问结果的工作环境"（ROWE）给了员工选择工作时间和地点的自由。尽管该体制的特征看起来能够减少员工的压力和倦怠，但是一些人对该体制的潜在缺点表示关注。比如说，简·克丽丝巴姆是工作在法律部门的一名律师，她的部门还没有转换到 ROWE。克丽丝巴姆最近有了第二个孩子，这样她的工作日程表变成了每周工作四天。尽管她在努力地平衡工作和家庭需求，但是她对转换到 ROWE 之后是否能改善现状仍持怀疑态度。她仍然不得不在休息日处理电子邮件和语音留言，并且她认为 ROWE 会进一步增加她在本应该是休息日的工作压力。她也意识到工作中有时会突然出现一些事情需要立即处理，同时她认为相关的工作很容易叠加到能找到的或者最容易联系的员工身上。最后，法律部门的效率取决于它对其他部门的服务怎么样。因此，她认为她的"成果"是与当人们需要她时就能立刻在办公室找到她的程度相关的。

克丽丝巴姆关注的这些问题也给 ROWE 提出了问题，即 ROWE 是否会有副作用，是否会增加而不是减少员工压力和倦怠。ROWE 的发明者凯丽·雷斯勒和朱迪·汤姆森对克丽丝巴姆提出的那种负面作用的可能性做出了解释，他说这种可能性是有所减弱的，因为比起完全必要的工作，这种体制不再鼓励加班工作，当人们不必去处理困扰、政治和其他令人分心的事情时，工作会更有效率。尽管一些早期的研究支持了凯丽·雷斯勒和朱迪·汤姆森的观点，但是 ROWE 的有效性只能在员工在办公室的环境中才能被展示出来。对于该体制的长期效果还没有任何的研究。

- 想想百思买的"只问结果的工作环境"。它的主要优势在哪？主要劣势在哪？
- 描述一下 ROWE 最有可能影响压力过程的几种途径。ROWE 在多大程度上影响了员工所经历的挑战性和障碍性压力源的几种类型？ROWE 是怎样影响社会支持的？这种改进对压力过程有什么影响？
- 你认为百思买想要实施 ROWE 的计划在它的零售店里会奏效吗？在零售店里使用 ROWE，你认为需要改进哪些不足？

4.5 重点掌握

● 压力是指当个人面对利益攸关的需求时所产生的心理反应，应对此需求将超过个人的承受能力和可用资源。压力源是指导致人们经历压力的那些需求。紧张是指当个人的承受能力或资源超过一定限度时所产生的负面结果。

● 压力源表现为两种形式：挑战性压力源，能为成长和成功提供机遇的那些需求；障碍性压力源，阻碍目标实现的那些需求。

● 压力应对包括一些想法和行为，为了达到两个目标中的一个：处理压力性需求或者降低与需求相关的情感不适。

● A 型行为模式中个体的差异会在三个方面影响压力过程。A 型人容易有更大的压力，把更多的需求看成是有压力的，还会有更多的紧张感。

● 社会支持方面的个体差异会影响到压力——紧张关系的强度。如社会支持作为阻碍紧张发生的一种缓冲器。

● 尽管人体会沿着 GAS 系统的路线试着去接受各种压力源，但是天长日久，这种适应性的反应会消耗身体能量，使人疲劳甚至垮掉。随之而来的紧张感对工作绩效有中等程度的负面影响，对组织承诺有强烈的负面影响。

4.6 问题讨论

● 在读这章之前，你是如何定义压力的？你对压力的定义是否反映了压力源、压力过程、紧张或者某种联系呢？

● 描述一下你梦想的工作，然后提供一份你目前能够想到的压力源类型的列表。这份列表中是挑战性压力源占主导还是障碍性压力源占主导呢？为什么你这么认为呢？

● 想想你之前提过的那个梦想的工作。你的薪水是多少？如果可能的话，你会放弃克服那个最重要的阻碍性压力源吗？为什么？

● 如果你毕业后收到几份工作邀请，不同工作的挑战性压力源层级在多大程度上会影响你的选择？为什么？

● 你怎样评价你处理压力的能力？想想这章给出的信息，你会怎样做来提高有效性呢？

● 如果你在一个充满了障碍性压力源的组织中做管理工作，那么你会采取哪些行动来确保你的员工是用问题导向战略而不是用情感导向战略来处理压力源的呢？

4.7 测评：A 型行为模式

你认为你是不是对压力很敏感呢？这项评估就是为了衡量你在多大程度上属于 A 型人——尤其是努力工作的、竞争性强的、富有进取心的。（更多与本章相关的评估，请访问在线学习中心 www.mhhe.com/ColquittEss）

用回复模式回答每个问题。然后用 8 减去黑体问题的答案，从而形成那个问题的新答案。比如，如果问题 3 的最初答案是 2，那么你的新答案就是 6（8−2）。然后，计算这 12 道题的总分。

1	2	3	4	5	6	7
非常 不同意	不同意	有些 不同意	中立	有些同意	同意	非常同意

1. 在完成工作的时候比其他人更容易"采取行动" _____

2. 当某人说话或者花费太多时间还不能达到要求时，我通常想要催促他。 _____

3. **现在，我认为自己是非常放松和舒适的。** _____

4. 一般情况下，我极其容易生气。 _____

5. 我最好的朋友会对我总体活动水平评价为很高。 _____

6. 我做事情肯定是很着急的。 _____

7. 我对待工作比大部分事情都认真。 _____

8. **我很少生气。** _____

9. 我经常为自己的工作设定最后期限。 _____

10. 我排队的时候非常没有耐心。 _____

11. 我比其他人更努力工作。 _____

12. **和其他人相比，我没有那么认真地看待生活。** _____

得分

如果你的得分在 53 分或以上，你可能就是 A 型人。这就意味着，在你的生活中你可能有很多的压力，并且对那种压力更加敏感。如果你的得分在 52 分或以下，你可能就是 B 型人。这就是说，在生活中你没有那么多压力，并且对经历的压力没有那么敏感。

Source：C. D. Jenkins, S. J. Zyzanski, and R. H. Rosenman, "Progress toward Validation of a Computer Scored Test for the Type A Coronary Prone Behavior Pattern," *Psychosomatic Medicine* 33 (1971), pp. 193 −202. Reprinted with permission of Lippincott, Williams & Wilkins.

4.8 练习：压力管理

这项练习的目的是找到管理压力的方法来降低紧张感。这项练习采用小组的形式，所以你的老师会把你安排到某个团队里或者让你自己创建一个团队。这项练习有以下几个步骤：

1. 管理压力的一种方法是找到一种方法减少工作中碰到的压力源。在你的小组中，请你描述你目前经历的压力源。每位学生都要描述两至三个最重要的压力源。然后其他学生提出减少或减弱压力源的战略。

障碍性压力源　　　　　　　应对压力的战略

角色冲突：

角色模糊：

角色超负：

日常困扰：

2. 另一种能够管理压力的方法是改善工作与生活的平衡。下面的这个圈代表了你"醒着的时间"在五类活动中是如何分配的：在学校、在工作、个人休闲、和朋友在一起、和家人在一起的时间。画出你自己时间的两个版本：你目前的"醒着的时间"和你希望的"醒着的时间"分配。其他同学也要提出一些让生活发生变化的战略。

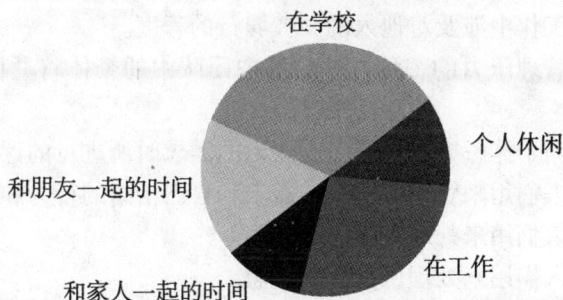

3. 第三种管理压力的方法就是提高耐性——作为一种缓冲器，它有益于身心健康，防止压力转化成紧张。下面的这个图列出了几个帮助你诊断耐力的几个问题。对每个问题的答案都要讨论，然后在其他同学的帮助下，采用头脑风暴的方式增加耐力因素。

耐力因素　　　　　　　　　　　　　　　　　　　　提高耐力因素的策略

放松：你是否花费了足够的时间阅读、听音乐、沉思，或者
　　　追求自己的爱好？

练习：你是否花费了足够的时间锻炼自己的心血管系统，或
　　　者力量和灵活性方面的训练？

饮食：你安排饮食的方法是恰当的吗？你吃得健康吗？食物
　　　中的脂肪含量高吗？

4. 课堂讨论（无论你是在小组里还是在课堂上）应该关注两个问题：第一，许

多管理压力的因素，尤其在第二步和第三步，都会很费时间。这种方法对管理压力来说是不是一个无效的策略呢？是或否的原因是什么？第二，看看你在本章组织行为学评估中 A 型人的得分，那会使这些策略更重要还是更不重要了呢？

本章术语

压力是指当个人面对利益攸关的需求时所产生的心理反应，应对此需求将超过个人的承受能力和可用资源。

压力源是指导致人们经历压力的那些需求。

紧张是指当个人的承受能力或资源超过一定限度时所产生的负面结果。

初级评估是指对目前所面对需求的重要性和意义的评估。

障碍性压力源是指多数人认为会阻碍个人的成功或目标实现的那些需求。

挑战性压力源是指多数人认为能为学习、成长和成功提供机遇的那些需求。

角色冲突是指来自于他人的冲突性期望。

角色模糊是指员工在工作角色需求和结果不可预见性两方面缺乏信息。

角色超负是指需求数量过大，以至于无法实现有效绩效。

日常困扰是指日常次要需求的叠加阻碍了更重要工作的完成。

时间压力是指可能没有足够时间来完成工作的一种感觉。

工作复杂性是指工作超过了个人的知识、技术和能力的程度。

工作责任是指工作中涉及对他人的义务履行的程度。

工作分享是指管理压力的一种方法，其中团队中的个体将共同承担某项工作的责任。

二级评估是指当个体考虑怎样应对有压力的需求时所进行的评估。

应对方法是指人们用来管理有压力的需求和自己情绪的行为和思想。

行为应对是指人们用来处理压力源的行为。

认知应对是指人们用来处理压力源的思想。

问题导向型应对是指人们管理压力情境本身时的行为和思想。

情绪导向型应对是指人们调节自己对压力源的情绪反应所采用的方式。

一般适应综合征是指描述人体如何对压力源反应的理论。

倦怠是指情绪、精神和身体上过度疲劳的程度。

放松技巧是指通过降低心跳频率、呼吸频率和血压来抑制紧张反应的活动。

认知行为技巧是指以一种更为理性的方式帮助人们评估和应对压力源的技巧。

健康与福利计划是指诸如健康检查和向员工传递与健康有关的指导和信息的计划。

A 型行为模式是指以缺乏耐心、高竞争性、争强好胜和需要控制等为特征的一种行为模式。

社会支持是指当人们面临压力源的时候能够得到他人帮助的程度。

5

激 励

【学习目标】

通过阅读本章，应该能够：

◉ 界定激励；

◉ 描述期望理论和指导工作活动的三个理念；

◉ 根据目标设置理论，理解使目标成为工作绩效强预测因子的两个特征；

◉ 依据公平理论，描述员工得到公平待遇的意义和他们感到不公平时的反应；

◉ 描述心理授权和决定被授权员工感受的四个理念；

◉ 理解激励是如何影响工作绩效和组织承诺的。

5.1 Netflix

想知道某人关于电影的品味吗？如果他们是 Netflix（以下称"奈飞"）的订购者，你只要问问他们的"奈飞队列"里都有什么就行了。奈飞公司，位于加利福尼亚州的电影 DVD 经销商，向其订购者每个月都收取会员费。那些订购者登录奈飞公司的网站，创建一个喜欢的电影队列，然后他们会在邮件中收到这些电影和一封回信。最好是没有时限和滞纳金，订购者可以想保留多久就保留多久，直到他们想看下一个电影，把这个电影从队列中剔除。这种灵活性是奈飞公司之所以能瓜分像百仕达或电影长廊那样的实体店利润的原因之一。另一个原因是奈飞为了迎合那些对老电影或小众电影感兴趣的用户，他们只有 30% 的租赁是新电影（而百仕达则有 70%）。

奈飞的成功很大程度上要归功于它 47 岁的创立者里德·哈斯汀的努力。哈斯汀以前创立过一个软件公司，这家软件公司最终变得非常官僚化，所以哈斯汀决定不能重复过去的错误。由于他以前的那个公司已经演化成了一个混日子的工厂，所以哈斯汀要基于"自由和责任"的哲学建立奈飞公司。自由一部分表现在没有很多的规则，奈飞的员工可以自由地安排他们想要的工作方式。他们希望这种高度的自主性可以培养创新性和创造力。奈飞的员工也可以通过选择薪水中工资和股份的比例来自己组织薪酬方式。通过这种方式，员工可以根据自己的风险承受能力、职业生涯和生命阶段来定制自己的薪酬。然而，最大的自由是通过没有限制的假期来体现的。员工可以自由选择休假时间的长短和休假的频率。

现在来说责任部分。哈斯汀希望从员工那里看到超额的绩效，他相信他们每个人可以做三至四人的工作。营销经理 Heather Mcllhany 把他的公司描述成一个拥有坚韧的，充实的，完全成型的成人文化公司，他说，"在奈飞没有地方可隐藏。"那些工作一般化的员工会被解雇。奈飞会提供一份非常慷慨的离职金，这样会让管理者对解雇员工不感到那么内疚。然而，那些达到公司预期的员工会被给予极其丰厚的奖励。虽然大部分的公司为了吸引和留住人才尽可能地支付高工资，但是奈飞公司的工资比最具代表性的硅谷付的还多。就像哈斯汀面无表情所说的那样，"我们不怕付高工资。"工资增长与工作市场也是有联系的，而与绩效评估没什么联系。公司经常会收集市场上薪酬的数据，在需要涨工资的时候总是走在前面。

> "星期四下午三点，你是选择坚持完成老板给你的任务还是选择打开因特网浏览器浏览一会儿网页呢？"

5.2　激励

5.2.1　界定激励

组织行为学中关于员工和管理者的主题很少有比激励这一主题更重要的了。有多少次你问自己，"为什么我今天不能让自己开始行动呢?"或者有多少次你看到朋友或者同事的时候在想，"为什么他们现在工作得这么慢呢?"这些都是在问关于"激励"的问题。"激励"这个词是来源于拉丁语中关于运动的一个词，movere。那些拉丁语的词根很好地捕捉到了激励的意思，因为受到激励的员工比没有受到激励的员工要移动得更快更远。更正式一点，**激励**被定义为发自于员工内在和外在的积极力量的组合，它能够激发与工作相关的活动并决定其方向、强度和持续性。激励是一个关键的考虑因素。因为在我们的整合模型中除了其他的那些变量外，工作绩效与激励和能力是密切相关的。(有关这个问题的更多观点请参见第8章关于能力的讨论)。

激励定义的第一部分就表明，激励不是一件事情，而是一系列不同的力量。这些力量中的一部分是员工内在的，比如自信，而其他的力量对员工来说是外在的，比如员工被给予的目标。定义的后面部分表述的是激励决定了员工努力的几个方面。这些方面都总结在图5—1中，这个图描述了老板向你布置工作任务的场景。激励决定了员工在一段规定的时间内要做的事情——员工的努力方向。工作日的每一个时刻都给员工提供了选择的机会，是选择任务还是选择公民行为或者退缩行为和反生产行为。星期四下午三点，你是选择坚持完成老板给你的任务还是选择打开因特网浏览器浏览一会儿网页呢?一旦员工决定了努力的方向，接下来激励就可以决定员工努力的程度——努力的强度——和工作时间——努力的持续程度。我们都有朋友或同事极其努力地工作……比如说……5分钟。我们也有那些要花很长时间工作的朋友或同事，但是他们看起来总是在以半速工作。这两种人都不能说是受到了很好的激励。

有很多理论和概念试图解释有些员工比其他员工更能受到激励的原因。接下来的这部分会在某些细节上回顾这些理论和概念。它们当中大部分都和图5—1中描述的三项激励内容相关。然而，一些概念和理论尤其适合解释努力的方向，而其他的则更适合解释努力的强度和持久性。

期望理论

什么使你决定了朝着工作任务的方向努力而不是休息一会儿或者浪费时间呢?或者说什么使你决定做一个"好公民"，如帮助同事或者参加一些可以选择的公司聚会?**期望理论**描述了员工在不同的自愿响应中做出选择时所经历的认知过程。借用心理学的早期模型，期望理论认为员工的行为是朝着快乐的方向，远离痛苦的方向的，更概括一点说，是朝着某些成果而非其他的方向的。员工是怎样做出把他们"带到正确的方向"这样的选择的呢?该理论表明，我们的选择是依赖于三种明确的信念:期望、媒介性和效价，这些信念是基于我们过去的学习和经历的。这三个信念都总结在图 5—2 中，我们会逐个回顾。

激励决定了……		

努力的方向：	努力的强度：	努力的持续性：
现在你打算做什么呢？ □ 老板昨天给你布置的任务 □ 给你的朋友发邮件 □ 网上冲浪一会儿	你会多努力地工作呢？ 尽你所能还是半速前进呢？	你会工作多久呢？ 5 个小时还是 5 分钟？

图 5—1　激励与努力

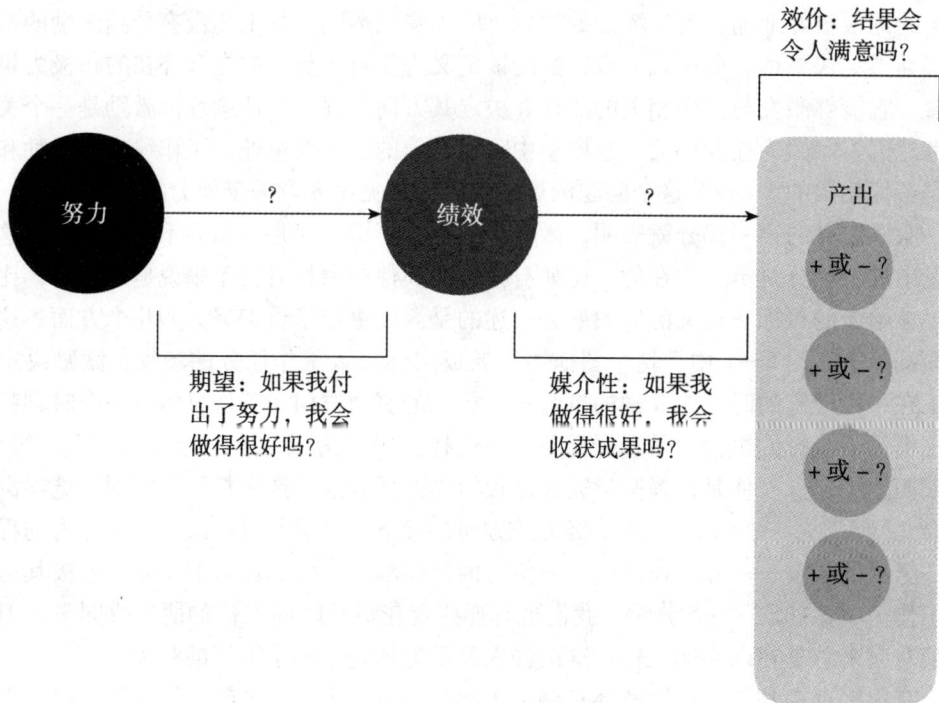

图 5—2　期望理论

Source：Adapted from V. H. Vroom, *Work and Motivation* (New York：Wiley, 1964).

5.2.2　描述期望理论和指导工作活动的三个理念

期望。期望是指通过付出大量努力就会导致某项工作成功的信念。更确切一点说，期望是一种主观的可能性，数值从 0（没机会！）到 1（稳操胜券）是指一定的努力程度会导致一定的绩效水平（缩写为 E→P）。想一想你不是很擅长的工作，比如写浪漫主义的诗歌。你可能没有动力写，因为你认为无论自己多么努力，都不会写出一首能打动另一半的诗歌。另外一个例子，如果你自信付出努力就能成功地完成图 5—1 中所示的工作，那么你就会更有动力做这项工作。

是什么因素形成了你对某项工作的期望呢？其中一项最关键的因素就是**自我效能**，它是指认为个人具有使任务成功所需行为能力的信念。我们可以把自我效能看成是自信的一种形式或者是对于某项具体工作的自负。那些对于某项具体工作感觉更"有效的"（就是自信）员工会容易有高期望值——因此也更可能选择付出更多的努力。为什么一些员工对于一项给定的工作比其他员工有更高的自我效能呢？图5—3可以帮助解释这种差异。

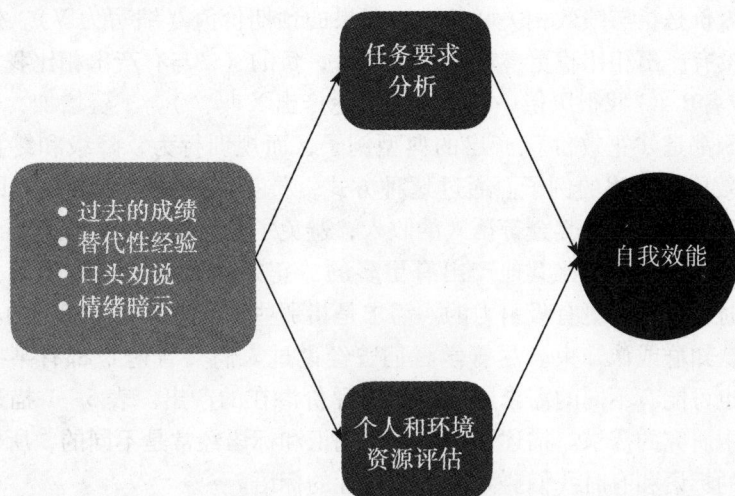

图5—3　自我效能来源

Sources：Adapted from A. Bandura，"Self-Efficacy：Toward a Unifying Theory of Behavioral Change," *Psychological Review* 84（1977），pp. 191–215；M. E. Gist and T. R. Mitfhell，"Self-Efficacy：A Theoretical Analysis of its Determinants and Malleability," *Academy of Management Review* 17（1992），pp. 183–211.

当员工们考虑一项给定工作的效能水平时，他们会首先想到自己以前完成工作的情况——过去他们做某种类似工作时成功或失败的程度。他们也会想到那些通过观察以及和做这些工作的人进行讨论而获得的间接经验。自我效能也会受到口头劝告的影响，因为朋友，同事和领导可以说服员工，告诉他们"你能够完成"。最后，自我效能还会受到情绪暗示的影响，害怕或焦虑的情绪会导致人们怀疑工作能否完成，而自豪和热情会提高自信水平。这些效能来源加在一起就会影响对工作难度的分析和对员工个人和组织环境资源是否充足的分析。它们也解释了体育比赛中教练在中场休息时的讲话内容。这些讲话通常都包括提及过去的复出或胜利（过去的成绩），关于团队有多好的激励的话（口头劝说）和鼓劲的欢呼（情绪暗示）。

> "一项2005年对超过10 000人的调查揭示了60%的员工都认为资历是薪酬的关键决定性因素。把成功的绩效看作关键因素的只有35%。"

媒介性。媒介性是指认为成功地履行职能就会带来工作成果的信念。更确切一点说，媒介性是一系列主观的可能性，数值从0（没机会！）到1（稳操胜券）是指成功的绩效会带来一系列产出（缩写为P→O）。当你想到形容词"有帮助的"的时候，你就会理解"媒介性"的意义。当在某个事物的帮助下得到了其他事物时，我们说这个事物是有帮助的。比如说，阅读本章对你在组织行为学课上得到好成绩是有帮助的（至少，我们希望是这样！）。不幸的是，研究表明许多员工在工作中都没有达到高媒介性。一项 2005 年对超过 10 000 人的调查揭示了 60% 的员工都认为资历是薪酬的关键决定性因素。把成功的绩效看作关键因素的只有 35%。关于在高尔夫领域的媒介性讨论，请参见"**运动中的组织行为学**"专栏。

效价。效价是指与绩效相关联的工作成果的预期价值（缩写为 V）。效价可以是正的（"与没有产出相比我更喜欢有产出 X"），负的（"与有产出相比我更喜欢没有产出 X"）或者 0（"我很厌倦…我们仍然谈论产出 X 吗？"）。工资增加，奖金和更多非正式的报酬都是"正效价"产出的典型例子，而规训行为，降级和终止合同都是典型的"负效价"产出的例子。通过这种方式，员工们更能受到激励，因为此时成功的绩效帮助他们得到了奖金等诱人的收入，避免了像终止合同等让人不快的结果。

是什么使得一些产出比其他产出有更多的"正效价"呢？总体来说，当结果能够满足需求时，它们是更有吸引力的。**需求**是指那些被认为具有关键性的心理或生理后果的成果认知群或认知束。尽管学者们曾经说过人们"普遍"都有某些需求，但是不同的人也可能有不同的需求层次，用来评价潜在的产出。表 5—1 描述了通常在组织行为学中研究的需求。描述那些需求的词汇和标语经常是不同的，所以该表中包括了我们用的标语和有时我们碰到的可替代性的标语。

表 5—1　　　　　　　　　　　**组织行为学中通常研究的需求**

需求标签	可替代标签	描述
生存	生理上的，安全	对十食物、住所、安全和保护等关十人们生存的需求
交往	友爱，归属	创建和保持持续的、积极的人际关系的需要
控制	自主，责任	能够预测和控制未来的需求
尊重	自尊，成长	对自己有个很高评价的需求，感觉自己是有效的需求，被他人尊重的需求
意义	自我实现	完成某人关心的任务并诉诸他的理想和目标的需求

Sources：Adapted from A. H. Maslow, "A Theory of Human Motivation," *Psychological Review* 50 (1943), pp. 370 - 96；C. P. Alderfer, "An Empirical Test of a New Theory of Human Needs," *Organizational Behavior and Human Performance* 4 (1969), pp. 142 - 75；E. L. Deci and R. M Ryan, "The 'What' and 'Why' of Goal Pursuits：Human Needs and the Self-Determination of Behavior," *Psychological Inquiry* 11 (2000), pp. 227 - 68；R. Cropanzano, Z. S. Byrne, D. R. Bobocel, and D. R. Rupp, "Moral Virtues, Fairness Heuristics, Social Entities, and Other Denizens of Organizational Justice," *Journal of Vocational Behavior* 58 (2001), pp. 164 - 209；K. D. Williams, "Social Ostracism," in *Aversive Interpersonal Behaviors*, ed. R. M. Kowalski (New York：Plenum Press, 1997), pp. 133 - 70.

☺运动中的组织行为学

他在六个月大的时候就开始模仿父亲的挥杆动作。两岁的时候，他就在国家电视台上对鲍伯·霍普提出反对。三岁的时候，他在加利福尼亚州的海军高尔夫俱乐部里击中 9 个洞 48 次。当然，他就是艾德瑞克·泰格·伍兹。在 2008 年美国公开赛的附加赛中夺冠以后，泰格已经得到了14次职业冠军，在高尔夫历史上仅仅落后于杰克·尼克劳斯。很明显，泰格的能力是他取得成功的关键因素。也就是说，正是泰格的激励才赢得了最多的敬仰。他可以付出高强度的大量的努力也可以长时间地保持注意力。正如一位专栏作家在他赢得美国公开赛后写的那样，"我在写专栏的时候，我会隔一段时间就看看自己的邮箱，看看窗外，草草记下我对前面段落的想法等。但是伍兹看起来能够降低普通人头脑中都会有的喋喋不休的声音，并为集中注意力建立一个通道。"注意力的集中在美国公开赛期间对泰格来说尤其重要，因为他的膝盖受伤了，不久之后就要手术。

尽管泰格的激励非常值得称赞，但是让人感兴趣的是，他怎样影响其他高尔夫球手的激励的呢？一项调查研究检验了1999至2006年泰格参加（和没有参加）的锦标赛。这项研究表明，有泰格参加的锦标赛选手们的成绩都只差一杆。当泰格几连胜的时候，"泰格效应"更加明显，而当泰格发挥不好或者在前几轮挣扎的时候，这种效应会减弱一些。有趣的是，成绩的下降不仅发生在在泰格旁边打球的选手身上，而且发生在这一天任何时间打球的选手身上，这样害怕或恐惧的说法就不能成立。那么这是为什么呢？可能是在泰格参加的锦标赛上其他选手就会没有那么多的期待。即使他们打得很好，得了高分，他们可能也不会赢得比赛，因为泰格会打得更好。

表5—2列出了在激励的研究中最常提到的一些结果。那些被视为有吸引力的结果就很可能满足很多不同的需求。比如说，赞扬就代表了人际关系是非常紧密的（满足交往需求），也代表了个人能力（满足自尊需求）。我们也注意到表5—2中的一些结果是来源于别人对成功绩效的认可，而其他的则是自发的，来源于工作绩效本身。前一部分叫做**外在激励**——是指由取决于任务绩效的某些偶然因素所控制的激励。后一部分叫做**内在激励**——是指当任务绩效本身即为奖赏时所感到的激励。外在和内在激励放在一起就代表了一个员工的"总体激励"水平。对于内在激励和外在激励更多的不同点，请参见**"银幕上的组织行为学"**专栏。

你可能会想表中哪些结果对员工是最有吸引力的呢？那是一个很难回答的问题，因为不同的员工会强调不同的需求，而有两件事是很清楚的。首先，文化的不同，结果的吸引力就不同。比如说，在美国公司里员工某个项目做得很好，那么他会得到一个奖品，如一块昂贵的手表或一次去拉斯维加斯的旅行。但是，在印度这样的交通堵塞的地区，一辆摩托自行车可能更有吸引力，在亚洲的一些地区和中东地区是禁忌去饮酒或赌博集中的地区的。其次，研究表明，员工低估了激励因素工资对他们的力量。当员工将表5—2中列出的结果的重要性进行排列时，他们会把工资排在第五或第六的位置。然而，调查研究显示，经济的刺激总是要比其他形式对激励的作用更大。

为什么工资和奖金是如此的有激励作用呢？一个原因是，金钱，如表5—2中列出的其他结果一样，是和各种需求相关的。比如，金钱可以通过帮助员工买食物、房子，用作退休储蓄等来满足他们的生存需求。然而，金钱也可以通过向员工传递他们是有能力、很受尊敬的这样的信息来表达尊重。事实上，研究表明，人们在如何看待金钱的意义这一点上是不同的。**金钱的意义**是指人们把金钱看作具有象征性的价值，而非仅具经济价值的程度。金钱的象征性意义可以至少从三个维度来总结：成就

（比如，金钱象征成功），尊敬（比如，金钱带来周围人的尊敬）和自由（比如，金钱提供机遇）。

表 5—2 外在结果与内在结果

外在结果	内在结果
薪酬	愉悦
奖金	有趣
晋升	成就
额外福利	知识获取
奖品	技能发展
赞扬	个人展示
工作安全	（没有）厌倦
支持	（没有）焦虑
自由的时间	（没有）挫折
（没有）规律的行动	
（没有）降级	
（没有）终止合同	

Sources：Adapted from E. E. Lawler Ⅲ and J. L. Suttle, "Expectancy Theory and Job Behavior," *Organizational Behavior and Human Performance* 9 (1973), pp. 482 – 503; J. Galbraith and L. L. Cummings, "An Empirical Investigation of the Motivational Determinants of Task Performance: Interactive Effects between Instrumentality-Valence and Motivation-Ability," *Organizational Behavior and Human Performance* 2 (1967), pp. 237 – 57; E. McAuley, S. Wraith, and T. E. Duncan, "Self-Efficacy, Perceptions of Success, and Intrinsic Motivation for Exercise," *Journal of Applied Social Psychology* 21 (1991), pp. 139 – 55; A. S. Waterman, S. J. Schwartz, E. Goldbacher, H. Green. C. Miller, andS. Philip, "Predicting the Subjective Experience of Intrinsic Motivation: The Roles of Self-Determination, the Balance of Challenges and Skills, and Self-Realization Values," *Personality and Social Psychology Bulletin* 29 (2003), pp. 1447 –58.

谁更有可能从这些更有象征性意义的角度看待金钱呢？一些研究表明男人比女人更容易把金钱看作是成就，尊重和自由的象征。研究也表明拥有高工资的员工更容易把金钱看作与成就相关。与老员工相比，年轻的员工不太可能从一个积极的角度看待金钱。而受教育程度的不同似乎不会影响人们看待金钱的意义。

激励强度。根据期望理论，努力的方向是由三种信念决定的：期望（E→P），媒介性（P→O）和效价（V）。更具体来说，该理论表明了执行一项给定任务的总体"激励强度"可以用下面的公式来表达：

$$\text{激励强度} = \boxed{E{\rightarrow}P} \times \sum [(P{\rightarrow}O) \times V]$$

公式中的 $\sum$ 符号代表了媒介性和效价都是由头脑中的各种结果判断得来的，当成功的绩效和越来越多有吸引力的结果相关联的时候，激励的作用就提高了。我们注意到乘号在公式中的重要性：如果这三项中有一项为零，那么激励强度就为零。换句话说，如果绩效不会导致任何结果，那么你多么自信都是没用的。同样的，如果你不相信自己能够做得很好，即使绩效评价再高，收入再多也是没用的。

目标设置理论

所以，回到图 5—1 中展示的各种选择，我们说，你能把老板交给你的任务完成地很好，你就会自信，你也会相信成功的绩效会带来有价值的结果。既然你已经选择了完成任务的努力方向，那么这里还有两个关键问题：你会多么努力的工作？工作多久呢？为了更好的阐明这个问题，你可以走到老板的办公室，停下问她，"那么，你具体需要我在什么时间内完成呢？"他想了一会儿说，"尽你最大努力吧。"回到办公桌前，你才意识到自己仍然不确定要在多大程度上关注这项任务，或者在做其他的事情之前你要在这件事上面花费多长时间。

5.2.3　根据目标设置理论，理解使目标成为工作绩效强度预测因子的两个特征

目标设置理论把目标看作是努力强度和持久性的主要驱动力。目标被定义为一项行动的目的或意图，尤其是指在一定的时限内，要达到熟练的标准。更具体一点说，给予员工具体的，有难度的目标要比不给员工目标，或给予简单的目标，"尽力做"这样的目标更能带来高水平的绩效。为什么具体的和有难度的目标比"尽力做"这样的目标更有效呢？毕竟，"尽力做"难道没有表明要付出最高的努力水平吗？原因是很少有员工知道自己"最好"是什么样的（甚至更没有几个管理者能了解员工是否真的尽了最大努力）。布置具体的和有难度的目标可以让员工有的放矢——它是一个可以"丈量的尺度"，这样就可以告诉员工他们要付出多大的努力，工作多久。所以如果你的老板说，"这项任务要在星期二上午 10 点 30 分之前放到我的办公桌上，不能超过两处错误。"，那么，你就知道了具体的努力程度和完成时间。

当然，这里有一个关键的问题，"什么是有难度的目标？"图 5—4 描述了人们预计的目标难度和工作绩效之间的关系。当目标是容易的，那么人们没有理由全力以赴或者加班加点，所以工作努力程度是很低的。当目标从中等程度到困难转化的时候，努力的强度和持久性就逐渐最大化。然而，在某一点，达到人的能力极限的时候，自我效能就开始降低了。在那一点，目标由有难度的变成了不可完成的，员工在试图完成目标的时候某种程度上也感到无助。在那一点，努力和绩效不可避免地降低了。所以一个有难度的目标可以让员工以最努力的状态工作，而这种努力还是在他或她的能力范围之内。

到底是为什么具体的和有难度的目标会有积极效应呢？图 5—5 阐释了目标设置理论，从更具体的角度更好地解释了这个问题。首先，布置具体的和有难度的目标可以使员工形成各自的自我设定目标——这是内化的目标，用来自我监控任务进度。如果没有布置好的目标，那么员工甚至不会想自己的目标是什么，或者自我设定的目标很容易达到。当自我设定的目标变得更难时，努力的强度就会增加，努力的持久性也会增强。然而，目标也有另一个效应：他们会激发工作策略的创造。工作策略是指用来达到成功绩效的学习计划和问题解决方法。如果没有目标，人们就容易依赖反复试验来找到怎样最好地完成工作的方法。而在一个可衡量目标的压力下，计划出下一步就会变得更加有效。

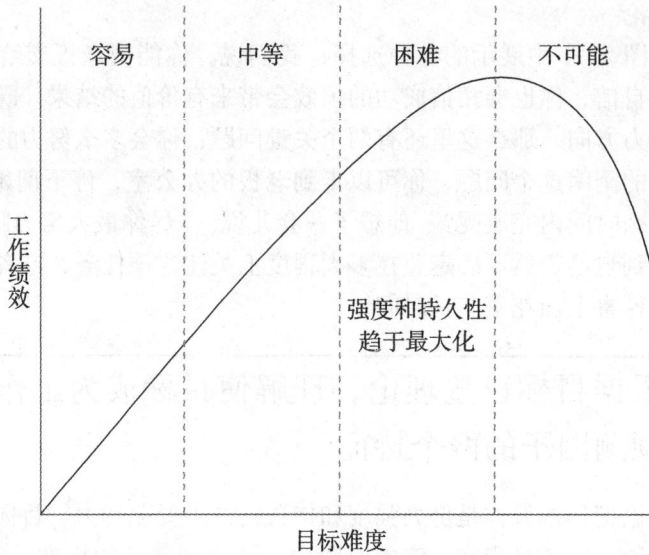

图 5—4 目标难度与工作绩效

Source：Adapted from E. A. Locke and G. . P. Latham，*A Theory of Goal Setting and Task Performance* （Englewood Cliffs，NJ：Prentice Hall，1990）.

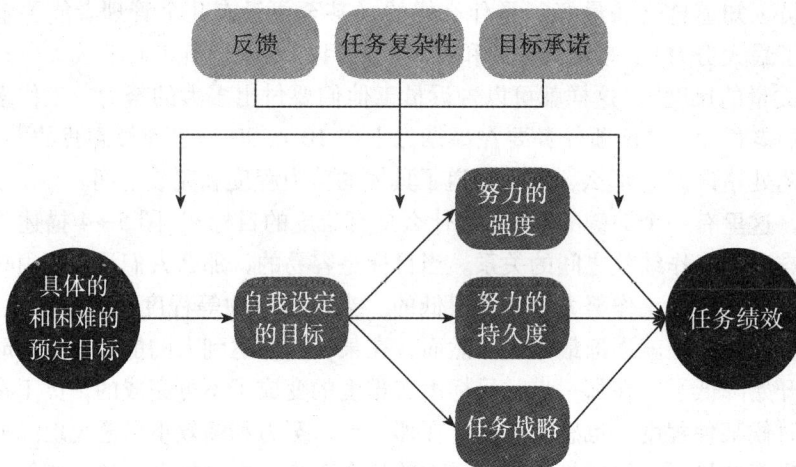

图 5—5 目标设置理论

Sources：Adapted from E. A. Locke and G. . P. Latham，*A Theory of Goal Setting and Task Performance* （Englewood Cliffs，NJ：Prentice Hall，1990）；E. A. Locke and G. . P. Latham，"Building a Practically Useful Theory of Goal Setting and Task Motivation：A 35-Year Odyssey，" *American Psychologist* 57 （2002），pp. 705 – 17；G. . P. Lathan，"Motivate Employee Performance through Goal-Setting，" in *Black-well Handbook of Principles of Organizational Behavior*，ed. E. A. Locke （Malden，MA：Blackwell，2000），pp. 107 – 19.

> **"布置具体的和有难度的目标可以让员工有的放矢——它是一个可以'丈量的尺度'，这样就可以告诉员工他们要付出多大的努力，工作多久。"**

☺银幕上的组织行为学

《塔拉迪加之夜：瑞奇·鲍比之歌》

"正是因为它是你喜欢的，瑞奇。你生下来就是这样。现在你坐在这，思考。但是，瑞奇·鲍比不是一位思想家，他是一名赛车手。他是一个要做事情的人，那就是他需要做的。你不必去想……你要去开车……当你的头脑中有了恐惧的时候，你要运用它。你知道恐惧是有力量的，因为它已经存在几亿年了。它是有益处的，你运用它……然后你就赢了。瑞奇，你赢了！并且你不是为他人而赢，是为你自己……"

这是在电影《塔拉迪加之夜》（由亚当·麦克凯伊指导，索尼动画2006年发行的影片）中苏珊（艾米·亚当斯饰）试着激励瑞奇·鲍比（威尔·法瑞尔饰）回到全美汽车比赛赛场时说的话。几个月以前，当瑞奇·鲍比是最成功的赛车手之一时，他不需要任何的言语激励。那个时候，对瑞奇·鲍比的激励是基于赢得比赛和随之而来的外在奖励的。他采用父亲的格言："如果你不是第一，那就是最后。"他也对每餐能够吃到很多东西抱有感恩的态度。

在一次严重的车祸之后，一切都改变了。瑞奇·鲍比失去了他的自我效能、赞助商、房子和妻子。雪上加霜的是，他的父亲否认了"你不是第一名，那就是最后一名！"的哲学。由于缺乏回到全美汽车比赛赛场的任何动力，瑞奇·鲍比满足于骑自行车送匹萨的工作。这让他以前的助理，苏珊，觉得要把瑞奇·鲍比从这种失意中唤醒。她的话让他回忆起自己最初选择成为一名车手的唯一原因：他想走得更快。驾驶一辆赛车过去常常能够从内在激励他，给他带来快乐和个人的展示，不像现在生活得如此无聊。苏珊的话激励了瑞奇重返全美汽车比赛。瑞奇也抱有更深的内在激励感，只为了开得更快。

图5—5也包括了三个变量，它们具体说明了什么时候布置目标对任务绩效的影响强一点，什么时候弱一点。在理论图表的术语中，这些变量被叫做"调节器"。在图表中调节器不会直接影响其他变量，但是它会影响变量之间关系的强度。一个调节器是**反馈**，它包括了员工在完成目标过程中的不断更新的情况。想象一下，你要在光环3的视频游戏中挑战你朋友的分数，但是在你玩的时候却不告诉你具体分数。你怎样才能知道你要付出多大的努力呢？另一个调节器就是**任务复杂性**，它反映了工作中涉及的信息和行为的复杂程度和任务的变化程度。总体来说，具体和困难目标在简单任务上的作用几乎是在复杂任务上的作用的两倍，尽管目标的作用在复杂的案例中仍然是有益的。美国新泽西州的制药公司惠氏，它的目标设置就阐述了目标对于复杂任务的价值（毕竟，什么能比化学更复杂呢？）。当六年前罗伯特·卢弗洛被指派到研发部门做主管的时候，他对惠氏实验室生成的新药品化合物数量少的情况很关心。他是怎样解决的呢？他给科学家的目标是从以前他们平均每年研发4种提高到每年研发12种新的药品化合物，同时达到目标就会有额外的奖金。惠氏的科学家从那以后每年都会完成目标，在2006年他们的目标已经达到了15种。

图5—5中显示的最后一个调节器是**目标承诺**，它被定义为个人接受目标并决定尝试实现的程度。当目标承诺水平很高时，布置具体的和有难度的目标对工作绩效就会有很大的好处。但是，当目标承诺程度很低的时候，那些效果就变得弱一些。目标承诺的重要性对于给员工布置目标时如何最好地培养承诺提出了问题。研究表明，承

诺可以从几个方面来培养：包括将奖励和目标的达成相连，使目标公众化，提供支持性的指导和允许员工参与目标制定过程等。关于目标制定是怎样在跨文化的环境中实施的，请参见我们的"组织行为学的国际化"专栏。

公平理论

回到我们图 5—1 中举的例子，假设此刻你已经决定致力于老板给你的工作，他还告诉你星期二上午 10 点半之前一定要完成，而且不能超过两处错误。那是一个具体的和有难度的目标，所以你没有时间浏览网页，甚至没有时间查阅邮件。简而言之，你要一直非常努力的工作几个小时，直到外面大厅里路过的同事进来拜访。你告诉他你正在做什么，然后他同情地点头，说"是啊，老板也给了我听起来同样难做的工作。但是我想她意识到了那有多难，因为她说如果我按时完成的话，我可以使用公司的季后赛门票。"季后赛门票？季后赛门票？看起来是时间查看一下邮箱了，毕竟……

与前两个理论不同，**公平理论**认为激励不仅取决于个人的信念和周围环境，还取决于发生在他人身上的事情。更具体一点说，公平理论表明，员工对于他们从工作中得到的结果（或奖励）创建了一个"心理账簿"。什么结果会是心理账簿的一部分呢？那完全取决于你和你认为有价值的东西，尽管薪酬，保障，地位象征，福利和令人满意的上司都是非常重要的。公平理论进一步表明，员工创建了一个输入（或者是贡献和投资）的心理账簿，将工作职责输入其中。再有，你的心理账簿的组成对你自己来说是特有的，但是许多员工关注努力，绩效，技能，教育，经验和资历。

5.2.4 根据公平理论，描述得到公平对待的意义和员工们感到不公平时的反应

那么，你对心理账簿的投入与产出是如何处理呢？公平理论认为你会把自己的投入产出比与其他有可比性的人的投入产出比进行比较，有可比性的人是指某些看起来就判断公平与否提供参照物的直观框架的人。图 5—6 展示了"认知演算"一般会产生的三种可能的结果。第一种可能的结果是产出与投入的比率与你比较的对象的比率相等。在这种情况下，你会感觉公平，并且你很可能保持努力的强度和持久性。这种情况可能发生在你和你的同事都被给予了季后赛门票的情况。

第二种可能性是你的产出与投入的比率低于比较对象的比率。根据公平理论，这种比率的任何不平衡都会导致**公平忧伤**——是指只有通过重新平衡投入产出比率才能得到缓解的内在紧张感。在低回报的情况下，公平忧伤可能会以生气或嫉妒的消极情绪表现出来。防止这种情绪产生的一种方法是尝试以某种方式恢复平衡。图 5—6 揭示了这样做的两种方法。你可以有建设性地、主动地和老板谈话，并且说明为什么你应该得到更多的回报。这种行为可能会导致你的回报增加，恢复比率的平衡。当然，生气通常会导致破坏性的而不是建设性的行为。研究表明低回报的不公平感是反生产行为中最强烈的预警之一，比如员工偷窃（这个问题的更多内容请看第六章信任，公平和道德）。与这章相关的更多内容是，另一种恢复平衡的办法，通过降低努力强度和持久性来减少投入。记住，公平理论讲的不是总的产出或投入——只是比率。

比较结果：   恢复平衡的方法：

公平

你的产出 ———— 他人的产出

  ———————   =   ———————   不需要采取行动

你的投入   他人的投入

低回报的不公平

你的产出   他人的产出   通过与老板谈话或者偷公司的
                                           东西来提高产出

  ———————   <   ———————

你的投入   他人的投入   通过降低努力的强度和持久度
                                           来减少投入

高回报的不公平

你的产出   他人的产出   减少你的产出（哦，对了！……
                                           让我们看看怎么处理那些投入吧）

  ———————   >   ———————

你的投入   他人的投入   通过更高质量的工作或者某些
                                           "认知转变"提高投入

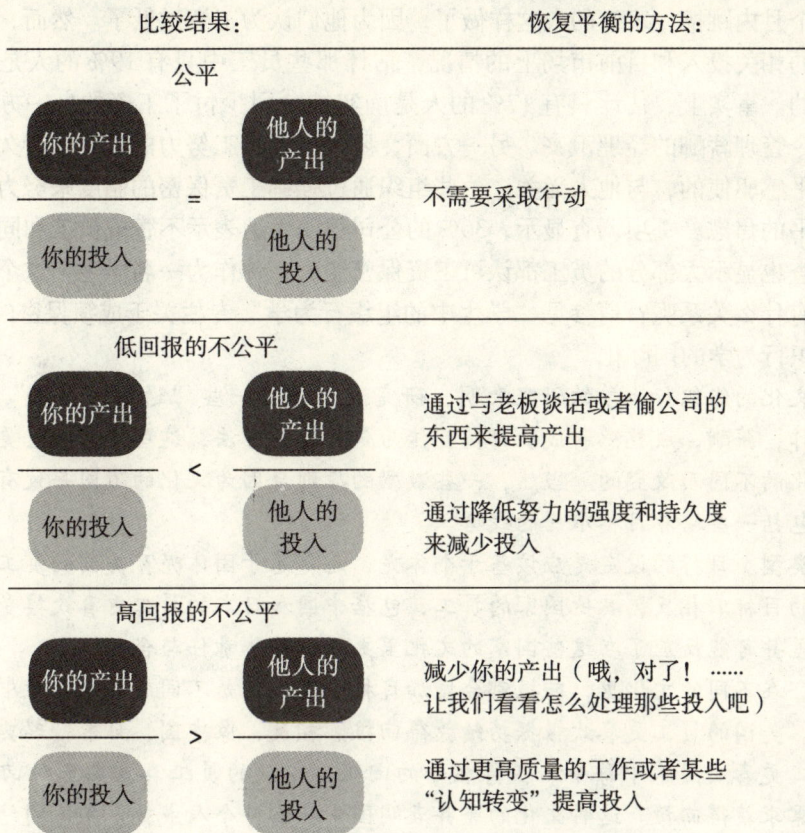

图5—6   公平理论中比较后三种可能的结果

Sources：Adapted from J. S. Adams，"Inequity in Social Exchange," in *Advances in Experimental Social Psychology*，Vol. 2，ed. L. Berkowitz（New York：Academic Press，1965），pp. 267－99.

第三种可能性是你的比率比你的比较对象高。你会再次经历公平忧伤，并且紧张可能导致负面的情绪，如愧疚或焦虑。通过减少回报你会恢复平衡（少得些钱，把得到的一些东西给予他人），但是该理论承认多数情况下这种行为都不会发生。相反，更有可能的解决办法是通过某种方式增加投入。你可以增加努力的强度和持久度，或者多做一些额外的工作这样的公民性行为。但是，有些时候，一天里可能没有更多的时间进一步提高投入。另一个可以选择的（更少的工作强度）的增加投入的办法就是重新思考——再检查一下你的心理账簿，看看你是否"赔本出售"了你的劳动力。仔细考虑后，可能你的教育或资历比你想的要重要，或者可能你的技能和能力对组织来说更加关键。这种认知上的扭曲使你在思想上恢复了平衡，而不用以任何方式改变你的行为。

> **"公平理论认为激励不仅取决于个人的信念和周围环境，还取决于发生在他人身上的事情。"**

这种机制清楚地表明了判断公平是一个非常主观的过程。最近工资网上的报道的数据强调了这种主观性。一项对 1 500 名员工做的调查显示，65% 的受访者打算在接下来的三个月内跳槽，57%的人这样做了，因为他们认为工资过低了。然而，工资网根据他们的相关投入和目前市场上的情况，估计那些员工中只有19%的人是真正被少付工资的。事实上，估计只有17%的人是确实被公司少付了工资的！一方面，这种主观性令管理薪酬的经理沮丧。另一方面，要意识到员工努力的强度和持久度是受个人的公平感驱使的，与他人无关。一些组织通过强调工资保密的制度来努力克服对于是否公平的焦虑。一项调查显示，36%的公司很明确地表示不赞成员工和同事讨论工资，调查也显示大部分的员工都认可工资保密制度。你作为一名学生，这个保密的问题和你有什么关系呢？请参见**"学生中的组织行为学"**专栏关于成绩保密的讨论。

☺**组织行为学的国际化**

对跨文化的组织行为学的研究表明，研究激励时有一些"通用的办法"。比如，有趣的工作，薪酬，成就感和成长都被宣传为是激励的方法，这些方法的重要性是不会因为文化的不同而改变的。当然，一些激励的原则会因为文化的不同导致有效性有所差异，包括一些培养目标承诺的战略。

目标类型。目标的设定是应该基于个体呢，还是基于团体呢？美国的员工更喜欢基于个体的目标。相反，其他国家的员工，包括中国和日本的员工更喜欢接受团队目标。这种差异可能反应了在这些国家的文化里更强调集体责任与合作。

回报。在不同的文化里，回报都会增加目标承诺，但是不同的文化会看中不同的回报类型。美国的员工更喜欢根据功绩获得回报。相反，像中国，日本，瑞典等这样国家的员工更喜欢团队中每个人获得相等的回报。印度的员工喜欢第三种回报战略——根据需求获得回报。这种文化的差异表明国家在看待个人成就，集体团结和他人福利这三者的优先顺序上是不同的。

参与。国家文化也会影响参与目标设置的重要性程度。研究表明美国的员工更可能接受指派的目标因为他们的文化强调等级权力。相反，以色列的文化不强调等级，所以他们的员工不会对指派的目标有同样的反应。但是，以色列的员工非常重视目标制定过程中的参与。

反馈。文化也会影响员工在接受目标制定的反馈后的反应。关于参与这一点，研究表明美国的员工更可能接受反馈因为他们对等级权力感觉很舒服，并且对减少不确定性有强烈要求。其他的文化，如英国，他们认为减少不确定性没那么重要，反馈对他们来说也不是关键的事情。

心理授权

现在，我们最后一次回到图5—1中所举的例子。在我们上次回顾的时候，你的激励水平已经变糟了，因为你知道和你做相似工作的同事由于成功完成任务已经得到了公司季后赛的门票。当你在浏览总体的"浪费时间模型"网页时，你就会开始想自己不愿意完成这项任务的原因。除了目标和报酬的因素，你会一直回到这个问题上：你本不应该偶然选择这个项目。更具体一点说，这个项目本身看起来不是那么有意义的，并且你也怀疑它对组织的运作是否会有实质性的影响。

5.2.5　描述心理授权，描述决定被授权员工感受的四个理念

那些情绪代表了低级的心理授权程度，**心理授权**是指来源于工作任务会对某种更大目标做出贡献这一信念的一种能量。心理授权代表了内在激励的一种形式，这种形式是指仅仅完成工作这一行为就是对自己的奖励，也为自己提供了许多表5—2中列出的内在结果。心理授权的概念与我们在第3章工作满意度中讨论的"工作本身的满意"有很多相似之处。那个讨论表明，高水平的工作多样性、重要性和自主性可以从内在让员工满意。心理授权模型阐释了一系列可以产生内在激励的相似概念。这里有四个概念尤其重要：有意义、自主、能力和影响。

有意义是指与个人的理想和激情相关的工作目标或目的的价值。当一项任务是和一个有意义的目标相关的时候，人们就更容易把注意力集中在工作上，并且为之兴奋。你可能会发现自己减少对其他工作的努力而把更多的时间放在有意义的工作上面，或者在工作时间之外想想这项工作的事情。相反，致力于没有意义的工作会给你带来空虚感和被隔离的感觉。结果，你可能需要在精神上迫使自己一直致力于这项工作。管理者可以通过表达一种令人兴奋的愿景和营造一种和谐的氛围来逐渐灌输有意义的感觉，在这种氛围下，员工可以自由地表达热情而不受到批评。员工可以通过确认和区分各自的激情在哪来构建自己的有意义的感觉。到底什么能够使他们在工作中快乐且充实呢？还有，他们怎样才能有更多的机会感受到快乐和充实呢？

自主是指在工作任务的开始和继续中的一种选择意识。有高自主性的员工可以选择做什么样的工作，怎样去构建那些工作和用多长时间来完成工作。这种自主的感觉是一个内在激励的强驱动力，因为它允许员工追求自己认为有意义和有趣的工作。管理者可以通过指派工作任务，并且相信他们能够拿出自己的方案，而不是通过监控员工的方式来灌输自主的意识。对于员工来说，他们可以通过得到老板的信任和随之而来的自主权而得到更多的自主的感觉。

能力是指人们相信自己有能力完成工作任务。能力和我们在本章中前面提到的自我效能的概念是一样的。有着强烈的能力感（或自我效能）的员工相信他们具有成功完成工作所需的特定行为。能力会带来一种自豪感和控制感，这些本身就会产生内在激励。管理者向员工灌输能力感可以通过以下方式：提供培训和知识获取的机会，表达积极的反馈和提供与员工技能水平非常契合的挑战。员工可以通过参加自主学习，从管理者那里寻找反馈和处理自己的工作量的方式建立自己的能力。

影响是指认为某人的行为会"起重要作用"的意识，"起重要作用"是指完成某些重要目标的进程。诸如"取得进展"，"步入正轨"，和"即将完成"等短语都表达了一种影响的概念。影响的反方向是"学习无用论"——是指人们做不做事情都没有关系，没有什么会起作用的这种观点。这里，诸如"枯燥乏味"、"停滞不前"和"毫无进展"等词语和这种观点更相关。管理者可以通过在完成工作的过程中建立里程碑的方式，尤其是对花费长时间的工作要建立里程碑的方式来灌输影响的概念。员工们可以通过建立加速工作进度所需的合作关系和在工作中为自己的"小胜利"庆祝的方式加深对"影响"这一概念的理解。

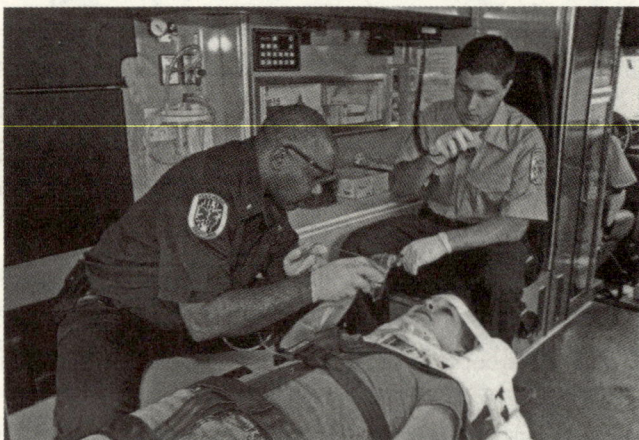

认为你的工作会与众不同或者有所影响的信念就是心理授权

> "诸如'取得进展','步入正轨'和'即将完成'等短语都表达了一种影响的概念。"

☺学生中的组织行为学

对于学生来说，成绩是一个主要的激励手段，因为在大多数的课程上得到 A 比得到 C 要付出更多的努力。想想你做学生的时候自己的动力有多大——其中有多少是因为要得到更多的分数才有动力的？

现在这有一个我们想让你考虑的问题：如果你的成绩变成了秘密，你学习的动力会变成怎样？或者更具体一点说，如果你的学校采用了一种政策，就是禁止你或你的大学向招聘者公布成绩，你学习的动力会发生怎样的变化？美国国内最顶尖的四所商业大学，包括哈佛大学，斯坦福大学，芝加哥大学都已经实施了这个政策。这些学校的学生都被禁止与招聘者分享成绩，即使那意味着会危及到一份潜在的工作邀请的情况。成绩保密政策的根本原因是双重的。第一，大家都认为成绩保密会减少学生之间的竞争，在他们之间培养一种更有凝聚力的氛围。第二，成绩保密意味着允许学生们选择更有难度，更有挑战性的选修课而不用担心他们的平均分数。

那么如果你的学校实施了成绩保密政策，你的学习动力会怎样变化呢？保密的更显著的形式是不鼓励你与同学分享成绩，这样使得判断你的成绩相对于其他同学的成绩是否公平变得更难。成绩保密可能也会降低成绩本身的效用，A 会失去相对于 B 和 C 的预期价值。如果这些效应出现的话，学习的动力就会在成绩保密的系统下降低了。

宾夕法尼亚大学的沃顿学院的师生认为成绩保密对他们的 MBA 项目有消极影响。因此，他们正在促使放宽非公开政策。在沃顿，没有受到成绩保密政策影响的本科生在同样的课程成绩上要超过 MBA 的学生。同时，学生们的调查也揭示了在过去的四年里，MBA 学生花在学术上的时间已经下降了 22%。对于招聘者来说，他们不得不测量应聘者的定量技能，因为课程上的成绩无从知晓。但是，沃顿学院 MBA 的学生仍然支持成绩保密政策。在这个讨论中你会支持哪一边呢？

设计薪酬体系

期望理论，目标设置理论，公平理论和心理授权中包含的许多概念都被用来描述薪酬体系的有效性（或者无效性）。毕竟，薪酬是一个组织中最有力的激励员工的工具之一。表5—3给出了典型的薪酬系统中用到的许多要素的总览。我们在表中用"要素"这个词来表示大部分组织都是综合使用很多方法来为员工付薪酬的。在表5—3中有两点值得一提。第一，要素的描述过于简单化了，事实是要素中的每一项都可以通过几种不同的方法来实施。第二，要素的设计不只是为了激励。比如，"变化"的工资而不是增加基本工资的计划目的是为了控制人工成本。再举一个例子，奖励部门或组织绩效的计划目的是加强团结，信息分享和员工之间的监督，而不管他们对激励层次的影响如何。

表5—3 薪酬计划要素

要素	描述
关注个体的	
计件工资	付与生产的每个产品，销售的每个商品或者提供的每项服务的具体工资
绩效薪酬	与绩效评价等级相关的基本工资的增加量
一次性奖金	由于达到个人目标而获得的奖金，但是基本工资没有变化。这种潜在的奖金代表了这种每年必须重新挣得的"不确定"薪酬。在这种情况下，基本工资可能要低一些，潜在的奖金要多一些
表彰奖励	有形奖励（礼品，商品，旅行，特别事件，休假，牌匾）或者为了表彰成就而给予的即兴的奖励形式（表扬）
关注团体的	
收益分享	由于达到了团体目标（部门目标，工厂目标，商业团体目标），这些目标的标准是员工可以控制的（劳工成本，原料使用，质量），而获得的奖金。基本工资没有变化。这种潜在的奖金代表了每年必须重新挣得的"不确定"薪酬。在这种情况下，基本工资可能要低一些，潜在的奖金要多一些
关注组织的	
利润分享	某公司向公众报告的利润超过了某个最低水平而获得的奖金，奖金的幅度是随着利润的幅度而变的。这种潜在的奖金代表了每年必须重新挣得的"不确定"薪酬。在这种情况下，基本工资可能要低一些，潜在的奖金要多一些

判断薪酬计划要素的激励效果的一种方法是，想一想这些要素对于促进工作的努力是否提供了有难度的和具体的目标。绩效工资和利润分享几乎没有提供有难度的和具体的目标，因为这两个都是本质上向员工提出挑战，让他们在下一年要和这一年做的一样好（或者更好）。相反，一次性的奖金和收益分享会给布置有难度的和具体的目标提供一个平台，前者是基于个体的，后者是基于团体的。可能是由于这个原因，这两种计划类型都被用来提高员工的生产率。

判断薪酬计划要素的激励效果的另一种方法是，想一想个人绩效水平和个人的金钱收入水平是否相符。毕竟，这种一致性会影响对媒介性和公平的理解。比如，利润分享就不可能有明显的激励效果。因为某个个体员工，不管他或她的绩效怎样，他对组织的利润贡献是微不足道的。因为相关的单位更小，相关的结果也更容易控制，收益分享带来的媒介性和公平更容易实现。但是，高公平性和高媒介性水平却是通过关注个体的薪酬要素来实现的。计件工资计划可以创造更高的绩效——结果是随机的，但是也是很难适应外部生产、销售和服务环境。绩效工资代表了组织薪酬计划中最普通的要素，但是付给最优秀的员工的（平均5.6%）薪酬增长幅度只是比差员工（平均2.5%）的薪酬增长幅度高一点点。为什么差距这么小呢？一个原因是许多管理者为了不让员工太沮丧给出的是一种宽容的评价。雅虎，加利福尼亚的网络公司，为了抵制这种趋势，实施一种"堆栈排名"的制度来决定薪酬，通过这项制度，管理者可以在各自的团队中将员工从第一名到最后一名进行排名。排名在最前面的员工就会比排名在最后的员工获得更多的奖金。尽管这项实践引来了大家对员工士气和过度竞争的关注，但是研究表明这种被迫的分配系统可以提高公司全体员工的绩效，尤其是在实施之后的前几年。

5.3　激励有多重要？

激励对组织行为学整合模型中的两个产出有很大的影响吗——它与工作绩效和组织承诺相关吗？回答这个问题有点复杂，因为激励不是一件事情而是一系列能量的综合。图5—7总结了关于激励和工作绩效和组织承诺的相关研究成果。这个图表示了所有这些力量对组织行为学模型的两个产出的可能的联合作用。

理解激励是如何影响工作绩效和组织承诺的

首先来看工作绩效，有数以千计的研究都支持各种激励强度和任务绩效之间的关系。对绩效影响最大的激励因素是自我效能/能力，因为自信的人更容易比怀疑自己能力的人做的更好。有难度的目标是影响第二大的激励因素；接受困难目标的人会比接受简单目标的人做的更好。有高水平的效价，媒介性和期望创造的激励强度是下一个对任务绩效起作用的有力的激励变量。最后，公平感对任务绩效也有些较弱的影响。

我们对于激励变量、公民行为和反生产行为之间的关系关注的更少一些。关于前者，那些为工作付出更多努力的员工看起来更可能有"比别人多做一点"的行为，因为这些行为本身要求额外的努力。对于这点最好的证据支持就是公平理论的研究。具体一点说，对工作有公平感的员工更可能实施公民行为，尤其是当这些行为对组织有帮助的时候。该员工也不可能做出反生产行为，因为这种行为通常是作为对组织不公平的报复。

如同公民行为，激励和组织承诺之间的关系也是很容易理解的。毕竟，代表着低承诺水平的心理和身体形式的退缩行为本身就是低激励水平的标志。很明显，那些做白日梦，迟到和休息时间很长的员工是在挣扎着付出持续的高水平的努力。关于公平和组织承诺的研究为进一步理解激励——承诺的关系提出了最清晰的佐证。具体来说，认为组织公平的员工在情感上更依附于组织，并且有更强烈的留在组织中的责任感。

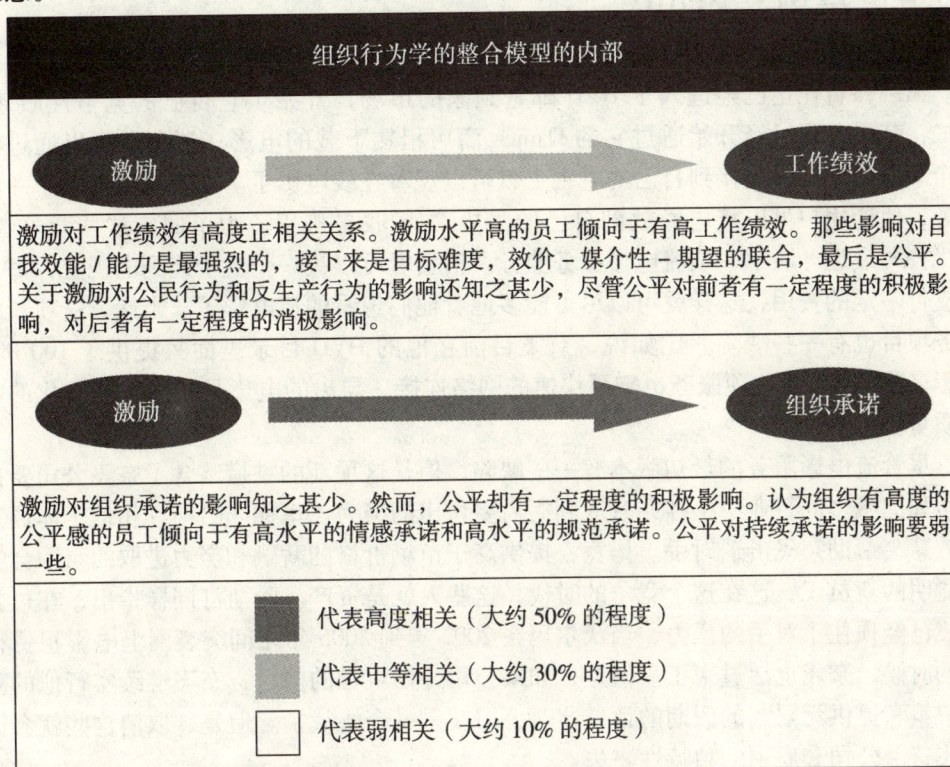

组织行为学的整合模型的内部

激励 ➡ 工作绩效

激励对工作绩效有高度正相关关系。激励水平高的员工倾向于有高工作绩效。那些影响对自我效能／能力是最强烈的，接下来是目标难度，效价 - 媒介性 - 期望的联合，最后是公平。关于激励对公民行为和反生产行为的影响还知之甚少，尽管公平对前者有一定程度的积极影响，对后者有一定程度的消极影响。

激励 ➡ 组织承诺

激励对组织承诺的影响知之甚少。然而，公平却有一定程度的积极影响。认为组织有高度的公平感的员工倾向于有高水平的情感承诺和高水平的规范承诺。公平对持续承诺的影响要弱一些。

■ 代表高度相关（大约50%的程度）

■ 代表中等相关（大约30%的程度）

□ 代表弱相关（大约10%的程度）

图 5—7 激励对绩效和承诺的影响

Sources：Y. Cohen-Charash and P. E. Spector， "The Role of Justice in Organizations：A Meta-Analysis," *Organizational Behaviorand Human Decision Processes* 86（2001），pp. 287 – 321；J. A. Coluitt，D. E. Conlon，M. J. Wesson，C. O. L. H. Porter，and K. Y. Ng， "Justice at the Millennium：A Meta-Analytic Review of 25 Years of Organizational Justice Research," *Journal of Applied Psychology* 86（2001），pp. 425 – 45；J. P. Meyer，D. J. Stanley，L. Herscovitch，and L. Topolnytsky，"Affective，Continuance，and Normative Commitment to the Organization：A Meta-Analysis of Antecedents，Correlates，and Consequences," *Journal of Vocational Behavior* 61（2002），pp. 20 – 52；A. D. Stajkovic and F. Luthans， "Self-Efficacy and Work-Related Performance：A Meta-Analysis," *Psychological Bulletin* 124（1998），pp. 240 – 61；W. Van Eerde and H. thierry，"Vroom's Expectancy Models and Work-Related Criteria：A Meta-Analysis," *Journal of Applied Psychology* 81（1996），pp. 575 – 86；R. E. Wood，A. J. Mento，and E. A. Locke， "Task Complexity as a Moderator of Goal Effects A Meta-Analysis," *Journal of Applied Psychology* 72（1987），pp. 416 – 25.

请登录 www. mhhe. com/ColquittEss 网站查询学习资料，包括互动练习、测验、iPod 下载和视频内容。

5.4　案例：Netflix

虽然奈飞公司现在非常成功，但是它在未来的几个月和几年里都将面临许多挑战。第一，百仕达已经进入了 DVD 邮寄到家的市场，开始了它自己的竞争性服务。第二，苹果公司已经开始通过它的 iTunes 商店租赁下载的电影；消费者可以通过将一个苹果的电视盒连接到自己的电视上就可以观看在线电影了。亚马逊也提供了一项服务，他让用户可以将电影放到自己的 TiVo 视频收录机里。为了回应这些竞争者，奈飞公司最近开展了一项流电影服务业务。消费者可以买一个盒子连到电视上，每个月支付一定的费用，这样就可以尽可能多地看他们想看的流电影了。当然，这项新的服务项目也有一些缺陷。比如说，奈飞目前在他的 DVD 目录里面只提供了 100 000 电影名称的 8%。这项服务也需要快速的网络连接，导出的电影只是一个标准化的电视质量。

尽管流电影服务的最初版本有一些缺陷，但是这项新的举措暗含了奈飞公司要在竞争如此激烈的行业中生存并获取利润需要付出的努力。里德·哈斯汀相信全体员工的智慧会帮助奈飞击退对手。毕竟，提供高于市场价格的薪酬和努力进取的氛围会吸引聪明的新员工，这在这个竞争的时代，这些人就是资产。哈斯汀同样指出，在过去奈飞已经顶住了对手的压力，当沃尔玛在 2002 年到 2005 年之间突袭网上电影租赁行业的时候，奈飞也活过来了。但是，如果公司开始艰难的前行，奈飞继续实行他的薪酬政策和提供无限制的假期的话，这对公司就是一个挑战了。但是，取消这些就会让奈飞这个公司和雇主的独特性丧失。

- 从激励的角度看，将薪水与市场水平相连，而不与绩效评估结果相连有什么好处？有什么缺陷？
- 尽管无限制的假期政策是一项受欢迎的福利，但是它对奈飞的管理者在激励员工时是否会有一些挑战呢？你会怎样处理这些挑战呢？
- 如果与百仕达，苹果或亚马逊竞争之后，奈飞的利润开始下滑，奈飞是否应该重新考虑这些管理实践呢？还是要坚定地实施下去呢？为什么？

5.5　重点掌握

- 激励被定义为发自于员工内在和外在的积极力量的组合，它能够激发与工作相关的活动并决定其方向、强度和持续性。
- 期望理论是用来描述员工在不同的自愿响应中做出选择所经历的认知过程的一种理论。努力的方向是当努力被认为会产生绩效（期望）时所产生的行为，绩效被认为是会带来结果的（媒介性），并且人们预期那些结果是有价值的（效价）。
- 目标设置理论是指把具体和有难度的目标作为活动强度和持久度的初始动力的理论。当目标是具体的和有难度的时候，它们就是激励和绩效的强大驱动力。具体的和有难度的目标通过提高自我设定的目标和任务战略来影响绩效。当员工被给予反馈，工作任务不是太复杂，目标承诺很高时，这种效应发生的更频繁。

- 当某人的产出与投入的比率与其他人的这个比率相等的时候，回报就是公平的。不公平感会导致公平忧虑。低回报的不公平感会导致低激励水平或者更多的反生产行为。高回报的不公平感会导致认知变化，这样投入就会从一个更积极的角度被重新评价。

- 心理授权是指来源于工作任务会对某种更大目标做出贡献这一信念的一种能量。心理授权发生在以下时间：当工作目标要诉诸员工的激情（有意义），自己选择工作任务的感觉（自主），能够成功完成任务的感觉（能力）和对于完成目标有所贡献的感觉（影响）。

- 激励与工作绩效有强烈的正相关关系，对组织承诺有一定程度的正相关关系。激励包括的所有因素中，自我效能/能力和绩效的关系最大。

5.6 问题讨论

- 表5—2中的结果里，哪些是最吸引你的？是外在结果还是内在结果对你更有吸引力呢？你认为你的偏好会随着年龄的增长而变化吗？

- 假设你正在做一个团队的项目，你们的成员中有一个人对在全班面前做演讲感到紧张。凭借图5—3中所列出的，你认为你能做些什么让他自信起来？

- 当你经历低回报的不公平感和高回报的不公平感时，你倾向于怎样的反应？为什么你会有那样的反应方式，而不是图5—6中所示的其他方式？

- 想想你正在做一份心理授权程度很低的工作。组织可以做哪些事情来提高心理授权程度？

5.7 测评：金钱的意义

你怎样看待金钱——你更看重它的什么意义呢？这项评估会告诉你在金钱意义的三个方面你站在哪一处，这三个方面分别是：金钱是成就的象征，金钱是尊重的象征和金钱是自由的象征。用回复模式回答每个问题。然后根据下面的说明计算你的分数。（更多与本章相关的评估，请访问在线学习中心 www. mhhe. com/ColquittEss）。

1	2	3	4	5	6	7
非常不同意	不同意	有些不同意	中立	有些同意	同意	非常同意

1. 金钱代表一个人的成就。 _____
2. 金钱是成功的象征。 _____
3. 金钱在我的生命中是最重要的目标。 _____
4. 金钱可以买任何东西。 _____
5. 金钱使得你周围的人尊重你。 _____
6. 金钱会帮助你展示你的技能和能力。 _____
7. 金钱可以给你带来很多朋友。 _____

8. 金钱是体面的。 _____

9. 金钱给你自主性和自由。 _____

10. 金钱可以给你机会，成为你想要成为的人。 _____

11. 放在银行里的金钱是安全的标志。 _____

12. 金钱意味着权力。 _____

得分

金钱是成就的象征：1~4 题加总

金钱是尊重的象征：5~8 题加总

金钱是自由的象征：9~12 题加总

解释

金钱是成就的象征：高＝13 分或以上。低＝12 分或以下。

金钱是尊重的象征：高＝15 分或以上。低＝14 分或以下。

金钱是自由的象征：高＝20 分或以上。低＝19 分或以下。

如果你的得分在所有这三项中都是高的话，那么你把金钱看做是多重的意义，而非经济意义。这个结果意味着金钱对你来说就像一个有力的激励因素。

Sources：Adapted from T. L. Tang，"The Meaning of Money Revisited," *Journal of Organizational Behavior* 13 （1982），pp. 197－202.

5.8 练习：George Lumber

这项练习的目的是要展示出薪酬是怎样影响激励的。这项练习采用小组的形式，所以你的老师会把你安排到某个团队里或者让你自己创建一个团队。George Lumber（以下称"乔治·蓝波儿"）是由安祖·乔治和他的父亲艾勒经营的一家小型的家族企业。直到去年，公司一直经营地很好，我们看下面的表。

年份	员工数量	利润
2007	52	30 万美元
2006	47	70 万美元
2005	40	50 万美元
2004	25	30 万美元
2003	5	10 万美元

在仔细分析了新建筑的开工，原料成本，税费和其他的商业条件之后，安祖和艾勒找到了利润下滑的原因，是周末销售人员的上班情况导致了销售收入的下滑。10 个在周末上班的员工是公司里最新的员工。他们中的许多人都是兼职的，或者要在一周内去学校，或者还有另一份工作。他们当中很少有人把在乔治·蓝波儿的职位看成是职业生涯的目标，但是最近，艾勒让两个周末上班的人来见他看看是否也能在周一至周五上班。因为周末上班的员工都是兼职的，所以他们都不会被给予什么福利，尽管安祖研究过这种可能性。老实说，他也不确定这些员工是否会想要这些福利。18 岁的蒂娜，想

在毕业后把当一名建筑师作为自己的职业，它会要这些福利吗？69 岁的奥斯卡，工作只是为了赚一些额外的钱每月来支付处方药的费用，他会想要这些福利吗？

一天晚上吃过晚饭以后，安祖和艾勒采用头脑风暴的办法想出激励员工的方法。他们提出了几个想法，包括：（1）对于每个月销售最好的员工给予月奖；（2）提供一份"自助餐式"的福利，这样员工就可以选择最适合自己的福利种类，每个月的成本是 300 美元；（3）为周末工作的员工建立一个培训项目；（4）对于给顾客提供超级服务的员工给予 50 美元的"当即"奖励；（5）在夏季结束之后把销售情况最好的员工提升到全职的职位。

1. 从期望理论，目标设置理论和公平理论的角度对每个激励方法的优缺点进行评价。

2. 用期望理论，目标设置理论和公平理论的要素提出一个薪酬计划。你会怎样将它卖给安祖和艾勒呢？

本章术语

激励是指发自于员工内在和外在的积极力量的组合，它能够激发与工作相关的活动并决定其方向、强度和持续性。

期望理论是用来描述员工在不同的自愿响应中做出选择时所经历的认知过程的一种理论。

期望是指通过付出大量努力就会导致某项工作成功的信念。

自我效能是指认为个人具有使任务成功所需行为能力的信念。

媒介性是指认为成功地履行职能就会带来工作成果的信念

效价是指与绩效相关联的工作成果的预期价值。

需求是指那些被认为具有关键性的心理或生理后果的成果认知群或认知束。

外在激励是指由取决于任务绩效的某些偶然因素所控制的激励。

内在激励是指当任务绩效本身即为奖赏时所感到的激励。

金钱的意义是指人们把金钱看作具有象征性的价值，而非仅具经济价值的程度。

目标设置理论是指把具体和有难度的目标作为活动强度和持久度的初始动力的理论。

目标承诺指个人接受目标并决定尝试实现的程度。

公平理论该理论认为，激励和绩效取决于人们将自己的投入产出比与他人的投入产出比相比较的结果。

公平忧伤是指只有通过重新平衡投入产出比率才能得到缓解的内在紧张感。

心理授权是指来源于工作任务会对某种更大目标做出贡献这一信念的一种能量。

有意义是指与个人的理想和激情相关的工作目标或目的的价值。

自主是指在工作任务的开始和继续中的一种选择意识。

能力是指人们相信自己有能力完成工作任务。

影响是指认为某人的行为会"起重要作用"的意识。

6

信任、公平和道德

【学习目标】

通过阅读本章，应该能够：
- 界定信任以及描述它与公平和道德之间的关系；
- 理解形成信任的三个来源；
- 说明用来描述管理当局是否值得信赖的几个维度；
- 理解用来评估管理当局决策公平性的四个维度；
- 理解道德决策的四要素模型；
- 理解信任是如何影响工作绩效和组织承诺的。

6.1　PepsiCo

设想这样一个公司，它的生产线具有"道德争议"。你想象的是哪一类公司？烟草公司？武器制造商？你可能不会想象它是一个汽水公司。对百事可乐来说十分幸运的是，首席执行官英德拉·努伊十分关注公司面临的道德和伦理问题。PepsiCo（以下称"百事"）公司是由百事可乐和菲多利食品公司（多力多滋、奇多和其他零食的制造商）之间的合并发展而来的。在过去的十年里，百事可乐公司已经成为财富500强中最有收益和最令人钦佩的成员之一。努伊在2006年接管百事可乐时创造了这个格言——"目的性绩效"。这三个单词传达的意思是这个公司不仅仅对股东回报负有责任。正如努伊所解释的："公司现在比很多经济体都大，我们像是小型共和国……如果公司不做有责任感的事情，谁会做呢？"

哪些领域是努伊的道德界限关注的焦点呢？一方面，百事可乐的产品影响着人类的健康。在美国国内，公司将它的含糖饮料和咸零食分成三个类别："对你来说有趣，""对你的健康来说更好，"以及"对你的健康来说很好"的产品。现在它的产品中的70%以上在"对你来说有趣"的类别上，但是努伊正致力于改变这种情况。她的目标是逐渐转变百事可乐产品的供给直到两种更健康的类别占到整个投资组合的50%。如果山露和菲多利代表的是旧的百事公司，赤裸裸（无糖无添加剂）的石榴蓝莓果汁和斯泰西的原味披萨薯条代表的则是新的百事公司。另外，由于国际增长是本国增长的三倍，努伊必须跟踪调查百事可乐的产品是如何被海外所接受的。因而也会出现道德争端。几年前，谁会想到 Aquafina 瓶装水——百事可乐最健康的产品之一——燃起塑料瓶对环境影响的战火？

当然，成为一个有道德的公司有很多合理的商业原因。例如，如果工作申请者和现在的雇员认为一个公司是值得信赖的，他们更可能想要在那工作。出于这个原因，努伊带头朝着增长百事可乐员工多样化而努力，因此一系列公平制度融入到公司之中。另一个例子是留心关注公共焦虑来缓解潜在诉讼和规章的可能性，以及致力于创造良好的公共关系。在这种全球交流和网络日志流行的时代，世界上的某个地区的错误就能引发其他不同地区的抵制。但是好的做法——和更健康的原料——是非常昂贵的而且当经济下滑时是很难保持的。努伊决心正视这种花销，正如她说的，"这是一个公司的灵魂"。

6.2　界定信任以及描述它与公平和道德之间的关系

6.2.1　信任、公平和道德

努伊的努力在某种程度上是试图促进百事公司对于顾客和雇员这样人的可感知的信赖性。只有像百事公司所说的那样健康，顾客才能信任它的产品。只有像招聘时说的那样公正地对待雇员，他们才能信任百事公司。**信任**被定义为基于对管理当局的行为和意图的积极期望，而对其卸下防备的意愿。当我们信任时，我们变得愿意将"自己放在信任之中"，即使有可能感到失望。这个定义用来强调"信任"和"风险"之间的重要区别。实际上，使自己对管理当局卸下防备是一种冒险；信任反映出承担这种风险的意愿。这个定义也说明了信任的来源是基于对一个既定管理当局在特殊状况的可能行为的评估。

> **"当我们信任时，我们变得愿意将'自己放在信任之中'，即使有可能感到失望。"**

在信任的定义里，管理当局涉及的对象是谁？有时管理当局是基于个人的，正如一个被信任的特定百事公司管理者诚实地说明产品的原料。有时管理当局是基于组织的，正如你信任作为一个公司的百事可乐，如果你的堂兄接受这个工作，公司将要公正地对待他。因为我们对公司总体情况没有一个直观的了解，所以基于组织视角的信任主要依赖于该公司的声誉。

信任问题与两种相关的概念缠绕在一起。**公平**反映的是对管理当局决策所能感知的公正。当雇员感知到高水平的公平时，他们相信决策结果是公正的以及决策过程是以一个公正的方式来被设计和实施。公平的概念能够用来解释为什么雇员评判一些管理当局比其他管理当局是更值得信赖的。**道德**反映的是管理当局的行为与公认伦理规范的匹配程度。当雇员感知高水平的道德时，他们相信事情应以他们"应该"或者"应当"做的方式去做。道德的概念能够用来解释为什么管理当局决定以一种值得信赖或不值得信赖的方式去行动。

想想一个特定的老板或指导者——一个你已经花费大量的时间在其周围的人。你信任这个人吗？你愿意让这个人对你职业或教育的未来产生重要的影响吗？例如，在你无法了解他会对你如何评价的情况下，你希望这个人作为你的推荐人或者写一封推荐信吗？当你考虑对特定管理当局的信任水平时，是什么决定你以那种方式去思考？这个答案就是影响信任的因素——帮助激发卸下防备的意愿。

6.2.2 理解形成信任的三个来源

信任

正如图6—1显示，信任来源于三种不同的因素，有时信任是**性情型**的，意思是你的个性特点一般是倾向于信赖他人。有时信任是**认知型**的，意思是源于对管理当局可信赖性进行理性评估后的信任。而有时信任是**情感型**的，它依赖于对管理当局的感情超越了任何理性评估。下面这几部分将更为细致地描述信任的这几种形式。

> **"事实上，信任倾向可能是最初的个性特点中发展而来的其中之一，因为婴儿必须立刻学习信任他们的父母去满足他们的需要。"**

性情型信任。性情型信任很少与管理当局相关，更多的与信任者有关。很多信任者有高度的**信任倾向**——个体和群体的言辞、允诺和表达方式可被信赖的一种普遍期望。一些人认为信任倾向表现出一种"对人性的信念"，即信任的人们比怀疑的人们以更为有利的方式看待其他人。信任倾向的重要性在与陌生人的互动中更为明显，而任何卸下防备的接受都是"盲目的信任"。一方面，那些有着高信任倾向的人们可能被骗，去信任那些并不值得信任的人，另一方面，那些低信任倾向的人们可能会被骗而不信任那些确实值得信任的人。这两种情况都不好；正如一个学者所说"如果我们信任所有人我们注定会失败，而如果我们不信任任何人我们同样会失败。"

信任倾向来自哪里？和所有特质一样，信任倾向是天性和后天培养的产物。如果我们的父母天生是充满怀疑的，我们可能遗传他们的基因倾向或者模仿他们，当看见他们在日常生活中展现不信任的时候。研究也显示信任倾向会通过早期童年经历被塑造。事实上，信任倾向可能是由最初的个性特点其中之一发展而来，因为婴儿必须立刻学习信任他们的父母去满足他们的需要。作为孩子时我们的需要被满足得越多，我们就变得更为信任；作为孩子时我们失望得越多，我们就变得更不信任他人。伴随着与朋友、学校、教堂、当地政府机构，和其他相关群体接触而获得的经历，我们的倾向在日后的生活中会继续被塑造。

我们居住的国家也会影响着我们的信任倾向。世界价值观研究组织的研究检验了在不同国家的各种态度和观念的差异。研究小组收集了来自 45 个不同国家的、总体超过 90 000 个参与者的访谈数据。研究小组询问的问题之一就是估量信任倾向的。确切地说，参与者被问到，"总体来说，你认为多数人是值得信任的还是在与别人交往时你越小心越好？"图 6—2 显示参与者回答"多数人是值得信任的"或者相反"越小心越好"的比例，而在这项研究中包括了很多国家的参与者。结果显示信任倾向的水平是，相对来说美国有很高的水平，与之相反的是欧洲和南美。

6.2.3　说明用来描述管理当局是否值得信赖的几个维度

认知型信任。性情型信任是在我们对特定管理当局不了解情况下时来指导我们。然而，最终我们会获得足够的信息去度量管理当局的**可信赖性**，是指被信任者可激发他人对其信任的一些特征或属性。在这种观点下，与我们的个性或天性相反，我们的信任基于我们对管理当局发展的认知。在这种情况下，认知型信任被管理当局的"以往的记录"所驱动。如果以往的记录显示管理当局是值得信赖的，对管理当局卸下防备则可以被接受。如果以往的记录有污点，信任则可能不能被保证。研究显示我们通过三种维度来测定管理当局以往的记录：能力、诚实、善意。

可信赖性的第一个维度是**能力**，定义为能使管理当局在特定领域内获得成功所应具备的技能、资质以及专门技术。（见第 8 章关于个性、文化价值观和能力方面对能力更多的讨论）。当你要选择一个医生、律师、或者技工时，想想决策过程中你所详细察看的事情。显然你考虑的首要事情之一就是能力，因为如果他们不了解有牵引器的外科手术刀，法令中的侵权行为或者一个凸轮轴的机轴，你不会信任他们。当然，限定在一个专门的领域是能力定义的一个重要组成部分；你不会信任一个技工去做外科手术，也不会信任一个医生去修理汽车！公司中管理当局的能力可能会通过许多水平来进行考察。例如，一个管理者的水平可能会通过一个特殊工业和职业的专职技能来进行评判，或者通过他的领导能力和一般商业领悟来评判。

可信赖性的第二个维度是**诚实**，它被定义为管理当局遵循那些信任者可接受的一整套价值观和原则的一种观念。当管理当局被认为诚实时，意味着他们有很好的性格——他们有诚实的动机和意图。诚实也传达着在词语和行动之间一致性的调整——管理当局信守承诺的意识，"言行一致"和"口是心非"。不幸的是，一项近期调查显示仅有约20%的美国员工认为高层管理者的行为与他们所说的相一致。像安然、世界电讯和泰科这样的公司，其高传播度的丑闻被视为因为诚实度低而付出代价的例子。在这些案例中，最高管理层隐藏债务，谎报收入，以及将既得利润作为个人所得——所有这些组成了违背公司支持的价值观和原则的不诚实行为。

可信赖性的第三个维度是**善意**，定义为排除了任何自私和以利益为中心的动机，管理当局要为信任者做善事的信念。当管理当局被感知到善意时，意味着他们关心雇员，关注他们好的表现，以及感受到对他们的一系列忠诚。辅导者与被辅导者关系提供了一个在工作中善意的很好的例子。最好的辅导者不会做任何伤害被辅导者的事情。他们不厌其烦的热心，甚至以牺牲他们的个人生产效率为代价，而且没有任何经济回报。很明显地，善意与能力和诚实，提供了一系列信任一个既定管理当局好的原因。更多的关于用来度量信任的三个可信赖性方面，请参见**"银幕上的组织行为学"**专栏。

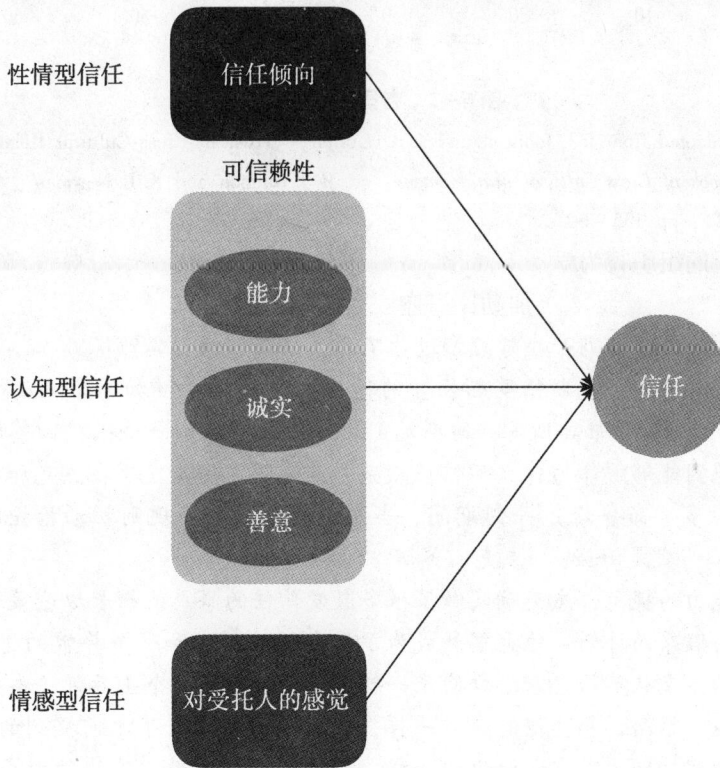

图6—1　影响信任水平的因素

Source：Adapted from R. C. Mayer, J. H. Davis, and F. D. Schoorman, "An Integrative Model of Organizational Trust," *Academy of Management Review* 20 （1995）, pp. 709 – 34; D. J. McAllister, "Affect-and Cognition-Based Trust as Foundations for Interpersonal Cooperation in Organizations," *Academy of Management Journal* 38 （1995）, pp. 24 – 59.

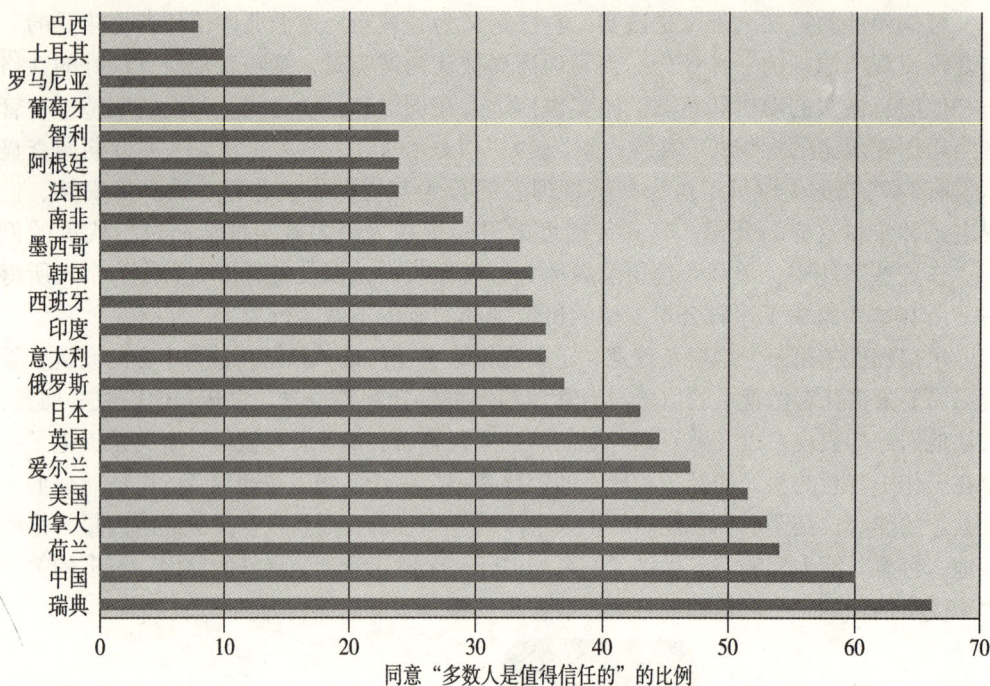

图 6—2　各国的信任倾向

Source：Adapted from J. J. Johnson and J. B. Cullen, "Trust in Cross-Cultural Relationships," in *Blackwell Handbook of Cross-Cultural Management*, ed. M. J. Gannon and K. L. Newman (Malden, MA：Blackwell, 2002), pp. 335 –60.

☺银幕上的组织行为学

《加勒比海盗：黑珍珠的诅咒》

我能问你一件事情吗？我曾经给过你不要信任我的原因吗？

通过这些句子，杰克斯帕罗船长（约翰尼·德普）在《加勒比海盗：黑珍珠的诅咒》（导演，戈尔·维宾斯基，迪斯尼，2003）中提出了一个很难回答的问题。有许许多多的原因能够解释为什么不信任杰克。最为明显的是发生在杰克和年轻的威尔·特纳（奥兰多·布鲁姆）斗剑期间，当杰克打破约定的规则拉动枪栓时。"你说谎，"威尔说。"我是海盗。"杰克回答。

从一个能力的视角，杰克确实做了很多激发信任的事。他擅长秘密策划一个给人以疯狂的行为假象的计划。他也偶然成为了一个好的剑客和一个异常的逃跑艺术家。在电影的开始杰克从英国皇家港口偷了一艘船后，英国的一个士兵评论杰克是他见过的最好的海盗。然而，和其他的海盗一样，杰克不诚实。除了之前提到的枪支事件，杰克撒谎、偷窃、做的很少和他说的一样。尽管他坚持遵循"海盗的模式"，这种模式包括用高尚的声音说着"落后的人会掉队"。从一个善意的视角来说，杰克确实看起来亲切地关心威尔和伊丽莎白（凯拉·奈特莉），她是威尔秘密喜欢着的英国官员的女儿。但是杰克关心他们是出于利益驱使的原因吗？

杰克的仇敌，巴尔巴罗萨船长（乔弗瑞·拉什）总结出对于杰克的可信赖性的不确定时说，"我必须承认，杰克，我原以为我已经猜透你了，但是你却是一个难以预料的人"。杰克回答："我？我不诚实，一个你们可以一直认为不诚实的人，确实的。"这个回答并不能澄清什么，不是吗？正如伊丽莎白在电影接近高潮时问的"杰克站在谁那边？"威尔回答："此刻吗？"

情感型信任。尽管能力、诚实和善意提供了信任管理当局的三种很好的原因，但信任的第三种形式并不是真正的信任来源。情感型信任是超越理性而更为感性的。作为情感型信任，我们信任是因为我们感觉这个人值得信任；我们真正喜欢以及喜爱他们。这些感受促使我们对他人卸下防备。简而言之，我们信任他们，因为我们喜欢他们。

情感型信任是我们之前讨论过的类型的补充。图6—3描述了信任的各种形式是怎样逐步建立起来的。在新的关系下，信任主要依赖于我们自己的信任倾向。在大部分的关系中，倾向最终通过对能力、诚实或者善意的了解得到补充，而它是基于认知型信任发展而来的。在一些可挑选的关系中，感情纽带的开发以及对被信任者的感受进一步提升了我们卸下防备的意愿。这些关系是以共同投入的时间和精力，深深依恋的感觉为特征的，而一旦这种关系结束了，双方都会感觉到缺失。

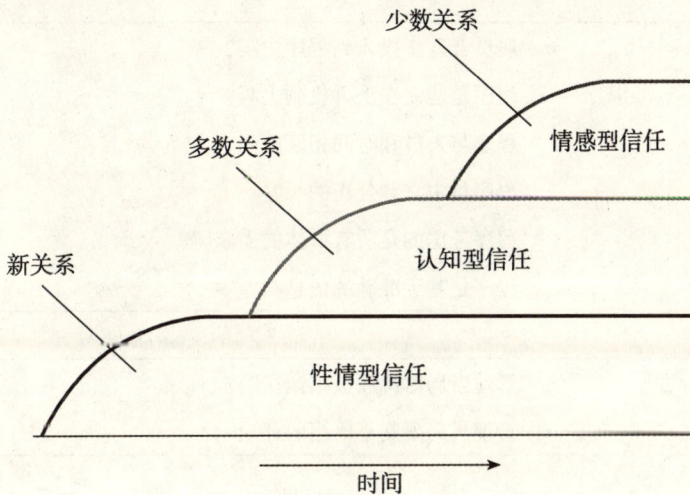

图6—3 随着时间推移的信任类型

Source：Adapted from R. J. Lewicki and B. B. Bunker, "Developing and Maintaining Trust Work Relationships," in *Trust in Organizations：Frontiers of Theory and Research*, ed. R. M. Kramer and T. R. Kramer and T. R. Tyler (Thousand Oaks, CA：Sage, 1996), pp. 114 – 39；R. C. Mayer, J. H. Dacis, and F. D. Schoorman, "An Integrative Model of Organizational Trust," *Academy of Management Review* 20 (1995), pp. 709 – 34.

小结

综上所述，在一个既定的管理当局，性情型信任，认知型信任和情感型信任提供了三种不同的信任来源。在性情型信任的条件下，我们卸下防备的意愿与管理当局相关很少，更多的是与我们的基因和早期的生活经历相关。在情感型信任的条件下，我们卸下防备的意愿与对管理当局的绩效的理性评估的相关很少，更多的是与我们对管理当局的情感喜爱相关。仅仅在认知型信任的条件下，就能力、诚实、和善意来说，我们确实理性地评估管理当局的长处和短处。但是我们怎样准确地度量这些可信赖性的形式呢？一种方法是考虑管理当局是否遵循公平原则。

6.2.4　理解用来评估管理当局决策公平性的四个维度

6.2.4.1　公平

在早期的工作关系中，很难去准确地评估管理当局的能力、诚实和善意。在这种情况下，雇员需要的是一些可观察到的管理当局可能被信赖的行为证明。公平提供的就是这种行为证明，因为那些更加公正地对待雇员的管理当局经常被评判为更加值得信赖。正如表6—1显示，雇员能够通过四个维度来评判管理当局决策的公平性：分配公平、程序公平、人际公平和信息公平。

表6—1　　　　　　　　　　　　　　　公平的四个维度

分配公平规则	描述
公平、平等与需求	奖赏是根据适当的规范来分配的吗？
程序公平规则	
发言权	雇员会逐步投入到程序中吗？
可修正性	程序是建立在上诉机制上吗？
一致性	程序与人员和时间相匹配吗？
避免偏见	程序是中立和公正的吗？
代表性	程序考虑的是所有群体的需求吗？
准确性	程序是基于准确的信息吗？
人际公平规则	
尊重	管理当局对待雇员很亲切吗？
合宜	管理当局限制不恰当的评论吗？
信息公平规则	
正当	管理当局能够完全地解释程序吗？
诚实	这些解释是坦诚的吗？

Source：J. S. Adams，"Inequity in Social Exchange," in *Advances in Experimental Social Psychology*, Vol. 2, ed. L. Berkowitz（NewYork：AcademicPress，1965），pp. 267 – 99；R. J. Bies and J. F. Moag, "Interactional Justice：Communication Criteria of Fairness," in *Research on Negotiations in Organizations*, Vol. 1, ed. R. J. Lewicki, B. H. Sheppard, and M. H. Bazerman（Greenwich, CT：JAI Press，1986）, pp. 43 – 55；G. S. Leventhal, "The Distribution of Rewards and Resources in Groups and Organizations," in *Advances in Experimental Social Psychology*, Vol. 9, ed. L. Berkowitz and W. Walster（New York：Academic Press，1976），pp. 91 – 131；G. S. Leventhal, "What Should Be Done with Equity Theory? New Approaches to the Study of Fairness in Social Relationships," in *Social Exchange：Advances in Theory and Research*, ed. K. Gergen, M. Greenberg, and R. Wills（New York：Plenum press，1980），pp. 27 – 55；J. Thibaut and L. Walker, *Procedural Justice：A Psychological Analysis*（Hillsdale, NJ：Erlbaum, 1975）.

分配公平。 分配公平反映的是对决策制定结果所感知到的公正。雇员通过询问诸如工资、奖赏、评估、晋升和工作分配的决策结果是否使用适当的规范，来度量分配公平。在大多的商业情形下，适当的规范就是公平，即更多的分配结果给那些贡献更多投入的人（看看第五章激励，更多关于公平的讨论）。当目标是使雇员的生产效率最大化的情况下，公平规范被评判为最为公正。

然而，其他分配规范在其他目标起决定性作用的情况下是最为合适的。基于团队工作条件下，建立和谐和团结的工作群体能够变得和个体生产效率一样重要。在这种情况下，平等规范可能会被更加公平地评判，即所有团队成员接受相同数量的相关奖赏。平等规范主要用于学生项目群体，即在一个项目中的所有全体成员恰好接受相同级别的奖赏，而不管他们的个体生产效率是多少。在一个特定雇员福利是关键的关注点的情况下，需要规范可能会被更加公正地评判。例如，普华永道，一家纽约的会计事务所，将4 000美元发放给在卡特里娜飓风中受到影响的43个雇员。在三个月的时间里，这家公司还提供给雇员食物、住处和交通工具。

程序公平。除了评判决策结果的公正，雇员可能会考虑得出结果的过程。**程序公平**反映的是在决策制定过程中所感知的公正。当管理当局遵循公平过程的准则时就会促进程序公平。这些规则之一是发言权，即在决策过程中给雇员一个表达他们的意见和价值观的机会。一个相关的规则是可修正性，当一个程序看起来实施无效时，它提供给雇员一个上诉请求的机会。研究显示发言权能够提升雇员对决策的反应，主要是因为它让雇员对工作中的决策有自主权的感觉。事实上，雇员是非常重视发言权的，即使他们一直得不到想要的结果或者他们的上诉根本无法改变决策。为什么会这样呢？因为雇员喜欢被倾听——表达意见是一个有价值的结果，只要雇员感觉到这些意见是真正地被考虑过。

除了发言权和可修正性，当管理当局遵循创造平等的雇佣机会的四个规则时也会促进程序公平。一致性、避免偏见、代表性以及准确性规则都能够帮助确保程序的中立和客观，而不是充满偏见和歧视。这些程序规则与工作生活中的很多领域相关。例如，通过确保面试问题是公正的以及以相同的方式对待不同的申请者，来使这些规则在招聘的实践中更加的公正。另一个例子，通过确保用来提供绩效加薪投入的工作绩效的准确度量，来使这些规则在薪酬的实践中更加公正。有关讨论大学足球中的程序公平问题，请参见“**运动中的组织行为学**”专栏。

你可能会想，“程序公平真的要紧吗——难道人们不是仅仅关注他们可接受的结果吗？”如果一个雇员接受了可观的工资、奖赏、评估、晋升和工作分配，他们真正关心这个过程吗？研究显示，分配公平和程序公平联合起来影响着雇员的行为，正如图6—4所示。当结果是好的，人们不会花费很多时间去担心这个过程是否公平，这是真的，这个通过图中的绿线可以得到解释。当显示分配公平很高时，程序公平对行为的影响很少。然而，当结果是不好的，程序公平就变得非常重要。研究显示消极的和意想不到的事件会引发一个彻底的程序问题的检验，因而遵循一致性、避免偏见和准确性规则就更加重要。

事实上，研究显示，程序公平比分配公平更倾向于成为管理当局的一个强烈的行为驱动。例如，一个183人的研究数据分析显示，程序公平比分配公平更强烈地成为监督满意的预测器，而且它还包括工作满意和组织承诺。为什么有时决策制定的过程比决策制定的结果更为要紧？可能是因为雇员理解结果变化不断——有时当其他人有一点失望时你可能很满意。然而，程序是更为持续的，直到组织重新设计它们或者一个新领导者推翻它们之前都保持不变。

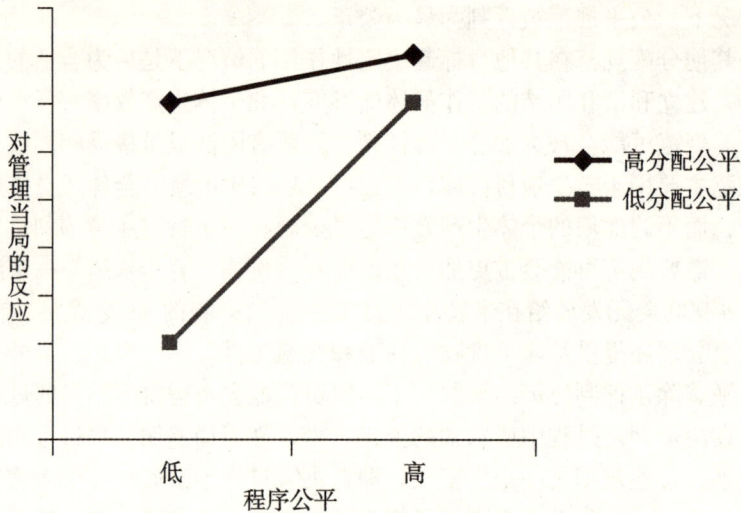

图6—4 分配和程序公平的相互影响

Source：Adapted from J. Brockner and B. M. Wiesenfeld, "An Integrative Framework for Explaining Reactions to Decisions：Interactive Effects of Outcomes and Procedures," *Phychological Bulletin* 120 (1996), pp. 189 - 208.

人际公平。除了评判决策结果和过程的公正，雇员可能会考虑当程序实施完时管理当局是怎样对待他们的。**人际公平**反映的是雇员对管理当局所给予的待遇所感知到的公正。当管理当局遵循两种特殊规则时就会促进人际公平。尊重规则属于管理当局对待雇员是否以一个尊重和真诚的方式，而合宜规则反映的是管理当局是否制止不适合或讨厌的评论。从这个角度，人际不公平发生在管理当局恶意攻击雇员时；当众批判、痛斥、为难或者羞辱他们；或者将他们贴上种族和性别歧视的标签。

人际不公平的例子有多普遍？一项约5 000人的雇员调查发现，36%的人感觉管理当局和同事对其有持续的敌意，而持续敌意被定义为在一年中有一段时间至少每个星期经历一次受辱骂或受虐待行为。这种行为的破坏程度有多大？一项研究要求41个雇员去完成一个与管理当局和同事互动的调查，其使用掌上电脑进行为期2到3周每天4次的调查。两种互动被编码——积极的经历和消极的经历——参与者也公布他们当时的心境（例如快乐的、高兴的、悲伤的、忧郁的、不高兴的）。研究结果显示积极的互动比消极互动更为常见，但是消极互动对心境的影响超过积极互动的5倍。这种发现显示，违背尊重和合宜规则的出现几率比遵循这种规则更大。确实，研究暗示当沮丧、忧虑和精疲力竭的感觉增长时，违背人际公平规则会降低雇员的工作满意度、生活满意度以及组织承诺。

信息公平。最后，在组织决策制定过程中，雇员可能会考虑管理当局提供的这种信息。**信息公平**反映的是雇员对管理当局提供的交流信息所感知到的公正。当管理当局遵循两种特定的规则时就会促进信息公平。正当规则要求管理当局要以一个全面和合理的方式来解释决策制定的过程和结果，而诚实规则要求交流是诚实和坦率的。尽管组织用一个全面和适当的方式去解释决策，这看起来很平常，但经常不是这种情况。例如，RadioShack，这个德克萨斯州的家庭电子产品零售商，近来因为通过电子邮件来解雇 400 名雇员而备受谴责。沃思堡（美国德克萨斯州）总部的雇员在周二早上接收到这样的信息"员工削减的通知近来在进行中，很不幸你的职位已经被消除。"在接收到 18 个字的消息后，雇员在把他物品装在盒子和塑料包里拿走之前有 30 分钟的时间去打电话以及对同事道别。

由于各种原因，这些类别的信息不公平是很常见的。一个原因是对于管理者来说，分享坏消息是工作中最为糟糕的部分，当到了扮演消息者时，他们想要逃离。另一个原因是如果管理者全面而诚实地解释解雇、低评估和错过晋升的真正原因时，他们担心会引起一个诉讼。具有讽刺意味的是，这种防御机制是典型的反生产行为，因为研究显示诚实和适当的解释确实是一个减少对组织报复的强有力战略。事实上，如果一个错误的终止声明确定被归档，低水平的信息公平会反过来继续萦绕在组织之中。怎么会这样呢？因为为了显示雇员是由于低绩效而被辞退的，组织确实需要为过去几年间终止合同的雇员提供绩效评估。如果管理者避免对那些评价提供坦率和诚实的说明，那么组织不能提供任何证明终止合同的原因。

☺运动中的组织行为学

如果你是一个大学橄榄球球迷，你会听到秋季的每周一讨论的程序公平问题，那是因为 BCS 名次在每周一公布，开启了为期数周的橄榄球赛季。不像其他大学体育项目，橄榄球没有季后赛去争夺冠军，取而代之的是一个程序等级团队。经过一周又一周的比赛，两支优胜者队伍在赛季末去争夺本国的冠军。BCS 平均有 3 种排名：(1) 美国当今大学教练投票，这种排名依靠 63 个 1－A 级足球教练的意见；(2) 哈里斯交互投票，这种排名来自以前的 114 个教练、球员和管理者，以及媒体成员的投票；(3) 电脑投票，这种排名是通过 6 种完全不同的电脑排名算出平均值。

周一公布的 BSC 名次在当地电台体育评论中引起了大量的谴责，为什么？因为这个过程是不公平的。这违背了避免偏见规则，因为教练能够自由地为他们自己的团队或他们商讨的团队投票，而哈里斯交互投票成员商谈关系也染指了投票。准确性规则也被违背，因为我敢说，早在俄勒冈州与华盛顿大学比赛开球、东部时间为晚上 10 点 15 之前，东部海岸教练和哈里斯投票成员已经睡觉了。可纠正性规则也被违背，当投票错误产生时，直到下一个赛季结束错误都不会被纠正。最后，代表性规则也被违背，因为来自更小体育协会的学校处于艰难的攀升期，他们能够保持赢得比赛是因为电脑投票安排了他们等级中的"力量比赛日程"，即小的学校总是有更弱的力量比赛日程。尽管弗雷斯诺校区想要与俄亥俄州立大学比赛，但俄亥俄州人仅仅同意比赛的前提是它在哥伦布市。当然，大多数的大学橄榄球球迷并不清楚 BCS 比赛过程中的里里外外——他们仅仅知道它看起相当不公平。

一项研究提供了一个对信息公平（和人际公平）权力特别有效的解释。研究发生在一个中西部制造公司的三个工厂，其专门为飞机和汽车工业提供小型的机械零件。这家公司近来已经失去了两个最大的合约，因而不得不减少其中两个工厂的 15% 的工资水平。公司正计划提供一个为削减两个受影响的工厂工资而进行的简短的、客观的解释。作为研究的一部分，公司被要求对这两个工厂之一提供一个更长、更诚实的解释。在工资降低 10 周的之前、当中、之后，公司的偷窃程度要被跟踪记录，并且使用公司的标准会计准则来表达这个详细的"缩水"。

正如图 6—5 显示的研究结果。在没有被降低工资的工厂，10 周期间偷窃程度没有改变。而在提供一个简短的、客观的解释的部门，工资降低期间偷窃程度急剧上升，在工资跌回之前削减的水平以前，这更可能作为一种报复感受到不公平的手段。重要的是，在提供长的、诚实的解释的部门，工资降低的期间，偷窃程度的增长没有那么显著，而一旦这个降低结束时，偷窃程度再一次回到正常的水平。显然地，从一个成本节约的角度，更高水平信息和人际公平是值得的。两个部门的偷窃程度的差异是显著的，长的、诚实的解释仅仅比简短的、客观的解释多 143 个单词。如果它能节省数以千计的美元，额外的 45 秒又有什么呢？

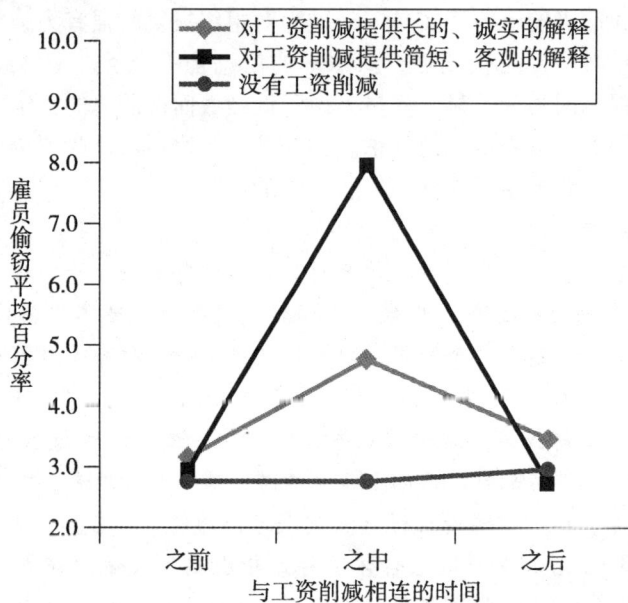

图 6—5　信息和人际公平在工资削减期间对偷窃的影响

Source：Adapted from J. Greenberg, "Employee Theft as a Reaction to Underpayment Inequity：The Hidden Cost of Paycuts," *Journal of Applied Psychology* 75（1990），pp. 561 – 68.

> 一项约 5 000 人的雇员调查发现，36% 的人感觉管理当局和同事对其有持续的敌意，而持续敌意被定义为在一年中有一段时间至少每个星期经历一次受辱骂或虐待行为。

小结

综上所述，分配、程序、人际和信息公平用来描述雇员是怎样被管理当局公平地对待的。如表 6—1 显示的，它提供了当管理当局遵循公平规则时可能值得被信赖的行为数据。研究显示所有四个公平形式都与信任水平高度相关。同样地，雇员信任那些公正分配结果的管理当局；以一个持续的、公平的、正确的方式，还是以一个尊重的、全面的、诚实的方式去交流决策制定的细节。哪些管理当局更可能遵循这些规则？对于道德的研究能够提供答案。

6.2.4.2　道德

关于道德的研究试图解释为什么人们的行为与一般接受的伦理规范相匹配，以及为什么他们有时违背这些规范。很多道德研究关注超过最低道德标准的行为，诸如慈善捐赠和**自曝家丑**，即雇员揭露雇主的非法行为。其他研究关注最低道德标准以下的行为，诸如说谎和欺骗。另外的研究仅仅关注到达最低道德标准的行为，诸如遵从法律。尽管关注的是特殊领域，这项研究却一直都是组织行为学研究的重要领域，因为在组织中不道德的行为是如此的常见。例如，近来研究显示在过去的 12 个月中，76% 的雇员在工作中有可观察到的非法和不道德的行为。正如"**组织行为学的国际化**"专栏所描述的，这些基准率在一些国家可能会更高。

我们怎样准确地解释为什么管理当局选择以一个不道德的方式去行动？从一个社会心理学的研究上能够找到答案。正如图 6—6 显示，道德决策的四因素模型认为道德行为源于一个多级的一连串事件，它始于道德意识，持续进入道德评判，以及随后的道德意图和道德行为。接下来的部分将更为详细地回顾这个模型的要素。

6.2.5　理解道德决策的四要素模型

道德意识。第一步需要解释为什么一个管理当局道德地实施行动的**道德意识**，其是指管理当局认识到在某状况中存在着道德问题，以及伦理标准或准则与某情境相关。道德问题很少如标准的道德敏感的"红色旗帜"一样——需要某些使道德标准显著化的事情。正如一个例子，假设你工作在一个视频游戏公司，它最为流行的游戏是在大城市中的罪犯角色扮演，加入涉及各种非法行为的多重故事链，诸如抢劫汽车，银行抢劫，暗杀以及杀害法律强制人员和清白的旁观者。这个游戏发展小组的一个成员已建议将隐藏的性背景嵌入游戏中，因而近来被娱乐软件级别组织定位为"成人游戏"。

☺组织行为学的国际化

不道德的行为能够被定义为跌入最低道德标准以下的行为。然而对于跨国公司来说，这相关的问题变成"谁定的道德标准？"对商业道德的跨文化研究显示，不同国家和地区有着非常不同的不道德行为的基准水平。国际透明组织是一个监视世界上不同国家不道德行为的组织。利用来自商业人士、风险分析家、调查记者、国家专家和公众获得的数据，这个组织将不同国家和地区定为等级 1（不道德）到等级 10（道德）。这里是 1999 年等级的评分：

这些等级显示了跨国公司在不同等级地区经营的挑战。在所有国家和地区中，公司应该不顾及当地的道德规范而对雇员都有相同的道德期望吗？现在，这看起来成为最为普遍的形式。例如，可口可乐公司的商业行为模式"适用于世界上所有的公司业务以及所有公司的雇员。"这个模式是首席执行官给每个雇员一封信，涉及标题诸如利益冲突，与政府官员交涉，顾客和供给者的互动以及政治贡献。这个模式还描述了与那些违背模式相联系的处分行为。

分数	国家和地区	分数	国家和地区	分数	国家和地区	分数	国家和地区	分数	国家和地区
10.0	丹麦	6.6	法国	3.8	韩国	2.6	乌克兰
9.8	芬兰	6.0	日本	3.6	菲律宾	2.6	委内瑞拉
9.4	瑞典	5.6	中国台湾	3.6	土耳其	2.6	越南
9.2	加拿大	5.3	比利时	3.4	中国	2.4	俄罗斯
9.0	荷兰	5.1	哥斯达黎加	3.4	墨西哥	2.3	哈萨克斯坦
8.7	澳大利亚	4.9	希腊	3.3	埃及	2.2	巴基斯坦
8.6	德国	4.7	意大利	3.3	罗马尼亚	2.0	肯尼亚
7.7	中国香港	4.6	捷克	3.2	泰国	1.6	尼日利亚
7.7	爱尔兰	4.1	巴西	3.0	阿根廷	1.5	喀麦隆
7.5	美国	3.8	牙买加	2.9	哥伦比亚		
6.8	以色列	3.8	立陶宛	2.9	印度		

> **"道德问题很少如标准的道德敏感的"红色旗帜"一样——需要使道德标准显著的某些事情。"**

在这个游戏中存在道德问题吗？一方面，你可能想要说这个游戏已经被定级为"成人游戏"，因此这些隐藏的背景仅是扩展了这个游戏的不健康性。除此之外，"复活节蛋"——在电影、DVD 或者电脑和视频游戏中的隐藏物——在娱乐产业中已有很长的历史。另一方面，隐藏的背景构成了对定级委员会，顾客和潜在顾客的父母的欺骗。而这个欺骗问题已经不再是由隐藏背景的实际内容所引发的道德问题了。如果这个故事对你来说听起来很熟悉，那是因为它确实发生在侠盗猎车手：圣安地列斯，即由 Take Two 互动软件公司所编写的游戏。这个隐藏的背景始于邀请，"咖啡怎么样？"其在网上可通过使用可获取的软件进入。两种背景模式的斗争被放入了这个游戏的早期的方案中，而在游戏进入市场之前大家一致同意将其消除。

道德意识部分依赖于管理当局的特点。一个管理当局的**道德敏感度**，反映的是识别出某项决策含有道德内容的能力。道德敏感度通过让人们阅读包括了那些微妙的道德问题的商业实例来进行度量，它还包括其他种类的问题（工作连续性的挑战，组织挑战，具体技术问题）。参与者描述了在一个开放式风格的状况下出现的问题，并伴随着被一系列道德污点问题所捕获的道德敏感性。对于 Take Two 公司的例子，可能负责侠盗猎车手游戏的雇员并没有足够的敏感性去意识到隐藏的背景代表着一个道德问题。制造这个背景的前提是 Take Two 公司有其他的道德困境，包括不得不解决证券交易委员会对财务欺诈的指控。

道德意识也取决于这个问题本身的特点。**道德强度**表达着一个问题的道德紧迫度。道德强度通过表 6—2 所总结的六个因素驱使。对于一个有着很高的道德强度的特定问题，如果结果严重度很高，就会对其行为有强烈的社会共识，行为发生以及预测结果的可能性也会很高，这些结果不久将会发生，决策者会接近那些将要影响他们的结果，并且这些结果并不集中在可选择的几个之中。对于侠盗猎车手隐藏背景的事件，Take Two 公司可能感觉到其行为的结果不重要，这些背景可能不被发现，或者那些受不利影响的人们在心理感觉上是不同的。

　　道德评判。假设一个管理当局意识到在工作中存在一个道德问题，下一步就是**道德评判**，反映的是管理当局能够准确地鉴别行动过程在道德上是"正确的"状态。哪些因素影响着道德评判？一个因素是道德发展，被柯尔伯格描述成**道德认知发展理论**。这个理论说明，随着人们年龄的增长和成熟，他们会经历道德发展的不同阶段——每一阶段都比前一阶段更为成熟和世故。这些阶段通过图6—7显示。研究显示大部分孩子都是在成规前期水平，因此他们的行为通过避免惩罚而激发（阶段1）以及保持在"你抓我的背，我也抓你"的各种关系（阶段2）。相反，大部分成年人在成规期水平，其道德思考受相关的管理当局的意见所影响（阶段3），以及更多的正式规则和标准（阶段4）。这种定位与组织相关，因为它显示雇员的道德决策受组织规范、实践和奖赏系统影响。

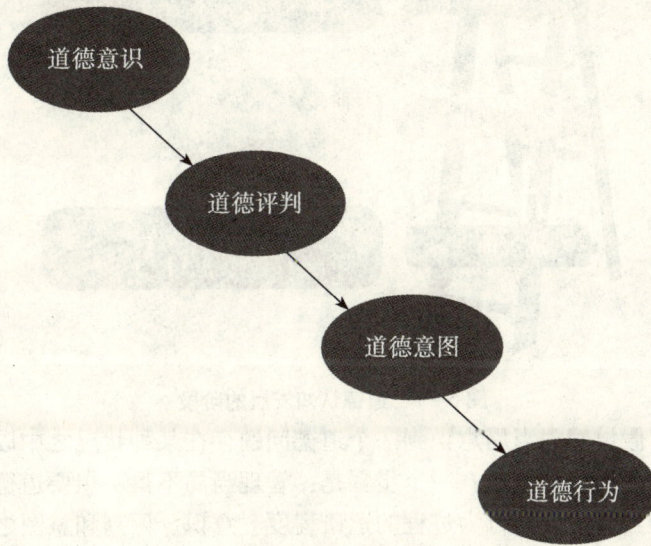

图6—6　道德决策的四要素模型

Source：Adapted from J. R. Rest, *Moral Development*：*Advances in Research and Theory*（New York：Praeger，1986）

表6—2 　　　　　　　　　　　**道德强度的六方面**

方面	描述
结果严重度	对他人有多少伤害（利益）？
社会共识	提议的行为对错与否的同意程度？
结果发生率	行为确实发生的几率以及假设结果与预测的匹配程度？
时间迫切性	采取行动和结果发生之间的时间长短？
亲近程度	管理当局对那些受影响的人有多亲近（在心理和身体上的感觉）？
效果集中度	结果集中影响有限的一部分人，还是有更加广泛的影响？

Source：Adapted from T. M. Jones，"Ethical Decision Making by Individuals in Organizations：An Issue-Contingent Model，" *Academy of management Review* 16（1991）.

　　研究显示不到20%的美国人到达规范的（有时叫做成规后期）水平。个体在道德决策过程中所运用的各种准则叫做**道德意识形态**。一个相对主义意识和反对普遍道德规则的观念更可能在阶段 5 被采用。相对主义专家赞同类似的表述，比如"一个谎话被判定为道德或者不道德依赖于决策周围的环境。"这类人也更可能采用一个功利主义意识，即道德行为被定义为实现最有价值结果的事情。当要求描述对他们最为重要的个性特质时，功利主义者优先考虑诸如"资源丰富的"、"有效的"、"多产的"以及"获胜者"的特质。相反，在阶段 6 更可能采用一个理想主义意识和包含普遍道德规则的观念。理想主义者赞同类似的表述，比如"不管获得多大的利益，对他人存在潜在的伤害总是错误的。"这类人也更可能采用形式主义意识，定义为使用一系列指导规范的道德行为。当被要求描述对他们最为重要的个性特质，形式主义意识优先考虑如"值得信赖的""诚实的""规范的""可依靠的"特质。

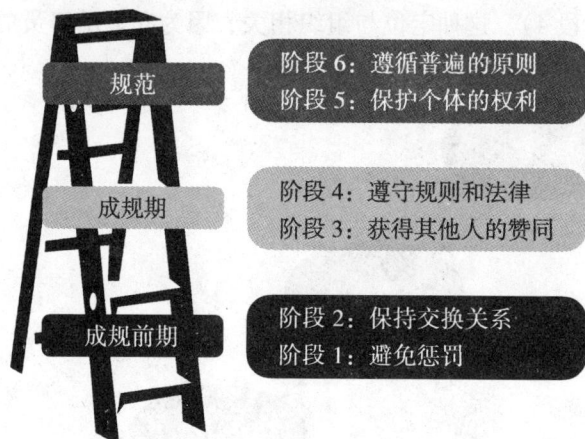

规范

阶段 6：遵循普遍的原则
阶段 5：保护个体的权利

成规期

阶段 4：遵守规则和法律
阶段 3：获得其他人的赞同

成规前期

阶段 2：保持交换关系
阶段 1：避免惩罚

图 6—7　道德认知发展的阶段

道德意图。假设管理当局意识到一个道德问题存在某种状况之中以及控制认知道德发展去选择正确的行动过程，一个步骤是：管理当局不得不想要道德地行动。**道德意图**反映了管理当局对道德行为过程的承诺程度。意识、评判和意图之间的区别是非常重要的，因为很多不道德的人们知道和理解他们所做的是错误的——他们只是不在乎。道德意图的一个驱动力是道德识别——一个人认为他自己是一个"道德的人"的程度。具有强烈的道德认同会促进道德行为，因为没有道德地行动将要引发一种强烈的罪恶感或者羞耻感。然而，道德意图也被一些状况的因素所驱动，包括工作上存在的压力、角色冲突以及以不道德的手段更为容易地获得奖赏和激励。对于这些问题更多的讨论，请参见"**学生中的组织行为学**"专栏。

6.2.6　理解信任是如何影响工作绩效和组织承诺的

☺学生中的组织行为学

在学生中与不道德行为最为相关的形式就是在考试和作业中的作弊行为。作弊有多普遍？一项对 69 所学校的接近 50 000 学生的调查显示，26% 的主修商科的大学本科生承认在考试中有过作弊的行为，54% 承认在作业中有作弊行为（包括抄袭或者使用朋友的作业）。而这个问题并不是局限在大学本科的商学院学生。2007 年 4 月杜克商学院的校长宣布在 2008 级工商管理硕士中，接近 10% 的学生在一项回家完成的期末考试中出现作弊行为。

学生为什么作弊？一个可能的原因是分数压力降低了道德意图——甚至学生意识到作弊也是一个道德问题，正确的决策是不应该作弊，但他们还是作弊了。一些支持这种观念的声音来自最近54所大学的5 331名学生的作弊研究中。学生填写了用来测量13种作弊行为的匿名调查，包括4种潜在的作弊预测：（1）理解学术诚实的政策（2）如果被抓到作弊可能是被同学告发的（3）意识到严厉的作弊惩罚（4）观察到他人的作弊行为的频率。这四个潜在预测问题当中，你认为哪一个是最有影响的？是的——观察另一个人作弊。事实上，其他3个因素没有一个与作弊行为有统计上的关系。可能是看见作弊会产生一种想要"赶上同学"的压力，尤其是当分数是呈现曲线的等级。

另一个可能的作弊的原因是学生对于这种行为的道德评判已经改变。回顾杜克事件，观察者说作弊者一般全是"剪切和复制"或者"下载"，他们中的一些人已经在从事技术上的工作，开放资源模式是被拥护的，而且这种技术合作对于引导工作成功是至关重要的。从这个角度上来说，作弊可能被简单地视为这种合作的延伸。然而，如果希望这种不道德的行为被抑制，学校需要更深层次地理解为什么学生作弊。

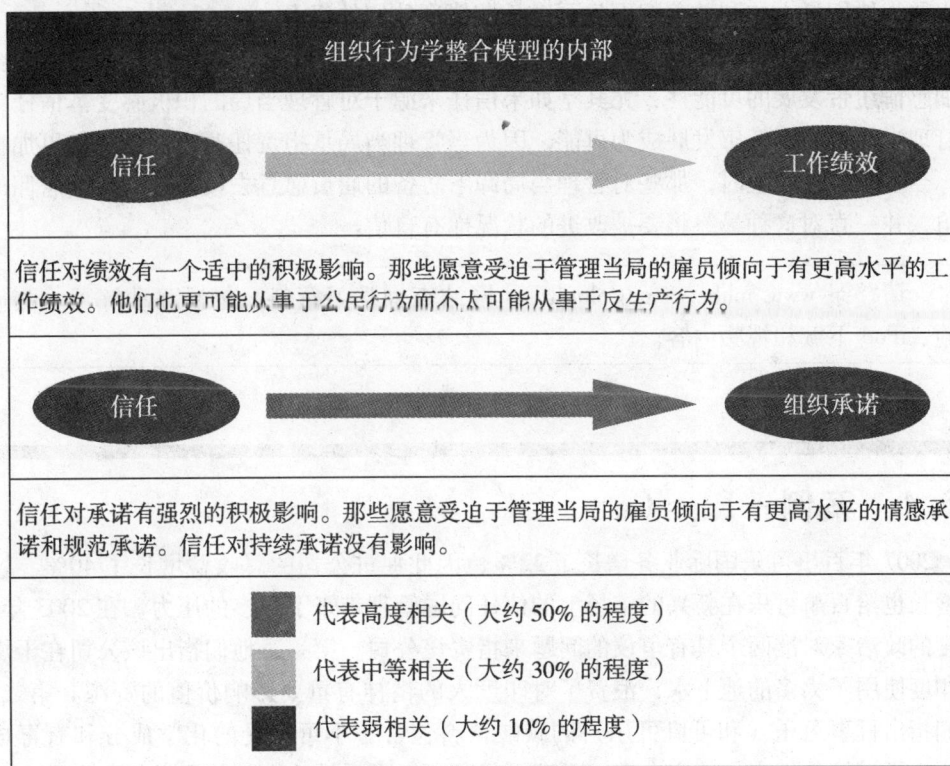

图6—8 信任对绩效和承诺的影响

Source：K. T. Dirks and D. L. Ferrin，"Trust in Leadership：Meta-Analytic Findings and Implications for Research and Practice," *Journal of Applied Psychology* 87（2002），pp. 611 – 28；J. A. Colquitt, B. A. Scott，and J. A. LePine，"Trust，Trustworthiness，and Trust Propensity：A Meta-Analytic Test of their Unique Relationships with Risk Taking and Job Performance," *Journal of Applied Psychology* 92（2007），pp. 909 – 27.

6.3　信任有多重要?

信任对组织行为学整合模型的两种主要结果有影响吗?——它与工作绩效和组织承诺有联系吗? 图6—8总结了连接信任与工作绩效和组织承诺的研究证明。这个图显示了信任确实影响工作绩效, 为什么? 一个原因是信任与工作绩效有适当的相关性。一项对于一个工具制造公司的8个工厂雇员的研究显示出信任有益于工作绩效的原因。这项研究是在两个不同管理当局的雇员之间进行信任测量的: 工厂管理者和公司高层管理团队。这两个信任测量对雇员关注的能力有重要的预测作用, 它反映了雇员对工作投入注意力的程度, 而不是"拍马屁"、"玩政治"和"盯住老板"。在很多工作中, 这个关注的能力对工作绩效是很关键的, 尤其是当工作任务变得更为复杂时。信任也影响公民行为和反生产行为。为什么? 一个原因是卸下防备的意愿改变雇佣关系的属性。雇员更可能去做"额外的事情"来帮助组织, 因为他们相信相关管理当局为他们最大的利益着想而且可以长期偿还他们的努力。

图6—8也显示, 信任影响组织承诺, 为什么? 一个原因是信任一个管理当局会增加感情纽带发展的可能性, 尤其是如果信任来源于对管理当局的积极感受。信任一个管理当局也使责任感发展成为可能, 因为当管理当局承担责任时雇员会感觉更加自信。当不利事件发生时, 那些对管理当局卸下防备的雇员愿意去接受来自持续雇佣的压迫, 并一直对这种最终将要被改进的状况抱有自信。

请登录 www. mhhe. com/ColquittEss 网站查询学习资料, 包括互动练习、测验、iPod 下载和视频内容。

6.4　案例: PepsiCo

2007年百事可乐国际业务增长了22%, 因此促进公司的总收益增长了40%。这个增长也给百事可乐在新兴的市场上的信任问题管理带来了更多的压力。在2003年, 印度的政治家对准两个具有争议的问题来指责该公司。第一, 他们指出该公司在干燥的印度使用了太多的地下水, 浪费了对印度人的精神有重要影响价值的资源。第二, 他们指出百事可乐(和可口可乐)的碳酸饮料包含了不可接受的化学成分和有毒成分。为了辩解他们产品的安全性, 百事可乐和可口可乐被迫在新德里举行一个少有的联合新闻发布会。相似的指责也出现在2006年, 尽管印度政府已经声明这种化学成分达到标准可以用在瓶装的饮料里(例如, 放在碳酸饮料里的化学成分的水平低于在牛奶里的)。

这个争议已经破坏了印度人对百事可乐的信任。尽管这个来自努伊自己国家指责出现的时候她还不是首席执行官, 但她仍然后悔没有更加迅速地做出反应, 她提到, "我是印度面孔。我应该立刻跳上飞机然后说, '伙计, 我向你保证, 这些产品是最安全的'。那时并没有发生在我身上。这就是我后悔的事情。现在如果它发生，——朋友，我会立即出现在那。"该公司已经逐步扭转信任问题。例如，新德里附近的一个工厂已经降低水的使用量，从原先的每 24 瓶 35 升下降到 8.6 升。这个公司还投资建了一口水井、管道和水龙头，将水运输到村庄的 50 户家庭，以前在那里用水要走 3 小时的路程。不幸的是，这个村庄的当地政府委员会拒绝承担运行水泵的电费，限制他们每天只能使用一次。最近百事可乐的管理者去拜访，一个村民询问是否这个公司能够承担额外的使用费。这类事件能够解释在全球规模下的道德实施的难度。

- 考虑百事可乐的努力已经使印度恢复对它的信任。这些努力与百事可乐对股东的责任相一致吗，或者与这些责任有冲突？解释一下。
- 如果一个相似的事件发生在另一个百事可乐的市场上，公司应该如何处理？
- 一个跨国公司有义务对待它的顾客和雇员比当地的本国公司更有道德吗？为什么或者为什么不？

6.5 重点掌握

- 信任是指基于对管理当局的行为和意图的积极期望，而对其卸下防备的意愿。公平是指对管理当局决策所能感知的公正，它用来解释为什么雇员评判一些管理当局比其他管理当局更为值得信赖。道德是指管理当局的行为与公认伦理规范的匹配程度，它用来解释为什么管理当局选择以一个可信赖的方式去行动。
- 信任可以是基于性情的，意思是一般使个人倾向于信赖他人的个性特点。信任也可以是基于认知的，意思是对管理当局可信赖性进行理性评估后的信任。最后，信任可以是基于情感的，即源于对管理当局的感情超越了任何理性评估的信任。
- 可信赖性是通过三种维度来评判的：能力、诚实和善意。能力是指管理当局的技能和资质。诚实是指管理当局遵循那些信任者可接受的一整套价值观和原则的一种观念。善意是指管理当局要为信任者做善事的信念。
- 一个管理当局在决策过程中的公平性可以通过四个维度来评判。分配公平反映的是对决策制定结果所感知到的公正。程序公平是指在决策制定过程中所感知到的公正。人际公平是指雇员对管理当局所给予的待遇所感知到的公正。信息公平是指员工对管理当局提供的交流信息所感知到的公正。
- 道德决策的四因素模型认为道德行为取决于三种概念。道德意识是指管理当局认识到在某状况中存在着道德问题，以及伦理标准或准则与某情境相关。道德评判是指管理当局能够准确地鉴别行动过程在道德上是"正确的"状态。道德意图是指管理当局对道德行为过程的承诺程度。
- 信任与工作绩效有适中的正相关关系以及与组织承诺有强烈的正相关关系。

6.6　问题讨论

● 考虑可信赖性的三个维度（能力、诚实和善意）。当决定是否信任你的老板时，这些当中的哪一个维度是最重要的？当你决定是否信任一个朋友呢？如果你的两个回答不同，为什么会不同？

● 将你自己置于一个管理者的位置上，四个公平维度（分配、程序、人际、信息）你发现哪一个是最难的？哪一个最简单？

● 道德决策因素：道德意识、道德评判或者道德意图，你认为哪一个能最好地解释学生的作弊现象？为什么你感觉是这个？

● 假设你要在一个以公平和道德实践著称的公司申请工作。当你决定是否接受这个工作时你认为什么信息是最重要的？

6.7　测评：信任倾向

你天生是一个信任的人还是怀疑的人？这个评估的设计是测量信任倾向———一种愿意信任他人的特质。利用提供的回答等级来回答每一个问题。然后从6减去你对黑体问题的回答，这个差就是那些问题的新答案。例如，如果你在问题4的最初答案是"4"，你的新答案就是"2"（6－4）。进而加总你回答的八个问题的答案。（更多关于本章相关的评估，请访问在线学习中心 www. mhhe. com/ColquittEss）

1	2	3	4	5
完全不同意	不同意	中立	同意	非常同意

1. 对陌生人应该非常谨慎。

2. 大部分专家都说出了他们知识有限的事实。

3. 大部分人能够去做他们说将要去做的事。

4. 这些天，你必须警惕或者某人可能要利用你。

5. 大部分售货员都会诚实地描述他们的产品。

6. 大部分修理者都不会向那些对他们的专长不了解的人们过高地要价。

7. 大部分人们都会诚实地回答公共民意测验。

8. 大部分成年人都能胜任他们的工作。

得分

如果你的总分超过21或更多，你倾向于信任他人，这意味着你经常在冒险的条件下，对他人有卸下防备的意愿。如果你的得分总和在20或者以下，你倾向于怀疑他人，这意味着你在冒险的条件下，对他人没有卸下防备的意愿。

Source：R. C. Mayer and J. H. Davis，"The Effect of the Performance Appraisal System on Trust for Management：A Field Quasi-Experiment," *Journal of Applied Psychology* 84（1999），pp. 123－36. Copyright ⓒ 1999 by the American Psychological Association. Adapted with permission. No further reproduction or distribution is permitted without written permission from the American Psychological

Association. See also F. D. Schoorman, R. C. Mayer, C. Roger, and J. H. Davis, "Empowerment in Veterinary Clinics：The Role of Trust in Delegation," Symposium on trust, 11th Annual Conference, Society for industrial and Organizational Psychology (SIOP), April 1996, San Diego, CA.

6.8 练习：可信赖性和信任

这个练习的目的是为了探讨引发人们信任他人的因素。这个练习应用于群体，因此你的指导者既可指派你到一个团队中，也可要求你创建自己的团队。练习遵循以下几个步骤：

1. 读下面的段落分别描述可能为你工作的三个人。对于每一个人，在你不监视他们的情况下，交给他们一项对你来说非常重要的任务看看他们有多适合？（1＝不适合　10＝完全适合）

在你调来成为这个部门的领导之前，J. B. 刚刚晋升到当前这个职位不久。在书面上，他是胜任的，但你对他的能力有很多的怀疑。J. B. 是一个工商管理硕士，毕业于一所知名的大学，已经在这个职位上超过了一年。在这期间，你已经发现在 J. B. 的工作中出现了很多出乎意料的错误和疏忽。J. B. 看起来并不能抓住公司是如何运作的以及他的角色是什么。当你试着解释这些事情时，J. B. 声称他理解了。然而，J. B. 在工作中并不能显示出来。J. B. 真的喜欢你并且不论何时都卑躬屈膝地尽可能帮你。J. B. 的所有同事都很喜欢他，J. B. 在他们之间已经赢得了很高的声誉，而顾客也认为他很公正。

Sandy 已经在你的公司工作了一段时间了，和你工作也将近一年了。Sandy 从事的是技术性的工作，Sandy 一直参加研讨小组而且保持每天读技术日报。Sandy 在工作中总是很仔细和胜任的。Sandy 已经在很多工作中显示出对你这个老板相当的忠诚。例如，就在上个月 Sandy 阻止了那些来自你的老板并且对你不利的消息。在很多工作中，Sandy 已经误导其他部门的人，不让他们从你的部门带走资源。

Pat 刚刚从公司的东海岸部门转到你的部门。Pat 想要更加亲近他的家庭。Pat 的前部门领导想要阻止 Pat 离开但失败了，他声称 Pat 是"太重要了而不想要他离开"。Pat 工作的质量可以从前管理者不愿让他离开的事实中得到证实。Pat 没有交朋友的困扰且非常受欢迎，但是却拒绝所有试图了解他的人。当你和他一起吃午饭，Pat 总是听你说而几乎不发表意见。当你和他交谈时，Pat 总是保护自己。在与其他雇员和顾客相处时，他是非常公平和诚实的。

基于你的评价，你最信任哪一个？在你的团队中，解释一下你的评价。对你的信任评估什么因素是最重要的？

2. 读下面的段落分别描述你可能为他们工作的三个人。对于每一个人，如果你不能监视他们做什么，你怎样认真思考来决定哪一位管理者来控制你的命运呢？（1＝不适合　10＝完全适合）

和你相处，Terry 是一个简单直接的管理者。Terry 总是诚实地完成你所看见和听见的每一件事。Terry 总是很好地完成任务，被所有人所钦佩。你试图和他一起吃午饭进行社交建立一个良好的关系，但总是遭到礼貌性的拒绝。Terry 在工作中有很多好朋友，但你看起来总不是其中之一。

你已经和 Taylor 工作很多年了。Taylor 对你总是很诚恳，对其他人总是显示出很真诚的关心，也很关注公司利益。Taylor 对你特别好，很清楚 Taylor 很喜欢并且尊重你。Taylor 总有账单付款和及时为顾客提供服务方面的问题，并不能很好地管理公司的财政。Taylor 看起来对公司运作的重要业务并没有一个清晰的目标。

你已经发现你的管理者，Jesse 有很高的技能。Jesse 和另一个管理者通电话，你听到 Jesse 承诺在周五完成报告。放下电话，Jesse 可以继续对你的绩效做出评论。你能够记起在很多工作中，Jesse 告诉某人一件事而告诉你却完全不同。Jesse 总是对你很好而且看起来很喜欢你。Jesse 告诉你，你满足了他所有的目标，在下半年到一年的时间里应该会得到晋升和涨工资。

基于你的评价，你最信任哪一个？在你的团队中，解释一下你的评价。对你的信任评估什么因素是最重要的？

3. 课堂讨论，在你的团队中或一个课堂中，应该关注这个问题：在两种背景下，什么因素会引起你信任一个人而不是其他人？涉及下级与上级之间的信任的相关因素是不同的吗？如何不同？

Source：Adapted from R. C. Mayer and P. M. norman. "Exploring Attributes of Trustworthiness：A Classroom Exercise," *Journal of Management Education* 28 (2004)，pp. 224 - 49.

本章术语

信任是指基于对管理当局的行为和意图的积极期望，而对其卸下防备的意愿。

公平是指对管理当局决策所能感知的公正。

道德是指管理当局的行为与公认伦理规范的匹配程度。

性情型信任是指源于个性特点的信任，此个性特点一般使个人倾向于信赖他人。

认知型信任是指源于对管理当局可信赖性进行理性评估后的信任。

情感型信任是指源于对管理当局的感情超越了任何理性评估的信任。

信任倾向是指个体和群体的言辞、允诺和表达方式可被信赖的一种普遍期望。

可信赖性是指被信任者可激发他人对其信任的一些特征或属性。

能力是指能使管理当局在特定领域内获得成功所应具备的技能、资质以及专门技术。

诚实是指管理当局遵循那些信任者可接受的一整套价值观和原则的一种观念。

善意是指排除了任何自私和以利益为中心的动机，管理当局要为信任者做善事的信念。

分配公平是指对决策制定结果所感知到的公正。

程序公平是指在决策制定过程中所感知到的公正。

人际公平是指雇员对管理当局所给予的待遇所感知到的公正。

信息公平是指雇员对管理当局提供的交流信息所感知到的公正。

自曝家丑是指雇员揭露雇主的非法行为。

　　道德意识是指管理当局认识到在某状况中存在着道德问题，以及伦理标准或准则与某情境相关。

　　道德敏感度是指识别出某项决策含有道德内容的能力。

　　道德强度是指一个问题的道德紧迫度。

　　道德评判是指管理当局能够准确地鉴别行动过程在道德上是"正确的"状态。

　　道德认知发展理论认为，随着人们年龄的增长和成熟，他们会经历道德发展的不同阶段。

　　道德意识形态是指个体在道德决策过程中所运用的各种准则。

　　道德意图是指管理当局对道德行为过程的承诺程度。

7

学习与决策

【学习目标】

通过阅读本章，应该能够：

- 界定学习与决策；
- 描述雇员通过学习和提高专门技能所能够获得的知识类型；
- 解释组织中雇员的学习方法；
- 描述组织采取什么步骤来培养学习；
- 描述雇员决策所采用的两种方法；
- 理解在决策中阻碍雇员将其学习内容转化为准确决策的问题；
- 理解学习是如何影响工作绩效和组织承诺的。

7.1 Caterpillar

在建筑工地看见由 Caterpillar（以下称"卡特彼勒"）制造的大的，亮黄色卡车、发动机、制造工具对于我们来说再熟悉不过了，卡特彼勒是世界上领先的建筑、小型工具、柴油和天然气发动机和工业气体涡轮机的制造商，总部设在伊利诺伊州的皮奥里亚。而你可能不知道，这个世界财富100强的公司还是拥有世界上最大、最有效的知识分享体系的公司之一。在过去的三年间，这种分享和利用知识的能力已经扩大了两倍。近日，卡特彼勒的首席执行官吉姆·欧文斯说："学习是激励我们成为更强大的公司的必要手段。"

学习对卡特彼勒如此重要的原因之一是，智力资本几乎占了总价值的85%（相比30年前仅占30%）。为了维护智力资本，公司在2000年建立"卡特彼勒大学"，使用一种吉姆·欧文斯说的基于三种重要因素的学习模型："支持学习的文化，与公司和上下价值链的伙伴进行全面的知识分享，以及支持学习的领导力开发。"雇员通过在卡特彼勒大学学习获取一些资本，主要有传统培训机会和被翻译成各国语言的超过3 000个的网上课程，而它们主要涉及工作任务，业务单位机会和自主学习。在卡特彼勒的每个雇员都有他（或她）各自期望遵循的个人学习计划。而卡特彼勒每年花费超过1亿美元的资金用在雇员的教育上。

然而，真正使得卡特彼勒公司区别于绝大多数公司的核心是"知识网络"。你可能会问自己，十万个雇员是如何在40个国家传播超过300个制作工艺去进行知识分享和更好地决策的，答案是一个广阔的"实践社区"的内部网络社交组织。组织中的雇员与其相关的工作、进程、顾客一起通过一个电子公告板或者电子邮件系统去分享知识。超过3 000个来自多个国家的、级别从小型团队到数以百计的雇员群体聚集在一起去获取信息，检查最好的实践，发布信息以及回答问题。知识分享的过程主要是通过雇员们自发进行的（不是从上到下的监督），现在已经实现了创纪录的投资回报，而且当其他大部分的公司才刚刚开始进行学习时，他们已经远远超过了竞争对手。

> "雇员拥有的知识和技能越多，他们就越有可能做出正确和明智的决策。"

7.2 学习与决策

界定学习与决策

卡特彼勒非常关注知识转移，因为在组织中学习和决策是非常重要的。**学习**是指通过实践，雇员的知识和技能相对永久地改变。雇员学习的越多，他们在工作中带来的绩效就越多。为什么学习是如此的重要？因为它对**决策**有重要的影响，决策指形成并从一系列备选方案中选择，来解决问题的过程。雇员拥有的知识和技能越多，他们就越有可能做出正确和明智的决策。在卡特彼勒和其他公司中，风险是缺乏经验的雇员在进入新角色时缺少那些基于做出正确决策的知识。

缺乏经验能够产生很多问题的原因之一是学习并不简单。你曾经看过"专家"执行他们的工作吗？一个人是如何变成专家的？对于大部分复杂工作来说，这需要花费大量时间去使之变得熟练。大部分雇员需要花费 3 个月到一年的时间才能达到满意的水平。要想达到更高的专业技能水平则需要花费更长的时间。对于公司来说，找到一种提升雇员学习和决策能力的方法是很困难的。

7.3 为什么一些员工会更好地学会做决策？

比尔·布福德，对于成为厨师长非常感兴趣的记者，被位于纽约、由马里奥·巴塔利创始的、享誉世界的饭店巴伯所雇佣。在他早期的厨房经历中，当他站着看其他那些有经验的厨师以一个难以置信的惊人速度去工作的时候，他当时意识到自己需要作出决定：

我处在前后矛盾的时刻。如果我向后退，我会说："谢谢这次参观，这很有趣但不适合我。"但是怎样向前走呢？对我来说没有余地。这些人都具有更高水平的技能，但他们并没有意识到。他们的技能已经深深被灌入以至于和他们的天赋紧紧相连。我不具备这种技能，因此无法想象如何学习它们。我知道自己处于一种痛苦的边缘： 种长期的、艰苦的、抨击自信的、深深的让人丢脸的经历。

在这种情况下，布福德意识到他的同事比他认为的更具有专业技能。**专长**是指专家区别于新手的知识和技能。研究显示，专家和新手的区别是学习的能力，并不是流行的观点所认为的智力和由于差异而产生的不同。尽管学习不能直接被看到或观察到，但我们可以说人们能够通过观察他人的行为来进行学习。这些行为能用来区分专家和新手，而这些行为的变化也能显示出学习者正在获取知识。尽管对雇员来说一次两次模仿一种行为是很简单的，或者幸运地做出一些重要的决策，而真正的学习仅仅发生在行为相对永久地改变或者一次一次地被重复之时。理解为什么有些雇员能够证明自己比他人更擅长这个，需要了解雇员真正学习到什么以及他们是怎样实施的。

7.3.1 描述雇员通过学习和提高专门技能所能够获得的知识类型

知识类型

雇员学习的两种基本知识类型对组织都有重要的意义。**显性知识**是当你描绘一个人坐在书桌旁学习时很可能思考的这种信息。这种信息可以相对简单地交流，并且大部分公司在培训期间都会教授的。尽管这种信息对于好的表现是非常必要的，但它影响的只是你需要了解的知识当中较少的部分。

> "研究显示，专家和新手的区别在于学习的能力，并不是流行的观点所认为的智力和天生的差异而产生的不同。"

相反的，**隐性知识**是指雇员仅能通过经验而习得的知识。它不是很容易被交流，但却是我们在组织中学习的大部分内容。事实上，在组织中超过 90% 的知识以隐性的方式存在。你曾遇到过你很擅长做某事而且有能力做好它，但却不能很好地解释给他人听吗？这是用来解释隐性知识时普遍的一种方式。它被描述成"知道怎样""知道是什么""知道是谁"仅仅通过经验才能获取。表 7—1 列出一种帮助解释显性知识和隐性知识的差异的特点。很多人甚至认为显性知识是每个人都能找到和使用的，而隐性知识用来区别专家和普通人。

表 7—1   **显性和隐性知识的特点**

显性知识	隐性知识
能够简单地通过书写或口述交流的方式进行传送	非常难的，如果可能，要清楚地表达给他人
对大部分人来说能够简单地获得	在本质上是非常私人的
能够通过书本进行学习	基于经验的
都是可察觉到的和易被理解的信息	有时拥有者甚至没有意识到他们具备它
一般的信息	基于典型的工作或者特殊状况的

Source：Adapted from R. McAdam, B. Mason, and J. McCropy, "Exploring the Dichotomies within the Tacit Knowledge Literature. Towards a Process of Tacit Knowing in Organizations," *Journal of Knowledge Management* 11 (2007), pp. 43 – 59.

7.3.2   解释组织中雇员的学习方法

学习的方法

显性知识和隐性知识对雇员和组织都是至关重要的。作为一个雇员，没有建构一定水平的显性知识很难去建构一定水平的隐形知识。从一个组织的角度来说，雇员积累的隐性知识可能是公司拥有的某种最重要战略资产。现在问题变成：雇员如何学习这些知识类型？简短的回答是我们通过强化进行学习（奖赏和惩罚），观察和经验。

强化。很久之前我们就知道管理者使用各种各样的强化方法去诱导雇员产生所需要的行为或减少不需要的行为。强化最初被视作操作制约，B. F. 斯金纳是第一个认为我们应该通过观察在我们卸下防备的行为与由此产生的结果之间的联系来进行学习的。研究进而证明人们如果因为这么做而获得奖赏，他们就会展现其特有的行为。毫不奇怪，通常我们会有这样的倾向，重复那些能够导致我们喜欢的结果的行为，而拒绝展现那些产生我们不喜欢结果的行为。图 7—1 显示了操作性条件发射的过程。

在这个模型中，你将会看到一些先于或者是暗示某些行为的前因或事件，进而伴随着某些结果。在组织中前因是特有的目标、规章、指示或者其他能够帮助显示雇员们期望的信息类型。尽管前因对激发积极性的原因是有用的，但它主要还是驱动某些

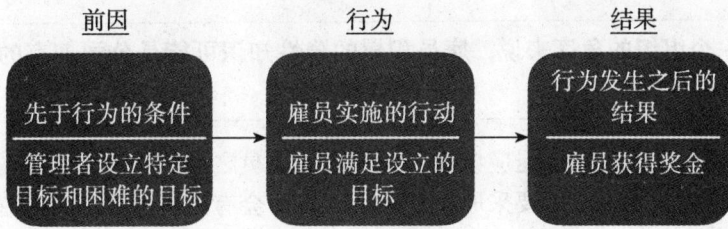

图 7—1 实施监控的因素

行为的行动结果。强化的整个过程是一个持续的循环周期，重复行为是通过强化持续发生的程度来加强的。组织中有四种特定的结果专门用来改进雇员的行为，被称为强化的权变关系。图 7—2 总结了这些权变关系。区分这些权变关系都用来做什么是非常重要的，即增加所需要的行为或者减少不需要的行为。

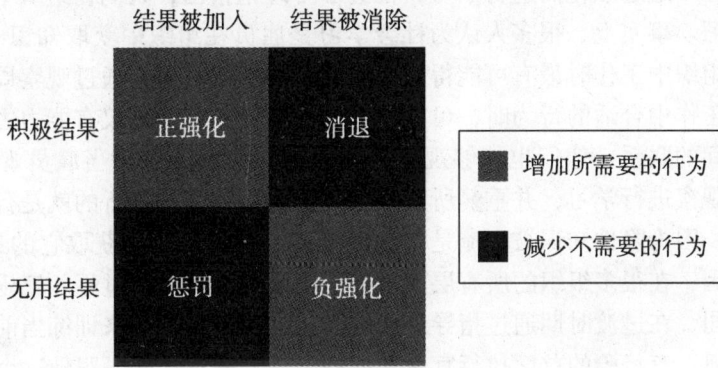

图 7—2 强化的权变关系

强化的两种权变关系是用来增加所需要的行为。**正强化**是指所要求的行为带来积极结果的状态。它可能是最为常见的强化类型，当一个雇员得到某种类型的"奖赏"时我们会想到它。一个雇员展现所需要的行为进而得到诸如涨工资、晋升、上级或同事的赞扬以及公众认可的结果，这些都可认为是正强化。**负强化**是指所要求的行为消除了无用结果的状态。你曾经试过出于某种特殊原因执行一项任务却没有得到欢呼吗？如果确实这样，你应该学习利用负强化来表现某种行为。记住这一点很重要，尽管这个单词"负"有一种酸味的含义，它也能用来增加所需要的行为。

接下来的两个强化权变关系是用来减少不需要的行为的。**惩罚**是指不需要的行为发生后带来无用结果的状态。惩罚确实如听起来的那样。换句话说，当雇员表现出某种组织不喜欢的行为时，他们得到的也是自己不喜欢的结果。禁止雇员工作迟缓，转让工作任务一般被看作是因为没有遵循安全进程的降职，甚至是因为严重的不正当行为而解雇雇员，这些全是惩罚的例子。**消退**是指不需要的行为带来的对积极结果的消除。消退是用来强化那些有目的或意外的行为。当一个雇员在工作中采取某种孩子气的做法时可能会得到来自同事的注意。找到一种方式去消除这种注意成为消退的一种可行的做法。相类似地，一个雇员可能完成每项工作任务都迟缓，而当工作繁忙时又尽早结束工作，其上级不能承认这名雇员工作努力。强化所要求的行为会随着时间的推移而减弱。在这种方式下，一个没有强化所要求行为的管理者实际上是降低了重复成功的可能性。

> "从一个组织的角度来说，雇员积累的隐性知识可能是公司拥有的某种最重要战略资产。"

　　总体来说，正强化和消退应该成为管理者在雇员之间创造学习氛围的最为常见强化形式。正强化并不一定非要采取物质奖赏形式才会有效。对管理者来说，有很多方式去鼓励所需要的行为。提出赞扬、提供反馈、公众认可和小型庆祝全是鼓励雇员的方式，增加他们持续展现所需要行为的机会。与此同时，消退是一种有效阻止不需要行为的方式。这两种权变关系传递着他们希望的结果，但是可能更重要的是，他们在没有憎恨和冲突的感觉下才会这么做。然而惩罚和负强化在实施过程中也会伴随其他不利的结果。

　　观察。除了通过强化而进行学习，**社会学习理论**指出，人们在组织中通过观察他人来进行学习。事实上，很多人认为社会学习是雇员在组织中获取知识的主要方式。想想当你在组织中工作时最有可能得到你的暗示的地方。当你通过观察周围其他雇员去找出你工作中合适的行为时，可能产生好的机会。雇员不仅有能力去找到在其行为和结果之间的联系，他们也能够观察其他人的行为和结果。当雇员观察他人的行为，通过其观察进行学习，并重复所观察的行为时，他们所进行的就是**行为模型**。

　　事实上，因为隐性知识被交流是非常困难的，模仿可能是获取它的最好的方式。出于这个原因，在很多组织的所有层面上模仿都是一个持续的过程。家乐氏，密歇根州的谷物公司，在过渡时期通过指导观察和模仿，用两年时间来训练当前的首席执行官大卫·麦凯，有经验的首席执行官首先战胜了这个困难。麦凯跟随这个首席执行官实地学习，观察会议室工作进程去获取家乐氏认为他缺乏的内部经验。不必说，选择一个好的模仿对象是很重要的，并不是所有的模仿都是好的。所罗门兄弟，纽约的一家投资银行，当雇员开始模仿他们管理者和领导者的不道德行为时，他们收获的就是教训。

`7.3.3`　描述组织采取什么步骤来培养学习

　　组织怎样积极主动地利用这些学习模型去努力提升雇员的专业技能，最终改进决策的制定？一种方法是通过**培训**，即组织做出的系统化努力，以促进雇员学习与工作相关的知识和行为。在 2006 年，组织在正式培训和开发上花费超过 558 亿美元，平均每个学习者将近 1 273 美元。据估计，组织花费 3 到 6 倍的数量在非正式的、可观察的、工作中的培训。所有类型的培训公司提供的充分讨论都超过了这个范围，但是据说公司使用很多不同的方法去帮助雇员获取显性和隐性知识。技术变革正改变着这些方法传递的方式，正如教师在课堂上的培训逐渐降低而在网上自主学习课程正在上升。如**"学生中的组织行为学"**专栏所描述的，这些技术变革也发生在大学中。确实，你们当中的许多人很可能现在就在上虚拟教室的课程呢！

　　正如片头的案例所证明的，被公司用的越来越频繁的知识转移形式是实践社区，**实践社区**是指雇员群体在较长的一段时间内通过合作进行相互学习。目前大部分公司正在利用这个新型非正式的社会学习形式。实践社区本身有它独特的复杂性，但它通过雇员传递知识的潜在能力是非常重要的。

目标导向

在我们学习这部分之前,意识到这一点是很重要的,那就是人们对待学习和绩效的倾向或态度在某种程度上是不同的。这些差异反映在个人的**目标导向**上,那就是抓住他们认为最重要的活动和目标。很多人对学习导向有所了解,因为构建能力往往比表露能力更重要。以"学习为导向"的人们喜欢完成新类型的任务,即使在早期的工作经历中他们可能会失败。这些人以一个积极的视角来看待失败——作为长期增长知识和技能的手段。对于其他人来说,表露能力被视为是一种比构建能力更为重要的目标。表露能力可通过两种不同的思维过程被激发。那些以绩效证明为导向的人们关注的是表露能力,以至于其他人很喜欢他们。那些以绩效逃避为导向的人们关注的是表露能力以至于其他人不会轻视他们。无论在哪种情况下,以"绩效为导向"的人们往往喜欢完成他们擅长的工作任务,而不让自己在他人面前失败。这类人以消极的方式看待失败——作为对他们才能和能力的衰败迹象。

☺学生中的组织行为学

作为一个学生,伴随着学习和培训你应该做什么?我们希望对你来说已经有一个合理清楚的答案。然而,未来你在公司和大学中被教授东西的方式会处于不断变化中。技术和日益改变的市场环境(包括你)正在迫使大学把融入网上教育作为他们发展战略的一部分。网上课程已在美国和世界各地飞速地增长。如果你没有经历过任何形式的网上授课,在不久的将来你将拥有很多好的机会去接受它。总之,在美国高等教育的注册率是相对稳定的,但是在网络课程的注册率却与日俱增。例如,进入到2007学年,宾夕法尼亚州立大学有5 691名学生参与网上课堂,而在马萨诸塞大学这个数字已经接近2倍。

大学已逐步减慢融入网上教育的一个重要原因是,很多教职人员相信相同水平的知识并不能在网上被传递。然而,近期数据分析显示,这种信念是不成立的。研究显示在显性知识的学习上,网上和传统教室教育没有区别,更有趣的是,研究显示最高水平的学习发生在两种方法混合在一起的情况下(部分网上授课,部分在教室)。这可能是因为在这样背景下使用两种不同的学习战略,能够让不同类型的学习者充分利用最适合自己的部分。与此同时,公司在传递有效的网络课程上也起到了很好的带头作用。直觉,包括 Quicken 和 TurboTax 的个人和小型商业软件制造商,已经使用这种混合的培训方法有一段时间了。它利用面对面的培训为的是可以在应用网络教室之前建立关系。随着扩大的网络提供,这种恰当的努力能帮助大学创建一个美好的蓝图。

研究显示学习目标导向能够改善自信、反馈寻求行为、战略发展学习和绩效学习,使得对这两个绩效导向的研究变得更为融合。尽管看起来关注绩效应该提升以绩效为导向的结果,但研究显示并不一定是这样的。总之,以绩效证明为导向往往成为一个混合体,产生各种水平的绩效和结果。你往往展示哪一类型的导向?参见本章最后的测评专栏就能找出答案。

7.3.4 描述雇员决策所采用的两种方法

决策的方法

无论怎样获取，雇员怎样运用显性知识和隐性知识，并将其转换成有效的决策？有时这个过程是非常明确的。**程序化决策**是指在某种程度上的自动决策，因为决策者的知识可使其认识到此刻的状况和应采取的行动。正如图7—3所示，专家经常通过意识到它是之前处理过的问题来回答一个可识别的问题。这种意识引发实施一个程序化决策，进而通过传送期望结果的能力来进行评估。对那些拥有高水平显性和隐性知识的专家来说，他们面对的很多决策都是程序化的类别。这并不是说决策是非常容易的，这意味着他们的经验和知识使他们更容易地看到问题以及更快速地认识和解决问题。

对专家来说，决策的种类有时与直觉或者一个"知觉"相连。**直觉**是指基于快速、下意识和本能感觉的感性判断。由于隐性知识，专家有时不能解释为什么他们知道一个问题的所在，一个解决途径怎么实施，或者他们怎么完成一项任务。他们只是"知道"。当然，他们很难知道什么时候信任"本能"而什么时候不信任。作为经验法则，你可能应该问自己你有多少专业技能以及如何做出评判。换句话说，不要放任你的生活在拉斯维加斯的轮盘赌上，因为直觉告诉你"危险"！当人们拥有大量隐性知识的时候有效的直觉是很见效的。

> "由于隐性知识，专家有时不能解释为什么他们知道一个问题的所在，一个解决途径怎么实施，或者他们怎么完成一项任务。他们只是'知道'。"

当雇员们面对新的、复杂的或未被识别的问题时所做出的决策，就叫做**非程序化决策**。组织是一个复杂和变化的环境，很多员工在日常工作中面临不确定性。在这些情况下，雇员不得不搞清他们所处的环境，了解他们所面临的问题，找出战胜问题的解决方法。作为一个普遍的经验法则，随着雇员逐步攀升职业阶梯，他们大部分的决策的程序化程度将越来越低。在这样的背景下决策过程应该怎样？图7—3的**理性决策模型**提供了一种循序渐进的决策方法，它通过检查所有备选方案进而使结果最大化。图7—3还显示了这个模型仅适用于人们并没有意识到这个问题是他们之前处理过的情况。

> "作为一个普遍的经验法则，随着雇员逐步攀升职业阶梯，他们大部分的决策的程序化程度将越来越低。"

理性决策模型假设人是完全的理性。然而，当我们开始检验这个模型中决策者做出某些假设的时候，问题马上出现了。这个模型假设有一个清晰、明确的，能够进行解决的问题，而且人们有能力去识别问题的真正所在。它也假设决策者拥有完全的信息——即他们了解以及能够识别可获取的备选方案以及与那些备选方案相联系的结果。这个模型进而假设在制定决策时，时间和金钱都不是考虑的问题，决策者总是选

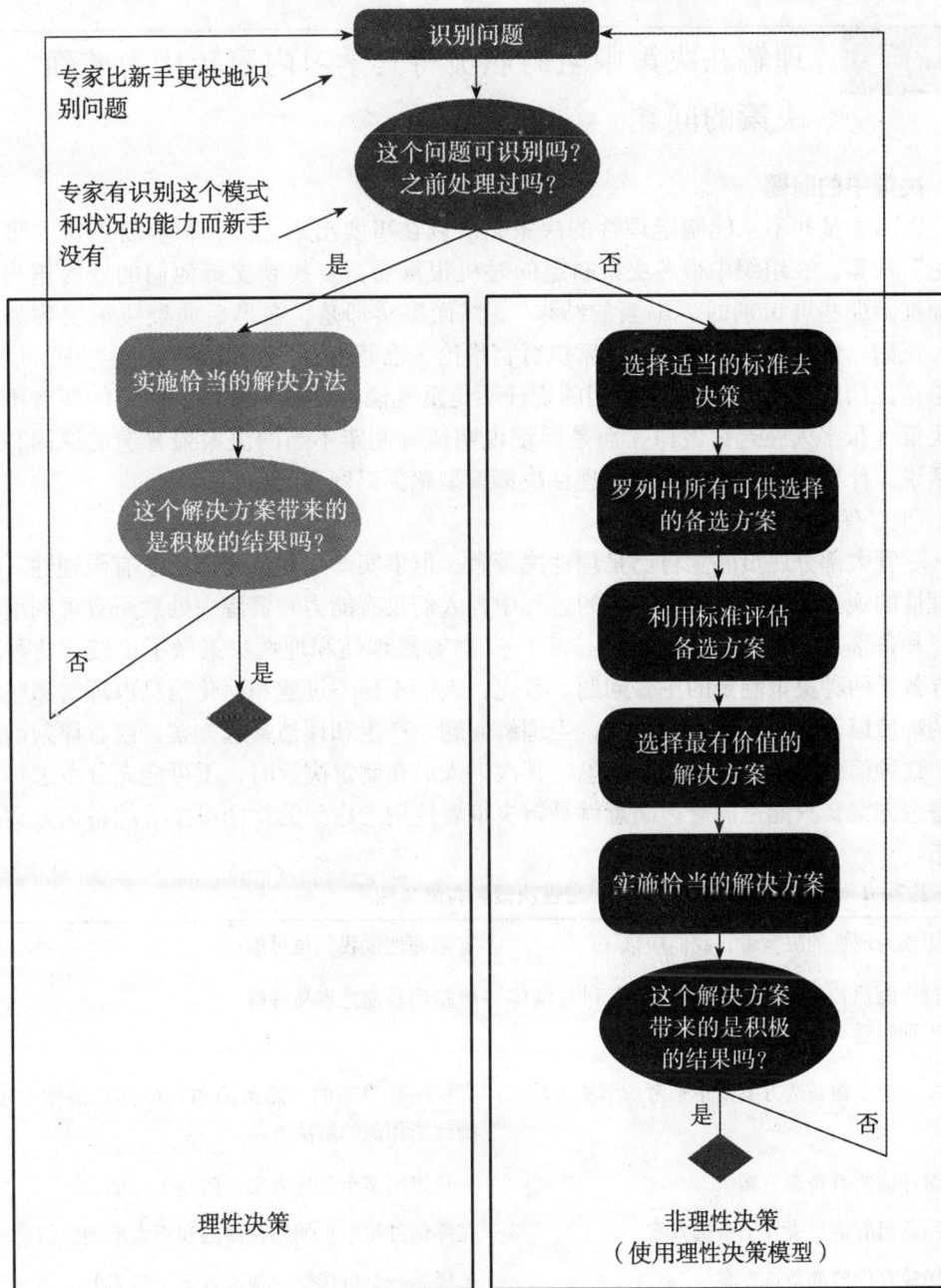

图7—3 程序化和非程序化决策

择最有价值的解决方案，他们会给组织带来最大的利益。对于所有提供的假设，我们可能不应该将这个模型贴上"理性"的标签！对于遵循理性决策模型的决策者的例子，请参见**"银幕上的组织行为学"**专栏。

7.3.5 理解在决策中阻碍雇员将其学习内容转化为准确决策的问题

决策中的问题

因为雇员并不总能制定理性的决策，所以在事实出来之后，很容易进行"事后评论"决策。在组织中很多决策制定的时机很重要，要找到支持他们的好的正当理由而推翻那些可识别的"不当的结果"。然而事实却是，在事后质疑决策要容易得多。正如，伯克希尔哈撒韦的首席执行官华伦·巴菲特经常会说："在商界中，后视镜总是比挡风玻璃更清晰。"我们的责任不是重复谈论雇员和管理者制定的所有不当的决策（很多人在这么做！），而是详细说明所有制定不当的决策最普遍的原因，换句话说，什么时候人们更可能对理性决策模型感到迟疑和问为什么？

（1）有限信息

尽管大部分雇员感觉自己是理性决策者，但事实却是他们全倾向于**有限理性**。有限理性的观点认为，在决策制定的过程中，人们没有能力和资源去处理所有可利用的信息和备选方案来制定最佳决策。表7—2对有限理性和理性决策做了比较。这种限制导致了两种决策制定的主要问题。首先，人们不得不过滤和简化信息以理解那些复杂的环境以及面临无数潜在机会，当理解问题、产生和评估备选方案，或者评判结果时，这种简化导致他们遗漏了信息。其次，人们在制定决策时，不可能充分考虑每一个备选方案，只能是满意。**满意**就是指决策者选用考虑到的首个可接受的备选方案的状态。

表7—2 理性决策和有限理性

要想成为理性的决策者，我们应该……	有限理性说我们很可能……
通过全面地检查状况以及考虑所有利益群体来识别问题	概括问题使之容易理解
开发一个全面备选方案清单来考虑解决方法	提供一些明确的、熟悉的和与他们之前做出准确判断相似的解决方法
同时评估所有备选方案	一旦想出某个备选方案，就马上评估它
使用适当的信息去评估备选方案	在评估过程中，使用歪曲的和不太准确的信息
选择最有价值的备选方案	选择第一个可接受的备选方案（满意）

Sources：Adapted from H. A. Simon, "Rational Decision Making in Organizations," *American Economic Review* 69 (1979), pp. 493 – 513；D. Kahnman, "Maps of Bounded Rationality：Psychology for Behavioral Economics," The American Economic Review 93 (2003), pp. 1449 – 75；S. W. Williams, "*Making Better Business Decisions*," (Thousand Oaks, CA：Sage Publications, 2002).

☺银幕上的组织行为学

《星际迷航：第一次接触》

数据：舰长，我认为我正感受到忧虑。这是一个有趣的感觉，也是最为分心的——

皮卡尔：（间断）数据，我确信这是一次令人着迷的经历。但你可能应该停用你的情感芯片。

数据：好主意，先生。（点击）完成。

皮卡尔：数据，我已嫉妒你好多次了。

通过这些句子，舰长，让·吕克·皮卡尔（帕特里克·斯图尔特）告诉数据（布伦特·斯派尔），随着时间的推移，他希望他能让数据有能力去做我们想要和能够做的事：制定完全理性决策。你可以看到，数据是一个机器人（一个与人类相似的机器），它在星际迷航：第一次接触里（导演：乔纳森·弗雷克斯，派拉蒙影视公司，1996）作为美国参议院的进取号首席运营官。数据有着极其高级的计算机大脑，通过计算所有可利用的信息，能够制定出接近完美的决策。难道我们不想要有这样的能力吗？

通过最新一代的星际迷航片花和电影的上映，为了理解他的同船水手，数据展现了强烈想要成为"人类"的欲望。作为一个没有感情的机器人，他不能理解为什么人类有时会犯非理性决策的错误。在星际迷航的电影开始中，数据接受了一个"情感芯片"，这能让它拥有我们每天面临的情感和感受。在电影的背景下，数据和皮卡尔舰长将要进入一个相当危险、生死一线的状况。不用多说，皮卡尔舰长希望数据进入这样一种状况，即有令人羡慕的战胜情感而做出理性决策的能力。

除了选择第一个可接受的备选方案，决策者倾向于处理那些明确的、熟悉的、与他们正在做的事情相似的备选方案。当你和另一个人决定今晚去哪里吃饭时，你会坐下来罗列出方圆一公里内的每一个可找到的餐厅吗？当然不能，你将罗列备选方案，一般开始于最近最熟悉的，直到找到这两个条件都满足的餐厅。制定去哪里吃晚饭的决策并不是一件大事，因为错误决策的后果并不严重，然而，很多管理者做出的决策对他们的雇员和顾客会产生重要后果。在这种情况下，没有完全考虑备选方案而进行决策会有问题。

（2）知觉错误

作为决策者，雇员不得不依靠他们的知觉去做决策。知觉是选择、组织、保存、恢复关于环境信息的过程。知觉是非常有用的，因为它能帮助我们感知周围的环境，但是它经常也会背离现实的愿景。知觉在决策中也可能很危险，因为我们往往在这基础之上而进行假设或者评估。**选择性知觉**是指人们仅能察觉到受环境影响时以及环境与其期望相符时状态的倾向。是否有人曾经告诉你"你仅看到你想要看到的东西"？如果一个亲戚、配偶或者其他重要的人对你说"好的机遇可能并不是最好的经验"。那个人可能对于你没有以他们相同的方式感知环境（或者对他们重要的东西）而感到难过。选择性知觉影响着我们识别问题，产生和评估备选方案，以及评判结果的能力。换句话说，当我们拥有信息时我们会走"捷径"。在下几段中将要讨论在处理人或状况时，我们利用知觉捷径的几种方法。

知觉错误的另一个例子是，我们将人们组织成群体时的认知方式。**社会认可理论**认为人们对自我的认可是基于其所属的各种群体，而评判他人则基于与自己相关联的群体。大量研究显示，我们喜欢根据人们属于哪类群体而对他们进行分类。这些群体可以是基于人口统计学信息（性别、种族、宗教、头发颜色）和职业信息（科学家、工程师、会计师），工作场所信息（通用、哈里伯顿、微软），来自哪个国家（美国、法国、中国）或者其他可感知的群体。你可能通过他们是否是学生会或女学生联谊会的成员来分类大学里的学生。在希腊制度体系中的人们通过他们属于行会还是妇女联谊会来分类人群。在一个特殊行会的人们可能会基于自己和谁联系最密切来划分自己的成员。实际上人们交往子群的数量是无法估计的。

当决策面临着不确定性的状况时，我们经常使用**启发法**，是指简单而有效的经验法则，使做出决策更加容易。总体来说，启发法不错。事实上，它使我们更频繁地做出正确的决策。然而，启发法有时也误导我们做出错误的决策。想想这个来自最早期的决策启发法研究之一的例子："想想字母 R，它更可能出现在一个单词的第一个位置还是第三个位置？"如果你的回答是一个单词的第一个位置，那么你的回答是错误的，并且由最频繁讨论的启发法所误导。**可获得性偏差**是人们基于更容易回忆起的信息来进行判断的倾向。对大多数人来说，记住 R 在第一个位置比记住在第三个位置更容易。可获得性偏差能解释为什么很多人比数据显示的更害怕坐飞机。每一个坠毁的飞机都会遍布所有新闻，这使得飞机坠毁比飞机成功着陆更容易存在于我们的记忆之中。除了可获得性偏差，还有很多其他偏差也影响着我们做决策的方式。尽管我们经常被偏差所误导，关注潜在的决策错误能帮助我们减少错误决策。

（3）归因错误

另一类决策问题关注的是如何解释发生在我们周围的行为和事件。关于归因的研究显示，当人们目睹一个行为或结果时，他们会评判它是由内在的还是外在原因引起的。例如，当你的同事乔因迟到而错过了一项重要的集体报告，你几乎会确定地判断出为什么会发生。你可能将乔的结果归因于内部因素，例如，他很懒惰或者缺乏工作道德。或者你可能将乔的结果归因于外部因素——例如那天不常有的交通堵塞或者其他阻止他准时到达的因素。

基本归因错误显示人们有这样一种倾向，人们评判他人行为时归因于诸如能力、动机、态度等内部因素的倾向。这个错误显示你可能评判乔有低动机、缺乏组织技能，或者其他不利的内部原因。假使你自己迟到呢？这显示我们评判自己时很少严厉。**自利性偏差**是指人们将自己的错误归因于外部因素，而将成功归因于内部因素。有趣的是，研究表明跨文化的归因并不总是以相同方式实施，关于这个问题的讨论，请参见**组织行为学的国际化**专栏。

☺组织行为学的国际化

任何时间发生在公司中的主要意外或者道德的风吹草动，公司都被期望做出正确的回应。雇员、顾客和其他利益相关者的一个自然反应成为促进不利事件对其他人造成影响的原因。这个谴责给谁是非常不同的，它取决于公司在世界的哪一部分运作。诸如美国文化倾向于谴责对事件负最大责任的特定个人，而东亚（中国、韩国、日本）文化倾向于谴责组织本身。例如，当组织的丑闻发生（如在投资银行中的无赖交易），美国的报纸通常公布雇员的名字，以及讨论这个员工从事的工作，而东亚报纸则是提及组织本身。

这些偏差将各个国家组织的领导者置于不同责任之中。在东亚的文化中，组织领导者通常承担这个意外谴责，不管他们对这个意外是否负有直接责任。例如，在

2002年，东京的一家医院的主任被强制辞退，因为医学掩盖意外事件被发现，尽管这个主任在事件发生时根本没有在工作。相反，在美国，首席执行官很少得到相同程度的谴责。尽管Joseph Hazelwood使埃克森瓦尔兹进入到阿拉斯加海岸线失败，但没有人呼吁埃克森的首席执行官辞职。

引起这种差异的很多原因是与个人和群体的文化方式相联系的。东亚文化倾向于对待群体为统一体而不是个人，而美国文化倾向于视个体为他们的统一体。这种差异意味着组织领导者应该非常关注如何去处理危机，它取决于不利事件发生在哪个国家。对东亚来说，高层管理者的道歉可能被视为公司负责任，而在美国则更可能被视为承认个人错误。

一个归因过程模型显示，当人们对被评判的个体有一个熟悉的水平时，他们将使用更为细化的决策框架。这个模型在图7—4所示。返回到我们之前的例子，如果我们想要探讨乔为什么迟到，我们可以问三类问题：

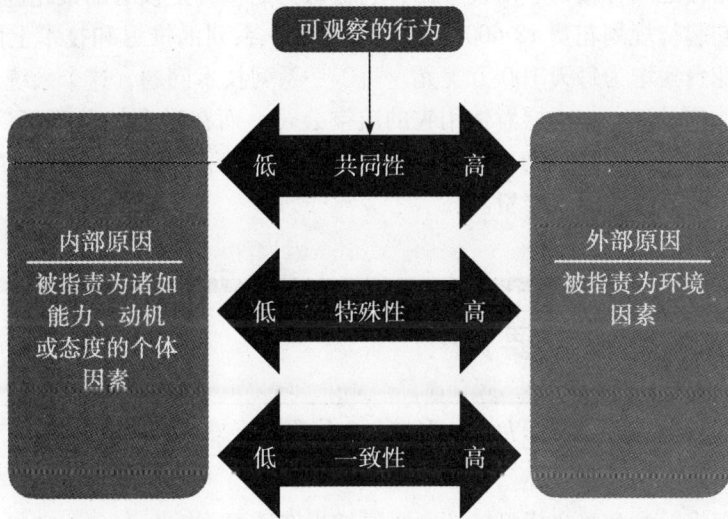

图7—4 共同性、特殊性和一致性

共同性：在相似的状况下其他人也会以相同的方式表现吗？换句话说，其他人会在同一天迟到吗？

特殊性：在其他情况下，这个人会采用不同的表现方式吗？换句话说，如果是个人约会而不是组织约会，乔会更负责任吗？

一致性：当执行这个任务时，这个人总是这么做吗？换句话说，乔之前工作迟到吗？

这些回答问题的方式会决定它是内部原因还是外部原因。如果有低共同性（其他人准时到），低特殊性（乔对其他承诺也不认真负责任），和高一致性（乔之前也迟到），诸如懒惰和低动机的内部原因就会存在。如果有高共同性（其他人也迟到），高特殊性（乔对其他承诺也负责任）和低一致性（乔之前工作从来不迟到），诸如交通堵塞或电力不足的外部原因就会存在。

承诺升级 决策问题的最后一个分类关注的是决策从开始到走向错误都发生了什么。**承诺升级**是决策者一直沿用错误行动路线的决策。"补偿损失反而损失更多"表达的就是这个普遍的决策错误。大量研究显示人们有这样一种倾向，当提出一系列决策时，会对之前的决策承诺升级，甚至是在面对显而易见的错误时。为什么决策者会被这类错误误导呢？他们可能感觉有责任坚持他们的决策去避免看起来无能胜任。他们也可能想要逃避承认他们犯了错误。当决策者投了大量资金去进行决策，和当项目接近完成出现问题时，这些升级倾向就变得非常强烈。一个承诺升级的例子可以在本章的"运动中的组织行为学"中找到。

> "大量研究显示人们有这样一种倾向，当提出一系列决策时，会对之前的决策承诺升级，甚至是在面对显而易见的错误时。"

一个承诺升级近期的例子是在联合航空的丹佛国际机场放弃使用自动行李处理系统。它起始于1995年（推迟了两年），这个具有26英里传送带的行李处理系统是为了在三个航站楼之间传输行李所设计的，它被认为是世界上仅有的最先进的行李处理系统。尽管它起初规划花费18 600万美元，然而一系列的推迟和技术上的问题导致这个系统的花费猛增为每天100万美元。由于一系列技术问题，这个系统从未很好地实施。联合航空是唯一一个愿意使用它的航空公司。而在联合航空2005年最后"减亏"之前，它浪费了十年的时间而且导致了很多行李箱的破损和丢失，减亏使它节省了一个月100万美元的维修费。

7.4 学习有多重要？

理解学习是如何影响工作绩效和组织承诺的

学习对组织行为学整合模型的两个主要结果有重要影响吗？——它与工作绩效和组织承诺有关系吗？图7—5总结了学习连接工作绩效和组织承诺之间的研究证明。这个图揭示了学习确实影响工作绩效。为什么？主要原因是学习与工作绩效中度相关。如果雇员没有拥有适当的工作知识水平，就很难完成工作任务。事实上有很多原因显示，在图中描述的中度相关确实是低估了学习的重要性。

☺运动中的组织行为学

在大部分环境中，你认为一个教练或者一个团体会让最好的团队上场比赛——一个最大限度赢得比赛机会的团队。一个NBA副总裁因而声称，"教练要求最好的队员，并不关心在这个人身上花费了多少钱？赢或输才是全部"。当然，假设这些决策者在决策的方式上是理性的。事实是，他们不是的。NBA的总经理和教练都易犯我们上述所说的决策错误。一个显著（以及持续的）的例子是在NBA高度的选秀机会的承诺升级。

每年，NBA的选秀允许队伍去选择他们最有前途的和最有才华的非联盟队员加入本团队（大部分来自大学阶层，尽管很多直接从高校来）。为了使每个队伍都获得最好的球员，大量的努力和想法融入到选秀之中。最高选秀机会的球员会得到大合同并且被希望立刻加入该球队。不幸的是，有时却会作出不适合的选择。迈克尔·奥洛沃坎迪，夸梅·布朗，达科·米利西奇以及山姆·博伊都有非常好的选秀机会的排名（一号或二号），而他们的表现并没有像排名那么好。当总经理和教练不愿意因为不合适的选择而减亏时，承诺升级暴露了丑陋。一项研究清晰地显示了高选秀机会占用了比赛的更多时间，尽管很难长时间地保证绩效，但被交易的可能性很小。为什么会这样呢？可能是总经理和教练并不认为他们做了错误的决策或者可能不愿意承认他们犯错。

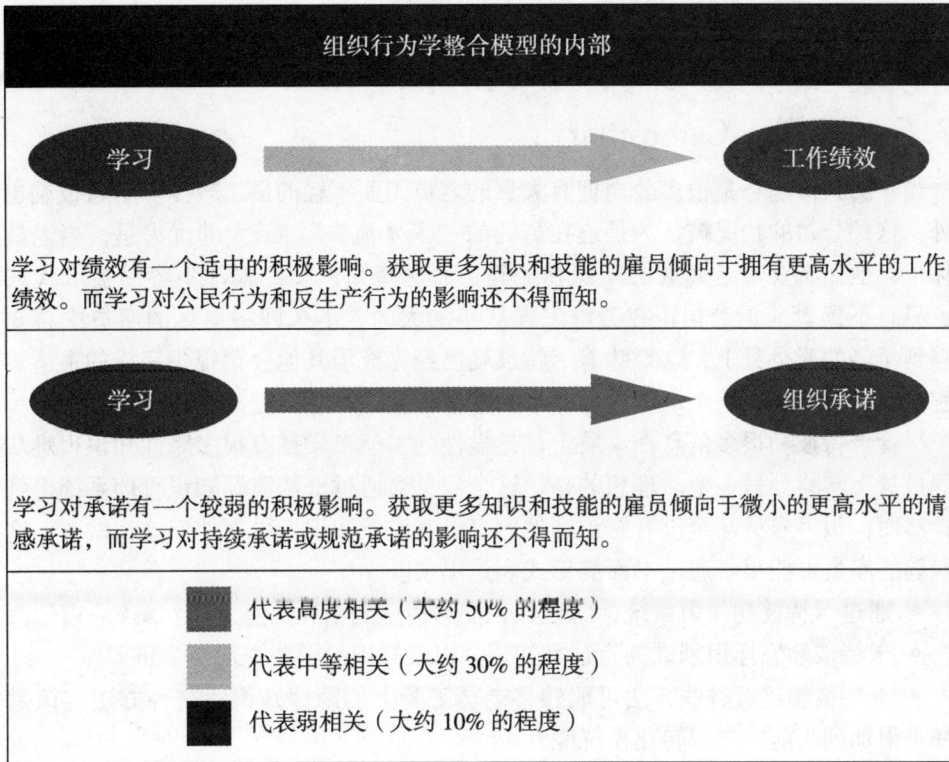

图7—5　学习对绩效和承诺的影响

Source：G. M, Alliger, S. I. Tannenbaum, W. Bennett Jr. , H. Trave, and A. Shotland, "A Meta-Analysis of the Relations among Training Criteria," *Personnel Psychology* 50（1997）, pp. 341 – 58; J. A. Colquitt, J. A. Lepine, and R. A. Noe, "Toward an Integrative Theory of Training Motivation: A Meta-Analytic Path Analysis of 20 Years of Research," *Journal of Applied Psychology* 85（2000）, pp. 678 – 707; J. P. Meyer, D. JStanley, L. Herscovitch, and L Topolnytsky, "Affective, Continuance, and Normative Commitment to the Organization: A Meta-Analysis of Antecedents, Correlates, and Consequences," *Journal of Vocational Behavior* 61（2002）, pp. 20 – 52.

那是因为连接学习和任务绩效的大部分研究都关注显性学习，即更容易测量的学习。测量隐性知识很困难是因为它难以解释的属性，但是这类知识却是清晰地与任务绩效相联系。学习看起来很少与公民行为和反生产行为相联系，然而这些行为却很少依靠知识和技能。

图7—5也显示了学习与组织承诺的弱相关性。总体来说，更高水平的工作知识与对组织情感依存的少量增长相联系。这是一个事实，有一个好声誉的公司和拥有学

习价值观的组织一样，都倾向于接受更高素质的工作申请者。然而，在提供学习机会的组织和那些利用机会去获取知识的雇员之间存在着重要的区别。而且，有更高技能水平的雇员在劳务市场上可能会成为更高价值的商品，因而会降低他们持续承诺的水平。

请登录 www. mhhe. com/ColquittEss 网站查询学习资料，包括互动练习、测验、iPod 下载和视频内容。

7.5　案例：Caterpillar

当今的人口趋势是很多公司拥有大量的老员工而年轻的员工较少。卡特彼勒也不例外。这种公司的状况被认为是迫在眉睫的"人才流失"。最大的忧虑是，当老员工退休了，他们将要带走大量的知识和经验，而这些知识和经验却不容易被取代或传承。只有不到25%的公司正在考虑怎样从年龄大的、不久即将退休的雇员中将知识转移到年轻的雇员身上，这意味着卡特彼勒已经完成了其他公司很少完成的事情。至少它正在做将知识在整个组织进行分享的事情。然而，这离完成还相差很远。

尽管卡特彼勒很多信息在本质上都是显性的，但事实是有很多隐性知识很难从一个雇员身上转移到另一个。理想的是，这个信息会通过卡特彼勒知识管理系统得到传承；然而，很多雇员甚至没有意识到他们自己有专业知识。尽管他们这么做了，这些有经验的雇员可能很难通过书面的形式表达出来。

- 通过卡特彼勒知识系统，隐性知识能够传递到新雇员身上吗？解释一下。
- 卡特彼勒怎样识别谁拥有这类知识，以及知识的哪些方面更为重要？
- 卡特彼勒还有哪些方法可能转移老员工身上的隐性知识？这种方法应该是替换还是附加到当前的知识转化系统呢？

7.6　重点掌握

- 学习是指通过实践，雇员的知识和技能相对永久地改变。决策是指形成并从一系列备选方案中选择，来解决问题的过程。
- 雇员随着他们构建的专业技能而获取显性知识和隐性知识。显性知识是指容易被人们传递和获取的知识。隐性知识则是指雇员仅能通过经验而习得的知识。
- 雇员通过强化和观察其他人学习新知识。这种学习也取决于这个雇员是以学习为导向的还是以绩效为导向的。
- 通过各种形式的培训，公司能够给雇员更多的知识以及他们用来决策的更宽泛的经验。
- 程序化决策是指在某种程度上的自动决策，因为决策者的知识可使其认识到此刻的状况和应采取的行动。很多专家制定的与工作相关的决策都是程序化决策。非程序化决策是指当雇员们面对新的、复杂的或未被识别的问题时所做出的决策。理想化的情况是，这些决策在理性决策模型中被一步步制定。

- 当雇员艰难地面对有限信息，知觉错误、归因错误和承诺升级时，他们不太可能将学习转化成准确的决策。
- 学习与工作绩效之间有一个适中的积极关系而与组织承诺之间有一个较弱的积极关系。

7.7　问题讨论

- 在你现在或过去的工作地点中，有经验的员工拥有哪些类型的隐性知识？他们能用这些知识做什么？
- 给你一个工作机会，当开始工作时，你期望如何去学习你需要知道的东西？你期望公司提供给你这些机会吗？或者你自己学习？
- 你认为自己是一个"理性"的决策者吗？什么类型的决策你认为是最为理性的？什么类型的决策可能会导致你的非理性行为？
- 通过你的背景，罗列出在本章中你认为最困难的决策偏差？你能战胜这些偏差进而做出正确的决策吗？

7.8　测评：目标导向

你的目标导向是什么样的？这个测评的设计是用来测量三种维度的目标导向。请紧接着每一个陈述写下一个数字，指出你在工作中能够正确地描述你对工作态度的水平。使用提供的回应等级来回答每一个问题。然后对回答的三种维度的每一个进行加总。（更多关于本章的测评，请访问在线学习中心 www. mhhe. com/ColquittEss）

1	2	3	4	5
非常不同意	不同意	中立	同意	非常同意

1. 我愿意选择有挑战的任务因为能从中学习很多。＿＿＿＿＿
2. 我经常寻找机会去发展新技能和知识。＿＿＿＿＿
3. 我喜欢能够学习新技能的有挑战有难度的任务。＿＿＿＿＿
4. 对我来说，我的能力发展对于承担风险足够重要。＿＿＿＿＿
5. 我更喜欢在需要高水平的能力和才能的环境中工作。＿＿＿＿＿
6. 我想证明，我可以比同事表现得更好。＿＿＿＿＿
7. 我试着找出如何才能在工作中向他人证明自己的能力。＿＿＿＿＿
8. 我喜欢在工作中其他人意识到我做得很好。＿＿＿＿＿
9. 我更喜欢做那些能向其他人证明我的能力的项目。＿＿＿＿＿
10. 我避免承担新任务，如果有机会我会对他人表现出自己没有能力。＿＿＿＿＿

11. 对我来说避免显示能力的低下比学习新技能更重要。＿＿＿＿＿

12. 在工作中承担一项任务，关注的是我的绩效是否能显示自己的能力低下。

13. 在工作中我更喜欢避免我可能表现不好的情况。

得分
学习导向：加总项目 1—5
绩效证明导向：加总项目 6—9
绩效避免导向：加总项目 10—13

解释

对于学习导向，得分在 20 或以上是高于平均水平，而低于 19 分则低于平均水平。对于两个绩效导向，得分 15 或以上是高于平均水平，而低于 14 分是低于平均水平。

Source：Adapted from J. F. Brett and D. VandeWalle，"Goal Orientation and Goal Content as Predictors of Performance in a Training Program," *Journal of Applied Psychology* 84（1999），pp. 863 – 73.

7.9　练习：决策制定偏差

这个练习的目的是决策制定如何被启发法、可获得性偏差和承诺升级所影响。这个练习应用于群体，因此你的指导者既可指派你到一个群体中，或者要求你创造你自己的群体。练习遵循以下几个步骤：

1. 回答下面的每个问题。

A. 一个小镇有两个医院服务。在较大的医院中，每天大约有 45 个婴儿出生，在较小的医院中，每天大约 15 个婴儿出生。尽管男孩的总体比例是大约 50%，但每天在每家医院的实际比例可能大于或小于 50%。在年末时，哪家医院出生男孩的比例超过 60% 的天数更多？

a. 较大的医院。

b. 较小的医院。

c. 都不是——天数大致相同。

B. 琳达今年 31 岁，单身，很坦率，聪明伶俐。她在大学里主修哲学。作为一个学生，她非常关注歧视以及其他社会争端，参与了反核能使用的游行。哪个陈述是更可能的：

a. 琳达一个银行出纳员。

b. 琳达是一个银行出纳员，并且积极参加女性运动。

C. 一个出租车司机卷入了一场车祸逃逸事故。两个出租车公司为这个城市服务：绿色，拥有 85% 的出租车，蓝色，拥有剩下 15% 的出租车。一个目击者识别撞击逃逸出租车是蓝色。法庭证实在这种情况下目击者的可靠性与那天晚上的事故相似，他准确地识别出了出租车的颜色的概率是 80%，而错误识别是 20%。正如目击者陈述的，这个卷入事故的出租车是蓝色的可能性是多少？

D. 想象一下同时存在的两个决策。检查这些决策，进而找出你更喜欢哪一个选择?

决策 1: 在这两个之间选择:

a. 一个确定获得 240 美元以及

b. 25% 的机会赢得 1 000 美元和 75% 机会什么也没有获得。

决策 2: 在这两个之间选择:

a. 一个确定 750 美元的损失以及

b. 75% 的机会损失 1 000 美元和 25% 的机会什么也不损失。

决策 3: 在这两个之间选择:

a. 一个确定的 3 000 美元的损失以及

b. 80% 的机会损失 4 000 美元和 20% 的机会什么也不损失。

E. a. 你已经决定去百老汇看戏剧,并且花 40 美元买了票。正当你进入剧场你发现你把票弄丢了,你不记得座位号码,因此你不能向管理者证明你买票了。你会花 40 美元再买一张票吗?

b. 你在百老汇剧院预定一个座位,票价是 40 美元。正当你进入剧场你发现你口袋里丢了 40 美元。你仍然会买这张票吗?(假设你剩下的现金足够多。)

F. 想象你做一个胃癌的手术,必须选择两个治疗中的一种: 手术和放疗。100 个人做手术,在手术过程中有 10 个人死亡,32(包括刚才的 10 个)在一年后死亡,66 个人在五年后死亡。100 个人做放疗,在治疗过程中没有人死亡,23 人在一年后死亡,78 人在五年后死亡。你更倾向于哪一个治疗?

2. 你的指导者将会给你每一个问题的正确答案。

3. 课堂讨论,在小组中或是课堂上,应该关注下面的问题: 你做的决策正确性有多大? 在你做的决策中很明显的问题是什么? 尤其要考虑决策启发法、可获得性偏差和承诺升级可能对你决策的影响? 怎样才能改进你的决策而使它更准确?

This exercise originally appeared in *Organizational Behavior and Management* (7th ed.) by J. M. Lvancich, R. Konopaske, and M. T. Matteson (New York: McGraw-Hill. 2005); used with permission. Original exercises are based on (1) A. Tversky and D. Kahneman, "Rational Choice and the Framing of Decisions," *Journal of Business* 59 (1986), pp. 251–78; (2) A. Tversky and D. Kahneman, "The Framing of Decisions and the Psychology of Choice," Science 211 (1981), pp. 453–58; (3) A. Tversky and D. Kahneman, "Extensional vs. Intuitive Reasoning: The Conjunction Fallacy in Probability Judgment," *Psychological Review* 90 (1983), pp. 293–315; And (4) K. McKean, "Decisions, Decisions," *Discovery Magazine*, June 1985.

本章术语

学习是指通过实践,雇员的知识和技能相对永久地改变。

决策是指形成并从一系列备选方案中选择,来解决问题的过程。

专长是指专家区别于新手的知识和技能。

显性知识是指容易被人们传递和获取的知识。

隐性知识是指雇员仅能通过经验而习得的知识。

正强化是指所要求的行为带来积极结果的状态。

负强化是指所要求的行为消除了无用结果的状态。

惩罚是指不需要的行为发生后带来无用结果的状态。

消退是指不需要的行为带来的对积极结果的消除。

社会学习理论指出，人们在组织中通过观察他人来进行学习。

行为模型是指雇员观察他人的行为，通过其观察进行学习，并重复所观察行为的一种模式。

培训是指组织做出的系统化努力，以促进雇员学习与工作相关的知识和行为。

实践社区是指雇员群体在较长的一段时间内通过合作进行相互学习。

目标导向是指驱动一个人是否能对工作具有学习或绩效导向的一种倾向和态度。

程序化决策是指在某种程度上的自动决策，因为决策者的知识可使其认识到此刻的状况和应采取的行动。

直觉是指基于快速、下意识和本能感觉的感性判断。

非程序化决策是指当雇员们面对新的、复杂的或未被识别的问题时所做出的决策。

理性决策模型是指一种循序渐进的决策方法，它通过检验所有备选方案而使结果最大化。

有限理性该观点认为，在决策制定的过程中，人们没有能力和资源去处理所有可利用信息和备选方案。

满意是指决策者选用考虑到的首个可接受的备选方案的状态。

选择性知觉是指人们仅能察觉到受环境影响时以及环境与其期望相符时状态的倾向。

社会认同理论该理论指出，人们对自我的认可是基于其所属的各种群体，而评判他人则基于与自己相关联的群体。

启发法是指简单而有效的经验法则，使做出决策更加容易。

可获得性偏差是指人们基于更容易回忆起的信息来进行判断的倾向。

基本归因错误是指人们评判他人行为时归因于诸如能力、动机、态度等内部因素的倾向。

自利性偏差是指人们将自己的错误归因于外部因素，而将成功归因于内部因素。

承诺升级是指决策者一直沿用错误行动路线的一种常见决策错误。

第三部分　个人特征

8

个性、文化价值观和能力

【学习目标】

通过阅读本章，应该能够：

- 界定个性、文化价值观和能力；
- 理解"大五"个性维度；
- 理解霍夫施泰德的文化价值观维度；
- 描述认知能力的维度；
- 描述情感能力的维度；
- 理解能力和个性是如何影响工作绩效和组织承诺的。

8.1　Four Seasons

"如果有天堂的话，那么我希望它由 Four Seasons（以下称'四季饭店'）来经营。"这句话是一位居住在茂伊岛饭店的客人说的，用以表达顾客对总部位于加拿大的豪华饭店和度假公司的深厚情感。伊萨督·夏柏（Isadore Sharp）于 1961 年在加拿大多伦多开办了第一家四季饭店，曾设想这个饭店能够大到足以提供一系列舒适设施，又可小到能使人产生一种非常亲切和体现个性化的感觉。许多舒适设施都是四季饭店最早开设的，当然现在这些在高档饭店里早已是司空见惯的事情了，包括免费的洗发剂、24 小时的房间服务、浴衣、双通道电话、高枕头的床。四季饭店的数量已经在 31 个国家增加到了 73 家，其中有 18 个被美国专业旅游杂志列在了世界前 100 强行列之中（超过三次被连续列入此行列）。夏柏通过将四季饭店的经营理念与传统高档饭店的观点相比照解释了他们一系列的成功所在："在那时，奢华主要被视为是建筑风格和装饰……我们做出了决定将奢华重新定义为服务——即一个用来完成一个人在家庭和工作中所未完成（工作等）的支持性系统。"

基于服务质量来使自己的饭店与众不同明显会使四季饭店的员工产生很大的压力。幸运的是，公司竭尽全力地去寻找合适的员工。每一个申请者——从未来的洗衣店员到潜在的瑜伽培训员——至少要经过四次的面试。毕竟，公司不仅仅是看经历，这可以在简历中看到；而是在寻找具有合适个性的人。坐落在夏威夷的饭店副总裁 Tomas Steinhauer 是这样描述个性的："在这个行业中，你必须具有冒险精神……你需要对你的所作所为感到自豪，你还必须具有怜悯之心。并且如果你主观臆断，那么你就死定了。"在这一方面夏柏强调，面试应该去寻找一些具有积极人生态度并且与"为他人服务"的理念相适应的人，注重到"我能将任何人训练成为服务员 ……但你却无法改变一种根深蒂固的消极态度。"公司也在寻求一些具有独特能力和天赋的人。因为四季饭店希望他的员工们能按照自己的独特方式去工作，员工们必须证明他们具有独立思考、理解和预料到顾客需求、创造性和应变的能力。

当然，如果只有 20 个申请者申请 20 个空缺职位的话，那么世界上的任何面试都无法给出个性、价值观和能力的合适组合。然而，由于采取了一系列的措施使之成为饭店行业中的"首选雇主"，四季饭店不必担心这方面比率问题。薪水水平在整个行业中是第 75 到第 90 个百分位（即排在前 10 至 25），任何一个任期满六个月的雇员都可以在任何一家四季饭店免费住宿三天。对走管理途径的申请者，四季饭店提供了具有进取性的晋升政策，通过在不同文化下的不同饭店工作，给被培训者提供了解世界的机会。这种政策所带来的结果是，在卡塔尔多哈的新四季饭店的 600 个空缺职位中，就收到了 25 000 名申请者。而且，其 18% 的员工流动率仅仅是行业平均水平的一半。就像夏柏总结的："个性化服务不可能像政策一样去规定……你如何对待雇员就是你的雇员会如何去对待顾客。"

8.2 个性、文化价值观和能力

从开章的例子中我们可以明显地看出，四季饭店寻找雇员中的某一特定个性特征。当然，雇员可以以各种不同方式、从若干个方面来描述、评价和分类。例如，可以基于雇员的个性对他们进行描述，**个性**是指一个人内在的结构、倾向和特质，用以解释其思想、感情和行为的特征模式。个性创造了一个人的社会声望——朋友、家庭、同事和领导理解他们的方式。也可以基于雇员的文化价值观对他们进行描述，**文化价值观**反映了在既定的文化中，对期望的最终状态或行为模式的共有信念。这些共享的价值观能够影响到在既定文化中所成长或经历的个人个性、思想、情感和行为。最后，也可以基于雇员的能力来对他们进行描述，**能力**是指雇员所具有的、可以使他们进行某一特定相关联活动的相对稳定才能。能力与技能相反，技能可以随着时间的推移在培训和实践中得以提高，而能力则是相对稳定的。

8.2.1 界定个性、文化价值观和能力

总体来看，有关人的方面，这些类型的"个性差异"能够告诉我们很多。利用个性我们可以获得人们是什么样子的信息，利用能力我们可以获得人们能够做什么的信息，利用文化价值观我们可以获得人们是来自哪里的信息（从文化意义上）。确实，每当我们向一个人描述另一个人时，都要依据这些个性差异。例如，回想一下上一次一个新同事加入到你的工作单位，也许你会把那位同事描述为做事有条理、礼貌和有点害羞的。其中每一个形容词都是个性的一个方面。或者你也许会把他或她描述为聪明和敏捷的，这两者都反映了能力方面的内容。通过与你同事长时间的相处，你也许会注意到他或她非常关注群体规范和被询问对"上司"的看法时会感觉不适。这两种倾向表达了核心文化价值观，这种核心文化价值观塑造了员工的思想、情感和行为。接下来的部分将更加详细地探讨个性、文化价值观和能力。

个性

尽管有时我们描述一个人有"好的个性"，但个性实际上是多重具体特质的集合。**特质**可定义为人们对其环境反应中的周期性规律或趋势。当我们把你的同事描述为做事有条理、礼貌和有点害羞的时候，我们使用了三个具体的个性特质。当然，可用更多的特质去描述一个人的个性，而且我们可以特别提供一系列的形容词去描述我们的朋友、同事和家庭成员。这个列表将会有多长？个性研究者指出，第三版韦伯斯特完整版字典中包含的 1 710 个形容词都可以用来形容某个人的特质！幸运的是，从结果看，大多数的形容词都是五个主要"因素"或"维度"的变化形态，它们可以用来概括我们的个性。这五个个性维度包括责任心、随和性、神经质、经验开放性和外倾性。总体上这些维度被称为**大五**，图 8—1 列出了在每一个大五维度中都可以发现的特质表现。我们知道想要记住大五维度中的特定标记是非常困难的，我们只希望要是有些首字母缩写词的话，那会使整个进程更容易些……

C 责任心	A 随和性	N 神经质	O 经验开放性	E 外倾性
• 可信赖的 • 有条理的 • 可靠的 • 有雄心的 • 努力工作的 • 有毅力的	• 善良的 • 合作的 • 有同情心的 • 乐于助人的 • 有礼貌的 • 热情的	• 紧张的 • 情绪低沉的 • 感情脆弱的 • 局促不安的 • 嫉妒的 • 不稳定的	• 好奇的 • 有想象力的 • 创造性的 • 情结的 • 文雅的 • 精明老练的	• 健谈的 • 好交际的 • 有激情的 • 独断的 • 勇敢的 • 支配的
非	非	非	非	非
• 粗心的 • 草率的 • 无效率的 • 疏忽的 • 懒惰的 • 不负责任的	• 爱挑剔的 • 对抗性的 • 冷酷无情的 • 自私的 • 粗鲁的 • 冷漠的	• 冷静的 • 稳定的 • 放松的 • 不拘束的 • 安心的 • 知足的	• 不好奇的 • 习惯的 • 遵守的 • 简单的 • 无艺术想象力的 • 传统的	• 文静的 • 害羞的 • 拘谨的 • 羞怯的 • 缄默的 • 顺从的

Source：G. Saucier, "Mini-Marketers：A Brief Version of Goldberg's Unipolr Big-Five Marketers," *Journal of Personality Assessment* 63（1994），pp.506 16，L. R. Goldberg, "The development of Marketers for the Big-Five Factors Structure," *Psychological Assessment* 4（1992），pp.26 – 42；R. R. McCrae and P. T. Costa Jr., "Validation of the Five-Factor Model of Personality across Instruments and Observers," *Journal of Personality and Social Psychology* 52（1987），pp.81 – 90.

图 8—1　与大五相关的特质形容词

8.2.2　理解"大五"个性维度

责任心　如图 8—1 所示，有责任心的人是可信赖的、有条理的、可靠的、有雄心的、努力工作的和有毅力的。如果可能的话，很难去想象在一项工作中这些特质不会对其有益。上面并不是我们关于大五所述的全部，因为一些工作要求高水平的随和性、外倾性和开放性，而另外一些工作则要求与之相同的低水平特质。我们不想去破坏对本章所做结论的"个性有多重要？"的讨论，但只要说责任心在大五中对工作绩效影响最大就足够了。当然，关键问题由此变为：为什么责任心这么有价值？

原因之一可以从人们在工作生活中对一般目标的先后排序看出。有责任心的员工会把**成就追求**放在首位，**成就追求**反映的是一种实现与任务相关目标的强烈愿望，以此作为表达个性的方式。有"成就追求"的人会有一种内在的动力去完成工作任务，会把较大部分精力投入到工作当中去，并对工作任务会努力去完成。作为成就追求特征的证据，一项研究表明，有责任心的销售人员比没有责任心的销售人员会给自己制定更高的销售目标，并且会更致力于去实现这一目标。另外一项对销售人员的研究表明，有责任心的销售人员在被雇佣的第一年里，其组织性技能特别有价值，而当他们获得任期和经验之后他们的雄心壮志特征就变得更为重要。

关于责任心的好处，第三项研究提供了特别令人信服的证据。研究使用的数据来自于美国加州大学伯克利分校代际的研究，其所收集的是 20 世纪 20 年代末 30 年代初的一系列有关儿童的数据，这些研究者收集的数据都是由受过专门培训的心理学家对儿童面试和评价的数据。接下来的研究是收集同一样本中的儿童成为青年人、中年人和老年人时的数据。这一最后的阶段包括对于职业成功的评价，具体包括年收入和职业声望的评定。研究结果表明，童年时期的责任感与五十年后的职业成功成高度的正相关！事实上，责任感的影响力大约是大五中其他维度影响力的二倍。要更深入理解责任心的益处，请参见"**银幕上的组织行为学**"专栏。

随和性 随和性的人是热情的、善良的、合作的、有同情心的、乐于助人的和有礼貌的。随和性的人会把**共融追求放在首位，共融追求**反映的是一种在人际关系中获得接受的强烈愿望，以此作为表达个性的方式。换言之，随和性的人关注的是"一同前进"而不是"遥遥领先"。与责任感不同，随和性并不与整个工作和职业的绩效相关。为什么不相关呢？最主要的原因是共融追求在一些岗位上是有益的，但在另一些岗位则是有害的。例如，管理者常常需要会把部门的绩效放在获得接受的愿望之上，在这种情况下，纵然遇到不合情理的要求，有效地工作表现将要求存在不随和性。

> "**研究结果表明，童年时期的责任感与五十年后的职业成功呈高度的正相关！**"

当然，在一些工作中，随和性将会在其中获益。最明显的例子是服务性工作——在这种工作中，员工会直接地、面对面地或在语言上与顾客接触。你有几次会遇到一个顾客服务人员是冷漠的、粗鲁的或是敌对的？有过这样的经历之后你还会去买这个公司的产品吗？研究表明，随和性的员工有很强的顾客服务技能。在顾客服务环境中能体现他们的有效性，其中的一个原因就是他们不甘心情愿对批评、威胁和操纵的冲突作出反应。相反，他们会通过走开、以一种观望的态度或是向他人屈服的方式对冲突作出反应。

外倾性 外倾性的人是健谈的、好交际的、充满激情的、自信的、勇敢的和支配的（与内倾性相反，内倾性的人是文静的、害羞的和保守的）。像随和性一样，外倾性并不关系到整个工作和职业的绩效。然而，外倾性的人会把**地位追求**放在首位，地位追求反映的是一种在社会结构中获得权利和影响力的强烈愿望，以此作为表达个性的方式。外倾性的人很在意成功和影响力，他们的工作努力导向就是晋升和提高声誉。的确，研究表明具有外倾性的人更有可能成为社会和团队工作的领袖。他们也倾向于被其跟随者视为在领导关系角色中更具影响力的领导。对于这些发现的一个潜在原因是：由于外倾向的人比内倾性的人更精力充沛和更容易相处，所以人们倾向于把外倾性的人看做是更具有"领导人那样"的风范。

☺ **银幕上的组织行为学**

《分手男女》

布鲁克：加里，你知道什么？我要你今天做一件事，一件非常简单的事——给我带12个柠檬来——而你却给我带了3个。

加里：如果我知道会带来这么多的麻烦，那我就会带回24个柠檬了，甚至是100个。你知道我希望什么吗？我希望坐在桌边的每个人都有属于自己的一袋柠檬！

布鲁克：这不关柠檬的事……我是在说如果你按照我要你的去做就好了，要是在我没有要你去做的情况下你也能去做的话那就更好了！

加里和布鲁克之间的这些对话揭示了电影《分手男女》中他们之间关系的最大障碍。从布鲁克角度看，加里并不是很有责任心的。她计划搞一个家庭晚餐会并且给加里指派了一项任务：带回家12个柠檬用做餐桌中央的摆饰，结果他只带回了3个。晚会结束后，她又提出了另一个要求——帮她收拾餐具。但是加里却想要玩电子游戏，提出他们可在早上收拾餐具。这种责任心的缺乏延伸到了加里的工作上，他延迟了3个月才把他的手稿完成。

如果布鲁克和加里打算分手，布鲁克怎么做才能保证下次找一个更有责任心的男友？一个办法就是可以转向网上约会，在网上可利用个性测试去评价其责任心程度。例如，在线婚介网站上要求其成员45分钟内完成436道有关个性的测试题，这些题从29种维度对个性进行评价，其中有两个维度——"勤勉"和"事业心"——就很清晰地表示了责任心。

> **"研究表明员工的基因对其工作满意度有着重要的影响。"**

研究表明，除了与凸显领导才能和领导效能相关以外，外倾性还能倾向于对工作的满意。这可以从第三章中的工作满意度中回忆起来，人们每天的心情都可以归为两个维度：愉悦度和参与度。如图8—2中所表明的，外倾性的员工倾向于高度的**积极情感**——是指对快乐经历和愉悦心境的一种性情倾向，如热情、兴奋和喜悦。这种在情境中经历积极情感的倾向解释了为什么外倾性的人更趋于对工作具有满意感的原因。研究人员现在认识到，员工的基因对其工作满意度有着重要的影响，而且那些基因性的影响大量是由于外倾性（和神经质，接下来会讨论）引起的。例如，一项针对分开抚养的同卵双胞胎的研究表明，双胞胎的工作满意水平是高度相关的，尽管他们所从事的工作在职责、复杂性以及工作条件上是完全不同的。事实上，该项研究表明，大约有30%的工作满意度变化都是由于基因因素引起的，例如个性。

其他研究表明，外倾性的人不仅仅只对他们的工作满意。一项研究是让学生们完成一个"生活事件自评量表"，用来表示在前四年中在他们身上所发生的事件。其结果表明，外倾性的人与更正面的事件相关联，例如参加一个俱乐部或体育运动队、与朋友一同去度假、工作升迁、因为非学术的原因而获得奖励、结婚或订婚。其他的研究则把外倾性与同性同事的数目、约会对象的数目、饮酒的频率以及参加聚会的频率联系在一起。然而，外倾性的人会花太多的时间去做上面那些事情以至于很少能与家人沟通，甚至偶尔的给父母打个电话都会让他们的父母欣喜不已。

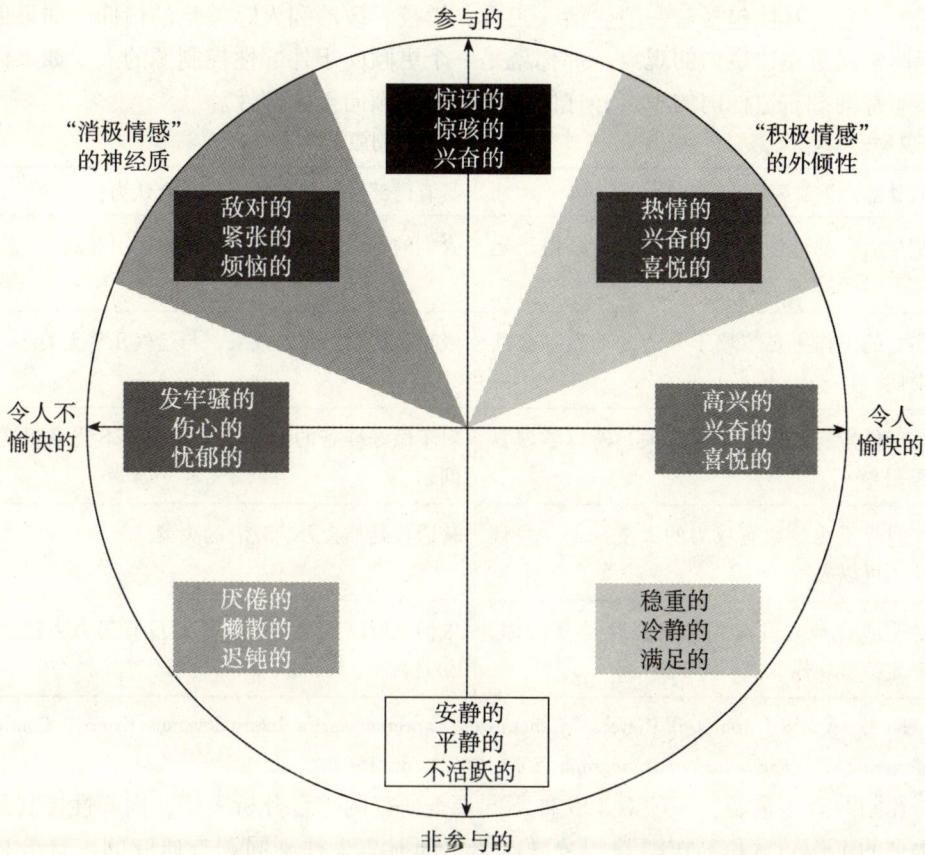

图8—2　外倾性、神经质与典型的情绪

神经质　神经过敏的人是紧张的、情绪低沉的、感情脆弱的、局促不安的和有猜疑心的。有时你会从其另一面看到这个大五维度，称作为"情绪稳定性"或"情绪适应性"。如果从工作绩效角度来看，责任心在大五个性维度中是最重要的，神经质是第二重要的。没有什么与神经质特质相关的工作行为会受益于神经质特质。相反，多数的工作都是受益于那些冷静的、稳定的和安心的特质。

外倾性与积极情感是同义的，而神经质却与消极情感是同义的。**消极情感**是指对不愉快情感经历的一种性情倾向，如敌意、神经紧张和烦恼（见图8—2）。那种经历过消极情感的倾向解释了神经质的员工为什么会比神经质低的同事表现出较低水平的工作满意度。和外倾性一样，神经质解释了大量基因因素对工作满意度的影响。研究表明，与神经质相关的消极情感甚至更会影响一般生活满意度，比如神经质的人通常对他们的生活不会感到很开心。

神经质通常与控制源紧密相关，**控制源**是指人们把事件的原因归于自身或是归于外部环境。神经质的人倾向于坚持外部性控制源的观点，意味着他们常常认为发生在他们身边的事件都是由运气、机会和命运所驱动的。神经质低的人倾向于坚持内部性控制源的观点，意味着他们认为是他们自己的行为支配着事件。表8—1提供了更多关于这些内部性和外部性区别的具体细节，这个表包含了若干个代表内部性和外部性观点的信念，具体包括对一般生活、工作、学校、政治和人际关系的信仰。如果你倾向于非常同意左边栏内的观点，那你就是一个更倾向于外部性控制源的人。如果你倾向于非常同意右边栏内的观点，你的控制源就更倾向于内部性。

表8—1　　　　　　　　　　　　　外部的与内部的控制源

具有外部性控制源的人往往会认为：	具有内部性控制源的人往往会认为：
人们生活中的许多不开心的事部分是由于运气差而引起的	人们的不幸是由于他们的过错而引起的
获得好的工作主要依赖于合适的地点和合适的时间	成功是努力工作的成果，与运气几乎无关
很多时候考题与课程学习无关，所以学习真的没用	对于做好准备的同学，不会存在不公平测试的问题
这个世界是由少数有权力的人支配的，并且极少人可以去做	普通百姓都会影响政府的决策
努力去迎合他人没有用，他们若是喜欢你，就一定会喜欢你	人们之所以孤独是因为他们没有努力去建立朋友关系

Source：Adapted from J. B. Rotter, "Generalized Expectancies for Internal versus External Control of Reinforcement ," *Psychological Monographs* 80 （1966）, pp. 1 –28.

控制源有多重要？一项对135种不同调查研究的综合分析表明，内部性控制源与高水平的工作满意和工作绩效相关联。第二项对222种不同调查研究的综合分析表明，具有内部性控制源者享有更好的健康状况，包括较高的主诉身心健康、较少的主诉身体症状、较低血压以及较低的压力荷尔蒙分泌。内部性控制源的人会比外部性的人在工作中享有更高的社交支持，会意识到他们与领导之间有更好的人际关系。他们把工作看作为具有较多的有利因素，比如自主性和重要性；把工作看作为具有较少的消极因素，比如冲突和含糊不清。另外，那些具有内部性控制源的人会比具有外部性控制源的人获得更高的薪水。

经验开放性　大五的最后一个性格维度是经验开放性，开放的人是好奇的、有想象力的、创造性的、有情结的、文雅的和精明老练的。在所有的大五性格维度当中，经验开放性是具有替代称谓最多的。有时它被称为"求知欲"或"善于思考"甚至"文化修养"（不是民族文化意义上的，而是通晓美酒、艺术和古典音乐意义上的"高级文化"）。就像随和性和外倾性一样，与开放性相关的特质会在一些工作中受益的，而在其他工作中则无益。所以，开放性并不是与所有职业中的工作绩效都相关联。

什么工作会受益于高度开放性？通常来说，是那些充满不稳定、动态的、工作需求快速变化的工作。研究表明，开放性的员工更能适应学习和培训的环境，这是因为他们的好奇心使他们有一种学习新事物的内在动力。他们往往适应性更强，会快速地辨别出"旧的做事方式"不再有效，并在寻找新的和更好的方法上表现出杰出的才能。事实上，有责任心的员工在一些环境中有时候会不如开放性的员工更有效，这是因为固执己见的特征有时候会阻碍他们抛弃"实践证明是可取的"工作策略。

经验的开放性或许对那些要求具有高水平**创造力**的工作更有价值，创造力是指产生新奇的、有用的想法和解决方案的能力。开放性和创造力之间的关系可以从图 8—3 中看出，连同认知能力（在本章后面部分讨论）一起，经验开放性是产生创造性想法的关键驱动因素，精明和开放性的人擅长于创造力所要求的思维方式。当人们想出新想法、产生新的解决问题的办法或者提出能帮助改进工作的创新方案的时候，创造性思想就会产生创造性的行为。这些开放性的创造力益处可能会解释出为什么具有高开放性的人更适合进入艺术和科学领域，在这些领域中新奇性和独创性作品是至关重要的。

> **"文化价值观在一定程度上反映了各个国家的独特个性。"**

文化价值观

既然我们已描述了一系列的个性特质，我们就可以把注意力转向能够影响这些特质表现的文化价值观上。文化价值观在一定程度上反映了各个国家的独特个性。例如，我们可以说一般而言澳大利亚人比中国人更加重视与外倾性相关的特质。我们也可以说瑞士人通常比爱尔兰人更重视与开放性相关的特质。这些说法都是基于研究而得出，该研究揭示了国家之间在个性特质上的一贯差异。当然，这并不是意味着所有的澳大利亚人、中国人、瑞士人和爱尔兰人都有完全相同的个性——这仅仅是一定的文化往往会具有较高水平的某些特质。

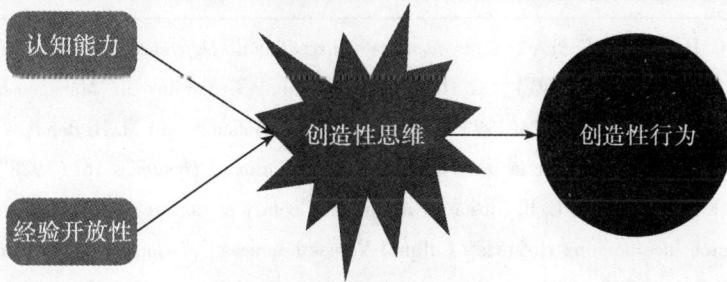

图 8—3 经验开放性与创造力

表 8—2 霍夫施泰德的文化价值观维度

个人主义—集体主义	
个人主义	**集体主义**
一种具有松散型社会框架的文化，人们只关心自己和近亲	一种具有紧密型社会框架的文化，人们关心本群体中的广大成员，并忠诚于本群体
美国，荷兰，法国	印度尼西亚，中国，西非
权力差距	
低	高

一种更喜欢均匀或以更平等的方式分配权力的文化	一种能够接受通常在组织中权力是不平等分配这一现实的文化
美国，德国，荷兰	俄罗斯，中国，印度尼西亚

不确定性规避

低	高
一种能容忍不确定性和模棱两可的情况，并且重视异常的想法和行为的文化	一种把不确定性和模棱两可的情况视为威胁，并且依赖正式的规则去创建稳定的文化
美国，印度尼西亚，荷兰	日本，俄罗斯，法国

男性特质—女性特质

男性特质	女性特质
倾向于男性特质的文化，如自信、获得金钱和物质	倾向于女性特质的文化，如照顾他人和关心生活质量
美国，日本，德国	荷兰，俄罗斯，法国

短期目标导向与长期目标导向

短期的	长期的
强调过去和当前价值的文化，如尊重传统和履行义务	强调更具未来导向的文化，如持久性、谨慎和节俭
美国，俄罗斯，西非	中国、日本、荷兰

Sources：G. Hofstede, *Culture's Consequences*：*International Differences in Work Related Values* (Beverly Hills, CA：Sage, 1980)；G. Hofstede, "Cultural Constrains in Management Theories," *Academy of Management Executive* 7 (1993), pp. 81 – 94；G. Hofstede and M. H. Bond, "The Confucius connection：from Cultural roots to Economic Growth," *Organizational Dynamics* 16 (1988), pp. 5 – 21；B. L. Kirkman, K. B. Lowe, and C. B. Gibson, "A Quarter Century of *Culture's Consequences*：A Review of Empirical Research Incorporating Hofstede's Cultural Values Framework," *Journal of International Business Studies* 37 (2006), pp. 285 – 320.

8.2.3 理解霍夫施泰德的文化价值观维度

就像我们所做的那样，尽管能从与大五相关的价值观方面来描述各个国家，其实还有其他一些价值观更常用来对各个国家进行归类。这些价值观中许多是源于20世纪60年代末70年代初霍夫施泰德的里程碑式研究，他用20种语言分析了来自72个国家的约88 000名IBM名员工的数据。他的研究表明，工作在不同国家当中的员工往往会有不同的价值观，这些价值观聚集成不同的维度，这些维度汇总在表8—2中，包括**个人主义—集体主义、权力差距、不确定性规避、男性特质—女性特质和短期目标导向与长期目标导向**。该表中也含列了在特定维度中往往会呈现高水平的文化。

这个表揭示出美国人往往会是高个人主义、低权力差距、低不确定性、高男性特质和高短期目标。为什么通晓这一描述重要呢？因为它阐明了，当美国公司在其他文化环境中做生意时，美国员工和美国公司所需要做的调整。文化价值观的差异会对变革、冲突管理模式、谈判方法和报酬偏好形成不同的反应。不能理解这些差异将会危及跨国集团和组织的有效性。如果员工的**民族优越感**很强的话，这样的问题是非常可能发生的。所谓**民族优越感**是指一种视自己的文化价值观"正确"而视他人的文化价值观"错误"的倾向。要对这一问题进行更深入的讨论，参见"**组织行为学的国际化**"专栏。

在霍夫施泰德的五大维度中，个人主义——集体主义受得了广泛的研究关注。这项研究多数都集中在单个的人而不是国家的个人主义—集体主义研究上，有时被称为"心理学上的个人主义"或"心理学上的集体主义"。如果一些专家估计到在集体主义文化中只有60%的人他们自身持有集体主义价值观，那么这种聚焦在个人而非国家的研究就可以被理解了。心理学上的集体主义研究已显示出，集体主义的员工能够强烈认同相关的内在团队，比如家庭成员、亲密朋友或工作团队。他们喜欢与这些内在团队相互交流、照顾这些内在团队中的成员、接受和优先考虑内在团队的准则和目标。

能力

除了依据个性和文化价值观以外，员工们还可以依据员工天生的特长来对他们进行分类。一些员工适合去做需要具有高体能、耐力和协调的体力性工作，另外一些员工特别擅长需要具有阅读能力、数学知识或逻辑和推理性的认知性工作。一些员工会具有情感天赋，能够理解别人的情感并同时能控制自己的情感。当然，培训和实践能够改进员工在这些工作中的表现。然而，在某方面能力中有很高天赋的员工在以极高水平从事某项工作时，他们总是会有更高的上升限度。接下来的部分将更详细地讨论认知能力和情感能力（我们将忽略对体质能力的全面讨论，而假定认知能力和情感能力对你现在的工作更重要）。

☺组织行为学的国际化

研究表明，民族优越感阻碍了移居在其他国家中做专职雇员的外籍人员的工作有效性。民族优越感使移居国外者很难使自己适应于一种新的文化，很难履行国际化任务所要求的职责，而且更可能从这些任务指派中退出。那么，组织如何才能鉴别出具备合适个性的员工让其去国外工作呢？

一个非常有潜在用途的工具就是多元文化个性问卷，该问卷用以评价能充分反映移居国外者满意度、工作承诺和绩效的五种个性维度。这些维度在下面一一列出，且每个都附有一些样本。

文化移情性。一种对具有不同文化价值观的个人的情感、思想和行为能够认同的倾向。

● 我理解其他人的感受
● 我重视其他人的习惯

思想开放性。对其他的价值观和规范持开放和无偏见态度的倾向。

- 我置身于其他文化之中
- 我发现其他的宗教信仰很有趣

情绪稳定性。 在外国环境中所碰到的压力情境面前仍能保持镇定的倾向。

- 我会正确地对待挫折
- 我相信事情结果会是正确的

社交主动性。 在介入社交场合时能主动应对的倾向，这有助于建立联系。

- 我很容易接近其他人
- 我常常是事件的内在驱动力

灵活性。 一种把新局面看做是挑战，并且能调整行为去适应这种挑战的倾向。

- 我可以很容易地开始新的生活
- 我在不同的文化中都感觉很适应

研究把五种个性特质同移居国外者的一系列成功因素联系在一起。例如，具有"多元文化个性"的个体将会更加向往国际性的职位，更可能会获得国际性的经历，会更可能适应新的工作安排，会更可能在工作期间对他们的生活感到满意。研究甚至表明，符合这一方面的移居国外者事实上在身体和精神上都更健康。

认知能力 认知能力是指在解决问题中，与获取和运用知识相关的能力。认知能力与使用信息去做决策和解决问题的工作紧密相关。在你的整个人生中有机会对你的认知能力进行若干次测试是很好的。例如，几乎所有的美国儿童都会在小学的某个阶段接受标准化的智力测试。尽管你可能不会记住你进行了这样的测试，但你却可能会记住参加过学术水平测验考试（SAT）。尽管你当时可能只会把学术水平测验考试看做是影响你去哪或不去哪上大学的测试，但这一测验考试事实上就是一种认知能力的测试。有关学术水平测验考试的更多讨论可参见**"学生中的组织行为学"**专栏。

你也许会记住，学术水平测验考试包含了很多不同的问题：一些是测试你解决数学问题的能力，而另外一些则是评估你完成句子和做出类比的能力。不同类型的问题反映出一些独特类型的认知能力，而这些与智力性工作有效完成是密切相关的。表8—3中列出了许多这方面认知能力的类型，并同时列示出它们独特的一面以及被认为是很重要的一些工作。

8.2.4　描述认知能力的维度

语言能力是指与理解和表达口语的、书面的交流相关的各种能力。口语理解力是理解口语单词和句子的能力，而书面理解力是理解书面单词和句子的能力。尽管语言能力的这两个方面会看起来高度相关——也就是说，有很高口语理解力的人往往会有很高的书面理解力，反之也一样——很难去想象出一个人在一方面的能力很高而在另一方面的能力很低。就像这个例子，据报道由于汤姆·克鲁斯有阅读困难症，他的书面理解力很差，只有在听完磁带的内容后才能记住他的台词。

表 8—3　　　　　　　　　　　认知能力的类型及其相关方面

类型	更具体的方面	与之相关的工作
语言的	**口述和书面理解力**：对于书面和口述文字与句子的理解 **口述和书面表达能力**：通过口述或书写方式来交流思想，从而让他人能够理解	企业高管；警察、消防和医疗救护接警员；心理医生
量化的	**数字技能**：快速地和正确地进行基本数学运算 **数学性推理**：选择正确的方法和公式去解决问题	财务主管；财务经理；数学技术员；统计员
推理的	**问题敏感性**：能够适时理解有问题出现或某事可能做错 **演绎推理**：把一般规则应用到具体的问题上 **归纳推理**：综合具体的信息来形成一般性结论 **创造性**：产生新的想法	麻醉师；外科医生；企业高管；消防检验员；法官；警探；法医科学家；漫画家；设计者
空间的	**空间定位**：知道自己在环境中相对于物体的位置 **想象力**：想象出一些东西被重新组合后的形态	飞行员；司机；船长；摄影师；布景设计师；素描画家
感知的	**闭合速度与弹性**：领会信息的含义并找出规则 **感知速度**：把信息和物体与记忆中的信息和物体进行比较	音乐家；消防员；警官；飞行员；邮递员；监督员

Source：Adapted from E. A. Fleishman, D. P. Costanza, and J. Marshall-Mies, "Abilities," in *An Occupational Information System for the 21st Century：The Development O* NET*, ed. N. G. Peterson, M. D. Mumford, W. C. Borman, P. R. Jeanneret, and E. A. Fleishman (Washington, DC：American Psychological Association, 1999), pp. 175 – 95.

☺ 学生中的组织行为学

通常来说，学术水平测验考试会（SAT）包括一部分评价语言能力和数字分析能力的内容，并且当将两方面合并考虑的时候，其分数显示了总体的认知能力。最新版的学术水平测验考试（SAT Ⅱ）由 22 套一小时测试构成，用来测试在某些具体学科方面的能力，比如英语、历史、数学、理学和外语等。尽管学术水平测验考试的目的是评价学术成就而不是认知能力，但测试的分数却与以前版本的学术水平测验考试的结果高度相关。而且，在帮助学校决定录用哪个学生过程中，没有多少证据表明学术水平测验考试Ⅱ会比其早期版本更有用。

学术水平测验考试真的会与学生在学校的表现相关吗？你们许多人会持怀疑态度的，因为你可能了解某人，他在学术水平测验考试中考得极好，但作为大学生时却表现得很差。同样的，你也可能了解某人，他在学术水平测验考试中表现得不是很好，但作为大学生时却表现得很好。正如结果所表明的那样，学术水平测验考试实际上是比较适用于预测学生大学的表现。在学术水平测验考试中获得高分的学生往往会在大学一年级成绩非常好，以较高的各学期加权平均分来完成大学学业，并更有可能获准毕业。

你可能有的另外一个问题是，从学术水平测验考试中获得的信息是否会比高中的平均分数信息更有用。毕竟，认为在高中学习成绩好的学生在大学里也会好的想法是很合理的。事实上，研究表明尽管高中的平均分数水平确实能够预测在大学的表现，但学术水平测验考试的分数却大大提高了预测水平。思考一下一项研究的结果，该研究对具有不同的高中平均分数水平和学术水平测验考试得分的学生的大学毕业率进行了检验。在高中获 A 学生的大学毕业率是在学术水平测验考试中获得低于 700 分的学生的 28%，是在学术水平测验考试中获得高于 1 300 分学生的 80%。然而有趣的是，学术水平测验考试对于预测那些在高中表现很差的学生的毕业率不是很有用。例如，对于成绩 C＋的学生，在学术水平测验考试的整个得分范围内其大学毕业率是在17% ~28% 之间变动。

另外两种语言能力是口述表达能力，它是指通过对话方式来交流思想的能力，以及书面表达能力，它是指通过书面文字方式来交流思想的能力。尽管这两种能力会看起来高度相关，但它们却不一定总是这样的。你可能上过这样老师的课，他出版了一些备受喜欢的书籍和文章，但在有效地向学生们表达相关概念和理论方面却经历了一段艰难时期。尽管可能有很多的原因，一种可能的解释就是这名教授有很高的书面表达能力而口头表达能力却很低。

通常来说，语言表达能力对于那些工作成果是依赖于他人理解、交流思想和信息的工作是非常重要的。企业高管工作的有效性是依靠他们从报告、其他高管和员工中获得的信息进行思考的能力，也依靠他们善于表达能促使员工理解的企业愿景和战略的能力。例如另外一个例子，如果一个情人某天晚上突然生病或停止呼吸，想象一下接警调度员的语言表达能力会是多么的重要。

定量能力涉及两种类型的数学运算能力。第一种是数字技能，是指做简单数学运算的能力（加法、减法、乘法和除法）。第二种是数学性推理能力，是指选择和使用数学公式去解决涉及到数字问题的能力。如果你回想一下学术水平测验考试，你将会记起像下面一样的问题："有两列相距 800 英里的火车，他们在同一轨道上相向而行。第一列火车开始在晚上以平均每小时 45 英里的速度行驶，另一列火车在两小时后出发。第二列火车以什么样的平均速度行驶才能使两列火车在同一天的 10 点钟相撞？"

尽管数字技能在解决这个问题上是必要的，但数学性推理也是极其重要的，因为被测试者需要知道应该运用哪个公式来进行运算。尽管我们中的大多数都希望像这样的问题会被限定在进行测试的背景下（尤其是这样特别的问题），但在无数的情境场合中，定量能力却是很重要的。例如，想象一下在涉及到统计、会计和工程的工作中，定量能力是多么的重要。定量能力在不太复杂和较低水平的工作中也同样重要，你曾到过快餐店或便利店遇见收银员不在工作以及员工不能快速或准确地算出找零的情景吗？如果是的话，那么你见证了一个很好的定量能力低的例子，或许是一些恼怒的顾客。

推理能力是指与使用洞察力、规则、逻辑来感知和解决问题的各种相关能力。第一种推理能力是问题敏感性，它是指能感觉到现在或不久的将来会出现的问题的能力。麻醉学就是问题敏感性对于一项工作极为重要的一个例子。在手术前麻醉师给病人打上药物以保证在手术过程中病人不会感到痛苦。然而，在手术过程中，病人对于可能导致他们寿命缩短的药物产生阴性反应。所以能够意识到一些做法是错误的，甚至在某个问题还没有完全明确之前就能意识到，具备这个能力对于麻醉师来说可是个攸关生死的问题。

第二种类型的推理能力称作为演绎推理。这种能力是指使用常规去解决问题的能力，这种能力对于那些人们需要在一系列事实运用中有效做出决策的工作是非常重要的。法官的工作需要演绎推理能力是因为它主要是依赖法律规则去做出裁决。相反，归纳推理是指能够仔细考虑一些具体单个的信息，然后形成有关这些信息关联性结论的能力。美国 CBS 的电视连续剧《犯罪现场调查》（CSI）的每一集都充满了归纳推理。像吉尔·格里森一样，犯罪现场调查员在思考像血液喷溅模式、淤伤、磨损、DNA、纤维和指纹这样的问题从而得出导致死亡的原因和可能的罪犯方面都是专家。

最后，创造力是指开发出聪明和新颖的方式去解决问题的能力。谷歌的两位创始人拉里·佩奇和塞吉·布林为创造力提供了很好的例子。他们不仅开发了搜索软件，为谷歌提供了竞争优势，而且在近半个世纪中创造了第一个全新的广告媒介。当涉及管理实践和企业决策时，他们拒绝跟随传统的智慧。很显然，创造力在各种职业中都是重要的，但是在一些职业中，创造力则是最最重要的能力。例如，对于漫画家、设计者、作家或者是广告高管而言，如果没有创造力的话是很难成功的。

空间能力的类型主要有两种。第一种叫做空间定位，它是指对在某环境中一个事物与另外一个事物之间的相对位置有很好的理解。有很高的空间组织能力的游客在观光一天后甚至在没有地图或街道上其他人的帮助下也可以很容易地步行找到回旅馆的路。第二种空间能力叫做想象力，它是指能想象出把分散的物体按照一定的方式组合在一起所会呈现的形态的能力。如果你善于想象出房间被重新布置会是如何样子或者你的朋友都说你买的东西放在一起很协调，那么你在想象力方面会获得高分。

感知能力通常是指能够对信息模式进行感觉、理解和回忆的能力。更确切地说，闭合速度与弹性是指在分散信息面前，甚至在没有掌握全部信息的条件下能够很快地找出一个信息模式。如果你看过美国 CBS 的电视剧《数字追凶》（Numbers），这种能力是很容易理解的。在该剧中，查理·艾普斯通过运用他的智慧发现了数据和信息模式，以此帮助联邦调查局破了案。例如，在该剧首播中，查理使用了洒水器的比喻去描述他独特的能力，并指出，"喂！我看不到洒水器；但根据滴水的模式，我却能计算出它精确的方位"。与此相关的能力是感知速度，它是指能够很快地检验和比较数字、字母和物体的能力。如果你进入超市的农产品区域，能比周围其他的人更快地挑选出最好的西红柿，那你就具有很高的感知速度。很多工作的最终效果要依赖知觉的速度，像需要校对文件、整理物品或分类物体的工作。

如果你细心地阅读了先前的部分，可能会想，各种不同的认知能力中你是处在哪种认知能力上。这样做你可能会得出结论，你可能在一些能力上会很高，而在另一些能力上却很低。或许你会认为你自己在语言能力上很强而在定量能力上却不那么强。事实上，大多数的人在认知能力上的得分会比他们所意识的要高。语言能力强的人在推理能力、定量能力、空间能力和感知能力上也往往是很强，而语言能力低的人往往在其他能力上也较低。尽管这个惯例不一定适用于每一个人，但研究者们一直在试图弄清为什么这在过去的 100 多年中都适用。

对于人们不同认知能力的水平相似性的最流行解释是存在着一个**一般认知能力**——有时被称为 g 或 g 因子——它是我们目前所论述的这些具体认知能力的基础或依据。为了更清楚地理解这些能力的含义，仔细看一下图 8—4 中的图示，它描述了我们所讨论的更具体的认知能力在相同方面的一般心智能力。存在重叠是因为每一项具体能力都在一定程度上依赖智力能力去有效地处理信息。因此，由于一些人大脑处理信息的能力比另外一些人的能力强，所以一些人在某些具体能力上往往会得高分，而其他人往往会得低分。对于美国橄榄球联盟是如何重视一般认知能力的描述，请参见**"运动中的组织行为学"**专栏。

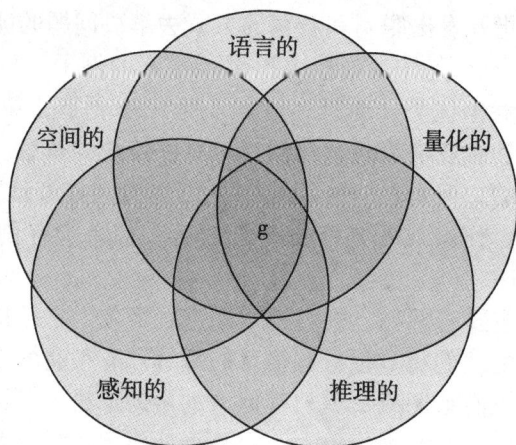

图 8—4　g 因子

> "……存在着一个一般认知能力——有时被称为 g 或 g 因子——它是我们目前所论述的这些具体认知能力的基础或依据。"

情感能力　我们中的大多数人都知道，某人从认知能力方面看是非常精明的，但在与此同时，这个人却不能在现实社会情形中有效地应对他人。有时这样的人会受阻于他们的个性，正如极其外倾性和神经质在某些社交场合中会成为他们的障碍一样。然而，有关研究已经开始检验是否存在一种类型的能力能够影响人们在社交场合中有效应对的程度。尽管在这些研究者中一直存有一些争论，但许多人认为确实存在一种能够影响社交活动的能力，被称为**情商**。情商可以从四种不同的但却相关的能力方面来进行定义。

8.2.5 描述情感能力的维度

第一种类型的情商是**自我意识**，或是对自己内在情感的评价和表达。这一方面是指一个人对其正在经历的情感类型所理解的能力、愿意承认这些情感并自然表达这些情感的能力。例如，在情商方面较低的人在其新工作的前几天可能不对自己承认或在他人面前表现出不安的感觉。这些类型的情感在这种工作背景中是非常自然的，忽略它们可能会增加这种情形的压力。忽视这些情感也可能会给新的同事发送错误的信号，他们可能会想，"为什么新雇员对其新工作没有兴奋感？"

第二种类型的情商是**他人意识**，或对他人情感的评价和认可。就像这方面名称所表示的，它是指一个人对他人所感受的情感能够认可和理解的能力。在这方面情商高的人不仅会对其他人的情感敏感，而且也可以预见出人们在不同情境中将会经历的情感。相反，在这方面情商低的人却不会有效地感觉出他人所经历的情感，如果情感消极，这种无能可能导致一个人做出使情形变得更糟糕的事情来。举一个具体的例子，你是否有过这样一位教授，他不能感觉出班级里的学生不理解他在课堂上所讲述的内容？当那位教授还在继续讲述其课程的时候，很明显的现象是学生们变得更加迷惑，这就是发生了很差的他人意识。

第三种类型的情商是**情绪调节**，它是指能够迅速从情感经历中恢复过来。作为情商这方面的一个例子，想象一下一个人可能的反应，当正开着他的新土星牌车、听着 NPR 电台广播去工作时，突然被一个侵犯性司机超车，当她从旁经过时，还扔了一个啤酒罐并嚷着污秽语言。倘若这个人能有效地调节自己的情绪，他就能很快地从最初遭遇的发怒和愤慨中调整过来。他能够回到他正在收听的电台节目中，并且在开始工作的时候，这件事情几乎会被忘记。然而，如果这个人不能有效地调节自己的情绪，他或许会发脾气，会紧跟着那个侵犯性的司机行驶，然后在下一个红绿灯处，猛撞上她的 1968 福特车。我们希望你会明显看出，前者的做法比后者好多了，后者对个人的代价会更大。尽管这个例子强调了控制消极情感的重要性，但我们也应该指出，这方面的情商适用于积极情感。想象一下当某人被告知她的工资会被大幅提高时的反应。如果这个人不能有效地控制自己的情绪，她可能会在当天剩下的时间里感觉非常高兴和欣喜若狂，结果，她将不能够完成更多的工作。

运动中的组织行为学

除了学术水平测验考试（SAT）以外，最著名的认知能力测试就是温德利人事测验，它是一个由 50 道题组成、12 分钟完成的一般认知能力测试。你会听说过关于每年 3 月和 4 月的温德利人事测验，这是因为国家橄榄球大联盟（NFL）球队当从大学选拔队员时会考虑温德利人事测验分数。这种测验实际上已应用了几十年并且给上千个组织中的 1.2 亿多人做了测试。从下面例子的项目中，你应该能够看出这些项目与许多我们先前所描述的认知能力的一致性。

　　在 NFL 球员选拔开始的时候人们总会争论一个问题，就是在认知能力测试中的分数是否与球员在赛场上的表现相关联。尽管支持在 NFL 中使用温德利人事测验的人认为，认知能力测试对记忆战术和学习复杂的攻防系统是非常必要的，但许多人都不明白，能回答出像下面这些问题的能力是如何与运动员完成传球、运行触地得分、抢截对手球或踢进三分球相关联的。此外，诽谤温德利人事测验的人也在想，为什么低分数会使赛场上卓越成就的记录黯然失色。

1. 下面哪个日期是最早的？

A）1898 年 1 月 16 日　　　B）1889 年 2 月 21 日　　　C）1898 年 2 月 2 日

D）1898 年 1 月 7 日　　　E）1889 年 1 月 30 日

2. 低对高就如由容易的对？一样。

A）成功的　　　　　　　B）纯洁的　　　　　　　C）高大的

D）有趣的　　　　　　　E）困难的

3. 某网上零售网站推荐的产品，在 5 个小时时段内分别产生了 27、99、80、115 和 213 个订单。下面哪个图最能代表这个趋势？

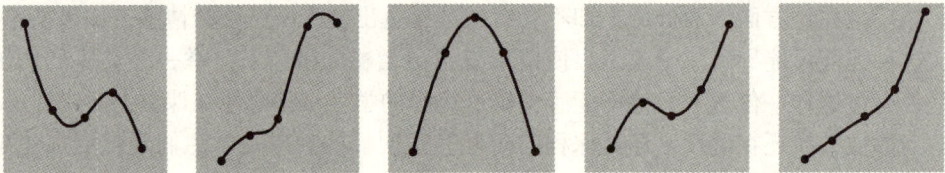

4. 在这一数列后的下一个数是几？29　41　53　65　77？

A）75　　　B）88　　　C）89　　　D）98　　　E）99

5. 下面有一个加粗的词，这个词的反义词是什么？

她对这个问题给了一个**复杂的**答案，我们都同意她的观点。

A）长的　　　B）较好的　　　C）简单的　　　D）错误的　　　E）和蔼的

Source：Wonderlic WPT = R Sample Questions. Reprinted with permission of Wonderlic, Inc. Copyright 2007 wonderlic, Inc.

　　第四种类型的情商是**情绪的运用**。这一能力反映了人们在所寻求的目标中，利用并驾驭情感去提高他们成功机会的程度。为了理解这方面的情商，试想象一位正在拼命完成一本书的作者，由于与出版商有合同约定而感到时间紧迫的压力。如果这位作者在这方面的情商很高，她就会对这个挑战早有思想准备，并且鼓励自己努力克服任何写作障碍。相反，如果这位作者在这方面的情商很低，她或许会怀疑自己作为作家的胜任力，并且会想到她对待生活的不同事情。因为这种行为将会进一步减慢她写书的进度，自暴自弃想法的数量和强烈度将会增加，最终，这个作者将会完全从这项任务中退出。

　　尽管你会体会出情商是如何与各种不同人际情境中的效果相关联的，你也许会思考情商的知识是否对要求使组织更有效率的管理者有用。有越来越多的证据表明，对这一问题的回答是"是"。事实上，美国空军研究了招募者并且发现，那些在某些方面情商高的招募者所完成的招募任务会是在同一方面情商水平较低的三倍。具有高情商的招募者会更有成效，因为他们会表现出积极的情感，能够迅速地意识到被召人员关注的问题并做出恰当的回应。因为这些能力使得招募工作更容易了，所以完成绩效指标就没有什么压力了，这些最终转化为较少的办公室时间、较高的满意度和较高的保留率。事实上，在美国空军开始要求新招募者必须通过情商测试后，新招募人员的流动率由 25% 下降到了 2%。鉴于平均要花费 30 000 美元来培训新招募者，这一较低的人员流动率会带来每年大约 275 万美元的节约额。图 8—5 根据一项流行的情商测试提供了一些例题。

1. 第一次见姻亲哪种情感有助于感受？

	没有用			有用	
a) 有点紧张	1	2	3	4	5
b) 惊讶	1	2	3	4	5
c) 高兴	1	2	3	4	5

2. 汤姆感到焦虑，当他想到所需要做的整个工作时，就觉得有点压力。当他的上司给他分配额外的工作时，他感到_____。（选择最佳选项）

    a) 压抑的

    b) 沮丧的

    c) 害羞的

    d) 不自然的

    e) 紧张不安的

3. 黛比刚度假回来。她感到平和而满足。下列每项活动如何能很好地保持她的心情？

    活动 1：她在家里开始对需要做的事情列出清单。

    　　　非常无效 1······2······3 ······4 ······5 非常有效

    活动 2：她开始思考下一次度假的时间和地点。

    　　　非常无效 1······2······3 ······4 ······5 非常有效

    活动 3：她决定既然这种情感不能持续太久，那么最好就忽略它吧。

    　　　非常无效 1······2······3 ······4 ······5 非常有效

Source：Copyright© 2006 J. Mayer, P. Salovey, and D. Caruso. Reprinted with permission.

图 8—5　梅耶—沙洛维—库索情感智力测试

8.3　个性、文化价值观和能力有多重要？

既然我们已描述了所有的个性特质、文化价值观以及那些可以用来描述和区分员工的能力方面，那么关键问题就变成了："它们当中的哪个对绩效和承诺的关联最大？"当然，我们不应当感到惊讶，基于我们之前的讨论，当涉及与绩效和承诺的关系时，这两个个别特性就与其他特性区别开来：一般认知能力和责任心。事实上，在任何招聘情境中最值得强调的法则是察看 "g 和 c"（此处 g 表示一般认知能力，c 表示责任心）。

理解能力和个性是如何影响工作绩效和组织承诺的

图 8—6 揭示了认知能力是工作绩效的有力预测因素——尤其是在任务绩效方面。在所有工作中，较聪明的雇员比不太聪明的雇员能更好地达到其工作描述的要求。事

实上，在这本书中的各种讨论中，没有什么能比认知能力与工作绩效更高度相关了。成千上万的组织，其中有很多是被人们所熟知的，都通过评价认知能力来为特定的工作筛选最合适的求职应征人员。如果在测试中的分数与在不同类型工作中的绩效水平呈高度的正相关，那么为达成这一目的而使用认知能力测试就是很合理的。

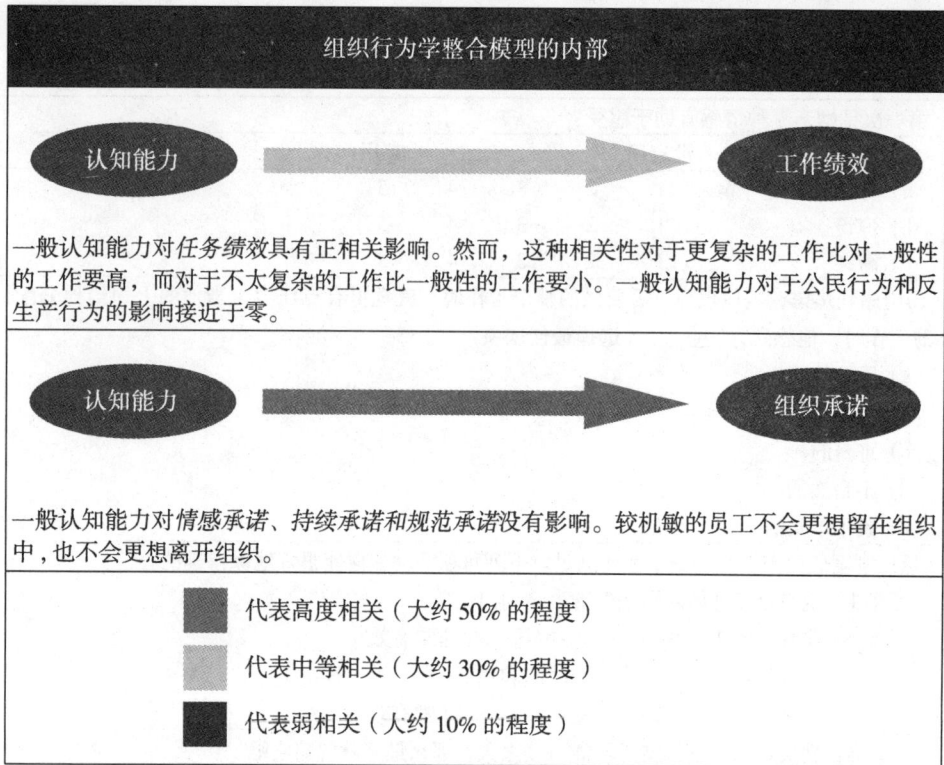

组织行为学整合模型的内部

认知能力 ⟶ 工作绩效

一般认知能力对*任务绩效*具有正相关影响。然而，这种相关性对于更复杂的工作比对一般性的工作要高，而对于不太复杂的工作比一般性的工作要小。一般认知能力对于公民行为和反生产行为的影响接近于零。

认知能力 ⟶ 组织承诺

一般认知能力对情感承诺、持续承诺和规范承诺没有影响。较机敏的员工不会更想留在组织中，也不会更想离开组织。

代表高度相关（大约 50% 的程度）

代表中等相关（大约 30% 的程度）

代表弱相关（大约 10% 的程度）

图 8—6　一般认知能力对绩效和承诺的影响

Sources：J. W. Boudreau, W. R. Boswell, T. A. Judge, and R. D. Bretz, "Personality and Cognitive Ability as Predictors of Job search among Employed Managers," *Personnel Psychology* 54 (2001), pp. 25 – 50; S. M. Colarelli, R. A. Dean, and C. Konstans, "Comparative Effects of Personal and Situational Influences on Job Outcomes of New Professional," *Journal of Applied Psychology* 72 (1987), pp. 558 – 66; D. N. Dickter, M. Rozonwski, and D. A. Harrison, "Temporal Tempering：An Event History Analysis of the Process of Voluntary Turnover," *Journal of Applied Psychology* 81 (1996), pp. 705 – 16; F. L. Schmidt and J. Hunter, "General Mental Ability in the World of Work：Occupational Attainment and Job Performance," *Journal of Personality and Social Psychology* 86 (2004), pp. 162 – 73.

那么什么能够解释出一般认知能力与任务绩效相关的原因？一般认知能力较高的人往往会更善于学习与决策，他们能以更快的速度从其经历中获得更多的知识，结果是，在如何有效做好工作方面，他们会逐渐形成更大的知识资源池。然而，有三个我们必须提出的重要告诫。第一，对比公民行为或反生产行为，认知能力与工作绩效更高度相关。工作知识量的不断增加有助于员工完成工作任务，但它并不一定影响到去帮助同事或去制止对重要规则的违反。第二，认知能力和绩效之间的正相关在那些复杂的工作中或需要适应性的情境中甚至会更显著。第三，人们可能由于一些非缺乏认知能力的原因而在一般认知能力测试中表现得很差。例如，经济困难的人很可能在这种测试中表现得较差，这并不是因为他缺乏基本认知能力，而是可能因为他们没有得到为提供适当反应的学习机会。

> "事实上，在任何招聘情境中最值得强调的法则是察看'g 和 c'（这里 g 表示一般认知能力，c 表示责任心）。"

与和工作绩效的关系相反，研究人员并不支持认知能力与组织承诺有很显著的联系。一方面，我们或许会认为它与组织承诺之间有正相关关系，因为具有高认知能力的人往往工作效果会更好，所以，这些人会认为非常合适其工作。另一方面，我们会期望看到它与承诺之间有负相关关系，这是因为具有高认知能力的人会拥有更多的工作知识，这会提高他们在就业市场中的价值，转而增加他们离开现职去找其他工作的可能性。最后，掌握员工的精明敏捷水平并不能告诉我们多少有关他们将会留在组织中可能性的信息。

图 8—7 揭示了责任心对任务绩效有中等程度的关系，部分是因为有责任心的员工比其他员工有更高水平的激励。他们更自信，能更清楚地意识到他们的努力与能力之间的联系，而且更可能去设定目标并去实现目标。出于这些原因，责任心是所谓标准绩效的关键驱动力，标准绩效是反映常规条件下日常工作任务的绩效。相反，一般认知能力是工作绩效最大化更强的驱动力，它反映着要求个人最佳努力的短暂、特殊情况下的绩效。

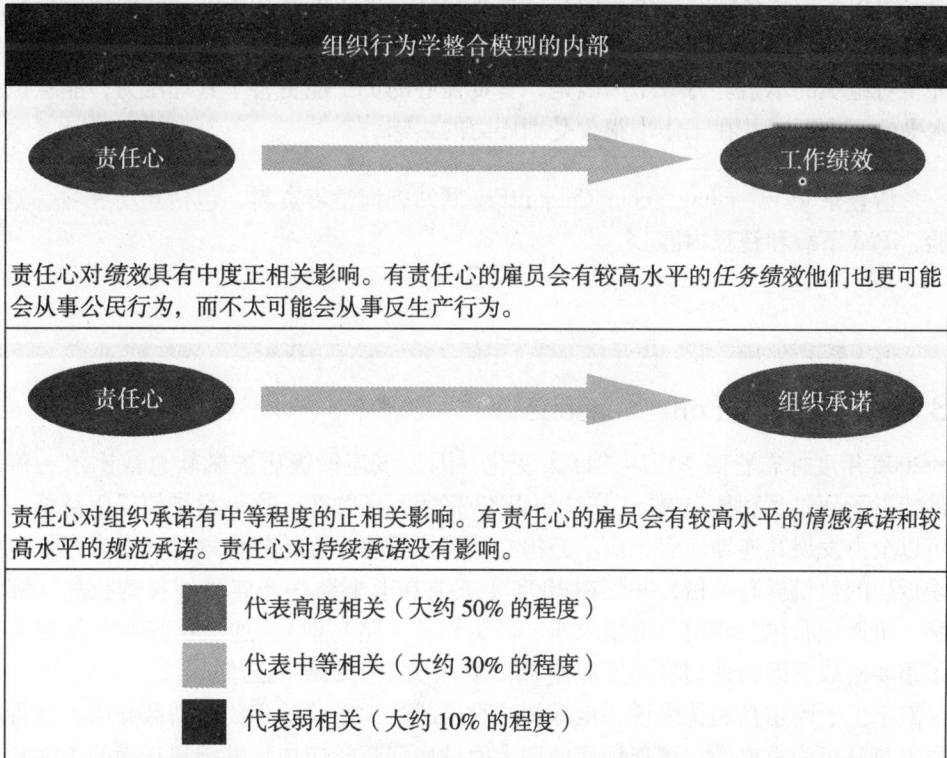

组织行为学整合模型的内部

责任心 ➡ 工作绩效

责任心对绩效具有中度正相关影响。有责任心的雇员会有较高水平的任务绩效他们也更可能会从事公民行为，而不太可能会从事反生产行为。

责任心 ➡ 组织承诺

责任心对组织承诺有中等程度的正相关影响。有责任心的雇员会有较高水平的情感承诺和较高水平的规范承诺。责任心对*持续承诺*没有影响。

- 代表高度相关（大约 50% 的程度）
- 代表中等相关（大约 30% 的程度）
- 代表弱相关（大约 10% 的程度）

图 8—7　个性对绩效和承诺的影响

Sources：M. R. Barrick, M. K. Mount, and T. A. Judge, "Personality and performance at the Beginning of New Millennium: What Do We Know and Where Do We Go Next?" *International Journal of Selection and Assessment* 9 (2001), pp. 9 – 30; C. M. Berry, D. S. Ones, and P. R. Sackett, "Interpersonal Deviance, organizational Deviance, and Their Common Correlations: A Review and Meta-Analysis," *Journal of Applied Psychology* 92 (2007), pp. 410 – 24; A. Cooper-Hankim and C. Viswesvaran, "The Construct of Work Commitment: Testing an Integrative Framework," *Psychological Bulletin* 131 (2005), pp. (241 – 59); L. M. Hounghlleng, and R. J. Klimoski (Hoboken, NJ: Wiley, 2003), PP. 131 – 69; J. E. Mathieu and D. M. Zajac, " A Review and Meta-Analysis of the Antecedents, Correlations, and Consequence of Organizational Commitment," *Psychological Bulletin* 108 (1990), pp. 171 – 94; J. F. Salgado, "The Big Five Personality Dimensions and Counterproductive Behaviors," *International Journal of Selection and Assessment* 10 (2002), pp. 117 – 25.

　　有责任心的员工可能更会从事公民行为。为什么呢？一个原因是，有责任心的员工时间观念强并具有很好的出勤率，所以他们就更可能做出更多的额外贡献。另一个原因是，他们做出了很多与工作相关的努力，以至于他们有更多内在力去从事公民行为。最后，由于两个主要原因，有责任心的员工不太可能从事偏差行为：第一，他们倾向于有较高水平的工作满意度，这使他们不太可能感觉到有必要去报复组织。第二，尽管他们确实意识到一些轻视或不公正，但他们可信赖、可靠的本性将不会使他们从事消极的行为去违反组织的规范。

　　图8—7 也揭示了有责任心的员工往往会对组织更忠诚。他们不太可能从事日常心理上和实体性的退缩行为，因为这些活动违背他们的工作习惯。他们更不可能自愿地离开组织。为什么呢？一个原因是，具有责任心员工的坚韧天性会促使他们长时间地坚持既定的行动路线。这种坚持可以从他们的日常工作努力中看出，但是它也可以延伸至对组织的承诺。另一个原因是，有责任心的员工能更善于管理压力，能意识到低水平的压力源，并在工作中很少受到压力的影响。

　　请登录www. mhhe. com/ColquittEss 网站查询学习资料，包括互动练习、测验、iPod 下载和视频内容。

8.4 案例：Four Seasons

　　2006 年度标志着四季饭店的巨大变化，因为该连锁饭店被微软总裁比尔·盖茨和沙特王子阿尔瓦利德 ·本 ·塔拉尔以37 亿美元所购买。这一举措使得伊萨督·夏柏可以全力发展其连锁饭店，而不必担心其公司股价。夏柏的计划是在未来十年内把四季饭店的数量提高一倍，并仅在 2008 年就要在七个新区开店（博拉博拉岛、佛罗伦萨、伊斯坦布尔、澳门、毛里求斯、孟买和圣·路易斯）。这一扩张对于连锁店提出了重要挑战，因为他们将需要雇佣35 000 名员工去到新地区任职。

　　对于王子阿尔瓦利德来说，他深知这种挑战的性质，认识到在新区开店，保持服务质量将是极为重要的。该连锁店的四大面试雇佣哲学应该能够传递正确的个性和才能组合。公司的招募策略也应该证明是有益的。尤其是四季饭店从顶尖酒店专业如科内尔大学或内华达一拉斯维加斯大学招聘，努力去寻找最优秀的员工。当然，当连锁饭店拓展到其他文化价值观差异很大的国家时，也需要在一定程度调整其招聘方式。最后，目标将是：为所有这些在不同地区饭店的顾客重新创造出相同的"四季经历"。毕竟，"四季的优势是一致性"，王子阿尔瓦利德特别提到。

• 如果由你负责四季的招聘策略，面试中你会优先考虑"大五个性"中的哪一个？在面试情境中大五中的一些维度会比另一些维度更容易评价吗？

• 如果你在思考理想的四季员工特征状况，就像本章中所描述的，他们的特征状况与某些霍夫施泰德的文化价值观相一致吗？与它们中的一些有不一致的吗？在不同的文化价值观中饭店用工带来哪些挑战？

• 什么认知能力和情感能力对四季员工来说会是关键的？在面试中怎样才能容易地衡量这些能力？新员工可以通过培训来克服这些能力的不足吗？

8.5　重点掌握

• 个性是指个人内在的特质和倾向，以解释他或她思想、情感和行为的特征模式。它也指一个人的社会声望——别人看待他或她的方式。文化价值是在影响特质表达的既定文化中，对期望的最终状态或行为模式的共有信念。能力是指人们进行一系列相关活动所具有的相对稳定的能力。

• "大五"包括责任心（例如：可信赖的、有条理的、可靠的），随和性（例如：热情的、亲切的、合作的），神经质（例如：紧张的、情绪低沉的、易动感情的），经验开放性（例如：好奇的、有想象力的、创造性的）和外倾性（例如：健谈的、好交际的、有激情的）。

• 霍夫施泰德的文化价值观维度包括个人主义—集体主义，权力差距，不确定性规避，男性特质—女性特质和短期目标导向与长期目标导向。

• 认知能力包括语言能力、定量能力、推理能力、空间能力和感知能力。一般心理能力或 g 是所有特殊认知能力的基础。

• 情感智力包括四种特殊类型的情绪技能：自我意识，他人意识，情绪调节和情绪的运用。

• 一般认知能力与工作绩效高度正相关，这主要是由于它对任务绩效的影响。相反，一般认知能力与组织承诺没有关系。责任心对工作绩效和组织承诺中度相关。它对这些结果的影响比对大五的其他结果的影响更大。

8.6　问题讨论

• 思考一下你现在的工作或这之前的工作所履行的职责，从帮助你在特定环境中获得成效的能力角度，把大五维度从最重要的到最不重要的顺序进行排列。你为什么这样排列？

• 思考一下霍夫施泰德文化价值观对美国特征的描述，如表 8—2 中所示。你个人认为你与对美国的特征描述相称吗？或你的价值观在某些方面有差异吗？如果你是一个移居国外工作者，就是你在另一个国家工作，哪些文化价值观差异是你最难应对的？

• 设想一项需要某些认知能力水平很高的工作。你是否能思考出一种方式来重新设计那项工作，这样对于缺乏那种能力的人也能有效地从事那项工作？

• 回想一下你与一个情商非常高的或非常低的人一同工作过的经历。然后思考一下你是如何从认知能力角度对他们进行评价的。你是否认为情商"溢波"会严重影响人们认知能力的感知？

8.7 测评："大五"个性维度

你的个性特征是怎样的？这一评价设计是为了衡量个性的五个主要维度：责任心（C），随和性（A），神经质（N），经验开放新（O）和外倾性（E）。下面所列出的是描述人们行为的句子。请在每一句话的旁边写上一个数字，用以表示这句话对你正确描述的程度。用所给的反应量表回答每一问题。然后用6减去对粗体字问题的回答数，以其差数作为那些问题的新答案。例如，如果你对问题6的最初答案是"2"，你的新答案就是"4"（6-2）。（有关本章更多的测评内容，请登录在线学习中心www.mhhe.com/ColquittEss.）

1	2	3	4	5
非常不准确	中等程度的不准确	既不准确也不准确	中等程度的准确	非常准确

1. 我在聚会中是活跃人物。　————

2. 我同情他人的感受。　————

3. 我即刻做好家务。　————

4. 我情绪经常波动。　————

5. 我有生动的想象力。　————

6. 我不太爱说话。　————

7. 我对他人的问题不感兴趣。　————

8. 我常常忘记把东西放回适当的位置。　————

9. 我大多时间都放松。　————

10. 我对抽象思想不感兴趣　————

11. 我在聚会上和许多不同的人交谈。　————

12. 我感受他人的情感。　————

13. 我喜欢有条理。　————

1	2	3	4	5
非常不准确	中等程度的不准确	既不准确也不准确	中等程度的准确	非常准确

14. 我很容易生气。 ————

15. 我很难理解抽象的思想。 ————

16. 我置身于幕后。 ————

17. 我对他人真不感兴趣。 ————

18. 我把事情弄得一团糟。 ————

19. 我很少闷闷不乐。 ————

20. 我没有良好的想象力。 ————

得分与解释

责任心：把项目 3、8、13 和 18 相加

随和性：把项目 2、7、12 和 17 相加

神经质：把项目 4、9、14 和 19 相加

经验的开放性：把项目 5、10、15、和 20 相加

外倾性：把项目 1、6、11 和 16 相加

现在将你的分数在右边的表中画出，看看每个维度中你是高于还是低于标准水平。

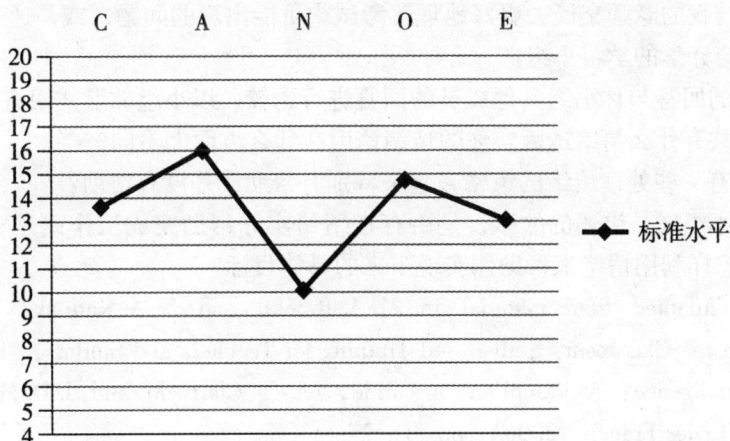

Source：M. B. Donnellan, F. L. Oswald, and R. E. Lucus, "The Mini-IPIP Scales：Tiny-Yet-Effective Measures of The Big Five Factors of Personality," *Psychological Assessment* 18（2006）, pp. 192 – 203. Copyright© 2006 by the American Psychological Association. Adapted with Permission. No further reproduction or distribution is Permitted without written permission from the American Psychological Association.

8.8 练习：情感智力

本项练习的目的在于帮助你进一步意识到你自己的和别人的情感，并且理解在日常生活中是怎样控制和使用情感的。本练习采用分组方式进行，老师将会把你分派到小组中或要求你建立自己的小组。本练习分为以下步骤：

1. 思考一下，你在什么情境下经历过下列四种情感：
- 高兴
- 紧张
- 悲伤
- 愤怒

2. 以书写或小组讨论的形式回答下列关于每种情境下的问题：

a. 精确地说，在这种情境中什么会触发你的情感？

b. 你的情感会对这种情境的结果产生什么影响？思考一下你的情感是怎样影响你自己的、他人的该情境的一般结果（是积极的还是消极的）。

c. 你使用了什么策略去应对该情感？

d. 你还会使用其他什么策略去应对该情感？

例如，一个同学写到："我参加考试的时候总是很紧张。上周，我应去参加会计学的期中考试，的确这个即将到来的考试确触发了我的紧张感。因为我紧张，我推迟了学习，并且设法找几个好友和我一起去了一家俱乐部。那天晚上我们玩得很开心，但是第二天在会计学考试中我得了 D，并且我的两个好友在管理学期中考试中没及格。我使用拖延和避开的策略去应对我的紧张。我所使用的另一个策略是直接面对紧张，即通过与我的老师交谈去更好地理解考试中可能出现的问题，或是通过将我的好友组成一个会计学的学习小组。"

3. 把你的回答与你小组其他成员的回答进行比较。以小组的形式回答下列问题：

a. 你们共有什么情绪诱因？你的情绪诱因在什么方面上不同？

b. 是否有一些处理情绪的策略看起来特别有帮助或是没有帮助？

c. 根据小组成员讲述的故事，是否存在情绪实际帮助完成工作或是实现目标的时候？你会怎样利用情绪来帮助你实现未来的具体目标？

Source：Adapted from material in M. A. Bracktt and N. A. Katulak，"Emotional Intelligence in the Classroom：Skill-Based Training for Teachers and Studnts,"in improving Emotional Intelligence：A Practitioner's Guide，ed. J. Ciarrochi and J. D. Mayer（New York：Press/Taylor Francis, 2006），pp. 1－27.

本章术语

个性是指一个人内在的结构、倾向和特质，用以解释其思想、感情和行为的特征模式。

文化价值观是指在既定的文化中，对期望的最终状态或行为模式的共有信念。

能力是指雇员所具有的、可以使他们进行某一特定相关联活动的相对稳定才能。

特质是指人们对其环境反应中的周期性规律或趋势。

大五是指个性的五大维度，主要包括责任心、随和性、神经质、经验开放性和外倾性。

成就追求是指一种实现与任务相关目标的强烈愿望，以此作为表达个性的方式。

共融追求是指一种在人际关系中获得接受的强烈愿望，以此作为表达个性的方式。

地位追求是指一种在社会结构中获得权利和影响力的强烈愿望，以此作为表达个性的方式。

积极情感是指对快乐经历和愉悦心境的一种性情倾向，如热情、兴奋和喜悦。

消极情感是指对不愉快情感经历的一种性情倾向，如敌意、神经紧张和烦恼。

控制源是指人们把事件的原因归于自身或是归于外部环境。

创造力是指产生新奇的、有用的想法和解决方案的能力。

个人主义—集体主义是指一种文化具有松散的社会框架（个人主义）或紧密的社会框架（集体主义）的程度。

权力差距是指一种文化倾向于平等权力分配（低权力差距）或是不平等权力分配（高权力差距）的程度。

不确定性规避是指一种文化可容忍模棱两可的情况（低不确定性规避）或感觉受其威胁（高不确定性规避）的程度。

男性特质—女性特质是指一种文化价值观倾向于典型男性特征（男性特质）或是典型女性特征（女性特质）的程度。

短期目标导向与长期目标导向是指一种社会文化强调过去/现在导向价值观（短期目标导向），或强调未来导向价值观（长期目标导向）的程度。

民族优越感是指一种视自己的文化价值观正确而视他人的文化价值观错误的倾向。

认知能力是指在解决问题中，与获取和运用知识相关的能力。

语言能力是指与理解和表达口语的、书面的交流相关的各种能力。

定量能力是指与做数学运算、选择和运用公式解决问题相关的各种能力。

推理能力是指与使用洞察力、规则、逻辑来感知和解决问题的各种相关能力。

空间能力是指与理解个人所处的环境和现象改变该环境的各种相关能力。

感知能力是指能够对一定模式的信息进行感觉、理解和回忆。

一般认知能力是指一种心理能力的整体水平，它能够驱使更为具体的认知能力（通常缩写为 g）。

情商是指与理解和使用情感去影响社会职能相关的一系列能力。

自我意识是指对自己内在情感的评价和表达。

他人意识是指对他人的情感的评价和认知。

情绪调节是指能够迅速从情感经历中恢复过来。

情绪的运用是指人们利用并驾驭情感来提高成功机会的程度。

第四部分　团体机制

9

团队

【学习目标】

通过阅读本章，应该能够：

- 界定不同类型的团队并识别它们的特征；
- 识别并描述五种基本团队类型；
- 描述团队互依性的三种基本类型；
- 描述团队的构成因素；
- 界定团队进程并讨论团队进程如何带来进程收益和进程损失；
- 界定任务工作，并且描述适应这一进程类别的团队活动范例；
- 界定团队合作，并且描述适应这一进程类别的团队活动范例；
- 界定团队状态，并且描述适合这一进程类别的概念；
- 描述团队进程是如何影响团队绩效和团队承诺的。

9.1　Logitech

你最近一次使用鼠标和键盘是在什么时候？最近一次使用家用娱乐系统的万能遥控器、iPod 外部扬声器、Playstation 3 家用游戏机的操控杆或赛车方向盘，是在什么时候？如果你最近使用了上述的任何一样东西，那它很有可能就是 Logitech（以下称"罗技"）公司设计并生产的。创立于 1981 年的罗技公司，是一家以富于创新、价格合理而闻名的生产计算机相关产品的瑞士公司。公司年总收入为 20 亿美元，向全球约 100 个国家运送大约 1.5 亿件产品。总的来说，罗技公司的成功归功于它向市场推出大量创新产品的能力。比如，近年来，罗技公司推出了 130 种新产品，其中许多以其卓越的创新和设计获得了行业奖项。

是什么让罗技有能力不断推出这么多创新的产品？简单说来，罗技的团队遍及全球，而且其团队由具有高度专业技能的团员组成，罗技利用这些团队并且管理团队进程，使工作任务能够被连续不间断地完成。以开发和生产罗技旗舰鼠标——"革命"的团队为例。产品的设计和机械工程在爱尔兰，电子工程在瑞士，加工在中国台湾，制造在中国大陆，软件工程和质量保证在加利福尼亚。尽管你可能认为时差会给团队工作带来妨碍，但罗技却通过"**跟随太阳**"将它变成竞争优势。具体说来，就是在一个国家的团队下班回家的时候将工作交给另一个国家的另一个团队，他们刚好上班来到办公室，这样工作得以连续进行。正是依赖于这样不断的工作衔接，产品开发和其他工作才得以持续进行，鼠标才得以被更快地推向市场。

尽管"跟随太阳"的做法引起了其他许多在全球范围内运作的公司的注意，但还是有一些需要考虑的问题。比如，在工作交接中，团队成员间的语言、文化差异可能会造成误解，进而影响到完成任务的效率。又如，除了显而易见的语言问题，想象一下对于这样分散的团队来说，找出适当的时间来进行交流是多么困难。如某一加利福尼亚的团队成员想要于星期五中午（太平洋标准时间）在网络上与其他团队成员见面，而那时正是爱尔兰时间星期五晚 8 时，中国台湾时间周六早 4 时。

> **"几乎所有主要的美国公司最近都在使用团队或计划使用团队。"**

9.2　团队

就算你不是我们曾在开篇提到的那样团队的成员，然而，你所具有的第一手经历很有可能将会把你与本章的内容联系起来。例如，你们中大多数都在生活中某个时候参加过某个体育团队。又如，你们中很多人都在团队中和同学一起完成过作业。再比如，你们中的一些人可能曾经是某些组织的成员，你们的团队生产某种产品，提供某种服务或者为公司提供解决问题的方法等等。这些团队虽然大不相同，但同时它们又有着明显的相似之处。事实上，团队就是拥有一套明确特征的组织。更确切地说，**团**

队是两个或两个以上的人在某一时期内为了实现以工作任务导向为目的的相关目标而协同工作的群体。

界定不同类型的团队并识别它们的特征

今天，在美国的大多数的组织，不论其规模大小，都使用了团队。事实上，一些研究表明，几乎所有主要的美国公司目前都在使用团队或计划使用团队，几乎有高达50％的美国雇员都是团队的一员，并将团队工作作为工作的一部分。因此，尽管在20世纪60年代团队的使用还仅限于像宝洁这样的开拓者，今天，团队已经被应用在各行业当中，以便完成各种工作，使组织更有效地运营。为什么团队变得这么盛行？最根本的原因在于工作本身的性质要求有团队的存在。当工作日趋复杂，个体之间的合作就变得更加重要，因为这种合作会有利于知识及技能的互补、增效和共享。

如图9—1所示，我们将本章所讨论的概念和理论归为两类。首先，我们将讨论团队特征或者团队和团队成员的各种特点。在设计团队的时候，一定要考虑到团队特征，这一点非常重要，因为它将影响到整个团队进程和团队绩效。其次，我们再概览团队进程。所谓团队进程就是团队成员在一起工作一段时间后，团队所体现出的特征行为和态度。理解各种团队进程是非常重要的，因为有效的进程会提升团队的绩效。

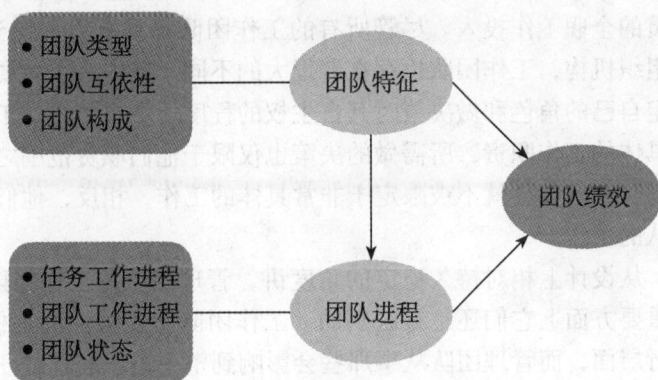

图9—1　团队的特征和进程

9.3　团队特征

尽管团队有很多不同的特征，我们还是一般将他们分成三大类：团队类型、团队互依性和团队构成。

9.3.1　团队类型

描述团队的一种方法就是根据分类学将团队分成各种类别，一种分类法见表9—1，团队被分成五种基本类型，每一种团队都与一些明确特征相对应，最显著的特点包括其团队目的与活动、团队寿命、团队需要个体团员工作所投入的时间。

表 9—1 团队类型

团队类型	目的与活动	团队寿命	成员工作投入的时间要求	具体例子
工作团队	制造商品或提供服务	长	高	自行管理团队、生产团队、维护团队、销售团队
管理团队	整合组织内各子单位的活动	长	中等	高层管理团队
平行团队	提供建议和解决问题	不确定	低	质量圈、顾问委员会、委员会
项目团队	提供一次性的产出如产品、服务、计划、设计等	不确定	不确定	产品设计团队、研究小组、计划团队
行动团队	执行那些持续时间不确定的复杂任务,这些任务通常在高度可视或高度挑战性的环境下进行	不确定	不确定	外科团队、音乐团队、探险团队、体育团队

Source: S. G. Cohen and D. E. Bailey, "What Makes Teams Work: Group Effectiveness Research from the Shop Floor to the Executive Suits," *Journal of Management* 27 (1997), pp. 239 – 90; E. SundstromK. P. De Meuse, and D. Futrell, "Work Teams: Applications and Effectiveness." *American Psychologist* 45 (1990), pp. 120 – 33.

识别并描述五种基本团队类型

工作团队。工作团队在设计上相对持久稳定,其目的是生产产品或提供服务,通常它需要其成员的全职工作投入。尽管所有的工作团队都具有以上提到的明确特征,但对于不同的组织机构,工作团队也存在着很大的不同。其中一个主要的不同就体现在团队成员界定自己的角色和做决策时其自主权的程度上。在传统的工作团队中,成员们有着非常具体的工作职责,所需做的决策也仅限于他们职责范围之内的活动。而在自我管理型团队,其成员就不被限定于非常具体的工作,相反,他们共同决定如何组织、完成团队的工作。

管理团队。从设计上相对持久稳定的角度讲,管理团队与工作团队是相类似的,然而,在很多重要方面上它们还是有区别的。工作团队主要关注的是核心产品生产、服务提供等执行层面,而管理团队从事那些会影响到整个组织的管理任务。特别是管理团队负责协调下属单位(如部门或职能领域间)的活动——以助于实现组织长期的目标。如由高层管理人员组成的高级管理团队就负责组织的战略方向决策。值得一提的是,因为管理团队多是由各部门的领导者组成,他们对管理团队的工作时间投入要求往往受到他们对自己单位的领导责任的影响。

平行团队。平行团队是由不同工作的成员组成,他们对产品生产过程中"平行的"重要问题向管理者提出建议。平行团队只要求成员部分时间的工作投入,可以是长期性的,也可以是临时性的,这主要取决于它的目标。比如质量圈(质量管理团队)的团队成员,他们既有个人工作,又要定期碰面开会,以便查找问题、提高产品质量。一个更短暂的平行团队的例子是委员会,其成立是为了处理临时突发的问题。

项目团队。项目团队的组成是为了完成一次性的任务,这些任务通常很复杂进而需要具有多种类型的培训和专业技能的团员参加。尽管项目团队只存在于项目完成过程中,但还是有些复杂的项目可能需要很多年才能完成。一些项目需要团队成员全职的工作保证，而一些则仅需要团员部分时间的工作保证。一个由工程师、建筑师、设计师和建筑者组成负责城镇中心设计的计划团队大概需要团员全日工作一年或更久。相反，负责牙刷设计的项目团队，其工程师和艺术家可能会为这项工程一起兼职工作一个月，与此同时，他们可能还在为其他的项目团队工作。

> **"尽管沟通和组织团队网络工作的软件还不够完善，但它已经足以让任何类型的团队完成虚拟化工作了。"**

行动团队。行动团队负责完成时间有限的任务，但此任务非常复杂，常常要在很多观众观看的情况下进行，又或者任务本身就极具挑战性。一些类型的行动团队需要长时间的一同工作。例如，体育团队要在一起呆上一个赛季，像滚石这样的乐队要在一起呆上十几年。其他类型的行动团队只需合作到任务结束。外科手术团队或飞机机组人员作为一个团体可能只需在一起手术或飞行两个小时。

团队内的变化：虚拟性。即使你已经知道一个团队是项目团队、行动团队或其他类型的团队，但你还没有了解到团队的全部。在各种类型的团队中都有着一些变化形式，影响着团队的运作。例如，**虚拟团队的团队成员**在地理上是分散的，但他们能够通过如电邮、即时信息、视频会议等电子交流的方式来进行关联活动。尽管沟通和组织团队网络工作的软件还不够完善，但它可能已经足以让任何类型的团队都实现虚拟工作了。换言之，在表9—1中的每种类型的团队都能够找出面对面运作的例子，也可以找出通过恰当的技术进行虚拟运作的例子。就像我们在开章部分所描述的，一方面，由于团队成员在地理上是分散的，虚拟团队的效率不能得到保障，另一方面，虚拟团队也可以使工作任务连续进行而不需要团队成员一天二十四小时工作。

团队内的变化：团队发展阶段。除了在"虚拟"上的变化，任何类型的团队在共同工作过程中，所需的经验也不尽相同。要理解这一点，你可以想象一下一个最初由几个个体组成的团队发展成为成熟稳定的团队的过程。根据团队发展的四阶段理论，团队发展经历了如图9—2的上半部分所示的四个阶段。第一阶段叫做形成阶段，成员们通过理解团队的界限来指导自己的方向。成员们试着去了解别人对他们的期待，弄清楚哪些是越界行为、谁是管理者。接下来的阶段叫做震荡阶段，成员们坚持其带入团队内的思想。这种最初对别人思想的不接纳常常引起冲突，从而对成员之间的关系产生消极的影响并且阻碍团队的进程。接下来是规范阶段，成员们认识到他们需要共同工作去完成团队的目标，进而开始合作，团结的感情也在团队成员为了团队目标共同努力工作的过程中形成。一段时间之后，团队成员开始明确团队规范以及自己的工作范围。团队发展的最后一个阶段叫做实施阶段，成员们适应自己的工作，团队也朝着既定的目标发展。

一个更适合某些项目团队的团队发展理论叫做**间断平衡论**。图9—2的下半部分显示了这种理论所描述的团队发展过程。在最初的团队会议上，团队成员确立起团队生命周期第一阶段内的行为模式，这种行为模式支配着团队的运行甚至成为一种惯性行为。在项目中期的某点（不管这个项目究竟有多长），某项重大的事情发生，使团队成员认识到为了按时完成任务，他们必须要彻底改变原有的行为模式。在这样的过

进程发展可以预料的一些团队

```
┌──────┐    ┌──────┐    ┌──────┐    ┌──────┐
│ 形成 │ →  │ 震荡 │ →  │ 规范 │ →  │ 实施 │
└──────┘    └──────┘    └──────┘    └──────┘
```

时间

不是以线性模式发展的一些团队

```
                          ┌──────────┐    ┌──────┐
                          │ 进程修正 │ →  │ 惯性 │
                          └──────────┘    └──────┘
                         间断平衡
┌──────────┐    ┌──────┐
│ 形成和产生 │ → │ 惯性 │
│   模式   │    └──────┘
└──────────┘
```

时间   中点   时间

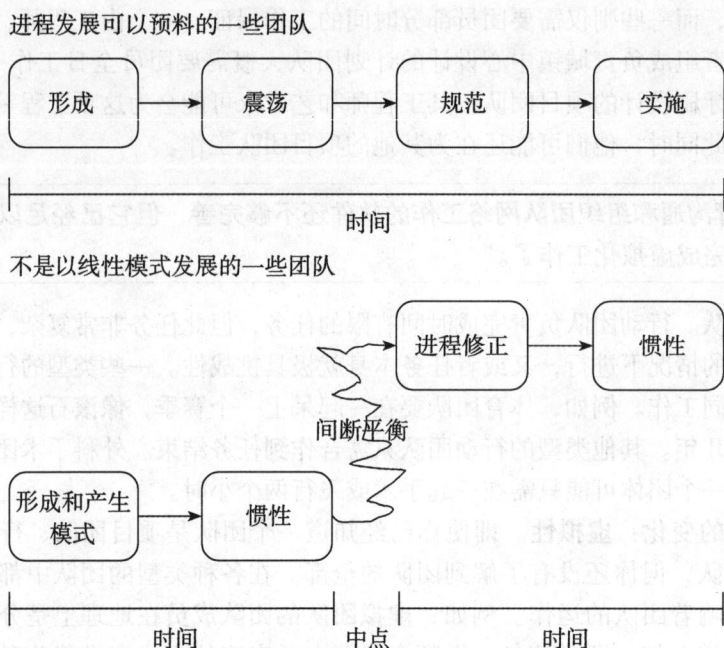

图 9—2   两种模式的团队发展

渡中，那些能够利用机会计划新方法的团队通常能很好地完成工作，他们的行为将在新的框架下进行，直到任务完成。而那些没有利用这个机会去改变他们的方法而是继续坚持原始的模式的团队将会"走向失败"。

9.3.2   团队互依性

除了按照团队类型来分类，我们可以从团队成员间的相互依赖关系来探讨团队。总的来说，团队互依性就是团队成员间的相互依赖关系。

描述团队互依性的三种基本类型

任务互依性。任务互依性是指团队成员为了完成团队的任务而相互依赖的程度和在信息、材料、资源方面对其他团队成员的依赖程度。任务互依性主要有四种，每一种都对合作和协调有不同程度的要求（如图 9—3 所示）。

第一种类型的任务互依性是**联营式互依性**，其对合作协调要求度最低。在这一类型的任务互依性中，团队成员独立完成各自的工作任务，而他们的工作成果"堆积"起来就成为团队的产出。联营式互依关系就像是渔船上的作业一样，每一个渔民都撑起自己的鱼竿，把饵线投入水中，收起鱼线，把鱼从钩上摘下来，最终把鱼放入有冰和鱼的桶中。一天下来，钓到的鱼的总重量就是渔船的产出。

第二种类型的任务互依性是**顺序互依性**。在这一类型的任务互依性中，不同的工作都按照指定的顺序进行，团队也都按照每个成员的具体任务而安排。尽管顺序互依关系中团员间相互影响，工作才能被连续完成，但这种影响只发生在顺序相连的成员间。顺序排在后面的团队成员的工作受到其前面成员的工作的影响，而不是相反。在生产作业环境中的传统装配线是典型的顺序互依性的例子。在这种作业环境下，一名员工将一个部件安装到生产的产品之上，然后将产品转移到下一员工手中，被装上另一部件，整个过程以产品检验、包装、运输结束。

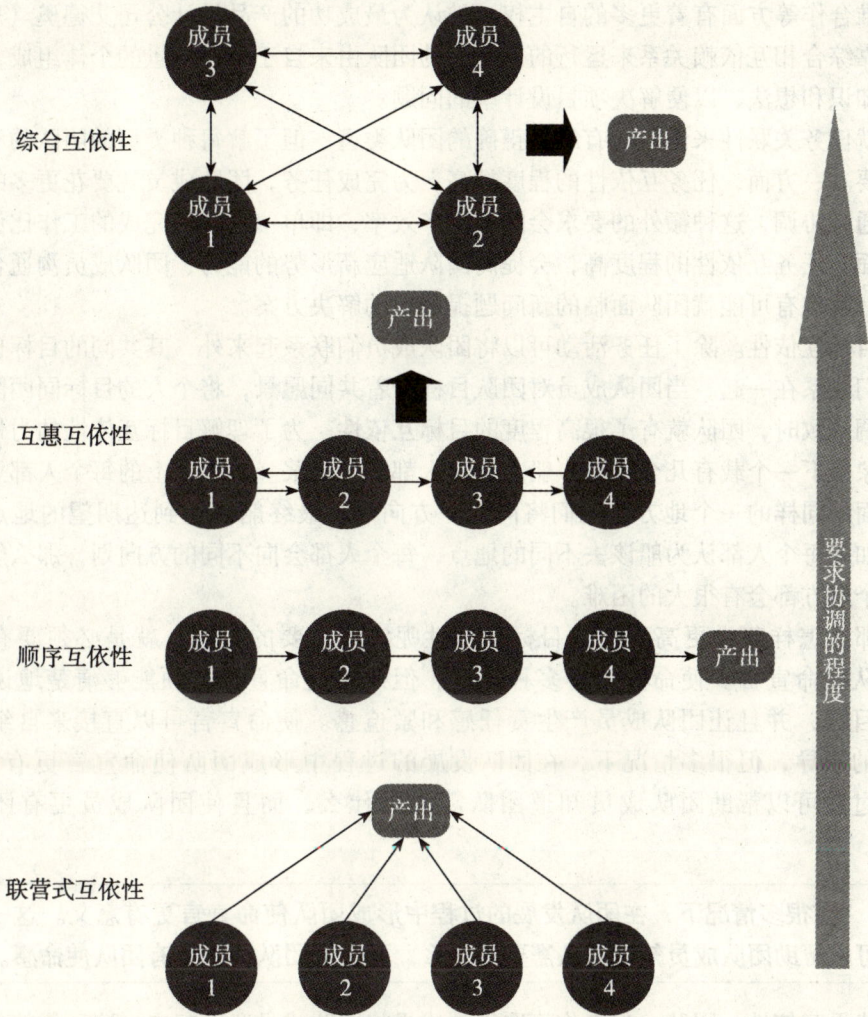

图9—3　任务互依性与协同要求

　　第三种类型的任务互依性是**互惠互依性**。与顺序互依关系相似，员工们各自从事专业化的工作。然而，与顺序互依关系不同的是，互惠式互依关系中的团员为完成任务要同其他的团员互动。为了更好地理解互惠式互依关系，我们想象一下一个为有钱的客户设计房间的团队的一项业务。在与顾客见面之后，销售人员会向设计师提供客户对房间设计的整体要求及在结构和美学上的细节要求，还有一些草图，以便设计师可以做出最初的方案和正视图；销售人员和客户探讨设计师的最初方案，再由设计师修改，通常要经过几次的修改。在这个过程中，设计师要就客户的问题和要求同团队其他成员探讨商议。比如，设计师要和结构建筑师商议决定支撑梁和承重墙的位置，要和工程管理人员商议对造价太高的设计进行修改。再比如，销售人员要和设计师共同帮助客户选择其他的功能部件、材料和颜色，再将其加入到设计师的修改方案当中。

最后一种类型的任务互依性是**综合互依性**。它对团员完成工作任务时的合作和协调要求最高。在综合互依关系团队中，团队成员在完成任务过程中，对做什么、合作中和谁合作等方面有着更多的自主权。被认为最成功的产品设计公司艾德奥（IDEO）就是靠综合相互依赖关系来运行的。他们的团队由来自于多种背景的个体组成，他们分享知识和想法，以便解决项目设计中的问题。

就任务关联性来说，没有绝对正确的团队类型，但了解每种类型的团队的利弊却很重要。一方面，任务互依性的程度越高，为完成任务，团队成员就要花更多的时间来沟通和协调，这种额外的要求会降低生产效率，即单位时间内完成的工作比例。另一方面，任务互依性的程度高，会提高团队适应新形势的能力，团队成员沟通合作的越多，就越有可能就团队面临的新问题提出新的解决方案。

目标互依性。除了任务活动可以将团队成员们联系起来外，其共同的目标也可以将他们联系在一起。当团队成员对团队目标有着共同愿景，将个人的目标同团队的目标协调一致时，团队就有了很高程度的**目标互依性**。为了理解目标互依性的力量，可以想象一下一个载有几个人的小船，每个人都有一个桨。如果船上的每个人都想到达湖对面的同样的一个地方，他们将向同一方向划，最终船将会到达期望的地点。然而，如果每个人都认为船该去不同的地点，每个人都会向不同的方向划，那么船到任何一个地方都会有很大的困难。

那么怎样建设更高程度的目标互依性呢？最重要的一点，就是必须要有正式的团队使命宣言。使命宣言有多种形式，但好的使命宣言必须能够清楚地说明团队的目标，并且让团队成员产生责任感和紧迫感。使命宣言可以直接来自组织或团队的领导，但很多情况下，在团队发展的过程中形成团队使命宣言更有意义。这一过程可以帮助团队成员知道团队需要做什么，而且使团队成员更有团队使命感。

> **"在很多情况下，在团队发展的过程中形成团队使命宣言更有意义。这一进程可以帮助团队成员知道团队需要做什么，而且使团队成员更有团队使命感。"**

成果互依性。团队一起工作而取得的成果将团队成员联系起来，这种依赖关系成为最后一种互依类型。当团队成员因为在一个团队工作而可以分享团队的成果时（如报酬、奖金、正式反馈、认可、鼓励、更多休息时间、团队的继续存在等），就有高程度的**成果互依性**存在。当然，因为团队的成就依赖于每一名团队成员的绩效，高水平的成果互依性也意味着团队成员的回报要更多地依赖于其他团员的表现。相反，当团队成员的报偿和惩罚都依据个人绩效，而非团队绩效的时候，成果互依性的程度自然就比较低。

成果互依性有时让设计团队的管理人员处于两难的境地。一方面，当成果互依性程度高的时候，团队成员间的合作会得到提高，因为他们知道他们有着共同的命运。如果团队赢了，那么每一个人就都赢了；如果团队输了，那么每一个人就都输了。另一方面，高程度的成果互依性会导致动力的缺乏，尤其是对那些绩效好的成员来说，因为他们可能认为他们并没有按绩效得到相应的补偿，其他的团队成员利用这种不公平占了他们的便宜。

> "当成果互依性程度高的时候，团队成员间的合作会得到提高，因为他们知道他们有着共同的命运，如果团队赢了，那么每一个人就都赢了，如果团队输了，那么每一个人就都输了。"

解决这种两难困境的方法就是实施和任务互依性程度相当的成果互依性，在两种互依性程度都很高的情况下，团队成员更有动力。同样，在成果互依性程度较低的情况下，团员们也更倾向于低水平的任务互依性。为了能够更好地理解任务互依性和成果互依性一致所能带来的力量，可以想象一下两者程度不相当的情况。比如，你在班级中和其他成员为一个项目付出同样的努力，尽管教授说你们的项目很优秀，但如果他给其中一个团队成员的成绩是 A，另一个成员是 B，而你是 C，你会感觉如何？同样，期末考试，你通过努力得到了足够 A 的成绩，但教授却平均给每个学生一个 C，你又感觉如何？应该是对两种情况都不满意吧？

9.3.3 团队构成

你应该承认团队的效率和团队构成有关系，或者说与图 9—4 所显示的**团队构成**的五个方面及其集合有关。例如，如果你是一个非常高效的团队中的一员，你会发现团队成员不仅有能力完成自己的任务职责，更可以相互信赖和合作。"**运动中的组织行为学**"专栏中的另一范例，说明了在决定团队有效性中团队构成的重要性。

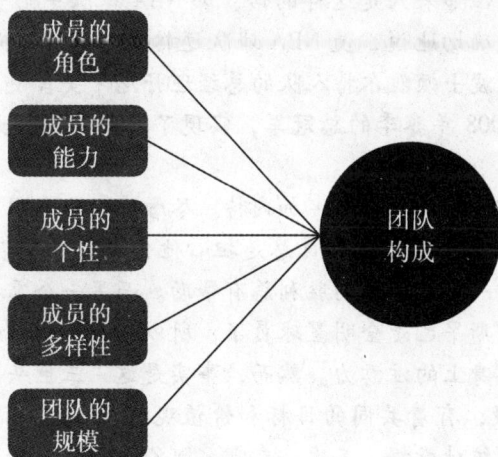

图9—4　团队构成的五个方面

描述团队的构成因素

团队构成的第一个方面是成员的**角色**。这里的角色是指在既定情境中，一个人将会表现出的一系列行为。在团队的背景下，总的来说，根据具体情况，成员需要去扮演或开发三种类型的角色，有没有扮演这种角色的成员会对团队的有效性产生重要的影响。

团队任务角色是指与完成团队任务直接相关的行为，如为团队确定方向的带头人、对团队的现状提出建设性质疑的反面意见的人，以及激励团队成员为了团队目标而努力工作的激励者。就像你所认识到的，具体任务型角色的重要性要依据团队的工作性质而定。对于那些可以自主决定如何完成任务的团队来说，带头人的角色尤为重要。对那些决策极具"风险"的情况以及对那些在没有考虑其他选择前团队就已经达成一致意见的情况，提出反面意见的任务角色尤为重要。最后，激励者角色在那些工作本身很重要但不能太让人动力十足的团队中会非常重要。

同这种以任务为导向的角色比较起来，团队建设角色指的是那些影响到整个团队风气的行为，比如解决团队成员间纠纷的协调者、赞扬团队成员工作的鼓励者以及提出能让团队成员接受的其他解决方法的折衷者。正如你可能已经认识到的，担当团队建设角色这些成员的存在有助于团队管理那些可能会影响团队有效性的冲突。

最后，任务角色和团队建设角色关注的是对团队有益的活动。个人利己主义角色指的是以团队利益为代价的对个人有好处的行为。比如"攻击者"会打压或挫伤其他的团队成员，寻求认可者会将团队的成功归功于自己，支配者会操控团队成员来获取对团队的控制和权力。如果你曾经在这样个人利己主义角色的团队中，那你就会认识到他们会给团队造成多大的伤害，这样的团队不仅让人不开心，应付相关的问题还会耗费大量的时间和精力。

☺ 运动中的组织行为学

如果你是美国篮球联赛（NBA）中一个糟糕的球队的总经理，那么你将怎样做才能扭转形势，使球队在下一年的美国篮球联赛中赢得名次呢？一个明显的回答就是获得好的球员。事实上，年复一年，糟糕的球队都试图招募有成为明星潜质的新球员，并换取老牌明星，但如果只是这样的话，那 NBA 球队中形势大逆转的现象将每年都可以发生，所以更确切地说，使 NBA 球队逆转形势的并不是招募新球员，而是找到合适的球员组合。波士顿凯尔特人队的总经理丹尼·安吉使用过这种方法指导他的球队赢得了 2007—2008 年赛季的总冠军，实现了一年之内的大逆转。那么安吉是怎样做到的？

首先，他交换到雷·阿伦和凯文·加内特。尽管有两名全明星队员加入到队中似乎是想都不用多想的好事，可明星球员总是担心他们自己的球赛统计数据和市场价值，所以，这一战略不一定对球队的胜利总有帮助。而另一个需要担心的问题是由于凯尔特人的保罗·皮尔斯早已是全明星球员了，所以另两名明星的到来意味着他们会分享公众原本投放在他身上的注意力。然而，事实是这"三巨头"（雷·阿伦、加内特和皮尔斯）个性相投，有着共同的目标和价值观，每个人都渴望胜利，并且愿意为了胜利而牺牲个人的统计数据。其次，在雷·阿伦和加内特加盟后，安吉又引入了一些愿意配合"三巨头"的球员，他们经验丰富，且甘当绿叶。最终，尽管美国篮球联赛的很多球队都拥有很多比凯尔特人更有篮球天赋的队员，但凯尔特人队队员的独特组合让它战胜了联赛中的其他球队而成为冠军。

> "在这样个人利己主义角色的团队中，不仅让人不开心，应付相关的问题也会耗费大量的时间和精力。"

能力。团队构成的第二个方面是成员的能力。在管理工作的背景下，设计团队时尤其要考虑到认知能力（参见第8章中对认知能力的讨论）。通常，在团队工作复杂的情况下，那些拥有高认知能力团员的团队会有更好的表现。团队成员不仅要接触各种不同的工作任务，而且还需要学习如何将个人的努力最有效地结合起来以实现团队的目标。事实上，越需要这一类型的学习，成员的认知能力也就变得越重要。研究表明，同那些团队成员只需要以常规的方式去完成指定任务的团队相比，认知能力对于那些需要团员互相学习如何适应变化的团队更为重要。

个性。团队构成的第三个方面是成员的个性特征（参见第8章中对个性的讨论），它影响团队的运作和表现。例如，团队构成中成员的责任心对团队来说非常重要。毕竟，团队成员可靠，且能为团队目标而努力会让团队受益。几乎每一个团队都会从团队成员的相互依赖中和为实现团队目标而努力工作中获益。对于你来说不太容易观察到的可能是一个不尽责的团队成员会对团队产生的强大的消极影响。为了理解这一点，可以想象一下，你会对团队中不可靠、不积极工作的团员作何反应。像大多数人一样，你会觉得很不满意，并会选择不同的方式来应对。一些人可能会激励某个人更有责任感和更努力地工作；一些人则试图将这个人逐出团队。问题是对这个缺乏责任感的团员所做出的种种自然反应，不仅会分散团队完成任务的注意力，而且还会导致一些耗时的人际冲突，同时，即使你和其他成员都格外努力工作去为这个人弥补，你的团队也很难比那些所有成员都负责、全心全意为团队工作的团队有效率。

团队成员的随和性也是要考虑的一个方面。研究表明，在团队设计中，成员的随和程度通常比团员的责任心重要。为什么呢？因为随和容易相处的人会有更好的合作和信任，使团队的态度更积极，团员相互之间的合作更顺畅。而且，因为与个人利益相比，随和容易相处的人更关心他们团队的利益，他们会为了团队更努力的工作。然而，关于团队成员的随和性也有需要警示的地方，因为随和的人更愿意避免冲突和竞争，他们更倾向于和谐和合作，所以他们不大可能畅所欲言，提出有利于团队改进的建设性的批评建议。团队有可能因为实现了和谐却不能完成任务。

具有外倾性的人在人与人相互联系的环境中会更有效率，并且通常更积极和乐观。因此，当你听到在管理者看来，具有外倾性的员工所组成的团队将会为团队的整个风气带来很大的好处，团队也更有效率时，你不该感到惊讶。然而，与此同时研究也表明，拥有太多外倾性的员工也会对团队带来危害。这主要是因为外倾性的人会过分武断和有统治欲，就如你所想到的那样，当团队中这种类型的成员过多的时候，权力斗争和无益的冲突会经常发生。

多样性。团队构成的第四个方面是成员的多样性。成员的多样性指的是按照某种具体的分类标准划分的成员之间的差异区别程度。因为用以分类的标准很多，所以理解团队多样性的作用会有些困难。多样性会影响团队的运作和效率也有很多的原因，并且其中的一些原因看起来是相互矛盾的。

用来解释为什么多样性会对团队有积极作用的主要理论叫做多样性问题解决方式的价值。从这一方面来看，团队多样性让团队可以受益是因为当团队开展工作时，团队可以共享多样性所带来的更多的知识和角度。工作性质复杂且对创造性有要求的团队尤其会从多样性中获益，有关团队在知识、角度（如种族、个性、态度）等方面多样性的研究也证明了上面的观点。

一个被广泛用来解释多样性会对团队产生负面影响的理论叫做相似吸引理论。根据这一观点，相似的人更倾向于互相吸引。同样，人们倾向于避免与那些与自己不同的人交往，以避免令人不悦的分歧。与这一观点类似的研究也表明，文化背景、种族、态度等方面属性的多样性与沟通问题密切相关，最终会导致较差的团队效率问题。

可以看出，在与团队相关的多样性效应方面有两种不同的理论，而且都有研究支持。哪一种观点是正确的？事实上，理解多样性对团队影响的一个关键就是要考虑两种基本形式的多样性（表层多样性和深层多样性）和团队存在的时间长度。**表层多样性**是指与可观测到的特征相关的多样性，如种族、民族、性别和年龄等方面。尽管这种多样性在团队形成的初期由于相似吸引力问题会对团队产生负面影响，但当成员们相互理解后这种负面的效应就会消失。说到底，成员对彼此内在特点的认识会取代最初他们因为表面差异而造成的成见，而这些内在的特点才是和社会交往、任务合作更息息相关的因素。相反，**深层多样性**是指那些在最初不易观察到，但通过较多的直接体验后却可以推断出的多样性。态度、价值观和个性上的差异都是深层多样性的例子。与表面多样性相反，时间会增加深层多样性对团队运作和效率上的消极影响。随着时间的推移和团队成员之间的相互了解，团队成员在基本价值观和目标等方面的差异将会更明显。这些差异会因此在团队成员间产生问题，并且最终导致效率低下。

团队的规模。在探讨团队的规模中，需要提到两条格言："多多益善"和"人多误事"。但是对于一个团队该有多少成员，你认为哪个说法是正确的呢？研究结果表明，具有较多的成员对于管理团队和项目团队是有益的，但对于从事生产任务的团队来讲成员多将无益。管理团队和项目团队从事复杂的和知识密集型的工作，因此其会从增加的新成员所带来的新资源和经验当中获益。相反，生产团队从事常规的、不太复杂的工作。增加对完成任务没有必要的员工会导致多余的协调和沟通问题。额外的成员会导致生产效率低下，因为他们需要有更多的社交活动，并且他们感觉自己对团队成果的责任不大。尽管研究人员声称组建一个绝对合适规模的团队是不可能的，但对学生团队的研究表明，当团队中有 4 到 5 名成员时（精确数是 4.6），团队成员会对团队最为满意。当然，也有其他的经验法则可以使用去保持团队的最佳规模。亚马逊网站的执行总裁杰夫·贝索斯使用两块比萨饼法则："如果两块比萨还不够一个团队吃，那么这个团队规模就太大了。"

> "如果两块比萨还不够一个团队吃，那么这个团队规模就太大了。"

9.4 团队进程

团队进程是指团队内部发生的，可促成最终目标实现的不同类型的活动与互动。我们在这一章中所描述的一些团队进程可以很容易地被观察到，例如，我们可以很容易地观察到团队成员收集信息、发展彼此的想法和为解决问题而进行的合作。相反，另外一些团队进程却不太容易被观察到，例如，在高度合作团队中的情感纽带就很难从外部被直接观察到。因此，团队进程不仅包括团队成员在行为上的相互作用，而且还包括在相互作用过程中形成的难以直接被观察到的情感和思想上的结合。

> **"进程收益是重要的，因为它形成了在团队组建之前所没有的有用资源和能力。"**

定义团队进程并讨论团队进程如何导致进程收益和进程损失

为什么学习团队进程很重要？一个原因是，有效的团队进程会使团队从进程收益中受益，或从该团队中取得比你所期望的根据成员个体能力而形成的更多的收益。进程收益与协同作用相同，对那些工作性质复杂，要求团队成员的知识、技能、解决问题的努力高度统一的团队尤其重要。在本质上，进程收益是重要的，因为它形成了在团队组建之前所没有的有用资源和能力。在我们的"**银幕上的组织行为学**"专栏中，就生动地说明了取得了进程收益的团队如何开发了能力，进而获得了比人们理性预期更多的成果。

当然，进程损失或获得比你期望的根据个体成员能力而形成的更少收益也是有可能的。什么因素会造成进程损失？一个因素是在团队中成员们不仅要完成自己的任务，而且还要把自己的活动与其团队成员的活动相协调。尽管团队工作中，关注于整合工作的额外努力在团队经历方面是必要的，但它被叫做**协调性损失**，这是因为它需要消耗本来可以用在完成团队任务上的时间和精力。这种协调性损失通常是由于生产阻塞而引起的，当一些成员在开始自己的工作之前需要停下来去等待其他人完成工作时会发生上述情况。如果你曾经是在这样的团队工作过，在你完成自己那部分工作前，你得花很多时间在开会上，你得跟随着其他团队成员对信息的要求，或者必须等待着其他成员完成他们那部分工作，那么你一定已经明白生产阻塞（和协调性损失）是多么令人沮丧。

第二种促成进程损失的力量是动机性损失，或者说是当团队成员不努力工作时而产生的团队效率损失。为什么在团队环境中会发生动机性损失？其中一个原因在于我们通常很难衡量成员们对团队贡献的大小多少。成员们为了一个项目在一起工作很长时间，结果，却很难精确地统计出谁做了什么。类似地，成员们可以以各种方式为团队作贡献，一些人的贡献却没有其他人的贡献那样显而易见。还有，团队中的成员不会总是作为一个单位在同一时间一起工作。不管是什么原因，对"谁做了什么"的不确定导致团队成员感觉到其对团队成果的责任不大。这种降低的责任感导致员工们在从事团队活动时所付出的努力比自己单独做此项工作时所付出的努力小，这种现象被叫做社会惰化，它会严重影响团队效率。

9.4.1　任务工作进程

已经对进程收益和进程损失进行了描述，现在应该来描述有助于提高团队协同，减少团队无效率的特定团队进程。一个团队进程的相关类型是**任务工作进程**，它是指与完成团队任务直接相关的团队成员活动。通常意义上，团队成员们与用来完成其工作的工具和技术相互作用时，任务工作就会发生。在这方面，团队工作与第2章中所描述的任务绩效概念相似。然而，在团队环境中，尤其在那些从事知识性工作的团队中，图9—5中所显示的创造性行为和决策这两种类型的任务工作是极为重要的。

界定任务工作，并且描述适应这一进程类别的团队活动范例

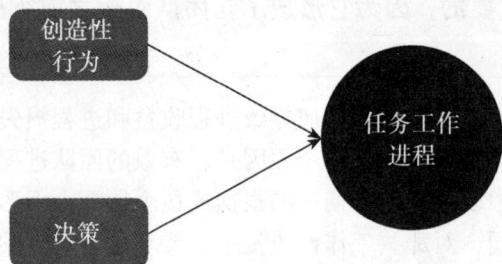

图9—5　任务工作进程

创造性行为。 创造性行为是涉及成员们从事那些能够产生创新、有用的想法和解决方案的活动。在第8章中的个性、文化价值观和能力中我们可以看出，创造性行为部分是由员工个人的创造力所驱动的，因为一些员工比其他的员工更有创造性和想象力。然而，团队环境也会促成独特的创造性行为，因为团队中每个成员将独特的知识和技能结合在一起也会产生新颖有用的想法。然而，要取得这样的成果不仅仅是靠把各种不同的人放在一起然后让他们去为成果而努力。事实上，当成员们参加具体的任务工作活动时，也可以促成团队的创造性行为。

也许，团队用来建立创造性行为的最著名活动就是**头脑风暴**。通常来说，头脑风暴要求成员在面对面的会议上，就一些焦点问题或冲突提出尽可能多的意见。大多数的头脑风暴会议都遵从以下规则：（1）表达头脑中的所有想法（无论多么奇特）；（2）竭力获得想法的数量而不是质量；（3）不对他人的想法进行批评或评价；（4）在他人想法的基础上发表想法。该理论是说，如果团队遵从了这些规则，就可以为解决当前的问题提供大量想法或建议。这一观念在理论上听起来很好，所以当你发现传统的头脑风暴并不像想的那样好时，你会感到惊讶。研究表明，团队成员在集思广益和评价这些想法形成解决办法之前，自己本身其实会产生更多的想法。

☺ 银幕上的组织行为学

《300 勇士》

这个世界会知道自由人民昂首对抗着暴君，以少胜多，在战争结束之前，一个神的化身也会付出血的代价。

在《300 勇士》（华纳兄弟电影公司2006年出品，扎克·辛德2006年导演）影片中，凭着上面的豪言壮语，国王里奥尼迪斯（巴特勒·杰拉德饰）宣布他的300名斯巴达勇士完成了对抗由薛西斯（罗德里戈·桑托罗饰）所领导的波斯人军队的壮举。为什么这个战争如此著名？因为波斯军队的人数绝对超出100 000人（还有一些大象和犀牛）。

该影片讲述了在塞莫皮莱战役中，一小队斯巴达人运用了各种战略和战术，大大加强了他们的作战能力。这些战术的运用使队伍获得了进程收益，因为该军队能够获得远远超出了只是简单地把每一个士兵的个人能力加计起来的能力。

例如，当波斯军队同时发射足以"遮天蔽日"的万千弓箭时，斯巴达勇士立即集结到一起，同时举起他们的盾牌，以一种方式把它们连到一处，形成了一个足以保护整个编队的大盾牌（想象一下一个巨大的乌龟壳，你就知道是什么样子了）。

尽管该影片生动地说明了进程收益的力量，但从电影中也不难看出它的弱点。因为只有当每个士兵都严格完成盾牌形成过程中自己的那部分任务时，这个战术才是有效的，斯巴达勇士才可以击落不计其数的弓箭。可一旦哪一个士兵没能够按时举起盾牌，那就会在整个大盾牌上形成缺口，而这个士兵的倒下，会造成缺口的扩大（相邻的士兵会被暴露），因此，一个士兵在进程中的失败将会导致整个军队的失败。

为什么头脑风暴就不能像个人主意产生那样奏效呢？看来至少有三种原因。第一，在头脑风暴的环境下，团队成员们容易存在社会惰化。如果要求他们把自己认真思考的想法列出来并上交的话，他们肯定会更加努力。第二，尽管头脑风暴明确禁止批评他人想法的行为，人们还是不愿意说出那些看起来愚蠢或没有经过慎重考虑的想法。第三，头脑风暴导致生产阻塞是因为成员们需要等着按顺序来表达自己的想法。在等待上浪费的时间完全可以用来进行个人思考以产生新的想法。

既然知道了头脑风暴可能带来的问题，为什么组织还会继续使用这种方法呢？一个原因是头脑风暴的一般概念为大众所熟知，常识使人们相信头脑风暴如同它被宣传的一样有效。另一个原因是头脑风暴的好处不仅仅是产生新想法或建议，例如，头脑风暴还可以提高士气，让团队成员分享知识，不然的话，这些知识只是深埋在个人的脑子里。尽管这些知识可能对当前所讨论的具体问题没有帮助，但在将来什么时候它就可能被派上用场。

一种探讨头脑风暴局限性的方法叫**名义群体法**。与传统的头脑风暴会议相似，进程开始时，成员们聚到一起，概述会议目的。下一个步骤就发生在个体水平上，团队成员们在一定时间范围内将各自的想法写在纸上。接下来的步骤又回到了团队环境下，成员们以轮循的方式分享他们的想法，当想法被记录下来之后，成员们通过讨论阐明想法并在别人的想法之上进一步发展。在这之后，就又回到了个体环境下，成员们将想法排序并交给主持人。主持人将数据列表得出最终胜出的想法。从这个描述中你应该可以推测出名义团体技术是怎样解决头脑风暴的局限问题的。通过让人们在纸上写出自己的想法，减少了社会惰化和生产阻塞。同时，各自将想法排序，又使团队成员不必担心对那些不受欢迎的想法的支持。

> **"团队的环境也特别适合于培养创造性成果。"**

决策。在第7章的学习和决策中，我们描述了人们怎样利用信息和直觉去做具体的决定。然而，在团队背景下，决策在一定程度上会更复杂，因为涉及很多人收集和思考与他们的专长领域有关的信息，然后给最终负责决策的领导以建议。如果你看见过电视节目《学徒》，就会很好地理解这一过程。这个节目独特地以唐纳德·特朗普安排两个团队去执行相对复杂的任务开始。每个团队中都会有一个人自愿要求做项目负责人，然后这个人为每个成员指派营销、后勤和销售等角色。在整个项目中，成员们为项目负责人提供建议和意见，而项目决策人最终做出决定项目成败的决策。当然，项目成功很重要，因为失败一方中的一个人，多数是项目负责人，会听到了特朗普最著名的一句话——"你被解雇了"。

在这样的背景下能够说明做出有效决策的团队能力的因素至少有三个。第一个因素是团队信息水平。它反映了成员们是否对他们的任务职责掌握了足够的信息。例如，《学徒》中的项目团队常常失败，其原因是因为负责营销的团队成员没有收集必要的信息去帮助团队了解客户的愿望和需要。第二个因素是成员有效性。它是指成员们向领导者提供良好建议的有效程度。团队成员们可以拥有做出有效建议的所有所需信息，但他们却会因为缺乏技能、洞察力和好的判断力而无法做出有效建议。第三个因素是层级敏感性。它是指领导者衡量成员建议分量的有效程度。领导听谁的？领导忽略谁的建议？能做出有效决策的团队往往会有这样的领导，他能够很好地对所提出的建议做出正确的评价。那么，怎样利用这三方面的因素去提高决策的质量呢？

　　研究表明，越有经验的团队越能做出好的决策。时间久了，成员们能够知道他们需要哪些信息，知道如何运用这些信息，领导也知道了哪些团员能够提供最好的建议。既然经验这么重要，那在给团队分派重要职责之前，先给他们在一起工作的机会就非常重要。另外，通过给予团队成员提供有关决策过程中三个因素的反馈也可以改进团队决策的质量。例如，提醒团队成员在他们为领导者提供建议之前他们需要分享和考虑额外的信息，这样团队决策质量才可以得到提升。尽管这个建议看起来很简单，但事实是几乎所有的团队只会得到关于他们最终决定的反馈。起码在团队成员间的信息交流方面，如果可以把信息分享与提出建议和最终决策的过程分开，也会大有益处。然而，当成员们进行面对面交流的时候他们会分享更多的信息，当领导者离开成员们之后，他们会很好地考虑所提建议并做出最终的决策。一旦他们被分开，他们就不必去应对那些更固执的或者是善于算计的人以及坚持其立场的人所带来的压力。就像我们在"**组织行为学的国际化**"专栏中所揭示的，来自不同国家的成员所组成的团队在做决策时都会面临独特的挑战，然而，他们可以做一些事情去解决这些难题。

> "能作出有效决策的团队往往会有这样的领导，他能够很好地对所提出的建议作出正确的评价。"

9.4.2　团队工作进程

　　第二种主要的团队进程是**团队工作进程**。它是指促进团队工作的完成，但不直接参与任务完成的人际活动。你可以把团队工作进程理解成为开展任务工作进程而创造其所需环境或背景的行为。那么团队工作进程都涉及哪些类型的行为呢？图9—6对具有几个明确了的团队工作进程的研究进行了概括，我们在下面对它们进行详细的描述。

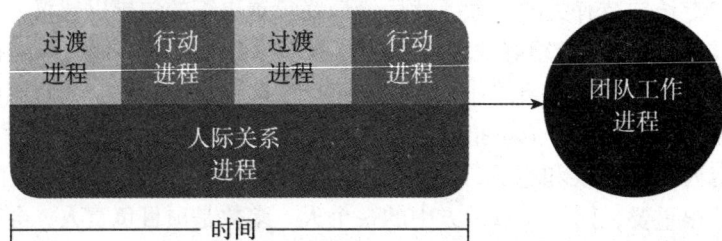

图9—6　团队工作进程

界定团队合作，并且描述适应这一进程类别的团队活动范例

　　过渡进程。过渡进程是聚焦于为将来的工作做准备的团队协同活动。例如，任务分析涉及对团队工作、团队所面临的挑战和团队可用来完成团队工作的资源的分析。策略制定是指行动路线和应急计划的开发，然后根据团队环境所发生的变化对计划进行调整。最后，目标细化指的是将与团队任务和战略有关的目标进行开发和优先化。每一个过渡进程在团队实施核心工作之前都是非常重要的。然而，这些过渡进程在各个工作活动时期之间也是非常重要的。例如，考虑一下设计团队在工作进度落后于日程表进度时所作的调整，团队会考虑要及时完成多少需要做的任务工作，然后制定一个能够帮助按时完成任务的新策略，以便让顾客满意。

　　行动进程。过渡进程在任务活动之前和任务活动之间都很重要，而当任务工作正在完成过程当中时，行动进程也是非常重要的。一种类型的行动进程涉及对实现目标的进程监督。对与目标相关的信息关注的团队，或许是通过对与团队目标相关的团队绩效进行详细计划，就可以及时发现团队是否"脱离正轨"，进而可以随时进行调整。系统监控涉及对完成团队任务所需的资源进行跟踪监督。不能进行系统监控的团队很可能会失败，因为团队可能会用尽存货、时间或其他必需的资源。帮助行为是指成员们使用一切办法来对其他团队成员进行帮助或支持。团队成员可以以提供反馈或指导的方式为其他成员提供间接的帮助，也可以通过协助他人的任务和责任的形式提供直接帮助。协调是指以一种有效的、流畅的方式对团队成员间的活动进行相互协调。协调不好会导致团队成员在完成自己的工作之前，常常不得不等待着其他成员的信息或其他资源。

　　人际关系进程。第三种类型的团队工作进程叫做人际关系进程。这一类型的进程在团队任务工作之前、过程之中或区间都很重要，每一种类型的人际关系进程都与成员们处理彼此关系的方式有关联。第一种类型的人际关系进程是激励与建立自信，它是指团队成员们所做的或所说的在一定程度上能够影响到团队成员努力完成团队任务的积极性。创造一种紧迫感和乐观情绪的一些言语就是属于这一类型的人际关系进程范例。相似地，情感管理指的是促进一种情感平衡与和谐团结的活动。有的团队，在压力之下团队成员就乱发脾气，问题发生时，团队成员就互相指责。如果你曾经在这样的团队里工作过，那你就会对不良的情感管理所带来的问题有更深的了解。另一种人际关系进程是冲突管理。它指的是用来管理在工作过程中出现的冲突的那些活动。冲突往往会对团队有消极的作用，但这种影响的性质却依赖于冲突的焦点以及对冲突管理的方式。

　　关系冲突是指在人际关系中团队成员之间的不一致，或者是因为个人价值观、偏好的不同而造成的不融合。这一类型的冲突集中在那些与完成工作任务没有直接联系的问题上。关系冲突不仅仅使多数人感到不满意，而且还会降低团队的绩效。相反，任务冲突是指团队成员对于团队任务上的意见不一致。理论上讲，这种类型的冲突如果能促成产生和表达新思想的话，那么它会对团队有益。然而研究发现，除非存在某些条件，不然任务冲突会降低团队的效率。成员们需要相互信任，并坚信他们可以公开地表达自己的想法而不用担心会受到报复，他们也应该参与到有效的冲突管理进程之中。我们在**"学生中的组织行为学"**专栏内为解释冲突管理如何影响学生团队效率提供了一个很好的范例。

9.4.3 团队状态

团队进程的第三种类型不太容易用肉眼观察到。如在图9—7中所归纳的，**团队状态**是指由于团队成员在一起工作的经历所带来的、凝聚在团队成员头脑中的具体感受和思想。

☺ 组织行为学的国际化

组织变得越来越多地依赖于跨国团队或由来自不同国家的个体所组成的团队。因为跨国团队在决策过程中可以有很多不同的经验和视角来参考，所以决策除了会给创新性团队进程带来益处外，也会存在许多潜在的问题。最明显的问题就是影响成员之间有效交流的语言障碍。除了简单的误解外，成员们也会因为交流障碍而不能正常接收和理解信息，因而不能做出好的建议和决策。那么跨国团队怎样做才能解决这一问题呢？

一个解决方法是实施小组群决策支持系统，它通过使用计算机技术来帮助团队构建决策进程。举例来说，跨国团队的成员们开会时，房间里的每个人面前都有一台联网的笔记本电脑。在会议的每个不同阶段，每个成员都直接将他们的想法和建议输入到电脑上。这些输入将被归纳，并在电脑屏幕上被整个团队分享。这一方法的好处是这一系统使会议的焦点始终放在任务上，可以使信息按照一定的逻辑顺序和便于消化的速度呈现出来。而且，没有任何一个人能单独控制会议。有了这样的优势，成员们能够更统一地参加会议，对交流的信息也有更连贯的理解。这一系统的另一个好处是当成员们在地理上是分散的时候，这种方法也可以进行调整或使用。这一系统的不足之处是，在举行会议时，尤其是在举行虚拟会议时，这一进程会显得没有人情味，并且成员们会因为感觉自己与团队和决策没有什么关系而离开会议。

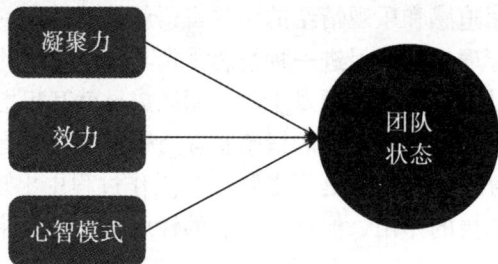

图9—7　团队状态

界定团队状态，并且描述适合这一进程类别的概念

凝聚力。由于许多不同的原因，团队的成员们会对其他的团队成员和团队本身产生强烈的情感依赖，这一情感依赖叫做**凝聚力**。凝聚力会促进高水平的激励和对团队的承诺，从而也会促进更高水平的团队绩效。但是有凝聚力的团队就一定是好团队吗？依据研究，对这一问题的回答是否定的。在具有高凝聚力的团队中，为了维持和谐，达成一致，成员们不提出、寻求或认真考虑其他的观点和视角，这种以牺牲其他团队重要性为代价的一致性驱动称为团队迷思。人们认为团队迷思常常是对团队能力过分自信造成的，因此团队迷思常常造成政治上、商业上的决策惨败而受到指责。一些出名的例子包括约翰·F. 肯尼迪对古巴做出的猪罗湾入侵决策、美国国家航空和宇宙航行局做出的在极其寒冷的天气进行挑战者号航天飞机的发射的决策，以及安然公司的董事会做出的忽视非法会计行为的决策。

那么你如何能在不承担潜在成本的情况下平衡团队凝聚力的利益呢？一种方法是认识凝聚力可能会带来的潜在危害。关于这一点，第一个好的步骤应是使用如在本章最后部分的**测评**专栏来衡量团队的凝聚力。凝聚力测评的分数太高说明该团队有团队迷思的可能性。预防凝聚力带来的问题的第二个步骤是正式确立故意提反对意见的角色。扮演这一角色的人的责任在于以建设性的方式评价和质疑团队中盛行的观点，并且提出新的视角和观点。提出反对意见的角色可以是团队内原有的成员，也可以由外来人员来担当。

效力。第二种团队状态是效力。它是指成员们认为团队在不同形式和任务下有效性的程度。在效力高的团队中，成员们确信他们的团队会有优秀的表现，于是，他们就集中更多的力量来实现团队目标。而在效力低的团队中，成员们对团队没有信心，当然就会对团队目标、对彼此产生质疑。最终，这种不信任会导致他们将精力用在那些对团队目标实现无益的活动上。调查研究结果表明，效力对团队绩效有很强的积极作用。那么如何在团队中开发高效能呢？成员对自己能力的自信、对其他团队成员能力的信任以及会对以前绩效的反馈都可能对取得团队效能发挥作用。具体地说，当团队成员对自己和其他成员都充满信心，团队在以往的活动中取得过成就时，其团队效能就会得到提高。

☺ 学生中的组织行为学

如果在你的学习生涯中你参加过学生团队，你就会知道冲突可能产生一些消极后果——它不仅会引起不满，而且还会浪费很多的时间。为了避免这种令人不愉快的经历，许多学生都试图去避免在其团队中发生冲突。那么有更好的办法来管理冲突吗？

一项对商科大学生团队的研究就两项重要的团队成果调查了任务冲突具有的角色：一个成果是一个学期下来团队项目的成绩，另外一个成果是团队成员对团队体验的满意度。研究结果表明，团队冲突对这两种结果的影响在很大程度上都依赖于团队管理冲突的方式。首先，对于那些能够事前积极处理团队冲突的团队，较高程度的任务冲突往往会给团队项目带来更高的分数。这种团队中的成员公开讨论不同的意见，并且能够齐心协力地解决意见的不同。相反，当团队成员以消极的态度去管理高程度的任务冲突时，该团队往往会在团队项目上表现得较差。这样的团队中的成员往往是回避公开表达不同的意见，或者是为了适应他人的意见很快放弃自己可能要发表的不同意见。其次，较高程度的任务冲突会让成员对团队体验有较高的满意度，但这仅仅是对用以让人接受的方式去管理冲突的团队而言的。当成员们以一种情绪化的或粗暴的方式表达自己的立场时，较高程度的任务冲突往往会降低成员的满意度。

心智模式。心智模式是指团队成员就团队及其任务的各个重要方面的共识程度。一个团队会就其成员所带到团队中的能力和团队为提高团队效能而需要使用的进程这两个方面具有共享的心智模式。这两种类型的心智模式是怎样促进团队有效性的呢？当成员们对他人的能力达成共识时，他们就更可能知道到哪里去寻求他们所需要的帮助来完成他们的工作。此外，他们应该能够预料到另一成员需要帮助来完成其任务的时间。当团队成员对有利于团队有效性的进程有共同理解时，他们就能够更有效地、顺畅地完成那些进程。为了帮助你理解为什么这是正确的，可以考虑一下，当一个团队中的学生们对团队管理冲突的方法有不同的理解时，这个团队会怎样？如果有些成员认为直接对抗最好，而有的人认为应该回避，在这样的情况下，分歧当然很难被解决。

9.5 团队进程有多重要？

团队进程对团队绩效和承诺的影响有多大？对这一问题的回答在一定程度上是很复杂的，因为当我们说到"绩效和承诺"的时候，我们不是指个体绩效或他们对组织的忠诚。相反，我们指的是团队绩效和团队成员们对团队的集体承诺。用团队研究术语来讲，我们关心的是团队绩效和凝聚力。而且，就像我们在这一章中所描述的，有许多不同的团队进程我们可以在小结中考虑。在图9—8中我们通过对团队工作进程的具体研究来明确团队工作进程与团队绩效和团队承诺之间的关系特点。因此，该图表代表的是目前对过渡进程、行动进程和人际关系进程的研究总结。

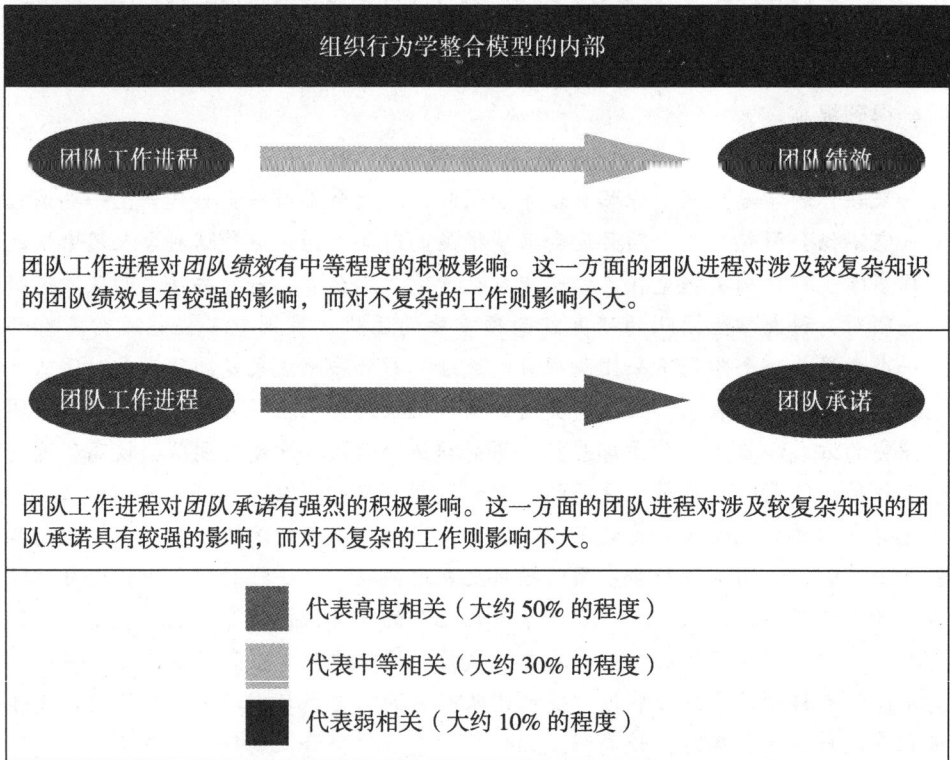

图9—8 团队工作进程对团队绩效和承诺的影响

Source：J. A. LePine，R. F. Piccolo，C. L. Jackson，J. E. Mathieu，and J. R. Saul，"A Meta-Analysis of Teamwork Processes：Tests of a Multidimensional Model and Relationships with Team Effectiveness Criteria," Personnel Psychology 61 (2008), pp. 273 – 303.

描述团队进程是如何影响团队绩效和团队承诺的

在多种不同团队背景下进行的研究表明，团队工作进程对团队绩效有中等程度的积极影响，这种中等程度的积极影响同样适用于过渡进程、行动进程和人际关系进程。很明显，有效进行广泛的团队工作进程对团队实现进程收益是必要的，而团队收益又会让团队有更高的绩效。为团队工作做准备的活动与帮助成员们整合其工作的活动、建立团队信心和积极的团队氛围的活动都同样重要。

研究还表明，团队工作进程对团队承诺有强烈的积极影响。换而言之，从事有效的团队工作进程的团队往往会使成员彼此间有更近的心理联系，并渴望团队保持完整。为什么团队工作进程和团队承诺的关系如此紧密？一个原因是在有效的人际互动的团队中，人们会感到满意。于是，为了使团队更紧密地联系在一起，他们愿意做出退让。假想你处在这样一个团队：成员有着共同的目标，工作可以顺畅地衔接协调，每个成员都积极、和蔼，并乐于完成自己分内的工作。如果你曾经实际置身过这样的工作环境（当然我们都希望你经历过这样一个团队），你很可能是尽全力让团队能够继续下去，你很有可能格外努力工作，以确保团队完成目标，你也很有可能会对团队表达积极的意见和表达你对团队继续存在的渴望。

请登录 www. mhhe. com/ColquittEss 网站查询学习资料，包括互动练习、测验、iPod 下载和视频内容。

9.6　案例：Logitech

在开篇的短文中我们描述了罗技公司是怎样利用分散在各地的"虚拟团队"和"跟随太阳"的产品开发进程来迅速地为市场带来创新型的新产品的。尽管"跟随太阳"进程是成功的，但其中也有一些重大的管理难题。例如，一个来自爱尔兰有创造力的主任——希恩·彼得指出，人们常会因为处于不同的职能领域而对问题采取不同的处理方法，这就是一个问题。这是因为罗技公司的"跟随太阳"团队的成员本身就是按照职能进行细化的。希恩指出如果来自不同领域的员工能面对面聚在一起，彼此增加更多的熟悉了解，建立起关系，那就会大有帮助。

电子行业中其他那些使用"跟随太阳"这一方法的公司也遇到过相似的问题。例如，IBM 在芯片设计企业中使用了这种方法。白天在北美对设计的修改，在当天晚些时候被发送到印度，在那里作补充工作和实际应用。IBM 的项目主管麦克·格鲁说，很难说来自不同文化下的人是否真的理解你所说的，如果一直询问他们是否要你重复一下你所说的内容，又会让他们很不舒服。针对这一问题，格鲁曾尝试过鼓励员工们在非工作话题上公开交流，这样会使他们更熟悉和更适应虚拟团队中的成员。另外一个例子是，来自英特尔的主管凯萨琳·吉勒姆提到，尽管使用分布全球的虚拟团队有积极的一面，但也有一些很简单的事情使得这一进程变得很困难，比如存在不同的假期和工作日。最后，在电子行业领域，使用这种"跟随太阳"的方法来完成项目工作正逐渐流行。因此，那些能够学习处理这种方法中的缺点的公司就会赢得竞争优势。

- 指出实施"跟随太阳"这一做法的团队容易受到的进程损失的具体例子。

- 如果你是罗技公司中实施"跟随太阳"这一做法的团队管理者，你会怎样设计你的团队以保证避免这些进程损失并达到协同呢？

- 对于使用"跟随太阳"这一做法的虚拟团队，哪些团队进程是最重要的？你会推荐哪些做法来改进这些进程？

9.7 重点掌握

- 团队是两个或两个以上的人在某一时期内为了实现以工作任务导向为目的的相关目标而协同工作的群体。

- 有一些不同类型的团队：工作团队、管理团队、平行团队、项目团队和行动团队。

- 团队可以在团队任务、目标和成果方面相互依赖。每一种相互依赖关系对于团队发挥职能作用和有效性都有重要的影响。

- 团队构成是指在团队中工作的成员的特征。这些特征包括：角色、能力、个性和成员的多样性，也包括团队成员的数量。

- 团队进程反映了发生在有助于实现团队最终目标的团队内部的不同类型的活动和相互作用。

- 任务工作进程是指与完成团队任务直接相关的团队成员的活动。任务工作进程包括创造性活动和决策。

- 团队工作进程是指促进团队工作的完成，但本身不直接参与工作完成的人际活动。团队工作进程包括过渡进程、行动进程和人际关系进程。

- 团队状态是指由于团队成员在一起工作的经历所带来的、凝聚在团队成员头脑中的具体感受和思想。团队状态包括凝聚力、效力和心智模式。

- 团队工作进程对团队绩效有中等程度的积极影响，对团队承诺有强烈的积极影响。

9.8 问题讨论

- 你曾在哪一些类型的团队中工作过？它们是否包含在本章中所讨论的团队类型中或者它们是否是这些类型的组合形式？

- 想一想你们的学生团队。在这种团队环境中，两种团队开发类型哪些最适用？那些最不适用？

- 想一想你所熟悉的最成功团队。这一团队拥有哪种类型的任务、目标和成果互依性？描述一下什么样的任务、目标和成果互依性变化会对团队有负面的影响？

- 在团队环境中你通常扮演哪种角色？有哪种任务或社会角色你没有扮演好？如果是这样的话，你认为原因是什么？

- 在你们的学生团队中，哪一种团队构成因素最重要？如果学生团队在团队构成上有局限性，怎样做才能改进它？
- 回想一个你曾经工作过的绩效较差的团队，造成团队绩效差的原因是否与造成团队损失的因素有关？如果是，哪种因素的问题最大？如果有问题，你的团队曾采用过什么样的措施来解决这些问题？
- 回想一个你曾经工作过的绩效极其出色的团队，你们团队进行过哪种类型的团队进程？团队主要依赖哪种团队工作进程来产生这样出色的结果？
- 你们的学生团队会从哪种类型的团队工作培训中获益最大？这一培训将涵盖哪些方面？你期望团队获得那些具体收益？什么会阻碍一个团队获得这样的培训？

9.9 测评：凝聚力

你们团队的凝聚力如何？设计这一测评就是为了衡量团队的凝聚力，即在团队成员之间开发的情感纽带力量。回想一下你最近参加的学生项目团队或你的工作所属的重要团队。用所给的反应量表回答问题。然后对于黑色字体问题，用8减去你对这些问题的答案，所得的差是新的答案。例如，如果开始的时候你对第6题的回答是"5"，那么你的新的答案就是"3"（8-5）。然后把这八道题的答案相加。为了学习与这一章相关的更多的测评，请访问在线学习中心 www.mhhe.com/ColquittEss。

1	2	3	4	5	6	7
非常 不同意	不同意	有些 不同意	中立	有些 同意	同意	非常 同意

1. **如果有机会，我会选择离开现在的团队而去加入其他的团队。**
2. 我们团队的成员们相处的很好。
3. 我们团队中的成员会随时相互对外界批评进行辩护。
4. 我感觉我真的是团队的一员。
5. 我希望每天都与我们团队成员在一起。
6. **我发现我无法与团队中的其他成员相处。**
7. 因为我和团队中的许多成员都是朋友，所以我喜欢所属的这个团队。
8. 我们的团队是一个亲密的团队。

得分

如果你的总得分在48分以上，你感到你和团队联系紧密，这表明你的团队有很高的凝聚力。如果你的得分低于48分，你感到你和团队的联系不太紧密，这表明你的团队不是那么具有凝聚力。

Source：G. H. Dobbins and S. J. Zacarro, "The Effects of Group Cohesion and Leader Behavior on Subordinate Satisfaction," Group and Organization Management 11 (1986), pp. 203 - 19. Copyright © 1986 Sage Publications Inc. Reproduced via permission from Copyright Clearance Center.

9.10　练习：野外求生

　　本项练习的目的是在决策任务中体验团队进程。此项练习以小组的方式进行，所以指导老师将会把你分派到某个小组去，或者要求你创建自己的小组。练习分为以下步骤：

　　1. 个人单独进行，阅读下面的资料：

　　如果你和五个朋友参加了边界水域独木舟之旅，到明尼苏达州北部与奎蒂科省立公园的南安大略。你的小组要穿过峡谷瀑布、Kennebas 瀑布和肯尼湖，从 Saganagons 湖到达 Kawnipi 湖，最近的路也要 15 到 18 英里，期间通常要经过湖泊、河流、绕过（走陆路）许多瀑布才能到达目的地。在恶劣的天气条件下，很难穿过 Saganagons 湖，这里常常有暴雨。最近的城镇是 60 英里之外的明尼苏达州的大马雷。城镇上有很多的露营设备商店，但在医疗辅助上却很有限——居民们主要依赖于其南部很远的医院。这一区域 70% 是陆地，30% 是水域，在湖泊和河流之间有小块的陆地。在这一地带熊是很常见的。现在正值五月中旬，通常在同一天中，白天的气温变化范围是 25℃ 到 70℃，夜间的气温会低达 −20℃。在白天经常下雨（夜间也一样），并且在气温很低的时候会对生命有威胁。在这里，一天内或两天内保持同样的天气是很罕见的。通常是头天下雨，第二天就风和日丽，所以很难预测天气。事实上，同一天里，很可能上午风和日丽，下午就风雨交加。你们团队一行六人乘坐两只独木舟顺流而下，到了激流处，你们没有选择走陆地绕行，相反地，你们鲁莽地选择了乘独木舟冲过湍流，舟上所有人都掉进了水中，有的成员撞到礁石上，所幸没有人死亡，但一人腿部骨折，其他几个人有割伤和擦伤，两只独木舟都从中折断，受损严重，一只独木舟断口达 18 英寸，另外一只独木舟两处断口分别是 12 英寸和 15 英寸。两只舟的两侧边缘都断裂，你们损失了装有帐篷的包裹，大部分衣物，差不多全部的食物、炊具、燃料、急救设备、手电筒，下表中列出了你们所剩的全部物品。你们的这次独木舟之旅是获得批准的，但是没有人知道你们在哪，而且最近的电话是在大马雷城。按行程，从现在算，你们应该还有四天回去，因此，预计搜救队会在第五天被派出，因为他们会认为你们很可能在途中耽搁一天。天空中开始飘起小雨，看样子大雨很快就会来到，你的任务就是想出办法，如何能在这种不可预测和恶劣的条件下能生存下来，直到救援人员的到达。

　　2. 个人单独进行，考虑一下在这种情境下，表中的每个项目对你的重要性。从最重要的项目开始，给它排列为"1"，以最不重要的项目结束，给它排列为"14"。把你的排列写在 B 栏中。

　　3. 在你的小组中，就每个项目的重要程度排序达成一致。把那些达成一致的排序填列在 C 栏中，小组成员不应是仅仅在一起投票或计算平均分来取得该排序，相反地，要让团队每个成员都对最终排序表示基本同意。当有人有不同意见时，你要认真倾听。当有人表示非常不同意时，对该人应当试图使用一些说服术，来形成一致性意见。

4. 指导老师会将两个专家（Jeff Stemmermanhe 和 Ken Gieske of REI Outfitters，他们为许多边界水域独木舟之旅担当指导）所给出的正确排序和理由告知小组成员。把专家的排序写在 D 栏中。这样，A 栏中的个人错误得分可以通过计算 D 栏和 B 栏的绝对值差而得出。在 E 栏中的小组错误得分可以通过计算 D 栏和 C 栏的绝对值差而得出。最后，说服得分可以通过计算 C 栏和 B 栏的绝对值差而得出。要记住，所有的差都是绝对值，在表中不应有负数。在所有的计算都结束后，填上在下面的三个分数：个人分数（A 栏合计数）、小组分数（E 栏合计数）和说服分数（F 栏合计数）。说服分数可以衡量你能在多大程度上影响小组中的其他成员接受你的想法。

项　目	A 个人错误 （B－D）	B 你的 排序	C 小组 排序	D 专家 排序	E 小组错误 （C－D）	F 说服得分 （B－C）
袋装食物（奶酪、意大利香肠等）						
本地区地图（包塑）						
六个个人救生装置						
两个钓鱼竿（坏了）						
三套衣服（湿的）						
一个黄色的飞盘						
净化水的药片						
布基胶带（30 厘米一卷）						
威士忌（一品脱，180 标准酒精度的）						
防虫剂（一瓶）						
火柴（30 支，干的）						
降落伞绳（35 厘米）						
指南针						
六个睡袋（合成纤维的）						

个人分数（A 栏合计数）：_____

小组分数（E 栏合计数）：_____

说服分数（F 栏合计数）：_____

5. 指导老师会在教室里的电脑 Excel 文档上或黑板上建立一个与之相似的表，所有的小组都应为指导老师提供他们的成员平均分数（小组中所有成员个人分数的平均分数）、小组分数、最佳成员分数（小组中所有个人分数最低的）和成员的说服分数（那个个人分数最低的成员的劝说分数）。

小组	1	2	3	4	5	6	7	8
平均成员分数								
小组分数								
最佳成员分数								
最佳成员说服分数								
进程收益（是或否）								

6. 如果小组分数比平均成员分数低的话，就在进程收益那一排上填上"是"。这一得分反映了一种情况：该小组的讨论实际上形成了更加正确的决策——当"整体"

看起来比"个体的总和"更有效的时候。如果小组分数比平均成员分数高的话，就在进程收益那一排上填上"否"。在这种情况下，该小组的讨论实际上产生了不太正确的决策——如果没有发生谈话的话，小组活动会进行得很好。

7. 班级讨论（无论是以小组的形式还是以班级的形式）应该集中在以下问题上：当小组分数比平均成员分数好时，大多数的小组会实现进程收益吗？小组分数通常都比最佳成员的分数好吗？如果不是，为什么呢？缺乏协同的小组容易在哪儿出错？换而言之，什么行为会带来进程损失而不是进程收益？在所有这些当中，最佳成员说服得分起着什么作用？那些倾向听从最佳成员（如反映在较低说服分数中）的团队是否就更容易取得团队收益呢？

Source：D. Marcic，J. Seltzar，and P. Vail，Organizational Behavior：Experience and Cases（Cincinnati，OH：South-Western，2001）.

本章术语

团队是指两人或两人以上在某一时期内协同工作，共同完成任务。

虚拟团队是指小组的成员在地理上是分散的、以电子化进行关联活动。

四阶段理论认为团队的发展要经过一系列阶段：形成、震荡、规范化和执行。

间断平衡是指一个有关团队发展的理论，其中团队迅速建立一个程序，并在项目中间阶段对其方法进行再评估。

任务关联性是指团队开展工作时，团队成员之间相互依赖的程度。

目标关联性是指团队成员的个人目标与团队目标相一致的程度。

成果关联性是指团队成员分享团队报酬和成果的程度。

团队构成是指根据成员特征所构成的团队人员组成。

角色是指在既定情境中，一个人将会表现出的一系列行为。

表层多样性是指与可观测到的特征相关的多样性。

深层多样性是指与不易直接观测到的特征相关的多样性。

团队进程是指团队内部发生的，可促成最终目标实现的活动和互动。

协调损失是指团队中为完成和整合工作任务所额外付出的努力。

动机损失是指团队中的个体所经历的动机的减少。

任务工作进程是指与完成团队任务直接相关的团队成员活动。

头脑风暴是指在面对面交流的小组会议上，团队成员提出尽可能多的主意。

名义团体技术是指一种产生构想和解决方案的方法，涉及个人工作和团队会议工作两个方面。

团队工作进程是指促进团队工作完成，但本身不直接参与任务完成的人际活动。

团队状态是指由一起工作的经历所带来的，凝聚在团队成员头脑中的感受和思想。

凝聚力是指趋于促进高水平动机和对团队承诺的情感依赖。

10

领 导

【学习目标】

通过阅读本章，应该能够：

- 界定领导和权力，解释权力在领导过程中的作用；
- 描述领导拥有的不同类型权力以及使用这些权力最有效的时机；
- 解释领导者要影响他人时需展示哪些行为，理解其中哪些行为最有效；
- 解释领导者如何使用他们的权力和影响力来解决工作中的冲突；
- 描述对领导者来说"有效性"的含义；
- 解释领导做决策可用的四种风格，描述在特定情境下哪些因素的结合可使领导风格更有效；
- 描述可反映领导者大部分日常领导行为的两个维度；
- 理解变革型领导和交易型领导的区别，描述属于变革型领导的行为类型；
- 解释领导行为是如何影响工作绩效和组织承诺的。

10.1 Xerox

"有人需要为我施乐。"很少有公司的名字以动词被收录在词典中，但这是 Xerox（以下称"施乐"）公司拥有的特权（或者说是承担的责任）。今天的施乐与 20 年前甚至是 10 年前的施乐不可同日而语了。比如，如果你想出去只购买一台施乐的独立复印机用于复印，那你是做不到的。该公司目前只作为企业与企业之间的单位来运营，与客户形成"伙伴"关系来帮助他们解决文件需求问题。2001 年安妮·穆尔卡希接管施乐公司时，该公司负债 2.73 亿美元，而且它的股票价格由 60 美元跌到 5 美元。在她的领导下，施乐加大推进极有异议的研究与开发力度，显现出巨大成效。施乐公司当时的期望是 2008 年有 180 亿美元的营业收入和 12 亿美元的营业利润。2003年安妮·穆尔卡希被《财富》杂志称为"临危受命的 CEO"，因为安妮·穆尔卡希原先不太可能升至组织的最高层。在类似的情况中，大多数新上任能扭转一个濒临倒闭公司的 CEO 往往来自组织外部。而在安妮·穆尔卡希的案例中，她在施乐工作了 24 年，没有 CEO 经验，同时也不是该公司董事会成员。安妮·穆尔卡希说："我从来没期望要成为施乐的 CEO。我也从没为成为施乐的 CEO 做准备。对包括我自己在内的每个人来说，这件事是完全出乎意料的。"

现在对每个人来说安妮·穆尔卡希是公司 CEO 的完美人选已显而易见。最近在由她的同行提名的年度 CEO 中，她以"顾客导向型领导"、"模式转变型领导"和具有强大的想象力及坚韧性的领导而闻名。近期被提名为施乐 CEO 安妮·穆尔卡希接替者的乌苏拉·伯恩斯说："她是一个出色的能够激发人们积极进取的人，能够促使人们在工作中加快工作节奏，同时又不挫伤他们的积极性。"作为一个领导者，安妮·穆尔卡希似乎有能力根据情形改变领导风格；她以同时富于同情心和态度强硬而被同事所知。通过展示变革型的领导行为，表现出她具有领导的本领，比如设置愿景并且帮助他人达到目标。安妮·穆尔卡希这样写道："我们的员工需要明确的方向。具有共同目标的优秀员工可以做成任何事情。"

虽然现在施乐已扭亏为盈，但是安妮·穆尔卡希还面临着各种各样的领导问题，包括如何保持公司已取得的增长。在过去的三年里发明了 100 多种新产品和在彩色数字技术方面引领世界是一个良好的开端。但是，安妮·穆尔卡希与新接替者乌苏拉·伯恩斯在分享权力过程中却遇到了麻烦。早早地指定安妮·穆尔卡希的接班人是为施乐未来占据有利位置做准备，但与此同时，也带来了由两个具有不同领导风格的领导人同时分享权力的难题。

10.2 领导

施乐公司的危机扭转证明，组织中的领导者对一个组织或集团的成功会起到重大作用。在企业界所撰写的题目中没有比以领导为主题更多的了。在 Amazon 网站上以"领导"为关键字进行快速搜索将产生大约 200 000 条记录！这个数目还不包括为帮助人们成为更好的领导者所设计的视频、日历、录音带等其他项目。如果都对这一主题有兴趣，一个很自然的问题就会是——"究竟什么是领导？"我们将**领导**定义为使用权力和影响力来指导下属的行动，以实现组织的目标。这种指导活动可以影响到下属对事件的理解、工作活动的组织、主要目标的完成、与其他同事之间的关系，以及从其他工作单位得到的合作和支持。本章重点讲述领导者如何获得他们用来指导别人的权力和影响力，以及他们实际如何使用这些权力和影响力来帮助下属实现他们的目标。

> "在 Amazon 网站上以'领导'为关键字进行快速搜索将产生大约 200 000 条记录！"

10.3　权力与影响力

界定领导和权力，解释权力在领导过程中的作用

当你想到"权力"这个述语时，什么会即刻出现在你的脑海里？权力在你心目中是个正面形象还是个负面形象？当然很容易想到领导者使用权力是为达到我们会认为是好的目的，但同时也很容易想到领导者使用权力是为了不道德或者不符合伦理的目的。现在我们尽量把重点放在领导者如何获得权力上而不是放在领导者如何使用权力上。**权力**可以定义为影响他人行为，并相应抵制不利影响的能力。要注意到这个定义给我们提出了两点思考。首先，仅仅因为一个人有能力去影响别人并不意味着他或她将会实际这样做。实际上，很多时候在组织中最有权力的员工并没有意识到他们的影响力到底有多大！其次，权力除了影响别人，还被看做是抵制他人试图影响的能力。这种抵制可以是对不同意见的简单表达、对某一特定行为拒绝执行，或者组织起一伙持反对意见的同事等形式，有时候领导者需要抵制其他领导者或者高层的影响，来做对其自己单位最有利的事情。有时当员工在按自己的方式工作时，领导者需要抵制这些员工的影响以避免成为一个"没有主见的人"。

10.3.1　获取权力

想想和你经常在一起工作的人或者是以前一起工作的人，或者是参与过许多跟你同样活动的学生。这些人都拥有特别高层次的权力吗？也就是说他们有能力影响你的行为吗？谁赋予他们这些权力？在一些情况中，他们的权力可能来自正式职位（比如，监管者、团队领导、教学助理、宿舍楼长）。但是，有时候我们所知道的最有权力的人却没有任何正式权威。这证明了组织中的权力可以从许多不同的来源获取。具体有五种主要的权力类型，这可以按照两个维度划分：组织权力和个人权力。图10—1 对这些权力类型进行了说明。

描述领导拥有的不同类型权力及使用这些权力最有效的时机

组织权力。组织权力包括法定性权力、奖赏性权力和强制性权力。这三种权力主要来自个人在组织中的地位，在性质上被认为是更正式的权力。**法定性权力**来自于组织内部的权力地位，有时被称为"正式权威"。具有法定性权力的人具有某些头衔——组织结构图上的某个术语或者是房间门上所写的"注意，我会有左右你的力量"。具有法定性权力的人具有明确的权力来要求别人做其职权范围内的事情。当一位经理要求其员工加班去完成一个项目，或完成某一任务而不是其他任务，或者是要求其下属加快工作时，这时他或她就是在行使法定权力。一个人在组织中的职位越高，他或她拥有的法定性权力一般也越多。《财富》杂志提供了企业中最具有权力的女性排名（见表10—1），所有这些具有一定头衔的女性拥有的法定性权力，使她们有能力去影响别人。

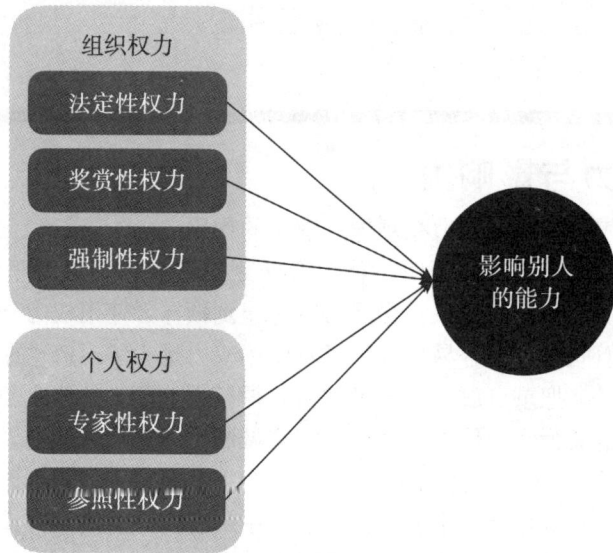

图 10—1　权力类型

但是，法定性权力也有它的局限性。它一般没有权力要求其下属做组织内工作或者职责范围以外的事情。例如，如果一个经理要求下属擦洗他的车或者是割剪其草坪，这会被看成是不合理的要求。在本章的后面部分我们将看到，拥有法定性权力和有效地使用法定性权力具有很大的差别。

另外，这两种类型的组织权力与法定性权力有点相互交错。奖赏性权力是基于某人控制他人所需要的资源或奖励而存在的。例如，经理一般控制着晋升、绩效评价、奖励、更多的理想工作分派，以及员工为有效地做工作所需要的资源。当被影响者认为通过一定的方式表现能够获得奖励时，这些具有奖赏性权力的人就有能力来影响他们。强制性权力是基于一个人在组织中拥有实施惩罚能力而存在的。强制性权力主要依靠敬畏原则来行使。当一个人认为另一个人有能力惩罚他或她，并且很可能会使用该权力时，强制性权力就会存在。例如，一位经理可能会有权力对一个员工解雇、降职、停职或降薪。有时候限制经理实施惩罚在一个组织中是明文规定的。但在很多情况下，经理们在这一方面却有着相当大的回旋余地。经常性地使用强制性权力一般被看成是一种较差的用权形式，因为它往往会给经常使用这种权力的人带来负面情绪。

个人权力。当然，表10—1中的女性仅仅是因为她们具有正式的头衔，从而赋予她们奖赏或者惩罚别人的能力，所以就没有出现在拥有个人权力的列表中。她们身上所具有的其他东西能够给她们提供额外的能力来影响别人。个人形式的权力就刻画了"某些其他"方面的内容。专家性权力来自于他人所依赖的个人专长、技能或知识。当人们拥有高绩效的业绩记录、拥有解决问题的能力或具有完成任务所必需的特定知识时，他们就会更有能力来影响需要这些专长的人们。想想唯有的一个通晓如何使用某一过时软件的程序员，或一个刚刚接受完一台新设备操作培训的机工，或某唯一一个对完成特定项目有经验的工程师。由于这些人能够给组织带来个人的贡献，所以所有这些个人都会具有一定程度的专家性权力。美国伊利诺伊州的一个农业公司——ADM（Archer Daniels Midland）公司，其CEO帕特·沃尔茨（Pat Woertz）出现在表10—1中主要是因为她的专家性权力。ADM公司认为沃尔茨在雪佛龙公司时得到的能源专长将有利于本公司可再生能源的研制，所以雇佣她为该公司的CEO。也许再也找不到比硅谷更注重专家性权力的地方了，在这里最好的领导者被看成是拥有重大技术经验和专长的人们。雅虎创始人之一杨致远，在2007年夏天回到雅虎担任CEO，不料在2008年12月卸任。在他短暂的任期内，杨致远的专家性权力使他拥有了以前的CEO都从未有过的各种权力。

表 10—1　　　　2006 年《财富》杂志中商业前 10 位最具有权力的女性

姓名	公司	职位	年龄
1 Indra Nooyi	PepsiCo	CEO	50
2 Anne Mulcahy	Xerox	Chairperson and CEO	53
3 Meg Whitman	eBay	CEO and President	50
4 Pat Woertz	Archer Daniels Midland	CEO and President	53
5 Irene Rosenfeld	Kraft Foods	CEO	53
6 Brenda Barnes	Sara Lee	Chairperson and CEO	52
7 Andrea Jung	Avon	Chairperson and CEO	48
8 Oprah Winfrey	Harpo, Inc.	Chairperson	52
9 Sally Krawcheck	Citigroup	CFO, Head of Strategy	41
10 Susan Arnold	Procter & Gamble	Vice Chair, Beauty and Health	52

Source：E. Levenson, C. Tkaczyk, and J. L. Yang, "Indra Rising, 50 Most Powerful Women in Business," Fortune（October 16, 2006）, p. 145. Copyright© 2006 Time Inc. All rights reserved.

> **"个人形式的权力就刻画了'某些其他'方面的内容。"**

　　参照性权力基于其他人有与某人合作和联系的欲望而存在。这种欲望通常来自于对某个人的感情、钦佩或忠诚。尽管我们的重点是在组织中的个体，但是，也有着很多政治领导者、娱乐界名人、体育明星的范例，这些人似乎拥有很大的参照性权力。比尔·克林顿、安吉丽娜·朱莉和佩顿·曼宁都在某种程度上拥有参照性权力，因为很多人想仿效他们。在组织中那些拥有好的名声、有吸引力的个人品质或者是具有一定程度魅力的人同样具有参照性权力。哈普娱乐集团的主席奥普拉·温弗瑞就很明显地拥有相当大的参照性权力。人们在电视上看到奥普拉·温弗瑞或者是通过卫星广播听到她的声音时，都非常欣赏她的视图并且常常试图模仿她的动作或声音。

当然，一个人同时拥有全部这些形式的权力也是有可能的。实际上，最有权力的领导者——像表10—1中的那些人——拥有包括全部五种类型权力在内的权力基础，从员工的角度来判断哪种类型的权力最重要似乎是很困难的。你为什么要去做老板要求你做的事情？是因为老板拥有实施管理的正式权力，还是因为老板控制着对你的评定，或者是你羡慕和喜欢你的老板？常常是直到领导者试图使用某些权力时，我们才知道他所拥有的那种权力类型。一般说来，个人类型的权力比组织类型的权力与组织承诺和工作绩效关系更密切。如果你想到为某些领导非常努力地工作时，他们可能拥有一些类型的专长和魅力，而不是仅仅拥有奖赏和惩罚的能力，本章"**运动中的组织行为学**"专栏就说明这种情况。

权变因素。权变因素是指组织中可能会增加或降低领导者使用权力去影响别人的程度的某种情境。这些情境的绝大部分围绕着这样的思想：其他员工越依赖某人，这个人就越有权力。一个人可以拥有很高的专家性权力和参照性权力，但是如果他或她是单独工作而没有人看到其工作，其影响别人的能力就会大大降低，也就是说，这里有四个因素影响着一个人使用权力影响别人能力的强度，这些因素汇总在表10—2中。可替代性是指人们在使用资源中有多种选择的程度。控制着别人无法得到的资源的领导者能够使他们的权力去获得更大的影响力。自主处理性是指管理者有权自己独立做决策的程度。如果管理者被强制要求遵循组织的政策和规章，他们影响别人的能力就会降低。中心性是指一个人工作的重要性以及有多少人要依赖他来完成工作。执行关键任务常常与其他人相互影响的领导者具有更大的能力来使用他们的权力来影响别人。可见性是指其他人意识到领导者权力和地位的程度。如果每个人都知道某领导者拥有某种程度的权力，那么这个领导人使用权力去影响别人的能力就会高。

表10—2　　　　　　　　　　　　　　权力的权变

权变	领导者影响他人的能力提高的情形
可替代性	当领导者控制的奖赏或资源没有替代品时
中心性	当领导者在组织中的作用非常重要并与其他人相互依存时
自主处理性	当领导者不受组织规则的限制可以自由做决策时
可见性	当其他人了解领导者及其能够提供的资源时

服务于美华集团——位于英格兰的一个环境与工程咨询公司的信息技术经理肯·洛克里奇，对公司内部工作进行变革时，认真关注了这些思想。他利用公司做的调查描绘出了其组织内部的"社会网络"。他利用这个网络图告诉他的员工从哪里去获取信息、哪个员工拥有特定的专长以及是谁给员工提供了最大帮助。然后他到联系最密切的员工中去，这样可面对面地交流。在某种意义上，他正在寻求和加强联络组织中最有影响力的员工，公司越来越多地使用这种网络图来理解组织中的权力结构。

☺ 运动中的组织行为学

你会如何执教一个由 12 名世界上最好的篮球队员组成的篮球队？当美国力争在 2008 年夏季奥运会上赢取金牌的时候，美国教练迈克·舒舍夫斯基就获得了这一执教机会。他执教过三个全国冠军队并带领杜克大学队取得了 800 次的胜球总场数，被亲切地称为"K 教练"。然而，K 教练走进 2008 年奥运会却经历了非常艰难的路程，美国已经超过六年没有取得过世界冠军了，并且没有拿到 2004 年奥运会的金牌与 2002 年和 2006 年的世锦赛冠军。

聘用舒舍夫斯基被看成是高风险的举动。在 1992 年职业球员加入球队之前只有 NBA 教练才执教过这支球队。舒舍夫斯基教练不得不使用另外一套权力基础和领导风格，而放弃他原来在杜克大学有效地带领球队时所习惯使用的权力基础和领导风格，因为这 12 名超级明星一直都是备受关注的焦点人物。很明显一旦被聘为教练，他就具有一定程度的法定性权力，但实际上他的奖赏权和强制权比他在杜克大学球队时要低得多，NBA 球员是在完全自愿的情况下去打球的。作为一位没有 NBA 经验的大学队教练，舒舍夫斯基的专家性权力可能时常会被受到怀疑，但是很明显在这方面这些 NBA 球员很顺利地接受了他。以前在 K 教练执教的杜克大学球队打球的卡洛斯·布泽尔这样描述："他是一个胜利者，任何时候只要你为一个胜利者而战，那种崇敬之情在他进入体育馆之前就已经油然而生，属于他的胜利在他来之前就早已确定了。"舒舍夫斯基教练还拥有相当多的参照性权力来帮助他，这种权利如此强大以至于 NBA 超级明星科比至今还保留着他在上高中时舒舍夫斯基写给他的信。

10.3.2　使用影响力

到现在为止，我们已经讨论了领导者拥有的权力类型和他们什么时候使用权力会增加或降低效用。现在我们来看看领导者使用的将权力转化为实际影响的特定策略，记住拥有权力能够增加我们影响行为的能力，但这并不意味着我们会去使用或者行使这些权力。**影响力**是指通过实际行为来引起他人行为或是态度上的改变。这里有影响的两个重要方面必须记住，第一，影响是有指向的。它通常表现为向下的（上级对下级的影响），但也可以是平行的（同级影响同级）或者是向上的（下级对上级的影响）。第二，影响都是相对的，"影响者"和"被影响者"的绝对权力不像他们之间的职位差距那么重要。

解释领导者要影响他人时需展示哪些行为，理解其中哪些行为最有效

影响策略。领导者依靠很多策略来引起其他人行为上或者态度上的改变。实际上，这里有 10 种领导者可用来影响别人的策略，图 10—2 中列示了这些策略及它们的一般有效性程度。图 10—2 中最有效的四种策略是理性劝说、鼓励性劝导、商议和协作。理性劝说就是指使用逻辑论据和具体事实来表明被要求的事情是合理的。研究表明，在要表明一项提议重要和可行时，理性劝说是最有效的。由于理性劝说是在向上影响方面一贯成功的唯一策略，所以它尤为重要。鼓励性劝导是通过呼吁目标的价值观和理想来引起其情感或者态度上的反应。为更加有效地使用这种策略，领导者必须明确哪些类型的事情对目标最重要。当目标对象被允许参与实施或执行一项提议的决策时，就形成了商议。由于目标对象与他或她的正确建议有利害关系，因此这种策略提高了目标对象的承诺。领导者使用协作来试图使目标对象更加容易地完成被要求的事情。协作可以包括领导者帮助完成任务、提供所需要的资源或者是扫除阻碍任务完成的障碍。

另外四种影响策略有时很有效，有时无效。讨好是通过使用赞同、恭维或友好的行为来使目标对象对施加影响者产生好感。你可能更经常听到的是把这种策略称为"拍马屁"之类的话，特别是在向上影响情境中。**讨好**被看成作为一个长期策略使用时会更加有效，而在试图影响前立即使用就没有那么有效。**个人情面求情**是指要求者基于个人的友情或忠诚去要求某件事情，友谊越深，这种尝试就越容易成功。**交换**是指要求者通过提供奖赏或者资源来换取目标对象去执行要求的策略。这种影响策略要求请求者能够提供某些有价值的东西。**告知**是指要求者清楚地解释为什么执行其要求会有益于目标对象个人的策略。它不同于理性劝说，前者仅仅关注对目标对象的好处，而不是关注简单逻辑或者是对集团或组织的益处；它也不同于交换，因为在告知中其好处并不一定是要求者提供给目标对象的，而是目标对象从自己的行为中获得的。

列示中效果最差并可能会导致目标对象抵制的两种策略是施压和联盟。当然这并不意味着它们不能被使用或者是永远无效。施压是通过威胁和要求来行使强制性权力。正如我们前面讨论的，**强制**是一种很差的影响别人的方式并且可能仅仅能在短期获益。最后一种影响策略是组建联盟。**联盟**是指影响者争取其他人的帮助来影响目标对象。这些人可以是同事、下属或者是该目标对象的一个上级。联盟通常结合其他策略一起使用。例如，如果理性劝说不那么有效的话，影响者可以找到另一个人来说明该人同意其论据的逻辑性。

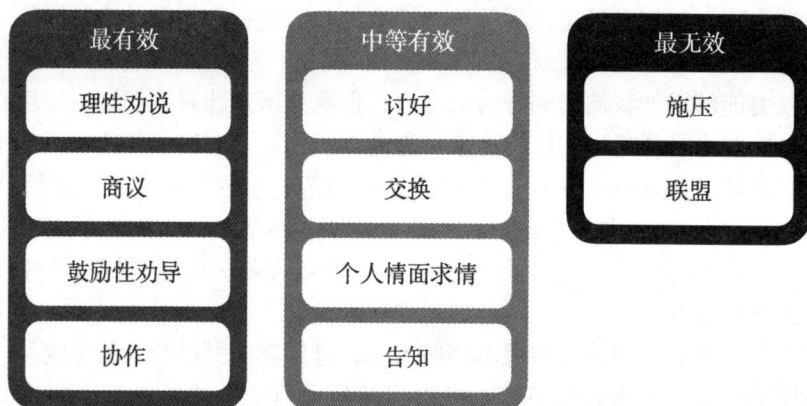

最有效	中等有效	最无效
理性劝说	讨好	施压
商议	交换	联盟
鼓励性劝导	个人情面求情	
协作	告知	

图 10—2　影响策略及其有效性

关于领导者使用影响策略时有两点值得注意。第一，当这些影响策略结合起来使用时往往会最有效。很多策略有一定的局限性和缺陷，而这些可以通过使用其他策略来克服。第二，那些性质上是"较柔软的"影响策略往往会更有效。理性劝说、商议、鼓励性劝导和协作利用的是个人形式的权力而不是组织形式的权力。要想在影响别人时更加有效，领导者通常会依赖于软的策略、做出合理的请求和确保所使用的策略与他们拥有权力的类型相匹配。

对影响策略的反应。人们对于影响策略有三种可能的反应，如图10—3所示。**契合**是指受影响的目标与影响者的要求相一致并对其承诺的状态。对于领导者来说，这是最好的结果，因为这可以导致员工尽最大努力完成领导者要求他们做的事情，承诺反映了员工行为和态度上的转变。**遵从**是指被影响者愿意做领导者要求的事情，但并非是心甘情愿。遵从反映了员工在行为上的转变，而不是态度上的转变。这种结果是对组织中影响行为的最常见反应，因为组织中任何具有一定权力的人所发出的合理要求一般都能得到顺从。这种反应可以使领导者达到他们的目的，但它却不能带来员工最大限度的努力和奉献精神。**抵制**是当目标对象拒绝执行影响者的要求并尽力避免去做时形成的。员工的抵制通常是寻找借口、设法反过来去影响要求者，或只是拒绝执行影响者的要求。当影响者的权力与被影响者的关联度不大或者当影响者的要求不恰当或不合理时，最有可能会发生抵抗。

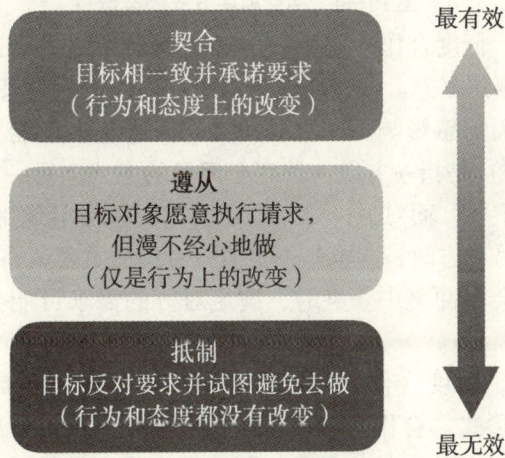

契合
目标相一致并承诺要求
（行为和态度上的改变）

遵从
目标对象愿意执行请求，
但漫不经心地做
（仅是行为上的改变）

抵制
目标反对要求并试图避免去做
（行为和态度都没有改变）

最有效

最无效

图10—3　对影响策略的反应

解释领导者如何使用他们的权力和影响力来解决工作中的冲突

解决冲突。领导者使用影响力的一个最重要领域是在解决冲突方面。当两个或更多的个体意识到他们的目标相反时，冲突就发生了。当组织中出现冲突时，领导者有能力使用他们的权力和影响力来解决冲突。如图10—4所示，领导者可以使用五种不同类型的方式来解决冲突，每种类型各适用于不同的情况。可将这五种类型方式看做为两个单独因素的组合：武断型领导如何去追求他们自己的目标以及在涉及他人目标中与他们的合作程度。

竞争（高度武断，低度合作）是指一方试图实现自己的目标，而不考虑另一方的结果。它被看成是冲突管理的一种赢—输式解决方法。当一方拥有强大的法定权力与能够使用法定性权力和强制性权力解决冲突时，就会出现竞争。它也往往涉及一些苛刻形式的影响方式，如施压或联盟。尽管这种策略在解决冲突时能够立即见效，但是伴随这种策略的负面反应是，它不利于一个领导者赢得很多朋友。当领导者确信他或她是正确的以及在决策需要迅速做出的条件下，使用这种策略才是最好的。

競争
（赢—输）　　　　　协作
（双赢）

武断的

关注自己的结果

折衷

非武断的

回避
（双输）　　　　　迁就
（输—赢）

非合作的　　　　　　　合作的

关注他人的结果

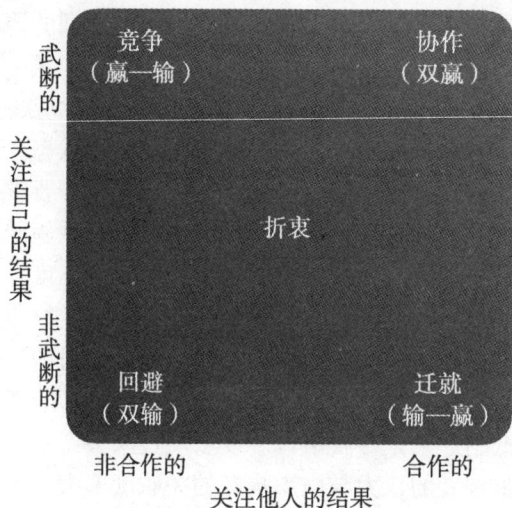

图 10—4　冲突解决方式的类型

　　回避（低度武断，低度合作）是指一方希望保持中立，躲避冲突，或者是推迟冲突以收集信息和让事态平息。回避对包括组织在内的任何人来说都是不利的，并且对领导者可能带来负面情感影响。最重要的是，回避从来不能真正解决冲突。迁就（低度武断，高度合作）是指一方以一种完全无私的方式向另一方妥协。当发生的问题对领导一方不那么重要，而对另一方却很重要时，领导者通常就会采用迁就策略。当领导者的权力小于另一方时，这也是一个值得考虑的重要策略。如果领导者知道由于他们缺乏权力而不会在冲突中获胜时，满足对方的需求可能会是一个更好的长期策略。

　　协作（高度武断，高度合作）是指双方合作以寻求利益最大化。合作被看成是冲突解决中的双赢形式。合作一般被当做是最有效的冲突解决方式，特别是涉及任务型的冲突而不是个人冲突时。但是，要获得协作也是最困难的，因为它要求双方信息的高度共享、双方所关注问题的充分讨论、双方拥有相对平等的权力和达成解决方案所需的大量时间投入。当然，这种方式也可以使双方得到最好的结果和反应。

　　折衷（中度武断，中度合作）是指通过互相妥协的方式解决冲突。折衷或许是最常见的冲突解决方式，在这当中每一方的损失是通过其获利得到补偿的，反之亦然。它被看成是最简单的冲突解决方式，可维护双方之间关系，一般会使领导者赢得好评。

　　最近关于冲突解决的一个独特范例是在让每个孩子有一台笔记本电脑项目中出现的。尼葛洛庞帝是这个非营利组织的创始人和主席，该组织的使命是为世界上最穷的国家未受过良好教育的孩子提供数百万台 100 美元的笔记本电脑。毋庸多言，生产一台 100 美元的笔记本电脑（命名为 XO）不是一件小的事情。尼葛洛庞帝领导着一个由极其复杂的个体组成的网络，他们都是在自己工作之余来工作或者是从其他组织中暂借来的，共同经历了设计和生产的辛苦合作过程。这个过程并不总是简单、顺利的，为制造自创的笔记本无线系统在很多时候尼葛洛庞帝不得不采用竞争的冲突处理方式。这个竞争性的反应是使得一部分志愿者感到不安，并在后来离开了这个项目。但是，其他时间里尼葛洛庞帝能够促进相互独立的群体之间进行合作。作为拥有各种权力的领导者，尼葛洛庞帝不断地在项目需要和个人需要间寻找平衡并试图有效地解决冲突。

对于使用权力、影响和冲突解决技巧的领导者来说，也许没有比进行谈判更合适的方法了。**谈判**是指两个或者多个相互联系的个体就其不同利益进行讨论并试图达成一致的过程。谈判可以发生在组织内，也可以发生在与组织外的人之间，谈判可以涉及劳资双方合同纠纷的解决、产品购买价格的确定、绩效考核评价的争议，或是一个新员工起始工资的确定。很明显，谈判无论是对领导者还是员工来说都是组织生活的关键部分。有关你或许感兴趣的谈判例子，请参见"**学生中的组织行为学**"专栏。

10.4 领导风格与行为

▮描述对领导者来说"有效性"的含义

本章前半部分讲述了领导者如何获得权力以及用来指导别人的影响类型。本章余下部分将描述领导者如何有效地使用他们的权力和影响力。当然，大多数领导的绩效不能够通过股票价格的变化来判断。尽管组织衡量领导的有效性有很多种方法，但作为我们的目的，将**领导有效性**定义为由领导行为带来的单位目标实现程度、单位员工持续承诺的程度，以及与下属间互信、尊重和承担责任的发展程度。

10.4.1 领导决策风格

领导者做的最重要事情之一就是制定决策。想想你目前做的工作或者是最近做过的工作，现在描述下你的老板，他或她在既定的一周内做了多少个决策？他或她如何去做决策？一个领导的决策风格反映了领导者从一系列备选方案中进行选择以解决问题的过程（关于此问题的更多信息参见第 7 章学习和决策）。决策风格主要关注的是领导者如何决策而不是领导者决策的内容。

领导者决策风格的最重要的要素是：领导者是自行决定大多数事情呢，还是领导者让其他人参与到这一过程中了？我们很可能有过这样的老板（或教师，甚至父母），他们差不多都是自己做出所有的决策，一旦宣布决策就预示着到此为止。我们可能还有其他类型的老板（或教师，甚至父母），他们往往会正相反——让我们参与、征求我们的意见，或者是即使我们并不在意所讨论的问题时也征求我们的支持。事实证明，这个领导控制与下属控制的问题可用来界定一些具体的决策风格。图10—5 从高度员工控制到高度领导控制依次列示了这些风格。

☺ 学生中的组织行为学

十分之九的招聘者说，他们提供给应聘者的最初报酬比他们打算支付的低。当你们要毕业时你们中的很多人正在寻找或是开始寻找工作。研究中谈论了大量有关你谈判的能力和确保得到一个可以接受的薪水的关系，第一个也是最大的问题就是我们中的大多数从来不尝试就所提供的薪酬进行谈判。第二个主要问题是，那些做了谈判的人却做得很糟糕。尽管男性比女性更有谈判力的传统说法是不正确的，但是一项MBA学生的研究表明，男性比女性的确能进行更有效的谈判，并且随着时间推移这些差别能够解释出他们多挣一大笔钱的原因。不管怎样，这里有一些有关你薪酬谈判的建议：

1. 要知道你的价值。应当知道你专业或职能领域内其他人的大致薪酬。在很多时候关于这方面的信息你可以向职业中心询问。

2. 你需要知道你的"BATNA"，也就是对于一个谈判协议的最佳选择。你愿意并且可以接受的最低薪酬是多少？在什么工资点上你会毫不犹豫地离开？具有清晰方案的谈判者通常为了更高的目标而离开。

3. 你的薪酬目标是什么？不要害怕将这个数字说出来。要避免像这样模糊的回答——"我想要更多的钱"，这对进一步的谈判过程没有任何帮助。

4. 你需要随时准备推销自己。你能够给他们带来他们可能不了解的什么价值？如果你想让公司确信提高你的薪酬是个双赢的结果，那么你就应该有能力说服公司——你的价值比他们想象的更大。

5. 最后一条但并非不重要的是：除非你真的准备要离开，否则不要威胁要离开。你确实还有有价值的后备计划吗？

解释领导做决策可用的四种风格，描述在特定情境下哪些因素的结合可使领导风格更有效

界定各种领导决策风格。专制型风格是指领导者不征询工作单位中下属的意见和建议而独自做出决策。员工可能提供领导者所需要的信息但是不被要求参与制定或评价备选决策。事实上，他们可能并不知道需要做的决策，仅仅知道领导者是由于某种原因需要信息。这种决策制定风格似乎是阿贝克隆比 & 费奇服饰（A&F）的离奇总裁迈克·杰弗里斯最欣赏的。该公司是一家位于俄勒冈州的运动服装公司，其以挑逗性的商品目录和校园风式但又有前卫感的风格而闻名。作为CEO，杰弗里斯要面试公司目录上所用的每一位模特，描述衣服在货架上应怎样折叠，商店里所有的商品都要经过他的批准。

在图10—5中的另外两种风格则提供了更多的员工参与。**磋商型风格**，是领导者在自己做最终决策前将问题提供给每一位员工或员工群体，并征求他们的意见和建议。在这种风格下，员工在决策制定过程中确实享有"发言权"，但是最终决策权仍旧取决于领导者。在**推动型风格**中最终决策权发生了变化。在这种风格中，领导者向员工群体陈述问题，并寻求一致的解决方案，同时确保领导者个人意见的分量不会超过其他任何人。在这种风格中，领导者与其说是决策制定者，不如说是促进者。迪斯尼公司CEO鲍勃·伊格尔似乎是将磋商型风格与推动型风格结合了起来。自接替迈克尔·艾斯纳以来，伊格尔以不那么专制的风格与其部门领导会面。艾斯纳喜欢听证，而伊格尔却鼓励交谈。伊格尔这样描述自己的风格："你在工作中使用优秀的人才并给他们管理的空间……你以一种负责的方式参与，但是不能到篡夺他们决策权的地步。我没有时间和精力来做这些，但是你会认为或许天才能。"

授权型风格是指领导放权给员工个人或员工群体让其在一定限制条件内做决策。虽然领导者在幕后可能提供鼓励或者是所必需的资源，但是除非领导者被问及，否则不会参与商议。菲尔·耐特是位于俄勒冈州的一家耐克运动服装公司的主席，他经常采用授权型风格。作为一个平静和不起眼的人物，耐特被认为是最终的委托者。公司的高级管理人员可以自己做决策，甚至是那些将公司带到不同方向的大决策，他们以此解释耐特的默不作声和点头表示同意。在过去的 40 年里被定义为耐特方式的这种管理风格是非常简单的：发现关注其产品的人们并让他们去处理细节。考虑到他的授权型风格，让耐特在耐克的任期内会有麻烦将 CEO 的位子让出来是具有极大的讽刺意味。

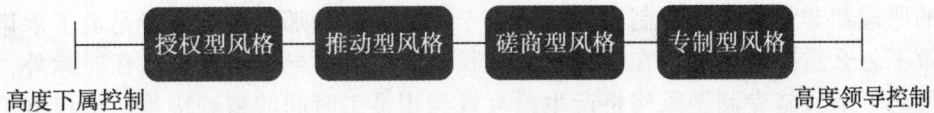

高度下属控制　　　　　　　　　　　　　　　　　　　　　　　　　　高度领导控制

图 10—5　领导决策风格

这些领导决策风格各在什么时候最有效？哪一个决策风格最好？正如你猜想到的，没有一种决策风格在所有情况下都是有效的，并且所有的风格都有它们的利与弊。领导者选择决策风格时需要考虑很多因素，最明显的需要考虑的是做出决策的质量，因为做正确的决策是评价一个领导的最终方式。但是，领导者还必须考虑员工是否接受和实施他们的决策。调查研究反复表明，允许员工参与决策能够提高他们的工作满意度，这种参与也能够帮助员工提高他们自己的决策水平。

当然，对员工来说这种参与的不足之处是它需要花费时间，很多员工把会议看成是对他们工作的打扰。最近的研究表明，员工平均一周要花费六个小时在这种例行会上，并且当员工不需依靠别人来完成自己的工作时、当他们只关注自己的工作完成情况时，以及认为会议开得无效果时，在会议上花费的时间与其工作满意度会成反比关系。想想保罗·普莱斯勒的例子，其在加州杰普服装公司任 CEO 五年，2007 年离职。普莱斯勒从迪斯尼聘用来，使用他的专长来训导这个陷入困境的公司。由于会议的增加、要求员工向新任首席财务官解释难以置信的具体细节，他的任职期间工作遭到了批评。一个杰普服装公司的前雇员将这些要求描述为"富于创造性和灵活性的对立面，它在谈论工作与做工作"。有关决策风格的批评也指向了辛西娅哈里斯，她被普莱斯勒聘来领导杰普品牌工作。"她不做任何决策，"一个员工说，"她对保罗违约，不做任何决策。"

领导者如何有效地选择决策风格呢？**领导的时间驱动模式**提供了一个可用的指导。这个模型表明，我们关注的焦点应从专制型的、磋商型的、推动型的、授权型的领导转向专制型的、磋商型的、推动型的和授权型的情境。更特别的是，这个模型表明七个因素在特定情境下结合起来能够使得一些决策风格更有效而使另一些决策风格更无效。这七个因素包括：

- 决策的重要性：这个决策对某个项目或组织的成功重要吗？
- 承诺的重要性：员工"接受"这个决策重要吗？

- 领导的专长：关于相关问题，领导者有足够的知识或专长吗？
- 承诺的可能性：员工相信领导的决策并对其承诺的程度有多高？
- 共同的目标：员工分享并支持共同目标吗？或他们有自己的工作日程吗？
- 员工的专长：员工具有相关问题的足够知识或专长吗？
- 团队合作技巧：员工有能力一起工作来解决问题吗？或他们与冲突或无效率抗争吗？

图 10—6 列示了在特定的情境下如何用这七个因素来说明最有效的决策风格。图 10—6 要求回答每个因素水平是“高”（H）或“低”（L）。这个图表的功能就像一个漏斗，从左到右，每回答一个问题就越接近最终的建议风格（横线表明某特定的因素可以跳过不加考虑）。尽管这个模型起初看上去很复杂，但它的原理却非常简单。专制型风格适合于无关紧要的那些决策或者是员工承诺对决策不怎么重要的情境，在领导者的专长很高或者领导者被充分信任时除外，在这种情形下实施专制型风格将产生最有效利用员工时间的精确决策。授权型风格适用于员工有很强的团队合作技巧和不太可能去执行领导者提供的任何决策的情境。在剩下的两个风格（磋商型或推动型）之间进行判断——差别更小并需要全盘考虑所有七个因素。

	决策的重要性	承诺的重要性	领导的专长	承诺的可能性	共同的目标	员工的专长	团队合作技巧		
从这里开始	H	H	H	H	—	—	—	专制型	到此为止
				L	H	H	H	授权型	
							L	磋商型	
						L	—		
					L	—	—		
			L	H	H	H	H	推动型	
							L	磋商型	
						L	—		
					L	—	—		
				L	H	H	H	推动型	
							L	磋商型	
						L	—		
					L	—	—		
		L	H	—	—	—	—	专制型	
			L	—	H	H	H	推动型	
							L	磋商型	
						L	—		
					L	—	—		
	L	H	—	H	—	—	—	专制型	
				L	—	—	H	授权型	
							L	推动型	
		L	—	—	—	—	—	专制型	

图 10—6 领导时间驱动模式

Source: Adapted from V. H. Vroom, “Leadership and the Decision-Making Process,” *Organizational Dynamics* 28 (2000), pp. 82 – 94.

研究倾向于支持时间驱动模式的大多数提议，特别是当该研究使用在职经理作为调查者的时候。例如，一项研究要求经理们回忆过去的决策、做这些决策的当时背景，以及这些决策最终成功（或失败）的情况。当经理们使用这个模型所建议的决策风格时，这些决策的成功率达到了68%。当经理们与模型建议的决策风格相反时，仅仅有22%的时候是正确的。值得注意的是，研究表明经理们倾向选择该模型推荐的风格仅约40%，显示出他们的风格比建议他们应有的风格没有多大变动。特别是经理似乎是过多地使用磋商型风格而过少地使用专制型和推动型风格。关于该模型更多的非正式测试（和"测试驱动"），参见"**银幕上的组织行为学**"专栏。

10.4.2 日常领导行为

描述可反映领导者大部分日常领导行为的两个维度

先不管领导者如何做决策，谈论一下领导们都做哪些日常活动。当你想到你曾经的老板时，作为日常领导责任的一部分他们往往都做些什么活动？俄亥俄州立大学在20世纪50年代做了一系列研究试图回答这个问题。在海军研究办公室和国际收割机公司的资助下，该研究从收集领导者涉及的所有行为开始——大约1 800种。这些行为被精简到150个特别的范例，然后再划分成若干个类别，如表10—3所示。这个表揭示了很多领导者将时间花费在发起、组织、生产、会员、融合、沟通、认可和代表行为上。这八个分类比1 800种行为容易记忆，但经过进一步分析显示表10—3中的这些大类还可以合并成两个维度：初始结构和关怀体谅。

表10—3　　　　　　　　　领导者所做的日常领导行为

行为	描述
初始结构	
发起	发起、促进，有时抵制新思想和活动
组织	对工作进行界定和组织，阐明领导与员工的角色，协调员工的任务
生产	设置目标，为员工努力工作和提高生产率提供激励
关怀体谅	
会员	与员工交往，加强非正式互动，交换个人服务
融合	鼓励一个令人愉快的气氛，减少冲突，促进个人适应组织
沟通	给员工提供信息，从员工那里获取信息，表示意识到影响员工的问题
认可	对员工行为表示同意或不同意
代表	代表团体工作，维护团体，提高团体的利益

Source：J. K. Hemphill and A. E. Coons，" Development of the Leader Behavior Description Questionnaire，" in *Leader Behavior：Its Description and Measurement*，ed. R. M. Stogdill and A. E. Coons（Columbus，OH：Bureau of Business Research，Ohio State University，1957），pp. 6－38.

初始结构反映了领导者为了实现组织目标而对自己与下属的角色进行界定与构建的程度。对初始结构重视的领导者在组织群体活动与优先计划、日程安排以及尝试新想法方面会起到更加积极的作用。他们可能会强调会议最后期限的重要性、描述明确的绩效标准、要求员工遵循正规程序以及必要时对不良工作进行批评。**关怀体谅**反映了领导者以互信、尊重和关心下属的意见与情感为特征而建立工作关系的程度。高关怀体谅的领导者会建立融洽的氛围和牢固的双向沟通以及会对员工福利表示极大的关心。他们会为员工提供个人帮助，花时间聆听员工的问题，必要时向他们"伸出援手"和公平对待每一个下属。

俄亥俄州立大学的研究结果认为，初始结构和关怀体谅是（或多或少）相互独立的概念，也就是说领导者在两方面可能都很高，或者都很低，或者是一方面高另一方面低。这个观点不同于密歇根大学在同一时期所做的一系列研究成果。这些研究确认了与初始维度和关怀体谅相似的概念，把它们称为以生产为中心的（或任务型的）和以员工为中心的（或关系型的）行为。但是，密歇根大学的研究把他们的任务型和关系型的概念设计为一个连续统一体的两端，意味着一个领导者不可能在两个维度方面都很高。事实上，近期对 78 个学生的整合分析表明，初始维度与关怀体谅仅仅是弱相关——知道一个领导者是否具有一类行为不足以说明他或她会具有另一类行为。要想知道在你的领导作用中你的初始结构和关怀体谅的情况，请参见本章结尾部分的**测评**专栏。

经过对初始结构和关怀体谅的最初研究后，研究领导的专家开始怀疑这两个维度对预测领导效率的有用性。但是，近来更多的研究已描绘了一个更加鼓舞人心的画面，对 103 个研究的整合分析表明，初始结构和关怀体谅与大量的结果都有很好的关系。例如，关怀体谅与预测领导有效性、员工积极和员工工作满意度高度正相关，它还与总体上的单位绩效中度正相关。至于初始结构，它与员工积极性高度正相关，与领导的有效性、员工工作满意度和总体上的单位绩效中度正相关。

☺ 银幕上的组织行为学

《惊爆十三天》

放弃你自己的判断有时是不道德的。

正如电影《惊爆十三天》（导演：罗格·唐纳森，新线影业公司）所描述的那样，约翰·肯尼迪总统（布鲁斯·格林伍德饰）用这句话预示了他在古巴导弹危机中将使用的决策风格。在与他的哥哥罗伯特·肯尼迪（斯蒂文·坎普饰）和他的参谋长肯尼·奥唐纳（凯文·科斯特纳饰）谈话中，肯尼迪对处理新的危机（在古巴部署苏联导弹）表示出关注。肯尼迪召集了最好的顾问团队来应对这个危机，但是问题是：应该使用什么样的决策风格？

如果我们按照图 10—6 的步骤进行，很明显这个决策是非常重要的（这些导弹可以击中除西雅图以外的美国的任何地方）。奥唐纳自己提到美国将军们对这个决策的承诺的重要性，并且很明显肯尼迪没有驱动这项讨论所需的专长。对肯尼迪来说不幸的是，这个事件在影片中的描述显示出他的将军们不相信他，导致承诺的可能性很小。更糟糕的是，这些将军们似乎有他们自己的目标。如果你私下里算一下，通过图 10—6 的结果是 H—H—L—L—L，表明肯尼迪最有效的决策风格是磋商型领导风格。

肯尼迪使用这种风格了吗？最后，肯尼迪的顾问给他提供了两种可行的选择。一旦这些选择提交，肯尼迪不要求他们举手表决，也不试图留出达成一致意见的余地。他要求他的演讲稿撰写人抓紧时间在第二天的网络新闻上写出关于入侵和封锁的消息。随后他告诉房间里的人他将在早上把他的决定告诉他们。如果肯尼迪完全按照领导时间驱动模式建议的话，他应当做的是收集别人的想法和建议，但是自己保留最终决策权。

10.4.3 变革型领导行为

通过描述决策风格和日常领导行为，已经广泛涵盖了一系列领导者需要做的事情。但是，还是缺少了一些东西。取出一张小纸并匆匆记下由于有效地领导而闻名的五个人。他们可以来自商界内外，可以是在世的人或是历史人物。最重要的是，他们的名字几乎能等同于伟大的领导。当你编辑完名单，看看这些名字，他们之所以出现在名单里面是由于他们在合适的情境下使用合适的决策风格以及进行有效的关怀体谅和结构维度吗？安妮·穆尔卡希的案例怎么样？是决策风格和日常领导行为解释了她对施乐未来的重要性吗？

一个没有考虑到的领导困惑是领导者要通过做什么来激发其员工额外地多做工作。**变革型领导**涉及激发下属人员去承诺一个共同愿景，也就是使其工作有意义并起到榜样作用以帮助下属开发潜能以及从新的视角来审视问题。变革型领导强化下属对特定结果重要性的意识，增强他们对结果能够被完成的信心。使得"变革了的"是下属看待他们工作的方式，这会引发他们更加注重集体的利益而不只是注重他们自己短期的自身利益，并最终引发他们完成额外工作。曾任美国总统的德怀特·戴维·艾森豪威尔曾经说道："领导是决定应该做什么以及使别人想去做的能力。"曾任美国总统的哈里·S.杜鲁门同样也观察到："领导是这样一个人，他有能力使别人做他们不想做的事情并让他们乐意去做。"这两个引用语以下属看待他们的工作的方式和在工作中激励他们的方式描述了变革。

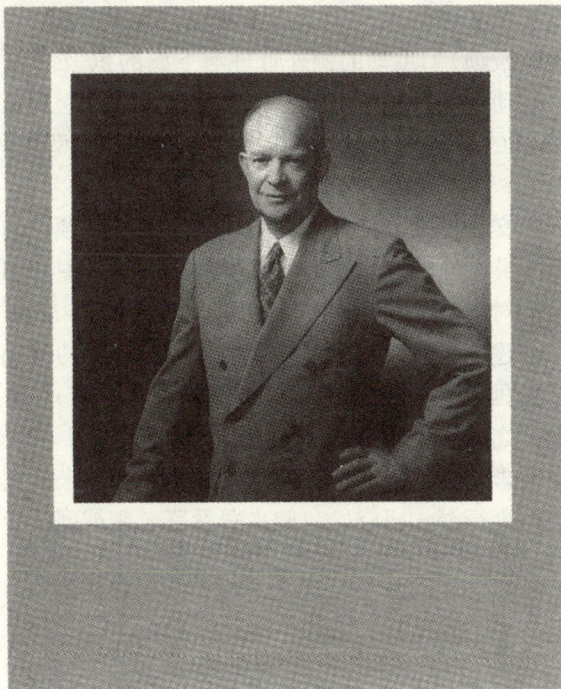

"领导是决定应该做什么以及使别人想去做的能力。"

——德怀特·戴维·艾森豪威尔

变革型领导被看成是比其他管理方式更具有激励性的领导方式。图10—7根据其主动性和被动性以及最后实际结果的有效性对各种领导方式进行了对比。图中的五个方块图代表了五种激励员工的不同方法，方块图的深度代表了领导者优先选择每种方法的程度。这个图形因此代表了一个优先选择更有效和更主动行为的最优领导方式，这个最优的方式包括低层次的**放任型**（也就是不干涉）领导，由最下面的方块图来表示，就是逃避领导，重要的行动被耽搁、忽视责任以及权力和影响力未得到运用。通常对领导的衡量用这句话反映出放任型风格："当重要的问题出现时领导者都避免涉入。"

中间的三个方块图代表**交易型领导**，是指领导者依据绩效来奖励或惩罚下属。采用被动的例外管理，领导者直到过失和错误发生后才采取正确的行为。也就是说，"东西没损坏的话，就别去修理它"。这种方式用类似这样的描述来代表："领导者直到接到抱怨后才采取行动。"而采用主动的例外管理下，领导者主动地安排监视过失和错误并且在需要时再采取正确的行动。这种方式由类似这样的描述来代表："领导者提醒导致失败的问题以达到标准。"权变报酬代表了一种更加主动和有效的交易型领导方式，在这里领导者与员工就需要做什么达成一致，使用约定的或实际的奖赏换取员工应有的绩效。"当达到绩效目标时领导者清楚地知道员工会得到什么"，像这样的描述就例示了权变报酬的领导方式。

交易型领导代表着"胡萝卜加大棒"的领导方式，即采用提供"大棒"的例外管理和提供"胡萝卜"的权变报酬。当然，在大多数组织中，交易型领导还代表着激励员工的主要方式，而且研究表明它可以是有效的。87项研究的整合分析表明，权变报酬与下属的积极性和领导的有效性具有非常密切的关系（有关权变报酬问题的更多讨论参见第5章激励）。主动的例外管理与下属的积极性和领导的有效性仅有很弱的关系，但是，被动的例外管理实际上似乎对这些结果起到负面作用。这些结果证实了图10—7所展示的排列，而且权变报酬则是在交易型领导行列中最有效的方式。

理解变革型领导和交易型领导的区别，描述属于变革型领导的行为类型

最后，图10—7中最上面的方块代表变革型领导——最主动和有效的方式。变革型领导为何有效？我们对本章结论中的"领导是多么重要"部分不多加讨论，只谈论变革型领导是本章描述的所有领导变量中最强大和最有益的影响就足够了。正如在我们的**"组织行为学的国际化"**专栏中所描述的那样，它是所有文化中最得到普遍认可的领导方式。除此之外，它可能是前面要求你列举的那些著名领导者的关键特征。为了理解它为什么影响如此强大，我们需要对领导者用来使其变得更加有变革性的具体活动和行为类型进行深入研究。我们来看看著名变革型领导者的变革行为——美国苹果电脑CEO斯蒂夫·乔布斯。结果表明变革型领导的所有方面可以总结为以下四个维度：理想化影响力、鼓舞性激励、智能激发和个性化关怀。总体上讲，变革型领导的这四个维度经常被称为"4I"。

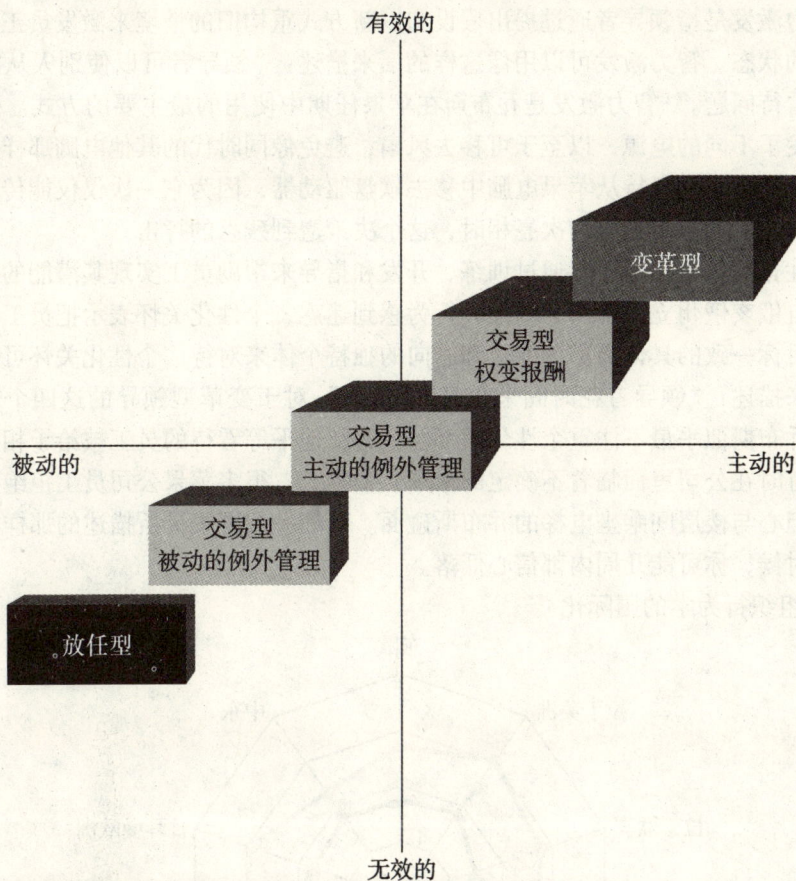

图 10—7　放任型、交易型和变革型领导

Source：Adapted from B. M. Bass and R. E. Riggio, Transformational Leadership, 2nd ed. （Mahwah, NJ：Lawrence Erlbaum Associates, 2006）

理想化影响力是指领导者的行为赢得员工的钦佩、信任和尊重，并且能够引起员工的认同感并效仿其行为的状态。理想化影响力可以用这样的话来描述："由于和领导者的交往，领导将自豪感逐渐灌输给我。"理想化影响力与魅力同义，是一个希腊单词，意思是"神圣的圣灵恩赐"，反映了在员工心中领导者拥有特别品质的观念。魅力这个单词经常与斯蒂夫·乔布斯相联系。一位观察员描述说即使与斯蒂夫·乔布斯一起工作非常困难，但是他出色的魅力使他对人们产生难以理解的吸引力，使人们对他的集体使命感保持忠诚。

鼓舞性激励是指领导者的行为可培养员工对未来共享愿景的工作热情和承诺的状态。这个愿景通过"意义创建"过程进行传播，在这个过程中注重现状的负面特征和强化未来的正面特征。鼓舞性激励可以用像这样的话来描述："领导者清楚地表达令人信服的未来愿景。"在苹果公司斯蒂夫·乔布斯由于创造了一个能重塑员工对目前工作环境看法的"现实扭曲场"而闻名。苹果公司的员工这样解释："斯蒂夫有令人恐惧的权力视野。当斯蒂夫·乔布斯相信某件事时，那种权力简直能够不予理会任何反对、问题或其他任何阻碍的东西，它们只有停止存在。"

智力激发是指领导者通过提出假设和以新方式重构旧的情境来激发员工创新性和创造性的状态。智力激发可以用像这样的话来描述:"领导者可以使别人从很多不同的视角看待问题。"智力激发是乔布斯在苹果任期中使用的最主要的方式。他为苹果二代开发了不同的电源,以至于可移去风扇,避免像同时代的其他电脑那样嗡嗡叫和搅动。几年后,他坚持从苹果电脑中移去软盘驱动器,因为它一次仅仅能传送一兆字节,当修改后的苹果电脑初次亮相时,这个决策遭到残忍的抨击。

　　个性化关怀是指领导者通过训练、开发和指导来帮助员工实现其潜能的状态。不要对来自俄亥俄州立大学研究的关怀行为感到迷惑,个性化关怀表示把员工作为具有与单位目标一致的具体需求、能力和志向的独特个体来对待。个性化关怀可以用像这样的话来描述:"领导者花时间来教育和培训。"对于变革型领导的这四个方面,斯蒂夫·乔布斯似乎最不注重个性化关怀。没有被他平等看待的员工被给予相对短期的束缚和有时在公司里面临着不确定的未来。实际上,很多苹果公司员工拒绝乘坐电梯是因为担心与楼层间乘坐电梯的乔布斯碰面。正如一个观察员所描述的那样,当电梯门开的时候,你可能几周内都信心低落。

　　☺ 组织行为学的国际化

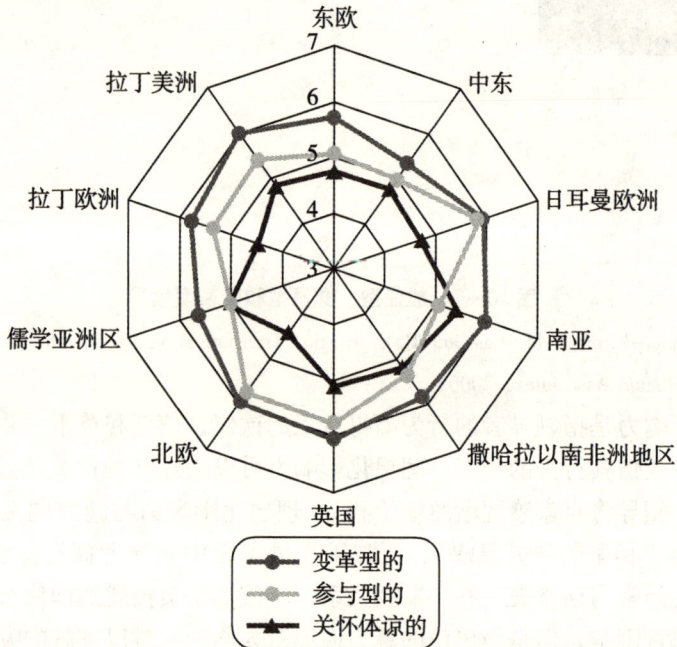

变革型的
参与型的
关怀体谅的

　　在不同文化背景下领导风格和行为的有效性会有所不同吗?回答这个问题是GLOBE(全球领导和组织行为效率)项目的一个目标。其收集了自从1991年来自62个不同文化背景的170名研究者对951个组织中的17 300名管理者关于领导问题的研究。从某种意义上说,该项目(GLOBE)描述了对**文化上认可的内隐领导理论**的测试,该理论主张有效的领导是"旁观者眼里得出的",并主张文化的差异可以改变人们对领导界定的方式。为了测试这个理论,GLOBE研究者要求参与者使用1—7尺度来对一系列领导风格和行为进行评价,其中1表示该领导风格或行为会阻止一个人成为杰出的管理者,7表示该风格或行为大大有利于一个人成为杰出的管理者。上面的插图展示了本章所描述的三种风格和行为在 10 个不同地区的评价结果。（注：术语"英国人"代表所有的英国种族的人，包括美国人、大不列颠人和澳大利亚人）。

变革型领导被证明是 GLOBE 项目所研究的领导问题中最普遍接受的方法，其在除中东地区以外的所有地区的市民中收到的平均评价数接近 6。这种普遍接受可以通过这样的事实解释，即变革型领导更倾向于接受像理想主义及道德追求等一系列几乎在世界各国都接受和认可的价值观。这个图形还展示了参与型风格和关怀行为在大多数国家是受到称赞的，尽管实际上还存在很多差别。这些结果表明，参与型风格和关怀行为取决于各个地区不同的文化价值观。理解这些结果类型能够帮助组织筛选、指导和培训管理者，使之更好地适合一个特定地区中有效领导者的要求。

> "当斯蒂夫·乔布斯相信某件事时，那种权力简直能够不予理会任何反对、问题或其他任何阻碍的东西，它们只有停止存在。"

10.5 领导有多重要？

——解释领导行为是如何影响工作绩效和组织承诺的

领导有多么重要？与组织行为学的其他话题一样，这是一个极其复杂的问题，因为"领导"不仅仅是一件事情。相反，所有的领导风格和行为都有它们独特的重要性。但是，变革型领导在某种程度上不同于其他类型的领导，它在组织中具有很强的影响力。由变革型领导领导的群体往往会在财务效益方面更容易成功，并以最快的速度把更高质量的产品和服务带进市场。变革型领导还往往能够与那些具有高素质的，特别是以高水平、相互尊重和有责任心为特点的下属建立联系。

要是我们特别关注组织行为学中整合模型的两个结果——绩效和承诺会怎么样？图 10—8 总结了变革型领导与这两个结果之间联系的研究根据。该图表揭示了变革型领导确实影响着需要向领导汇报工作的下属的工作绩效。变革型领导的员工往往会有更高水平的工作绩效，会从事更高水平的公民行为。为什么呢？其中一个原因是，变革型领导的员工比其他员工具有更高水平的积极性。他们具有很强的心理授权意识，感到更加自信，并为他们自己设置更高的工作目标。他们更相信领导，使得他们即使其努力没有得到立即回报，也愿意付出额外的努力。

图 10—8 还揭示了变革型领导的员工更加致力于对其组织的承诺。他们与自己的组织有更强的情感联系，有维持工作现状并从事其工作的强烈责任心。为什么呢？一个原因是变革型领导的员工比其他员工具有更高水平的工作满意度。一项研究表明变革型领导能够使他的员工感到他们工作更加多样性和具有意义，工作本身能增强内在满意度。其他研究显示，魅力型领导能更频繁地表达积极情感，并且这些情感被员工通过某种"情绪感染"过程所"捕获"。例如，变革型领导的员工往往会在工作中感到更加乐观和较少的挫折，这使得员工更容易地投身于工作。

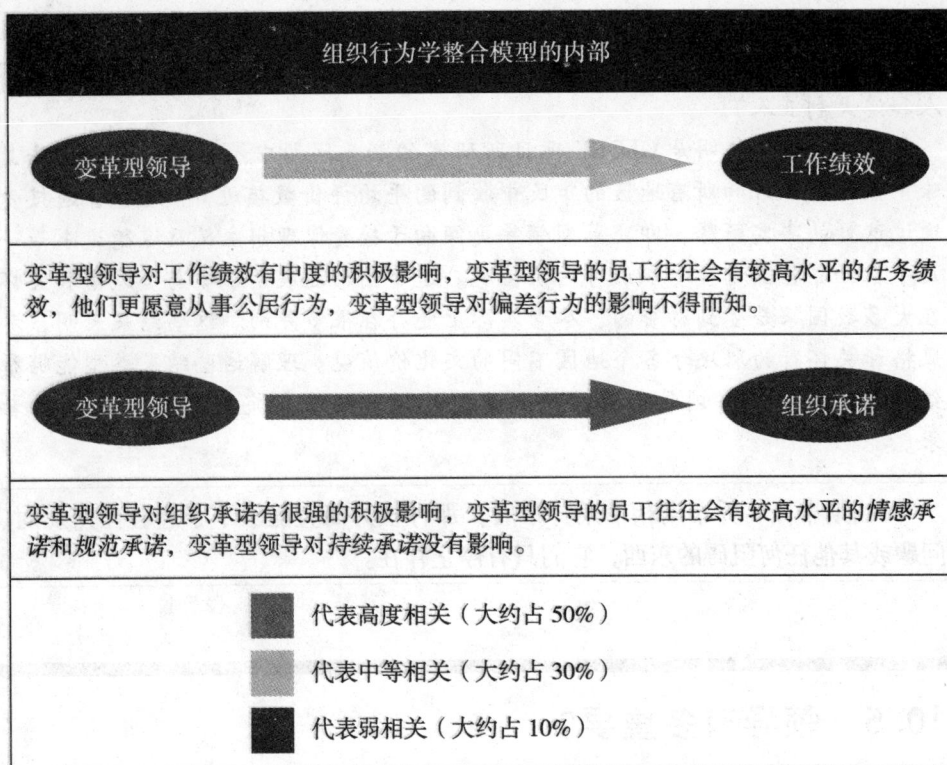

图 10—8　变革型领导对绩效和承诺的影响

Source：T. A. Judge and R. F. Piccolo, "Transformational and Transactional Leadership：A Meta-Analytic Test of Their Relative Validity," *Journal of Applied Psychology* 89（2004）, pp. 755 – 68; J. P. Meyer, D. J. Stanley, L. Herscovitch, and L. Topolnytsky, "Affective, Continuance, and Normative Commitment to the Organization：A Meta-Analysis of Antecedents, Correlates, and Consequences," *Journal of Vocational Behavior* 61（2002）, pp. 20 – 52; P. M. Podsakoff, S. B. Mackenzie, J. B. Paine, and D. G. Bachrach, "Organizational Citizenship Behaviors：A Critical Review of the Theoretical and Empirical Literature and Suggestions for Future Research," *Journal of Management* 26（2000）, pp. 513 – 63.

尽管领导对单位效率、绩效和员工承诺非常重要，但是有证据表明，在很多情境中领导的重要性被降低。**领导替代模型**表明某些情境特性能够抑制领导者的影响力，使得领导者对员工绩效的影响变得更加困难。这些情景特性归为两大类，如表 10—4 所示。**替代**会降低领导者的重要性，同时也对员工的绩效提供直接利益。例如，一个有凝聚力的工作团体能够提供自己的行为治理类型，使得与领导的关联性降低，同时提供自己的激励源和工作满意度。相反，**抵消**仅仅是降低领导的重要性——他们自己对绩效没有有利的影响。例如，空间距离减少了领导行为和风格的影响，但是距离本身对员工的工作绩效没有直接的益处。

表10—4	领导替代和抵消
替代	描述
• 任务反馈	接收来自任务本身的绩效反馈
• 培训和经验	获取知识以独立行事
• 专业化	具有提供指导职业专长
• 员工支持	接收来自外部员工的信息和帮助
• 团队凝聚力	在一个紧密和相互依赖的团体中工作
• 内在满意度	从工作中获取个人满足
抵消	描述
• 工作稳定性	具有清晰的、程序不变的任务
• 正规化	具有管理工作的明文政策和程序
• 非灵活性	工作在强调遵守制度的组织中
• 空间距离	在实体空间上与领导者分离

Source：Adapted from S. Kerr and H. M. Jermier, "Substitutes for Leadership：Their Meaning and Measurement," *Organizational Behavior and Human Performance* 22 （1978）, pp. 375 – 403.

请登录www. mhhe. com/ColquittEss 网站查询学习资料，包括互动练习、测验、iPod 下载和视频内容。

10.6 案例：Xerox

过去八年，安妮·穆尔卡希（首席执行官）和乌苏拉·伯恩斯（现在的主席和运营总监）在施乐的历史转折期一起紧密地工作。穆尔卡希以魅力型领导而闻名，而伯恩斯以"无畏的解决问题者"而闻名。总的来说，他们都是组织变革的一股力量。他们的关系极其亲密但同时又很复杂，因为他们两个经常不能对最佳行动方案达成一致意见。穆尔卡希认为这个分歧是有激情的和"同样顽固"的结果。穆尔卡希在组织中晋升方面是伯恩斯的榜样，而现在伯恩斯已被施乐董事会做出安排，当穆尔卡希退休时由她接任。最大的问题是，尽管这个想法经常在她脑海中想起，但是穆尔卡希没有明确的近期退休计划，施乐公司也没有想要她退休。

从传统意义上讲，在继承的过程中，董事会要详细阐明各方的职责。但在这个事件中，穆尔卡希想与伯恩斯直接把这些确定下来。实际上这比穆尔卡希最初想象的困难得多。最初当他们坐下来讨论如何分配工作职责时，他们就没有达成一致意见。伯恩斯最初的提议是大家先向她汇报工作，然后她再汇报给穆尔卡希。穆尔卡希的反应是："那用我做什么？"在这两个女人的请求下，财务总监齐默曼最终介入，并且告诉她们不要担心组织结构而是应考虑怎么做才对施乐最好。从那时起，两个领导者试图根据她们的优势和基于伯恩斯接任所需要学习的东西来分配职责。

• 一个团体或组织同时有两个领导者的优势和劣势是什么？两个知名的领导者

可能会有效地分享权力吗？

- 你认为这种安排能持续很长时间吗？如果你在施乐的管理团队当中，你更倾向于听谁的？为什么？

- 所有的公司都有像施乐公司那样的接任计划吗？你认为为什么一般公司不会经常这样做？

10.7 重点掌握

- 领导是使用权力和影响力来指导下属的行为，以实现组织目标。权力是影响他人行为，并相应抵制不利影响的能力。权力是必要的，它能给领导者提供影响别人的能力。

- 领导者拥有五大类型的权力。存在三种组织类型权力：基于权威和职位的法定性权利；基于对资源或利益分配的奖赏性权力；基于具有实施惩罚能力的强制性权力。存在两种类型的个人权力：来自于个人专长或知识的专家性权力和基于领导者个人吸引力和魅力的参照性权力。当领导者在工作过程中起中心作用、非常引人注目、具有自由处理权以及是资源和信息的唯一控制者时，这些权力就能够被更加有效地使用。

- 领导者能够使用10种不同的影响策略来实现他们的目标。最有效的策略是理性劝说、商议、鼓励性劝导和协作，最没有效的是施压和联盟，具有中等水平效果的是讨好、交换、个人情面求情和告知。

- 领导者使用权力和影响力要通过五种冲突解决类型来解决冲突：回避、竞争、迁就、协作和折衷。最有效和实施难度最大的策略是协作。

- 领导者的行为能够带来组织目标的实现、组织员工的持续承诺和发展与员工的相互信任、尊重及承担责任，那么在这种程度上领导者就是"有效的"。

- 领导者可以使用很多种风格来做决策。从高领导控制开始向高员工控制移动，这些风格包括专制型、磋商型、推动型和授权型风格。根据领导时间驱动模式，这些风格的适宜性取决于决策的重要性、承诺的重要性、领导的专长、承诺的可能性、共同目标、员工的专长和团队合作技巧。

- 领导者从事的大部分日常领导行为属于初始结构或关怀体谅。初始结构行为包括发起、组织和生产等各种职责。关怀体谅行为包括会员、融合，沟通，认可和代表等各种职责。

- 交易型领导者强调"胡萝卜加大棒"的方法来激励员工，而变革型领导者则基本上是靠改变下属看待工作的方式。更具体地说，变革型领导是激励下属形成一个能给他们的工作提供意义和挑战的共同愿景或目标。构成变革型领导基础的具体行为是由"4I"构成：理想化影响力、鼓舞性激励、智力激发和个性化关怀。

- 变革型领导与工作绩效中度正相关，与组织承诺高度正相关。与其他领导行为相比，变革型领导对这些结果具有更大的影响。

10.8 问题讨论

- 领导者没有权力能影响别人吗？这种影响具体如何发生？

- 你认为哪种类型的权力最强大？你现在拥有哪种权力？你如何去获得你所缺少的更高层次权力？

- 与你本人相联系的最具有影响力的领导者是谁？他或她拥有哪种类型的权力？他或她使用哪种类型的影响去实现目标？

- 领导的时间敏感模型认为，领导者在决定使用专制型、磋商型、推动型和授权型风格时，不是仅仅考虑它们决策的准确性，他们还关注使用时间的效率。还需要什么会影响领导者使用四种决策的风格？

- 想想变革型领导的四个维度：理想化影响力、鼓舞性激励、智力激发和个性化关怀。你最喜欢哪个维度？为什么？

- 你能想出变革型领导者潜在的"阴暗面"吗？它们是什么？

10.9 测评：初始结构与关怀体谅

你如何行使你的领导角色？设计这个评价是用来衡量日常领导行为的两个维度：初始结构和关怀体谅。请在每个陈述后面填上一个数字，用以反映你所描述的行为的参与频率。使用所提供的回答尺度来回答每个问题。用6减去黑体问题的答案，差额就是这个问题的新答案。例如，如果第16题你的最初答案是"4"，那么新答案就是"2"（6－4）。再将每个纬度问题的答案相加。与本章有关的更多测评问题，请访问在线学习中心 www.mhhe.com/colquittess。

1	2	3	4	5
从不	很少	有时	经常	非常同意

1. 我让小组成员知道要求他们做的事
2. 我鼓励使用统一的程序
3. 我在小组中尝试新的想法
4. 我向小组清楚地表明我的态度
5. 我决定做什么和如何来做
6. 我给组员安排详细的工作
7. 我确信组员对我在小组中的角色都了解
8. 我计划安排要做的工作
9. 我坚持明确的绩效标准
10. 我要求组员遵守标准规则和规定
11. 我很友好和平易近人
12. 我对成为小组一员所做的很少

13. 我对团队提出的建议付诸实施

14. 我平等对待所有的组员

15. 我提前告知变化

16. **我不交际**

17. 我努力寻求组员的个人福利

18. 我愿意进行变革

19. **我拒绝解释我的行为**

20. **我不通过与组员商量就行动**

得分和解释

初始结构：计算 1—10 项的总分数。

关怀体谅：计算 11—20 项的总分数。

对于初始结构，总分数 38 分及以上则高于平均值，37 分及以下则低于平均值。对于关怀体谅，总分数 40 分及以上则高于平均值，39 分及以下则低于平均值。

Source：R. M. Stogdill, *Manual for the Leader Behavior Description Questionnaire—Form Xll* (Columbus, OH：Bureau of Business Research, The Ohio State University, 1963).

10.10 练习：员工参与

这个练习的目的是使用领导时间驱动模式（如图 10—6 所示）来决定员工是否参与了各种决策。这个练习需要以组为单位，这样你的指导老师可将你安排到一个小组，或者要求你创建自己的小组。这个练习具体包括以下步骤：

1. 阅读下面的两个案例，然后自己独立回答步骤 2 中的讨论问题。

案例 1：糖替代品的研究决策

你是一家较大啤酒公司研究开发部的部长。在研究一种新的啤酒产品时，你部门的一个科学家似乎实验性地研究出了一种新的化合物，与目前的糖替代物相比，该化合物含有很少的大卡热量，但品尝起来像糖一样甜。公司对该产品没有预见性的需求，但食品行业的生产商可以对它申请专利并获取生产许可。

这种糖替代品的探索还处于初级阶段，其商业化实施还需要大量的时间和资源。因此，一些资源将从实验室的其他项目中调过来。这个糖替代品项目远远超过了你的技术专长，但是研究开发部的一些专家对这个化学领域很熟悉。正如大多数的研究类型一样，确定和完善糖替代品所需的研究规模很难决定，你不知道对这种产品的需求量会有多大。你的部门有一个落后于预定计划的资助项目的决策程序，但是关于那些需要办许可证但却不由组织使用的资助项目却没有规章和先例。

公司的研发预算额是有限的，并且近来你工作小组的其他科学家抱怨说，他们需要更多的资源和财务支持来完成他们的项目，这当中的一些研究开发项目对未来的啤酒销售很有潜力，你认为研究开发部门中的大部分研究者都致力于确保公司利益的实现。

案例 2：海岸警卫巡逻艇决策问题

你是 200 英尺长的海岸警卫巡逻艇的艇长，包括警官在内共有 16 名船员。你的任务是一般的海上搜索和救援。早上 2:00，在例行 28 天的巡逻后的回港途中，你收到了来自最近的海岸警卫所传来的在离海岸 60 里一架小飞机撞毁的消息。你获得了关于坠毁地点的所有可利用的信息，将任务通知给了你的队员，并且以最快速度为搜寻幸存者和飞机残骸设置了一条通向出事地点新的路线。

你们现在已经搜寻了 20 个小时，波涛汹涌的海面正在逐渐削弱你们的搜索行动，并且有证据表明这里将有一场强烈风暴。与恶化的天气相关的大气干扰使得与海岸警卫所的通讯联系变得不可能。是否放弃搜救并将你们的救援船停在能够躲避暴风雨的地方（从而保护你的船只和你的队员，但是可能的任何生还者将几乎变为必死无疑）或者是继续可能是徒劳的搜救并且具有风险，这个决策必须迅速做出。

在失去联系之前，你收到了关于暴风雨严重性和持续时间的最新天气报告，尽管你的队员责任心极强，但是你认为他们在去留决策上意见不统一。

2. 对下列问题达成小组的一致意见：

A. 你的下属能够在多大程度上参与决策？在下面的参与程度中选择一个：

- 不参与：你自己做决策没有任何下属参与。

- 低参与度：你征求一个或多个下属关于问题的信息，但是你不征求他们的建议并且可能不把问题告诉他们。

- 中参与度：你把问题描述给一个或多个下属（单独或开会的方式）和询问相关的信息及他们关于问题的建议。但是，你做最后的决策，该决策可以反映也可以不反映下属的建议。

- 高参与度：你向下属描述问题。他们讨论问题并在你不参与的情况下提出解决方案（除非他们征求你的意见），且实施该方案。你已同意支持他们的决策。

B. 什么因素使你选择这种员工参与程度而不是其他程度？

3. 班级讨论（以小组或班为单位）应注意的问题：在这些案例中，如果授予员工更多或更少的参与将可能会出现什么问题？

Source：S. L. McShane and M. A. Von Glinow, *Organizational Behavior*, 3rd ed. （New York：McGraw-Hill, 2005）. Used with permission. Case 1 prepared by steven L. McShane @ 2002；Case 2 adapted from *The New Leadership：Managing Participation in Organizations*, by V. H. Vroom and A. G. Jago, 1987.

本章术语

领导是指使用权力和影响力指导下属活动，以实现组织的目标。

权力是指影响他人行为，并相应抵制不利影响的能力。

法定权力是指基于权威或地位的一种组织权力形式。

奖赏的权力是指基于对资源或利益控制的一种组织权力形式。

强制性权力是指基于具有实施惩罚能力的一种组织权力形式。

专家性权力是指基于专长或知识的一种组织权力形式。

参照性权力是指基于领导者个人的吸引力和魅力的一种组织权力形式。

权变因素是指可能增加或降低领导者使用权力影响别人的程度的组织情境。这些情境包括可替代性、自主处理性、向心性和可见性。

影响力是指运用行为来引起别人行为上或态度上的变化。

契合是指影响目标与影响者的要求相一致并对其承诺的状态。

遵从是指被影响者愿意做领导者要求的事情，但并非心甘情愿。

抵抗是指被影响者拒绝执行要求并尽力避免去做。

竞争是指一方试图实现自己的目标，而不考虑另一方结果的一种冲突解决方式。

回避是指一方希望保持中立、躲避冲突或推迟冲突来收集信息并让事态平息的一种冲突解决方式。

迁就是指一方以一种完全无私的方式向另一方进行妥协的一种冲突解决方式。

协作是指双方合作寻求利益最大化的一种冲突解决方式。

折衷是指通过互相妥协解决冲突的方式。

谈判是指两个或者多个互相联系的个体就其不同利益进行讨论并试图达成一致的过程。

领导有效性是指由领导行为带来的单位目标实现程度、单位员工持续承诺的程度，以及与下属间互信、尊重和承担责任的发展程度。

专制型风格是指领导者不征询工作单位中下属的意见和建议而单独做出决策的一种领导方式。

磋商型风格是指领导者在自己做最终决策前将问题提供给下属，并征求他们的意见和建议的一种领导方式。

推动型风格是指领导者向整个团队陈述问题，并寻求一致的解决方案，同时确保领导者个人意见的分量不会超过其他任何人的一种领导方式。

授权型风格是指领导放权给雇员让其在一定限制条件内做决策的一种领导方式。

领导的时间驱动模式认为在特点的情境下，包括决策的重要性、领导者的专长和下属能力等在内的七个因素相互结合使得某些决策风格比其他的更有效。

关怀是指领导者以互信、尊重和关心下属的意见和情感为特征而建立工作关系的一种行为模式。

变革型领导是指一种行为模式，领导者启发下属形成能够提供使其工作有意义的共同愿景，并起到可帮助下属开发潜能以及从新的角度审视问题的榜样作用。

放任型领导是指领导者完全逃避领导责任的状态。

交易型领导是指领导者依据绩效来奖励或惩罚下属的一种行为模式。

理想化影响力是指领导者的行为赢得员工的钦佩、信任和尊重并且能够引起员工的认同感并效仿其行为的状态。

鼓舞型激励是指领导者的行为可培养员工对未来共享愿景的工作热情和承诺的状态。

智能开发是指领导者通过提出假设和以新方式重构旧的情境来激发员工创新性和创造性的状态。

个性化关怀是指领导者通过训练、开发和指导来帮助员工实现其潜能的状态。

领导替代模式是指认为情景特性能够抑制领导者的影响力，使得领导者影响员工绩效变得更加困难的一种模式。

替代是指降低领导者重要性的同时也对员工的绩效提供直接利益的情景特性。

抵消是指降低领导者的重要性但没有以任何方式提高员工绩效的情境特性。

第五部分　组织机制

11

组织结构

【学习目标】

通过阅读本章，应该能够：

- 界定组织结构并理解其构成内容；
- 描述组织结构的主要因素；
- 理解何谓组织设计和组织设计过程的依据；
- 描述组织为其结构所采用的常见组织形式；
- 描述组织为降低重组所带来的负面影响而采取的一些措施；
- 理解重组是如何影响工作绩效和组织承诺的。

11.1　IBM

一天晚上，负责IBM（国际商业机器公司）全球网络精英实验室的威利·丘收到一条即时短信，一个主要竞争者正在争夺一项为一家韩国银行开发一个新IT系统的1亿美元的项目。随之发生的事情只能发生在当今技术先进的世界里——黑莓文本、手机交谈以及互联网聊天窗口在四大洲同时运行。当今的组织正面临着试图发现一种通过使用技术的方式来尽可能有效地进行组织，以使他们能够去做以前从未做过的事情。当你听到对公司来说世界正变得更加扁平化时，一刻都不要怀疑它。

从传统上讲，IBM依照地理界线来架构它的20万员工组织。实际上，有人会认为IBM通过在全球各个国家设置小型IBM事业部方式开拓了跨国公司首次以地理位置设置结构的先例。在每一个国家经营的IBM都有其自己的员工和管理团队，来为每一个国家的客户提供服务。这是世界上真正有意义的结构，这样公司顾问就可以与有软件或硬件问题的顾客在同一地理位置。但是，IBM所处的环境因素正在迅速变化，像来自印度的竞争者正在以更低的价格提供一些相同的服务。

伴随着竞争者和"日益扁平化世界"的变化，IBM正在通过创造和使用所谓的"能力中心"来重组它的员工队伍。这个中心以他们必须提供给顾客的具体技能为基础来组织划分世界各地的所有员工。一些可以通过使用网络给世界各地客户提供服务的员工被组织在一个地方。在科罗拉多州的博尔德，IBM雇佣了6 200名专业人员作为客服中心的一部分来监视全球的客户计算机功能。如果IBM 426个数据中心的某个发生了故障，博尔德的员工更有可能去解决这个问题或者将这个问题分派给能解决的人员。其他的IBM员工将通过更广泛的地理区域组织起来以至于他们仍然能够比较接近他们的顾客，当客户需要这些员工时，IBM有一个计算机数据库，可以通过从70 000个IBM个人简历中的技能检索，将高度专业化的顾问团队组织起来。世界随着技术进步变得越来越扁平化，顾客期望得到世界上最好的服务，这些服务不仅仅局限在他们所在城市中得到最好的服务，IBM的这次结构变化可以在这方面满足顾客的需求。作为一个全球性的公司，对于IBM来说这是一个必须的变化。根据IBM公司高级副总裁罗伯特·莫法特所说："我们的顾客需要我们在合适的时间将合适的技能应用在合适的地方"。

11.2　组织结构

正如前面的例子所阐述的，一个组织的结构对其财务业绩和管理员工的能力具有极其重要的影响。IBM做的关于组织结构调整的决策将影响到员工之间的交流和合作方式、权力如何分配以及员工个人如何看待他们的工作环境。实际上，一个组织结构的作用比你想象的要大得多。我们在本书上花费了大量时间谈论员工态度和行为是如何通过个人特征（如个性和能力）和组织机制（如团队和领导）来形成的。在本章和下一章，我们是讨论一个组织作为整体如何影响员工的态度和行为。

想想你以前从事的一些工作（或者毕业后你想从事的工作）。你每天都跟什么类型的员工相处？他们是跟你做相同工作的员工吗？或者他们是做与你不一样的工作，但他们服务的顾客与你一样吗？你的经理监管多少名员工？你做的任何决策都需要经过你的监管者的审查，或你被给予"较为松弛的控制"吗？对所有这些问题的回答都要受到组织结构的影响。**组织结构**正式规定组织内工作和任务如何在个人和群体之间进行划分和协调。当一个公司仅仅有5到20人时，组织结构通常是相对简单的，但是在IBM公司375 000名员工提供数百种产品和服务的情况下，组织结构就变得越来越复杂。

> "当一个公司仅仅有5到20人时，组织结构通常是相对简单的，但是在IBM公司375 000名员工提供数百种产品和服务的情况下，组织结构就变得越来越复杂。"

11.3 为什么一些组织拥有与其他组织不同的结构？

11.3.1 界定组织结构并理解其构成内容

了解组织结构的一种方法是查看它的组织结构图。**组织结构图**是指描述组织内的每一项工作及这些工作之间正式报告关系的图示。它有助于组织成员和外部人员理解和领会组织内的工作是如何设置安排的。图11—1展示了两个组织结构图样本。在实际的结构图中，这些方格一般会被填充进去实际的名字和职位名称。正如你可想象的那样，随着公司越来越大，它们的组织结构图也变得越来越复杂。你能设想描绘出一个包括IBM所有员工的组织结构图吗？这不仅需要很多方框和一些纸张，而且把它们弄在一块大约需要若干年的时间（另外，只要有人离开组织，将需要大量时间来更新其组织结构图！）。

组织结构的要素

本章描述的组织结构图相对简单，并且是为说明特定问题而设计的（如果你想看看一些结构图能有多复杂，可以在网络上搜索"组织结构图"，你将会看到不同的公司如何按照其自己的方式设计组织结构图）。特别是像图11—1中的组织结构图可以展示出组织结构的五个关键要素。表11—1中所总结的这五个关键要素描述了工作任务、权威关系和决策责任在公司内部是如何组织的，这些要素将在接下来的几节中讨论。

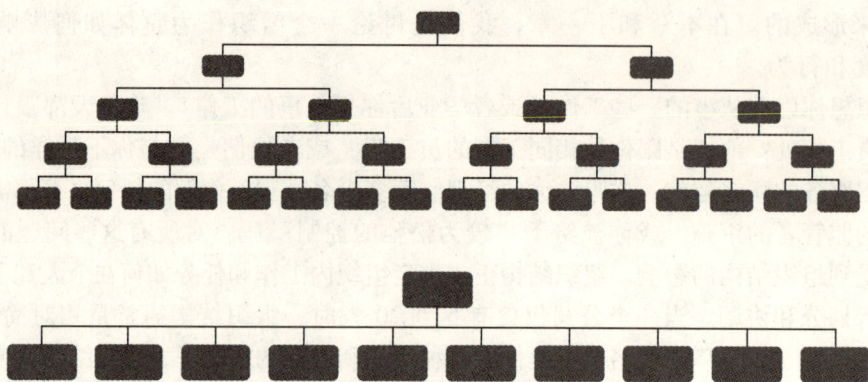

图 11—1　组织结构的两个样本

11.3.2　描述组织结构的主要因素

工作专门化。工作专门化是指组织内的任务被划分成单独的工作单元的方式。在一些组织中，这种分类被称为公司的劳动分工。每个员工执行多少个任务？在某种程度上，工作专门化在生产率、灵活性和员工激励方面起到一个永无休止的平衡作用。就拿福特公司一个生产线上的工人为例，亨利·福特也许是高度专门化的最早（也是最知名的）信仰者。他把任务按照某种程度在生产工人当中进行划分，这样每一员工可以每天只重复地执行一项单一工作，仅仅做一项工作使得这些员工在做这一项工作中具有极高的生产率，这还意味着当需要替换员工时，培训新的员工会更加容易。

但是，当组织中工作高度专业化时，也存在着权衡取舍。当组织使得工作高度专业化时，可能会难以应对员工的工作满意度问题。如果你回忆一下第三章的工作满意度，我们讨论了对满意度有重大影响的五个核心工作特征。其中一个特征是多样性，或者是该工作需要涉及很多不同技巧和才能的一些不同行为的程度。当工作要求员工从事很多不同类型的活动时，他们往往会更加满意于这项工作。即使你可能会非常有效地从事单一任务的工作，但每天重复做这项工作你会有多高兴？

指挥链。一个组织中的**指挥链**本质上是回答"谁向谁报告"的问题。在传统的组织结构中，每个员工仅仅有一个需要他/她报告的上级，这个人随后再报告给另一个人，一个接一个，直到最终的 CEO（尽管在上市公司，CEO 对董事会负责）。这个指挥链可以看成是权力沿着组织结构层级向下的特定移动。组织依靠这个权力的移动获得命令、控制和可预期的绩效。一些较新的组织结构使得指挥链变得有点更加复杂，它使得一个职位向两个或更多的不同经理报告变得非常普遍。

控制跨度。一个管理者的**控制跨度**是指在组织内他/她负责的员工数量。图 11—1 的组织结构图说明了控制跨度的差异情况。在上面的图中，每一个管理者负责领导两个下属。在大多数情况下，这个等级被看成是窄控制跨度。在下面的图中，这个管理者负责 10 个员工，这个数目典型地被看成是宽控制跨度。当然，很多组织中的关键问题是，一个管理者能有效监管多少名员工，回答这个问题需要对窄控制跨度与宽控制跨度的好处有个较好的理解。

表 11—1	组织结构的因素
组织结构因素	**定义**
工作专门化	组织内的任务被划分成单独工作单元的程度
指挥链	回答"谁向谁报告"的问题以及表明正式的权利关系
控制跨度	表示组织内每个管理者负责多少名员工
集权化	意指在组织中的哪个层级正式制定决策
正规化	一个组织中使用规则和程序来规范行为与决策的程度

窄控制跨度可以使管理者能更加直接接触员工,给管理者提供了使用直接领导风格的机会,同时与员工发展了密切的指导关系。如果管理者比下属具有更多技能和专长,窄控制跨度就是特别重要的。早期的管理理论认为,控制跨度越窄,员工的生产率就越高。但是,窄控制跨度要求组织雇佣更多的管理者,这样会大大增加劳动成本。此外,如果控制跨度太窄,员工便会对他们的密切监督感到愤恨,并期望在他们的日常决策中有更多的自由。实际上,目前的研究表明,中度的控制跨度最有益于组织的生产率,图 11—2 中说明了这种关系。要注意的是,组织绩效会随着控制跨度的增加而增加,但是仅仅增加到那一点,即管理者不再有能力协调和监督其下属的众多员工。大多数组织努力尝试去寻找这个合适的平衡点,但是不同的组织这个平衡点也不一样,这取决于每个组织独特的环境情况。但是,毫无疑问,组织的控制跨度近年来大幅度增大,像可口可乐公司的副总,向他报告的员工人数竟多达 90 人!

> "当工作要求员工从事许多个同类型的活动时,他们往往会更加满意丁该项工作。"

集权化。集权化反映了在组织中正式做出决策的层级,如果只有公司中的高层管理者有权力制定最终决策,我们说这个组织具有高度的"集权化"结构。相反,如果决策制定权被下放到低层级的员工并且这些雇员感到被授权自己去做决策,那么这个组织就具有"分权化"结构。随着组织变得越来越大,分权就是必要的。对组织中的每一项决策不能都由组织中的高层管理者去做出是迟早的事。集权化组织结构中的权力和权威往往集中在公司中相对少的一部分人中,因为他们对于重要的决策拥有正式权力。"**银幕上的组织行为学**"专栏在较大层面上说明了这一点。你工作过的组织主要是集权化的还是分权化的?参见本章末尾的**测评**专栏来找到答案。

正规化。当一个组织使用很多具体规则和程序来规范行为与决策时,这个组织就具有高度的**正规化**。尽管在组织结构图上你可能不一定看出什么来,但是正规化的影响会遍及整个组织。在每一个组织中,规则和程序是一个必需的控制机制。尽管单词"正规化"有一些负面的含义,但是如果不同地方的麦当劳都以不同的方式制作炸薯条,你会有什么反应?或者是想想这个:如果你每次打电话给戴尔要求技术帮助时,得到的是接线员的不同对待和自相矛盾的答复,你会不会烦恼?正规化是一个必要协调机制,组织据以获得标准化的产品或提供标准化的服务。

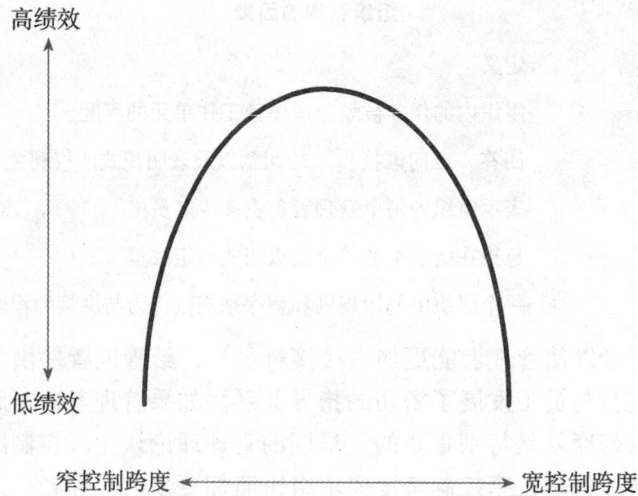

图 11—2 控制跨度与组织绩效的关系

Source：Adapted from N. A. Theobald and S. Nicholson-Crotty, "The Many Faces of Span of Control Organizational Structure across Multiple Goals," *Administration and Society* 36 (2005), pp. 648 – 60.

麦当劳的正规化意味着在每一家餐馆每一次制作的炸薯条和其他产品都是相同的。

美国铝业公司的密歇根州铸造中心是一家领先的汽车零部件供应商，两个操作工倒班操作同一台机器，但是在产量和质量方面有高达 50% 的差异，这个实际情况一直困扰着该公司。公司做了一项研究为工厂里的每台机器确认出最好的操作方法。这些最好的做法就成为了每个工人的标准操作程序，并且正规化使公司获得了更高水平的产出。但有的公司，如戈尔公司是一家戈尔面料及上百种其他产品的制造商，实施正规化后却起到了相反的效果。然而大多数公司都定义了工作名称并具有为每项工作具体确定任务的工作描述，比尔·戈尔（公司创始人）认为这种正规化遏制了沟通和创新性。在他的一个下属提议她需要把一些工作头衔印在商务名片上，好在外出的会议上分发后，戈尔回复说她可以把他关心的"最高指挥官"印在卡片上。她如此喜欢这个头衔以至于她遵循了他的建议，这在公司成了一个不胫而走的笑话。

要素的组合你可能已经注意到组织结构中的一些要素与其他要素似乎密切相关，例如，宽控制跨度往往与决策制定的分权化相联系，高度的工作专门化倾向于带来高水平的正规化。再者，如果你仔细观察这些因素，你可能会注意到很多要素在效率和灵活性方面存在冲突。**机械式组织**是存在于稳定的环境中的具有高效率、僵硬的、高度正规化和标准化特征的组织。机械式组织的典型结构通常是高度的正规化、等级森严的指挥链、高度的工作专门化、决策制定的集权化，以及窄的控制跨度。相反，**有机式组织**是指适合存在于动态的环境中的具有灵活性、适应性和外向型特征的组织。有机式组织的典型结构通常是低度正规化、弱的或多重的指挥链、低度工作专门化，以及宽的控制跨度。

如果你考虑一下这两种类型之间的差异，就不难想到一些公司会滑向连续统一体的一端或另一端。但是，非常值得关注的是，很少有公司是完全处于两个极端的那种情况，大多数公司是处于中间附近的某个位置，即组织中的某些领域具有机械式特征，而另一些领域具有有机式特征。尽管我们试图把机械式结构贴上"不好的"标签，把有机式结构贴上"好的"标签，但这种看法并不一定准确。机械式结构是很多组织生存的唯一方式，并且它被看成是构建工作职责的非常恰当和富有成效的方式。要想找到其中的原因，我们需要考察组织为什么逐渐产生出这些结构类型。

11.3.3　理解何谓组织设计和组织设计过程的依据

11.3.3.1　组织设计

组织设计是指创造、选择或改变组织结构的过程。最理想的组织不会只是"让"结构独自任意地发展；它们会积极主动地设计与特定环境和需要相匹配的结构。但是，一些组织却不是那么主动，而是毫无目的地任意发展组织的结构，并且没有任何细致的计划，这些组织可能随后强制改变结构来使其变得更有效。有很多因素会影响组织设计的过程，这些因素包括组织经营的环境、它们的战略和技术，以及公司的规模。

> "在他的一个下属提议她需要把一些工作头衔印在商务名片上，好在外出的会议上分发后，戈尔回复说她可以把他关心的'最高指挥官'印在卡片上。"

一个组织的经营环境由它们的顾客、竞争者、供应商、分销商和企业外部的其他因素构成，所有这些因素都影响着组织设计。对结构影响的一个最大因素是外部环境是稳定的还是动态的，稳定的环境不会经常变动，并且任何变化即使发生也是很缓慢的，稳定的环境使得组织能关注于效率，并且随着时间的推移几乎不需要多少变化。相反，动态的环境经常变化并且要求组织要具有适应性更强的结构。公司的战略描述了组织的宗旨和目标以及如何利用它的资产来赚钱。尽管大量的组织战略太繁琐以至于不能在这里一一讨论，但可以围绕着低成本生产或差异化这两个常见的战略来讨论。注重低成本生产战略的企业依赖于尽可能低的价格来销售产品。为了做好这些，他们就不得不尽可能地保持效率，这类组织更可能会采取机械式的方式来进行组织设计。其他公司可能会采取差异化战略，这些公司不是注重以最低的价格提供产品或服务，而是认为，由于产品某方面的独特性人们会愿意支付更高的价钱，这可以是它们的产品具有更高的质量或者是能够提供一些低成本产品所不能提供的特征。差异化战略经常迅速调整以适应变化的环境，这种战略使得有机式结构更合适。

> **"毫无疑问公司的规模或员工总数与结构之间具有重要的关系。"**

在很早的组织研究中，技术被认为是组织结构的主要决定因素。从那以后，关于技术与结构之间的恰当关系变得模糊起来，尽管不完全确凿，但是研究表明，技术越常规，结构就越应采取机械式的。从许多方面来说，这个建议是有完美意义的：如果一个公司重复地做一件事情，那么这个公司就应该通过高度专门化、正规化和集权化来尽可能有效地集中做这件事情。但是，如果需要变化和改变技术来适应各种不同顾客的需求，那么其决策就应是更分权化，组织所依赖的规章和程序就需要更灵活。毫无疑问公司的规模或员工总数与结构之间具有重要的关系。随着组织越来越大，它们需要依赖专门化、正规化和集权化的某种结合来控制他们的活动，组织因此在本质上变得更加机械式。但是，当涉及到组织绩效时，对于"多大是太大"没有确切的答案。随着很多组织变得越来越大，它们试图在组织内部创造更小的单元来形成"小的感觉"。戈尔公司就是通过试图阻止公司的任何一个场所有超过150名的员工来形成这样的感觉。高层管理者确信150人的规模能够使得所有员工在走廊里相互交谈。但是，当公司发展到在45个地方有7 300名员工时，即使戈尔公司也不能保持住这个目标。

☺银幕上的组织行为学

《星球大战Ⅱ：克隆人的进攻》

我很不情愿承认这种叫法，我喜欢民主……我爱好共和。但是我生性温和，我不愿意看到民主的毁灭。我答应你，当这种危机减弱时，我会放弃你给我的这种权力。而在我第一次使用这种新权力时，我会创造一支庞大的共和国军队来对抗分裂主义者的日益威胁。

根据上面的那些话，在《星球大战Ⅱ：克隆人的进攻》中，最高议长帕尔帕汀（伊恩·迈克蒂安米德）控制了共和国。即使在遥远的世界里，组织也是一种生活的方式。尽管在过去30年里的有六部星球大战电影都包括了大量的空间大战，但它们还证明了通过使用组织结构星系的形成、变革和统治过程。

星球大战前传Ⅰ Ⅲ中的一个主要情节是围绕着议员帕尔帕汀。他当选为银河议会的领袖，银河议会是银河共和国的管理机构（由数百个星球组成的一个组织，它的成员为了相互保护和经济同盟而同意形成的一个组织）。对帕尔帕汀不利的是，作为议员他的权力极其有限，因为他的所有决策都必须经过所有参与议员的投票表决。

不为人知的是，由于帕尔帕汀秘密控制着被称为贸易联合会的组织，他使用这个组织来对共和国成员进行攻击和威胁而成为真正的邪恶威胁。星球大战前传Ⅱ和Ⅲ显示帕尔帕汀使用这种威胁让共和国授予他集权化的决策权威，这种集权化的权威为他提供了创建一支庞大共和国军队所需要的权力和权威。这集权化的权威（和军队）帮助帕尔帕汀统治银河系——直到卢克天行者出现。

11.3.3.2 常见的组织形式

我们关于组织设计的讨论描述了一个组织的经营环境、战略、技术和规模如何使得一些组织的结构比其他组织的结构更有效。现在我们把注意力转移到逻辑上的下一个问题：大多数组织使用什么结构？下面的章节描述了一些最常见的组织形式。当你阅读有关它们的描述时，考虑一下这些组织形式是落到了结构连续统一体中的机械式一端还是有机式一端。你还要考虑哪些类型的设计因素会使得一个组织去选择某个特定的形式。

11.3.4　描述组织为其结构所采用的常见组织形式

简单结构　**简单结构**也许是组织设计最常见的形式，这主要是因为与大组织相比存在着更多小型组织。实际上，超过80%的雇佣组织所拥有的员工不超过19名。小的会计和律师事务所、家庭式的杂货店、个体零售店、独立教堂以及绿化服务企业都是会使用简单结构的组织。图11—3展示了小型独资制餐馆的简单结构，这个图揭示了简单结构就是：简单。简单结构通常由极小的组织使用，该组织中的管理者、董事长和所有者是同一个人。简单结构是由一个人作为核心决策人物的扁平化组织，没有足够的规模使组织具有高度的正规化，在工作专门化方面仅仅存在最基本的差异。对于简单结构的各个方面如何存在于一个看似很大的组织中的例子，请参见"**运动中的组织行为学**"专栏。

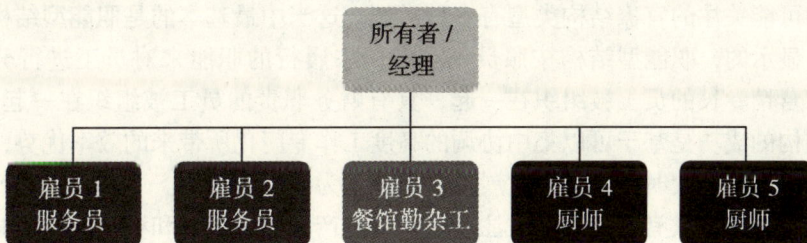

图11—3　一个小餐馆的组织结构

> **"超过80%的雇佣组织所拥有的员工不超过19名。"**

☺ 运动中的组织行为学

有着数十亿美元产业的美国全国汽车比赛协会（NASCAR），可能是体育运动经营中最有盈利能力的行业之一。在2007年，该组织与美国广播公司、体育电视网、福克斯电视台及电视网和特纳电视网签订了45亿美元的电视转播合同。它是仅次于美国橄榄球大联盟的第二位收视率最高的观赏性体育项目，号称有三分之一的美国成年人是其追随者，并且拥有15亿美元的企业赞助收入（数光年领先于美国橄榄球大联盟的4.45亿美元和美国职棒大联盟的3.4亿美元）。该公司具体是如何做的？主要是机灵、敏捷和具有迅速做出决策的能力。你要知道，全国汽车比赛协会（美）是一个私有的、家族控制的、以盈利为目的的企业，布莱恩法蓝斯是掌管该协会的第三代主席和 CEO。

在 2004 年布莱恩法蓝斯接任时，他做了一系列巨大的变革——就是将公司朝着创造一揽子电视转播交易推进（反对谈判使用它们自由的网络），创造了决定每年获胜队的冠军"锦标赛"模式。这些变革全部是来自上层的决定，尽管布莱恩法蓝斯手下确实有一些顾问。由于该公司采用的是相对集权化的简单结构，所以布莱恩法蓝斯拥有的企业很多年来都被人们称之为"善意的独裁"。关于这种结构是否是全国汽车比赛协会的最佳结构，是否可以维护劳资关系的合作，利益的分享机制，还存在很多的疑问。然而，在过去几十年中 NASCAR 的成功很好地回答了这一点，事实上绝大多数家族企业在采用并一直保持着简单结构。在全国汽车比赛协会案例中，由于它的业务规模增大，它的结构必然变得更加官僚化，但是永远不用怀疑谁在真正掌权。

官僚型结构　当你想到单词"官僚主义"时，你脑海里会浮现出会什么想法？呆板的、乏味的、限制的、正式的、难以改变的以及没必要的复杂化等这类词语往往会与官僚主义相联系。先把这些毫不夸张的形容词放在一边，你很有可能正工作在官僚型组织中或毕业后将在官僚型组织中工作。**官僚型结构**是指一个展示了机械式组织多方面特征的组织形式。官僚体系是为效率而设计的并且依赖于高度的工作专门化、正规化、集权化、僵硬与明确的指挥链，以及相对窄的控制跨度。正如前面提到的，随着组织规模的扩大，就不可能不形成一些官僚型结构形式。官僚型结构会对你有多大吸引力？请参见"**学生中的组织行为学**"专栏寻找答案。

我们可能关注的官僚结构类型有多种类型，这当中最基本的是**职能型结构**，正如图 11—4 显示的，职能型结构按照员工在组织中履行的职能来对员工进行分组。例如，具有营销专长的员工被组织在一起，具有财务职责的员工被组织在一起，等等。职能型结构的成功是基于可以集中协调的高度工作专门化所带来的效率优势，很多小公司在他们逐渐变大时很自然地发展为以职能型为基础的结构。

当组织整体上具有相对窄的关注点、较少的产品线或服务和稳定的环境时，职能型结构就是极为有效的。职能型结构最大的缺点往往会是，每一职能内的个体只会专注于其自己的目标和视角，而忽视了更大的组织整体考虑，换句话说，职能间的员工交流不能像在职能内部交流得那么好。

☺学生中的组织行为学

结构对作为学生的你具有巨大的影响，不管这种影响是否明显。你属于哪个组织？男大学生联谊会、女生联谊会、专业协会、学生自管会，以及其他校园组织都具有结构，这些结构会影响到决策的方式、权力的存在位置和员工参与日常行为的方式。的确，甚至你的大学作为整体它的结构方式也会影响到你。

当你开始找工作时，有很多证据表明你会被建立在组织结构基础上的特定组织所吸引。总体上说，大学生求职者往往会认为组织中的集权化不是一个有吸引力的公司特征，解释其原因并不难。大多数求职者喜欢能够在不需要其他人批准、自己独立做决策的组织中工作。

有人看到集权化具有吸引力吗？通常没有，但有证据表明集权化对某些工作求职者的影响要比其他人小。例如，研究显示具有高度自尊心的工作求职者受集权化的困扰较小，也就是对他们来说，集权化对组织吸引力的负面影响较弱，也许他们对必要时能够"挑战官僚制"充满信心。

不管怎样，当你开始找工作时，在面试中可以问及一些有关公司组织结构的问题。你的直接上级要管理多少名员工？你有一个直接上级还是要向许多管理者报告？你可能会发现，类似这样的问题有助于给你的面试官留下深刻的印象。了解组织结构的这些方面内容还会有助于你在多项工作机会间做出决策。

事业部型结构　与职能型结构相比，事业部型结构是以产品、地理区域、或客户为依据进行员工分组的官僚型组织形式（见图11—4）。其中每一个部门相对独立地运营并具有他们自己的职能团队。当职能型结构的公司由于其兴趣和目标变得非常多样化而该结构不能应对时，该公司通常就要演变成事业部型结构的组织。例如，如果一个职能型结构的公司开始为顾客考虑产品的本地化需求时，该公司可能会采取地区结构来处理产品差异化问题。公司选择哪种类型取决于多样性在其业务经营中的地位。

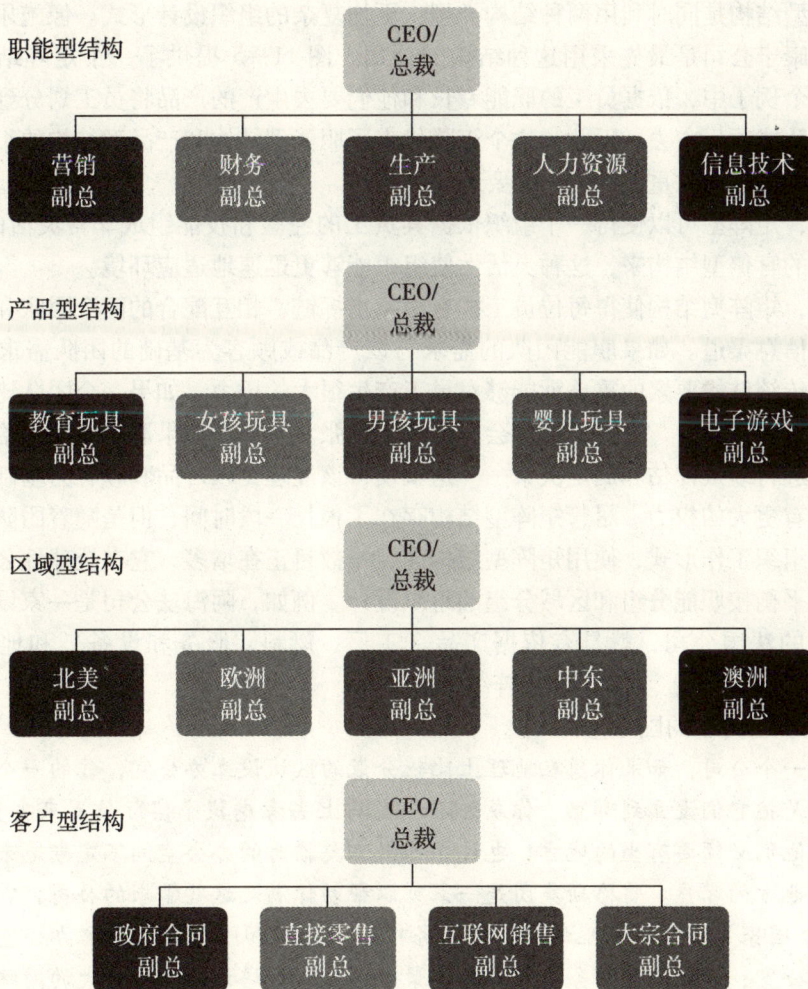

图11—4　职能型与事业部型结构

产品型结构是根据公司生产的不同产品将员工进行组合，每一部门都要对自己部门内产品的生产、营销、研究和研发负责。波音、宝洁、惠普和索尼都是形成了产品型结构的公司。当公司实行多样化达到他们销售的产品具有很大差异，以致难以管理它们的程度时，产品型结构就变得非常有意义。**区域型结构**通常是根据公司运营的不同地区将员工进行组合，负责某一特定地区的管理者行使为公司服务的职能。在不同的区域围绕不同的顾客需要形成区域型结构的原因是，所在地的规模需要有不同的销售人员来支撑，或者是通过区域的分布可更好地服务于产品的生产和分销的实际情况。最后一种事业部型结构的形式是**客户型结构**，当组织有大量交易方式类似的大客户或者是顾客群体时，就可以围绕这些顾客的服务来组织他们的商业活动。例如，传统上小型银行将它们自己划分成不同的部门，如个人银行服务、小企业银行业务、个人信贷业务和商业信贷部门。同样，咨询公司也把它们自己划分成分别对小企业客户、大企业客户和联邦政府负责的部门。有关公司并购如何影响两个跨国公司及其结构的例子，请参见本章中的"**组织行为学的国际化**"专栏。

　　矩阵型结构是同时利用两种结构类型、更加复杂的组织设计形式。像施乐、通用电气和道康宁公司是最先采用这种结构的公司。图 11—5 提供了一个矩阵结构的例子，在这个例子中，依据员工的职能专长和他们要去生产的产品将员工划分到组织中的不同团队或项目中去。因此，这个矩阵代表了职能型结构和产品型结构的组合。关于矩阵型结构有非常重要的两点需要理解：

　　第一，矩阵型可以使得一个组织依据其员工的经验和技能组成非常灵活的团队，比起传统的官僚型结构来，这种灵活性使组织能够更迅速地适应环境。

　　第二，矩阵型结构使得每位员工拥有两条指挥链、相互配合的两个团队和需要考虑的两种信息渠道。如果职能团队的需求与以产品或顾客为基础的团队需求不一致时，这种传统结构要素的重叠就能够对员工产生很大的压力。如果一个团队比另一个团队拥有更大的权力，这种情形就会变得特别紧张。例如，如果职能型经理给团队分派员工、进行绩效评估和制定决策——这就使得该经理比以产品和顾客为基础的直线型经理拥有更大的权力。尽管矩阵型结构存在了很长一段时间，但是随着团队成为更加常见的组织工作形式，使用矩阵型结构的组织数目正在增多，它在全球性公司中更为普通，平衡按职能分组和区域分组的组织设计。例如，阿海珐公司是一家设计和建造核电厂的法国公司，就具有依据产品（工厂、燃料、服务和设备）和地理位置（法国、德国和北美）为基础的矩阵结构。

　　☺ 组织行为学的国际化

　　作为一个公司，如果你想在地理上比较分散的区域设立办公室，你的一个主要关切的问题是把它们设立到哪里。你或许不一定马上去考虑找个实际位置来安置员工，但事实上他们必须要有坐的地方！也许在你只需要临时的办公空间不定期地来会见你不必亲临地方的客户。雷格斯集团是一家可以帮助你满足这些需求的公司，雷格斯经营着 70 个国家 400 座城市里的 950 个商务中心。产品和服务包括全配办公室、人员齐备的办公室；世界级的商务支持服务；聚会、会议和培训设施；最大的网络视频会议室，每天 20 多万名客户的服务。你不用去设立一个全职的、配备设备的办公地点，你可以给雷格斯打电话，告诉你公司的电话号码、邮寄地址和用所在地语言接电话的人。

雷格斯在帮助一些组织解决其结构问题的同时，它自己的结构也遇到了问题。不久前，雷格斯集团（英国公司）与 HQ 全球工作场所（美国公司）合并了。它们合并时，HQ 和雷格斯拥有本质上不同的结构。鉴于其是以地域为基础的业务类型（也就是说，设施与它们顾客区域的距离），新的雷格斯集团按地理区域设计了结构。很多全球化公司也都是按照地理区域来组织的，在本章开篇例子中，IBM 是首先这样做的公司之一——但这可能正在改变。

重组

通读了我们对组织结构问题的讨论后，你可能会注意到对于组织来说适应它们所处的环境有多么地重要。进行适应的第一步是认识到变革的需要性，第二步（有时问题会更多）是通过重组实施变革。改变组织结构的过程被称为**重组**。实际上，组织一直都在尝试重组，不阅读一些有关组织的重组计划，要读懂商业周刊或财富杂志是非常困难的。通用汽车公司在过去的 20 年里进行了不少于六次的大规模重组活动。确实，我们引入本章的大多数例子主要是集中围绕正在重组的组织。

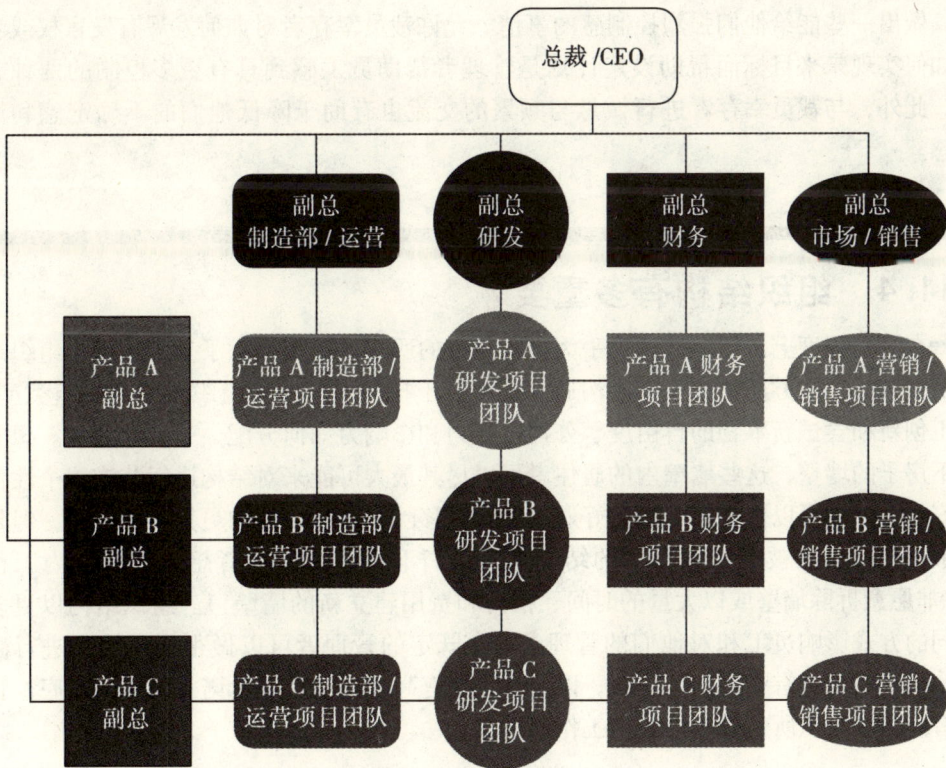

图 11—5　矩阵型结构

> "职能型结构最大的缺点往往会是，每一职能内的个体只会专注于其自己的目标和视角，而忽视了更大的组织整体考虑"。

描述组织为降低重组所带来的负面影响而采取的一些措施

当员工意识到他们的公司可能准备重组时，由于他们担心自己可能是被解雇的一员而引发巨大的压力（由于组织可能的"扁平化"）。当惠普近来决定要重组时，这在员工中引起了广泛的担心和恐慌。在实际重组公告前 60 天，公司的工作进入了停顿状态——到处充满着高压力传言、积极性差、政治争斗和权力争斗，据估算惠普整个公司的生产率降低了四分之一。

有助于组织重组成功的一种方式是管理者尽最大努力帮助管理裁员幸存者（那些公司实施解雇后留在公司的员工）。组织做出对一些员工解雇的决定后，人们都知道很多裁员幸存者经受着莫大的内疚和痛悔。近来研究者和实际工作者一直在试图更好地理解裁员幸存者，以及如何更快地帮助他们进行调整。对于裁员幸存者的一个最大问题是对他们不断增加的工作要求。毕竟，员工曾经的同事或老板在做一些事情。裁员幸存者通常由于不得不承担其他员工曾经做的工作而承受很大的负担，这种负担形成了一种不确定感和压力感。近期研究表明，帮助裁员幸存者调整的一个最好方法是，做出一些能给他们强烈控制感的事情。允许裁员幸存者对如何发展有发言权或者就如何实现未来目标而帮助设定计划是管理者帮助员工感到具有更多控制的两种方式。此外，与裁员幸存者进行诚恳与频繁的交流也有助于降低他们的不确定感和压力感。

11.4 组织结构有多重要？

在某种程度上，组织结构几乎为组织行为的所有方面都提供了基础。想想组织结构所影响的一些方面：员工间的沟通方式、员工执行的任务、组织使用的小组类型、员工创新和尝试新事物的自由度、公司内权力和影响力如何分配……不胜枚举。想象一下房子的墙壁，这些墙壁内的居住者可以尽其最大可能来对结构进行装饰或个性化的安排。他们可以依据其个人偏好通过增加或移除家俱来使结构更具有吸引力，但是到最后他们还是被限制在房子的结构里，他们不得不在设计者想象的范围内工作（除非愿意拆除墙壁或以大量的时间、精力和费用建立新的墙壁！）。组织结构以更多相同的方式影响员工和对他们的管理，一个既定的管理者可以做很多事情来进行激励、鼓舞和设置有效的工作环境，以使员工拥有高度的绩效和承诺；但是说到底，管理者必须在组织所创造的结构内工作。

理解组织重组是如何影响工作绩效和组织承诺的

想想存在多少种组织形式，要精确描述组织结构对工作绩效的影响几乎是不可能的。事实上，我们甚至可以说，一个组织的结构决定了其工作绩效的大概状况。此外，结构要素对绩效未必一定是好的或坏的。例如，一个窄的控制跨度未必比一个宽的控制跨度好；而是组织必须找到一个最佳的"中间办法"。我们可以说的一种情况是，正如图11—6展示的，组织结构的变化至少在短期内对公司的员工会有负面的影响。研究表明，重组对任务绩效有较小的负面影响，这很可能是由于在专门化、集权化或正规化方面的变化导致了员工究竟应如何去做其工作的困惑，这阻碍了学习和决策制定。但是，重组对组织承诺具有重大的负面影响，重组活动能够增加压力和危及员工对组织的信任。有证据表明重组的最终结果是部分员工具有较低的情感承诺，因为他们对公司有较少的情感依恋。

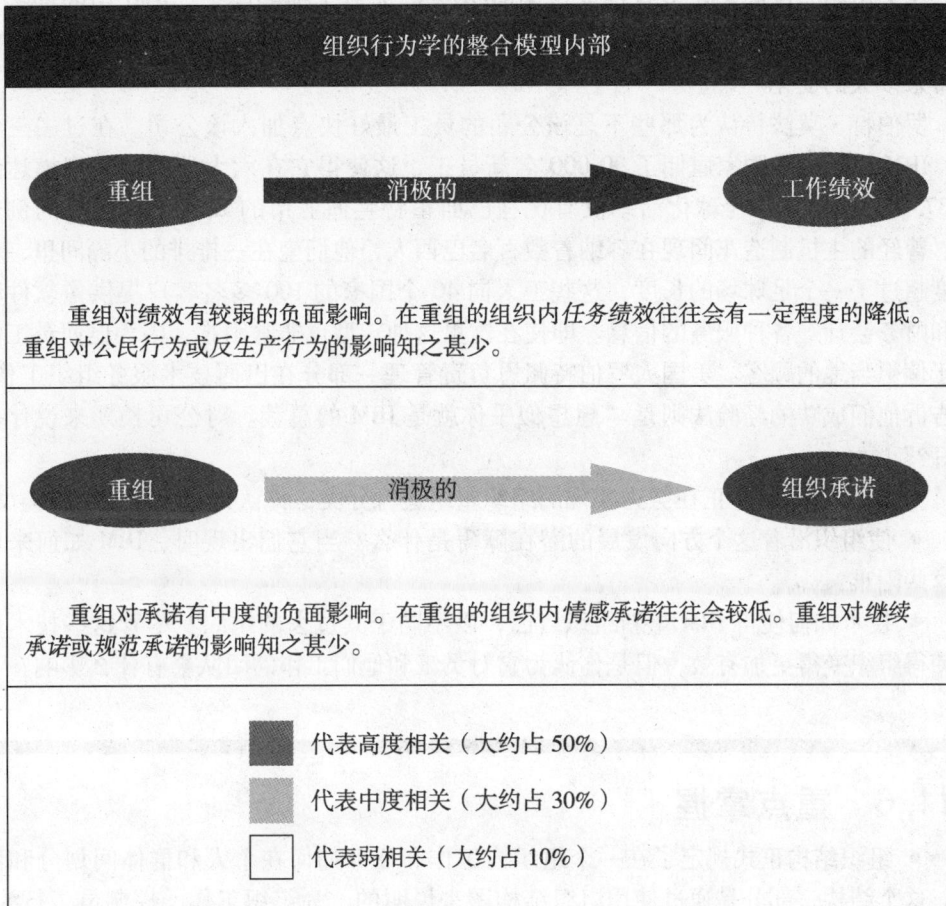

组织行为学的整合模型内部

重组 → 消极的 → 工作绩效

重组对绩效有较弱的负面影响。在重组的组织内*任务绩效*往往会有一定程度的降低。重组对公民行为或反生产行为的影响知之甚少。

重组 → 消极的 → 组织承诺

重组对承诺有中度的负面影响。在重组的组织内*情感承诺*往往会较低。重组对*继续承诺*或*规范承诺*的影响知之甚少。

■ 代表高度相关（大约占50%）

■ 代表中度相关（大约占30%）

□ 代表弱相关（大约占10%）

图11—6 组织结构对绩效和承诺的影响

Source：C. Gopinath and T. E. Becker，"Communication，Procedural Justice，and Employee Attitudes：Relationships under Conditions of Divestiture，"*Journal of Management* 26（2000），pp. 63 - 83；J. Brockner，G. Spreitzer，A. M. Hockwarter，L. pepper，and J. Weinberg，"Perceived Control as an Antidote to the Negative Effects of Layoffs on Survivors' Organizational Commitment and Job Performance，"*Administrative Science Quarterly* 49（2004），pp. 76 - 100.

请登录 www. mhhe. com/ColquittEss 网站查询学习资料，包括互动练习、测验、iPod 下载和视频内容。

11.5 案例：IBM

尽管在本章案例中所详述的大规模重组活动从长期来看对 IBM 来说可能是明智的举措，但这并不意味着它的实现毫无代价。对于任何重组努力，都存在值得怀疑的方面。IBM 公司高级副总裁罗伯特·莫法特历经艰辛才发现，在全球范围内努力邀请出席三天组织会议的 450 位管理人员中有 10% 的人放了他的鸽子。IBM 中的许多管理者持怀疑态度，经历过无数次重组，他们没有真正感觉到先前的变革给日常经营活动带来多大的变化。

罗伯特·莫法特认为那些不是该公司的员工最好快点加入该公司。在过去三年里，IBM 在低成本国家雇佣了 90 000 名新员工，这使得它在六大洲的组织规模达到了 375 000 人。关于全球化活动没有比在巴西霍特兰迪亚市的 IBM 工厂再好的例子了。曾经的主机制造车间现在容纳着数百名巴西人，他们坐在一排排的小隔间里，其跨度超过了一个足球场的长度，这些工人向 40 个国家的 100 多名客户提供像软件程序和财务会计等各种服务的信息。即使在这里这种转型也非常困难，因为巴西员工倾向于偏袒当地的顾客。美国人罗伯特佩恩负责管理一部分在巴西技术服务组织工作，他告诉他们成功的经验法则是"想想似乎你就是 IBM 的总裁。对公司长期来说什么最好？"

- 如果你对 IBM 正在努力实现的组织重组进行分类，你认为它们属于哪种类型？
- 使组织沿着这个方向发展的潜在障碍是什么？当它们出现时，IBM 如何来应对这些困难？
- 技术如何使得 IBM 重新组织自己，以不同于其过去的组织？尽管这些技术可能使得组织变得更加有效，但是你认为它对员工和他们工作的团队会有什么影响？

11.6 重点掌握

- 组织结构正式规定了在一个组织内工作和任务如何在个人和群体间划分和协调。这个结构，部分是通过使用组织结构图来说明的，为组织工作、控制员工行为、塑造沟通渠道以及提供员工察看其工作环境的透镜这几个方面提供了基础。
- 一个组织结构中有五个主要因素：工作专门化、指挥链、控制跨度、集权化和正规化。这些因素可以以一定方式组织起来使一个组织在性质上更具机械性，以使其在稳定的环境中更为高效；或者使一个组织在性质上更具有机性，以使其在变化的环境中更为灵活和更具适应性。
- 组织设计是创造、选择或改变一个组织结构的过程。在组织设计中应考虑的因素包括公司的经营环境、公司的战略、公司的技术和公司的规模。
- 事实上组织形式有上千种，最为常见的是简单结构，这种组织结构为众多小公司所采用。较大的公司采用的是更为官僚的结构，从性质上来讲，这种结构也许更为实用，如员工可以按照工作任务或多部门加以划分组别；又如员工可以按产品、地区或客户进行分组；组织也可以采用矩阵型结构，即把职能型和多部门分组结合起来。

- 为了减少重组的负面影响，组织应当重视对重组后留下来员工的压力水平的管理。给员工提供一种帮助学会适应新工作环境的控制感。
- 组织的重组活动对工作绩效有较弱的负面影响，而对组织承诺具有较强的负面影响，因为员工往往会对正在重组的组织有较少的情感依恋。

11.7 问题讨论

- 在一个高度机械式的组织中，你有可能成为员工的伟大领导者吗？需要什么特殊才能或能力？
- 为什么结构维度，如工作专门化、正规化、控制跨度、指挥链和集权化会有一起改变的倾向？你认为这五个维度哪个最重要？
- 对一个组织来说哪个更重要：保持效率的能力或适应环境的能力？这说明一个组织的结构应该如何设计？
- 你认为本章描述的哪种组织形式能够对员工具有高度的激励性？为什么？
- 如果你在矩阵型组织中工作，你可能面临哪些职业发展挑战？在矩阵型组织中工作的想法对你是否有吸引力？为什么有或为什么没有？

11.8 测评：集权化

你有过在高度集权化的组织中工作的经历吗？设计这个评价表是用来测量集权化组织的两个方面。这两个方面是权力等级，它反映了需由管理者批准决策的程度；和决策制定的参与度，它反映了普通员工如何去参与日常讨论。想想你参加的最后一个工作（即使它是个兼职或暑假工作），或者，想想你所在的有个明确"领导"的学生团体，然后使用提供的 5 点式反应量表来回答每个问题（与本章相关的更多评价问题，请访问在线学习中心 www. mhhe. com/colquittess）。

1	2	3	4	5
强烈不同意	不同意	不确定	同意	强烈同意

1. 只有经过管理者批准决策后才可以采取行动。
2. 想自己独立做决策的人很快会失去信心的。
3. 即使是很小的事情也要提交上级来得到最终答案。
4. 我在做任何事情之前都要请示上级。
5. 我做的任何决策都要得到上级的同意。
6. 我经常参与关于采取新计划的决策。
7. 我经常参与关于采取新政策和制度的决策。
8. 我通常参与聘用或挑选新组织成员的决策。

9. 我经常参与影响我工作环境的决策。

得分

权力等级：加总 1—5 项。

决策参与度：加总 6—9 项。

解释

集权化结构是一种权力等级程度很高和决策参与度很低的结构。如果你在权力等级的分数超过 20 和决策的参与度分数低于 8，那么你的组织（或学生团体）就具有高度的集权化结构。想想这个结构对你看待工作和与你的同事或老板交流的影响。

Source：Adapted from M. Schminke, R. Cropanzano, and D. E. Rupp, "Organization Structure and Fairness Perceptions：The Moderating Effects of Organizational Level," *Organizational Behavior and Human Decision Processes* 89（2002），pp. 881 – 905.

11.9 练习：Creative Cards

这个练习的目的是为了说明结构对组织效率的影响。Creative Cards（以下称"创意卡公司"）是一个小的但却是成长性的公司，它由平面造型设计者师安吉拉在 10 年前创办。该公司几年来增加了很多员工，但却没有一个总体规划，现在安吉拉想对公司进行重组。创意卡公司目前的结构，如下图所示：

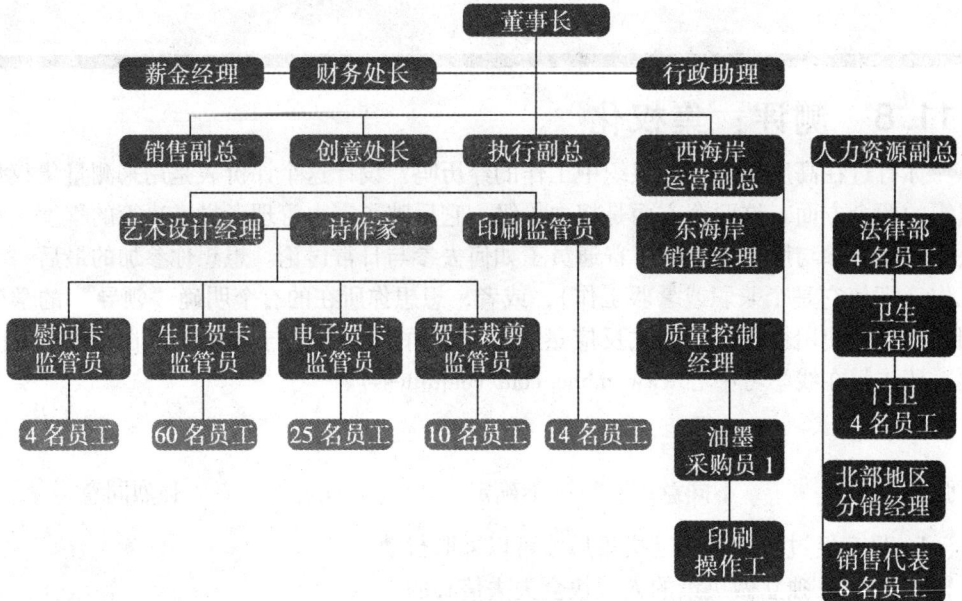

这个练习需要以小组为单位，这样你的指导老师可能将你安排到一个组或者要求你创建自己的小组。这个练习具有以下步骤：

1. 讨论这个组织结构图和识别出至少 10 个关于创意卡公司设计的问题。在回答你的问题时，一定要考虑工作专门化、指挥链、控制跨度、集权化和正规化。

2. 制定一个你认为能够有助于公司更有效经营的组织设计。

本章术语

组织结构是指正式规定组织内工作和任务如何在个人和群体之间进行划分和协调的。

组织结构图是指描述组织内的每一项工作及这些工作之间正式报告关系的图示。

工作专门化是指组织内的任务被划分成单独的工作单元的方式。

指挥链是回答"谁向谁报告"的问题并指明正式的权力关系。

控制跨度是指在组织内管理者负责员工的数量。

集权化是指组织中正式做出决策的层级。

正规化是指组织中使用具体规则和程序来规范行为与决策的程度。

机械式组织是存在于稳定的环境中的具有高效率、僵硬的、高度正规化和标准化特征的组织。

有机式组织是指适合存在于动态的环境中的具有灵活性、适应性和外向型特征的组织。

组织设计是指创造、选择或改变组织结构的过程。

简单结构是以中心决策制定权集中在一人身上为特征的一种组织形式。

官僚型结构是指一个展示了机械式组织多方面特征的组织形式。

职能型结构是指员工按其工作职能进行组合的组织形式。

产品型结构是指根据公司生产的不同产品将员工进行组合的一种组织形式。

区域型结构是指根据公司运营的不同地区将员工进行组合的一种组织形式。

客户型结构是指围绕所服务的客户将员工进行组合的一种组织形式。

矩阵型结构是指将职能型和事业部型组织结构结合起来的一种复杂的组织结构形式。

重组是指改变组织结构的过程。

12

组织文化

【学习目标】

通过阅读本章，应该能够：

▶ 界定组织文化并描述其要素；

▶ 描述组织文化的一般和特定类型；

▶ 描述一个强势文化和形成强势文化的因素，解释强势文化未必好/坏的原因；

▶ 解释组织如何保持其文化，并描述如何改变组织文化；

▶ 描述组织为确保新员工融入其文化而采取的两个步骤；

▶ 解释个人—组织匹配。描述组织文化的匹配是如何影响工作绩效和组织承诺的。

12.1 eBay、PayPal 与 Skype

会因为所有商店都被抢购一空而找不到送给朋友的礼物送吗？打算扔掉一件物品，但自己又不知道是否有人会愿意花钱购买这件物品呢？应该去哪里呢？我们很多人都知道，过去通常被看作是不可能的事，在今天只要通过 eBay（以下称"易趣"）轻轻一点击就解决了，易趣网将您和千百万已注册的、试图买卖新旧商品的用户联系起来。实际几率是很大的，你们许多人已经从易趣网购买过商品。如果你这样做过，那么通过贝宝为交易付款也是个很好的选择。易趣和 PayPal（以下称"贝宝"）——两家公司的名字看起来似乎就存在着共生的关系，就像它们中缺少了任何一个另一个就无法存活一样。在 20 世纪 90 年代末和 21 世纪初期，对易趣网上双方的大多数交易活动来讲，贝宝实际上变成了银行（也许是这个星球上正在进行的最大的现场旧货出售）。他们之间的关系是如此紧密，以至于 2002 年在易趣公司试图以同样目的经营一家公司失败告终后，决定以 15 亿美元的价格购买贝宝公司。然而，尽管技术方面是一个理想的战略适应，但是两家公司的兼并过程进展地并不顺利。即使不是大多数，也有许多贝宝公司的核心员工在两家公司兼并的同时立即离开了公司（有些是出于自愿的，有些则不是），那些最初没有离开的人没过多久也离开了。后来人们发现，这些人中一些人通过投资、另一些人通过创办新的公司（如 Facebook，Slide，Yelp，Digg，Youtube 等）去实现各自的伟大目标了。你也许会想，易趣公司会尽它所能去留住员工，但是两家公司的兼并早在开始时就注定将要失败。这是为什么呢？因为这两家公司所推崇的组织文化有冲突。

贝宝公司的创始人（彼得·赛尔和马科斯·莱文辛）将他们的成功归功于聘用了具有出众天赋和富有创新精神的人（更多的是数学方面的造诣），但是一个肯定的先决条件是他们都不是工商管理学硕士、咨询家、兄弟会成员或运动员。最终，贝宝公司成为了一个反对制度约束的"扁平的"组织。而易趣公司则相反，这是一家由贝宝公司绝对不会雇用的那类员工组成的公司。当时的 CEO 麦格·维特曼毕业于哈佛商学院，曾在一些最负盛名的营销组织（如迪斯尼、宝洁等）受过培训，并在贝恩咨询公司工作过一段时间，他是贝宝公司不具备的一切东西都能在他身上找到的一个典范。对企业外部的人来看，易趣公司是一家传统的网站公司，但是在企业内部，它是一家只关注利润率和交易规则的公司。尽管从企业角度看两家公司十分相似，但是从它们所创建的组织文化和所聘用的员工上看，它们已经对立得不能再对立了。

在未来的发展中，易趣公司必须将其组织文化作为核心考虑因素，因为易趣公司最近又以 25 亿美元的价格收购了电话互联网公司 Skype（以下称"斯盖普"）。前 CEO 麦格·维特曼当时说："现在关键是怎么让斯盖普的员工感觉到他们仍旧在我们 45 亿美元公司内运行着一个创业实体。这是一个非常巧妙的策划，我们已经从购买贝宝的事件中吸取了教训，那就是我们不能妄想用公司愿景和组织结构去控制一个新建的部门。"

12.2　组织文化

到此为止，我们几乎对每一章节的重要标题都给出了定义。然而在这一章，组织文化的定义如同研究这门学科的人一样多，理解这一点非常重要。事实上，对于组织文化的研究已经产生了50多个不同的定义方式。看来，许多人对于"文化"这个词都有着不同的理解。文化的定义范围从宽泛如"我们做事的方式"到具体如"好吧，只要说它们是很复杂就够了"。这一点也不足为奇，组织文化的各种定义是从人们不同的研究方式得来的。社会学家是用宽泛的视角和人类学的研究方法来研究文化的，就像应用于研究种族和人类文明的方法一样。心理学家往往使用调查的方法研究文化及其对人们的影响。事实上，许多心理学家更倾向于使用"气候"这个术语，但是为了满足我们的目的，我们将交替地使用这两个术语。本章我们将**组织文化**定义为组织中有关规则、规范和价值的共享社会知识，用以影响员工的态度和行为。

这个定义有利于突出组织文化的许多方面。首先，文化是组织成员之间的社会知识。员工通过其他员工可以了解到组织文化的诸多重要方面。这种知识转移可以是通过直接交流、简单的观察，或是不太明显的其他方法。此外，文化是一种共享的知识，这意味着组织成员能理解并且对于什么是文化有着一致的看法。其次，文化告诉了员工什么是组织的规章、规范和价值观。什么是要关注的最重要工作结果？工作中哪些行为是恰当的或是不恰当的？员工在工作中应该怎样表现或穿着？事实上，有些文化甚至延伸到了员工不工作时应该怎样表现。最后，通过建立对员工控制的制度，组织文化可以形成和强化某些员工的态度和行为。有证据显示，个人的目标和价值观会随着时间推移与其所工作的组织趋于一致，考虑到组织中的员工花费在工作上的时间多少，这个发展趋势真的不是那么难以想象。

> 许多人对于"文化"这个术语都有着不同的理解。

12.3　为什么不同组织会有不同的文化？

12.3.1　界定组织文化并描述其要素

"你工作的地方怎么样？"这是当你告诉别人你在哪工作时最常被问到的一个问题。你的回答所使用描述与你所在的组织文化情况有很大的关系。推测一下你对这个问题的回答，你或许会考虑去描述一下在你公司工作的各种各样的人。也有可能，你会竭尽所能地描述日常工作的氛围。或许，你会刻意描述你工作中的设施情况或者是你对员工待遇的感受情况。没准你还会描述你们公司对"成功"所做的界定，所有的这些回答都为帮助组织外部人员了解公司的真实情况提供了线索。对于"你工作的地方怎么样?"这样的问题,要想找到所有可能的答案,就有必要去更详细地探讨文化的各个方面内容。

文化的构成要素

任何一个组织的文化都包括以下三个主要方面:物化层、制度层、精神层。如果把文化看成一只洋葱,你就很容易理解这三个层面的不同之处了,如图 12—1 所示。组织文化中有些内容是明显且看得见的,就像洋葱的表皮一样。然而,另一些内容对于组织外部人员或新员工来说就不是那么显而易见了。虽然这些外部人员能够基于他们对组织文化最外层的观察进行评论、解释并得出结论,但是在他们没有剥开"洋葱"外部表皮,去判断其皮下的价值观和信念之前,对其内部依旧会保持着神秘感。接下来的章节将更详细地探讨这些文化要素。

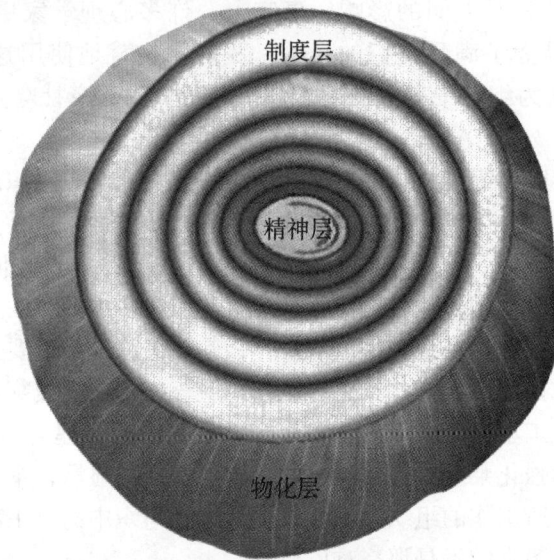

图 12—1　组织文化的三个构成要素

苹果电脑的徽标传递出创新在其组织文化中的重要性,不禁令人想到艾萨克·牛顿在苹果树下发现了地球引力。

物化层。物化层是员工和企业外部人员容易看到或谈论的那些组织文化的方面。这些方面提供了这样一种信号，就是员工们能够理解在工作时间他们应该如何工作的判断。物化层提供了向员工传递组织文化的主要方式，过高评价物化层的重要性是很难的，因为无论是对于在职员工，还是潜在员工、顾客、股东和投资者，这些都能有助于显示出一个组织的整体情况。物化层有六种主要的形式：标志、实体结构、语言、事记、例行公事和仪式。

　　从公司的徽标到其网站上的商标图像，再到员工们身穿的制服，**标志**在一个组织中随处可见。回想一下耐克的"swoosh"，它代表了速度（speed）、运动（movement）、迅速（velocity）。这个标志传递出耐克什么样的企业文化呢？或者想一下苹果电脑的"Apple"徽标，不禁让我们回想起艾萨克·牛顿在苹果树下发现了地球引力，这个标志传递出创新在其企业文化中的重要性。**实体结构**也传递出许多文化的内容。工作场所是开放的吗？公司的高管们是在大楼的单独区域工作吗？公司的布置缺乏独特性吗？员工们可以彰显个性吗？彭博通讯社是纽约的一家提供咨询服务、新闻报道和广告媒介公司，将其新的总部设在了曼哈顿，新公司主要以钢铁和玻璃为原料建造，员工们把它比作蜂箱。它没有私人办公室，没有隔间，甚至会议室也采用透明的玻璃墙。总裁莱克斯·范维克在三楼办公，坐在他周围的是销售人员和客户服务人员。他坚信这种实体结构有助于员工间的及时交流。IDEO 公司是一家极富创造力的智囊团，它也具有一种开放式的办公环境，尽管它让员工按自己喜欢的方式设置办公室。徜徉在该公司的工作区，你就会发现自行车在头上骑过，甚至会看见各种来自四面八方的疯狂物体和玩具。

　　语言是被挂在组织墙上的、反映了组织所使用的行话、俚语和口号。你知道什么是 CTR、CPC 或 Crawler 吗？你可能不知道。但是，如果你在雅虎工作的话，这些术语或许就是你的第二天性：CTR 代表网络广告的点击率，CPC 代表每次点击的费用，Crawler 是从其他网站收集信息的电脑程序。百胜餐饮集团旗下有必胜客、塔可钟、肯德基，以及其他一些快餐店，集团期望它的员工成为"顾客狂人"——这就是传递出公司的文化中与顾客相互作用的一种语言。**事记**是指在组织内部流传下来的轶事、记述、传说和企业神话。联合利华是伦敦的一家全球大型联合企业，在 2001 年收购了 BEN & JERRY'S 冰淇淋公司，当联合利华的主席第一次走进佛蒙特州的这家公司时，看到了他很少见到的场面：所有员工都穿着宽大长袍！这个经历显示出了联合利华和 BEN & JERRY'S 两家公司在组织文化上的一些差异，这个故事可能会在组织内部反复地流传着。

　　例行公事是指组织中每日或每周发生的惯例活动。科罗拉多州新比利时酿造公司的员工在工作一年后的一个星期都会收到一箱啤酒，这件事说明了员工和公司产品的重要性。在 UPS 快递公司，每位司机和包裹邮递员都会同他们的经理一起参加一个指定性的"三分钟会议"，以助于相互的交流。180 秒的时间限制有助于在 UPS 文化中强化严守时间的重要性。当美国男装零售公司的偷窃事件（称为"损耗"）发生率较低时，公司就会给经理们颁发季度奖金。这个例行公事传递出这样的信息，即员工偷公司东西的时候，他们就是在偷同事的甚至是他们自己的东西。一般而言，**仪式**通常是指在组织成员面前举行的正式事件。在美国大陆航空公司变革的过程中，就举行了仪式让员工烧掉他们鄙视的制度手册，公司当时的 CEO 哥顿·白求恩还组建了一个特别工作小组，提出新的 80 页制度手册。

制度层。制度层是公司明确规定的信念、宗旨和规范。制度层的范围可涵盖到从所发布的文件，如公司愿景和使命宣言，到高级官员和管理者对员工们做出的口头陈述。表 12—1 列出了 UPS 公司对外公布的一些制度层文化内容，表中的每一项陈述能够告诉我们有关 UPS 公司的哪些情况以及公司关心的哪些事情呢？

表 12—1	UPS 公司的信仰价值

以下是从 UPS 公司 37 个价值观中抽出的几个范例，说明了 UPS 公司在管理员工方面的愿景。这些价值观在"制度手册"中有详细说明，并分发给公司的管理团队。

1. 我们围绕员工建立组织。
2. 我们高度重视多样性。
3. 我们公平地对待员工，绝不偏袒。
4. 我们坚决要求员工诚实。
5. 我们采用内部晋升机制。
6. 我们提倡以公开的方式管理员工。
7. 我们保持办公楼和设备的清洁。
8. 我们希望员工仪表整洁。

Source："UPS's 37 Principles for Managing People," *Workforce Management Online*，May 2005，http：//www.workforce.com（accessed February 24，2007）. Reprinted with permission. Copyright 2005 Crain Communications Inc.

理解信仰价值和行动价值的差异是很重要的。一个公司对外声称他们认为某些事情重要是一回事，而其员工是否能始终如一地以某种方式采取行动来支持公司的这些信仰价值却是另一回事。当公司能够随着时间的推移一直坚持它的信仰价值，那么不管它运营的局面如何，无论是对员工还是组织外部的人来说，这种价值观都会变得更加可信。然而在经济低迷时期，要保持住这种信仰价值并不总是很容易。在本章**运动中的组织行为学**专栏中将会看到一个团队即使在面对逆境时也在表现他们的信仰价值观。

精神层。精神层是员工认为理所当然的信念和价值观，在员工中是那样的根深蒂固以至于在一定情况下，员工只是据以进行工作而不会去怀疑这样做的正确性。这些假定表示出一种文化中最深奥的且最不易观测到的部分，或许不是有意识的清晰可见，甚至对组织中的资深员工也是如此。一位研究组织文化的杰出学者埃德加·沙因列举了一家工程公司关于安全性的例子。他谈到："像工程师这种职业中，故意设计出一些不安全的东西是不可思议的，所有方面都应当是安全的——这是一个理所当然的假定。"不管一家公司精神文化是什么，它潜在的信念就是那些最可能会支配员工的行为和影响他们态度的东西，它们也是组织文化中的最持久和最难以改变的方面。

> **"一个公司对外声称他们认为某些事情重要是一回事，而其员工是否能始终如一地以某种方式采取行动来支持公司的这些信仰价值观却是另一回事。"**

UPS 公司"制度手册"中包含了许多信仰价值观,其中包括提倡维护办公楼和设备的清洁以及员工仪表的整洁等。

12.3.2　描述组织文化的一般和特定类型

12.3.2.1　一般文化类型

如果我们能够把一个组织的物质文化、制度文化和精神文化看成组合体的话,那么我们就能够依据不同的维度对组织文化进行分类。当然,组织文化有许多不同的类型,如同有许多不同类型的个性一样。许多研究学者尝试建立一种可用来描述任何一家组织文化的一般分类方法。例如,一种流行的一般分类方法是按照以下两种维度来划分组织文化:团结一致性和社交性。团结一致性是指组织成员在思想上和行为上的相似程度,而社交性代表了成员之间的友好程度。图 12—2 显示出我们是如何通过这些维度的高或低来描述组织的。两个维度都低的组织是一种散裂型文化,即员工相互之间是疏远的和分散的。员工之间的想法一致但关系不友好的组织被认为是图利型文化。这些组织的类型可能具有很强的政治性,是一种"哪些会对我有利"的环境。所有的员工相互都很友好但彼此的看法不同,并且是我行我素,这样的组织是共有型文化,许多非常有创造性的公司都持有着共有型文化。员工之间非常友好而且想法相似的组织是网络型文化。

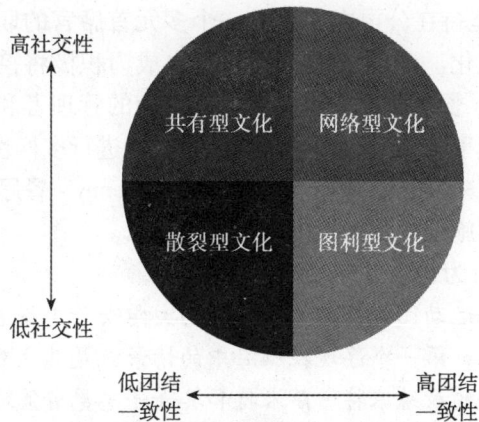

图 12—2　组织文化的一种分类方式

Source:Adapted from R. Goffee and G. Jones, *The Character of a Corporation* (New York:Harper Business, 1998).

12.3.2.2 特定文化类型

一般来说，图 12—2 所示的组织文化类型对任何一个组织都适用。但是，显然还有其他一些划分组织文化的方法。事实上，许多组织尝试运用物化层文化和制度层文化来建立一种特定文化类型以帮助实现组织的目标。某些特定文化在一些行业比在另一些行业中更相关联。尽管组织可能会努力争取的特定文化数目是无止境的，但是我们还是着重看一下以下三种特殊文化：顾客服务文化、多样性文化和创造性文化。

许多组织尝试建立一种注重服务质量的**顾客服务文化**。毕竟，美国国民生产总值的 65% 都产生于服务型组织。那些成功建立起服务型文化的组织已经显示出了员工对待顾客的态度和行为的改变，这些态度和行为的改变又显示出他们更高水平的顾客满意度和销售量。图 12—3 解释了建立服务型文化的过程及其对公司业绩的影响。很多公司声称他们持续存在的唯一原因就是他们有能力在组织中创建原本并不存在的服务型文化。其他一些公司，如电路城，已经开始尝试通过在其商店重新创建服务型文化来重新振兴顾客服务。在被对手百思买甩在后面之后，电路城已经通过做出一些变革（如将员工的佣金制改为计时工资制）而渐渐重拾名望。

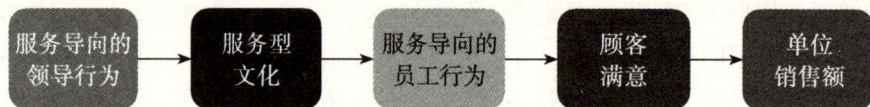

服务导向的领导行为 → 服务型文化 → 服务导向的员工行为 → 顾客满意 → 单位销售额

图 12—3　服务型文化的创建过程

Source：Adapted from B. Schneider, M. G. Ehrhart, D. M. Mayer, J. L. Saltz, and K. Niles-Jolly, "Understanding Organization-Customer Links in Service Settings," *Academy of Management Journal* 48 (2005), pp. 1 017 – 32.

有许多原因可以解释为何组织要培养**多样性文化**。当你想到 Denny's 餐厅，你的脑海中会浮现什么样的情景呢？你是否想到美国全国最大的家庭式、提供全面服务的连锁餐馆及免费早餐呢？你是否会想到种族歧视？尽管控告该公司歧视非裔美国人的诉讼在 1994 年已经解决了，但是 Denny's 餐厅被控歧视的瑕疵依然存在。1994 年以来，Denny's 餐厅一直坚持在公司内部设立一个多元首席官的职位，其唯一职责就是帮助企业创建多样性文化。此后，Denny's 餐厅也成为积极将控诉转向塑造多样性文化的典型案例。Denny's 餐厅通过雇佣大量少数民族的管理者和特许经营商、将原来由全部由男性组成的董事会替换成一半由女性组成、进行多样性敏感培训以及进行其他一些象征性的活动等来对自己进行变革。现在，Denny's 餐厅所使用的许多技术和方法都被看作是成功实施公司多样性措施的关键要素。

☺ 运动中的组织行为学

或许没有任何一个运动团体会比美国田纳西大学女子志愿者篮球队出名。一想到这支女子志愿者篮球队，第一个浮现在脑海中的情景就是其主教练那非常明显的怒嚎和呵斥的表情。田纳西的教练派特·萨米特和其女子志愿者篮球队已经拥有了 8 项全国冠军头衔（在过去的一年在决赛中战胜了斯坦福大学队之后），并且具有 18 次打进美国大学联盟锦标赛女子四强决赛的记录。虽然这么多年来球队成员不断更换，但是女子志愿者队一直能做到是全国最好的球队。一部分原因是萨米特教练创建的组织文化，不管谁加入到球队中都会被其所感染。在萨米特教练应邀演讲或写书的时候，她经常将球队成功的部分原因归功于她的"十二定律"。下面所列出的这十二条定律就是球队的制度层文化方面的一些内容，如果哪个队员不认同这些价值观，那她就会被要求离开球队。如果萨米特教练不相信某个队员能遵守这些价值观的话，那她就永远得不到奖学金。看一下下面这些制度层文化，它会有助于说明萨米特教练所信奉的文化类型，这也是该球队持续获得成功的原因之一。

1. 尊重自己和他人。
2. 承担全部责任。
3. 培养并表现出忠诚。
4. 学做一名伟大的沟通者。
5. 管好自己而无需他人监督。
6. 视艰苦的工作为一种激情。
7. 不仅要努力地工作，还要聪明地工作。
8. 球队在前，个人在后。
9. 把胜利当作一种态度。
10. 做一名竞争者。
11. 变革是绝对必要的。
12. 要像对待成功那样对待失败。

> "很多公司声称它们持续存在的唯一理由就是它们有能力在组织中创建原本并不存在的服务型文化。"

考虑到新观念和创新性在许多行业中的重要性，就不难理解为何一些组织强调建立**创新型文化**。创新型文化已被证实能够影响到组织创造性思想的数量和质量。最近，谷歌落实了多项政策，允许其工程师用 20％的工作时间去从事那些他们充满热情、能够促进组织创新的项目。为了培养创造性文化，辉瑞加拿大公司已经禁止了所有周末以及平时晚六点之后的电子邮件和语音邮件，目的是为了保持员工工作的新鲜感。公司认为这个 12 小时的休息时间能够源源不断地产生一些更高质量的创新思想，并同时提高员工的士气。要想了解你是否已将时间用在创新型文化上，参见本章章末的"测评"栏目。

12.3.2.3 文化强度

尽管大多数的组织看起来都在努力追求一种文化，但并不是所有的公司都只有为员工创建明确规范和行为意识的一种文化。如果你为一家公司工作，却不能分辨公司是具有强文化还是弱文化，那么该公司很可能不只有一种文化。高水平的**文化强度**是指员工对组织内部运行方式的认同（高度一致），并且他们相应的行动与其期望相一致（高强度）。如图 12—4 所示，强势文化能够团结并指引员工，弱势文化是指员工对组织内部运行方式不认同或他们相应的行动与其期望不相一致，这就意味着没有什么能够团结和指引员工的行为和态度。

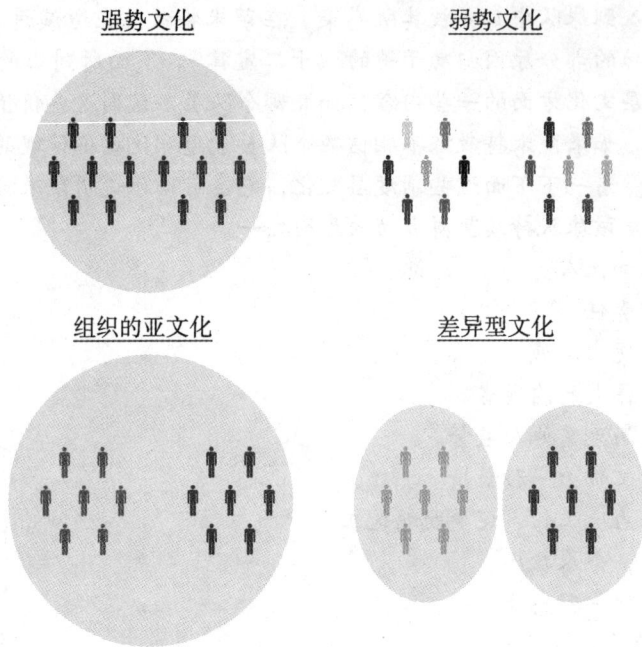

图12—4 文化强度和亚文化

12.3.3 描述一个强势文化和形成强势文化的因素，解释强势文化未必好或坏的原因

强势文化需要很长的时间来营造，且形成后难以改变。在强势文化环境下工作的员工通常能很好地意识到该文化。然而，这个讨论给我们带来了一个重要观点："强势"文化未必总是"好"文化。强势文化能指导员工的态度和行为，但是那并不意味着它能够指导员工实现最佳的组织业绩目标。就这点而论，认清强势文化的某些积极与消极方面是很有用的。表12—2列出了强势文化的一些优势和劣势，你可能已经注意到，表12—2左侧栏内所列的所有优势可以使组织在组织强势文化的任何方面都会更加有效，右栏的所有劣势都会导致组织缺乏适应能力。

表12—2 　　　　　　　　　　　　　　**强势文化的优劣**

强势文化的优势	强势文化的劣势
将本组织与其他组织相区别	使本组织与其他组织的兼并过程更困难
使员工将自己和组织视为一体	吸引和保留相似类型的员工，由此限制了想法的多样性
促进员工中的期望行为	倘若引起员工间的极端行为，可能使事情适得其反
创造组织内部的稳定	使员工更难以适应环境

在某些情况下，一个组织的文化并不是真正的强势或弱势，它们反而可能是组织中员工在小范围内形成的一种**亚文化**。这些小群体的产生，或许是因为公司的某个范围内有个强有力的领导者，从而在这当中产生了不同的准则和价值观，或是因为公司的不同部门独立地行动而创建出他们自己的文化。如图12—4所示，当整体组织文化被另一种支配某特殊员工群体的文化所补充时，就会存在亚文化。与小公司相比起

来，亚文化更容易存在于大公司。只要亚文化的强度不会干预公司整体文化的价值，那么大多数组织是不会介意存在亚文化的。事实上，如果组织中某些部门对员工有不同的要求和需要，亚文化对组织将会很有益。然而，当这些价值观与组织的价值观不匹配时，我们便把亚文化称为**反主流文化**。有时候，反主流文化通过挑战整个组织的价值观或表示出对变革的需求而为更有用的目的服务。然而，在极端情况下，反主流文化能够将组织的文化从中间分裂，结果导致了图 12—4 中的差异型文化。

12.3.4 解释组织如何保持其文化，并描述如何改变组织文化

12.3.4.1 组织文化的保持

很显然，组织文化可以用许多方式来进行描述，从制度层文化和物质层文化，到一般维度，如文化的团结一致性和社交性，再到诸如服务型文化或创造型文化等更多具体的类型。然而，无论我们如何去描述组织文化，当创始人和老员工开始招募及雇用新员工时，这种文化就会接受检验了。如果这些新员工并不适合组织的文化，那么这种文化就会被削弱或分化。然而，以下两个过程能够有助于强文化的保持：吸引—筛选—减员和社会化。

12.3.4.2 吸引—筛选—减员（ASA）框架

ASA 框架理论认为，个性与组织文化相匹配的潜在员工会被吸引到组织中来，这就意味着一些潜在的工作申请者由于其个性与组织文化的不匹配将不会申请加入该组织。此外，组织还会根据候选人的个性是否适合组织文化而对他们进行进一步的甄选，从而淘汰掉潜在的不称职者。最后，那些依旧不适合组织文化的人在组织内工作时会感到不开心或低效率，这就导致了减员（如自愿性或非自愿性的员工流动）。

有些公司能够提供出实际应用 ASA 模型的案例。联邦快递一直致力于建立道德文化。公司的高管们认为，强烈的道德文化将会吸引有道德的员工，他们会强化在联邦快递的道德行为。奶酪蛋糕工厂认为，甄选就是保持组织文化的一个开端。管理层认为，公司所拥有的强烈服务型文化需要某种类型的员工。他们认为，向员工讲授如何履行一般餐厅职责是可以做到的，但是指导他们拥有正确的人格和态度却不太容易。作为一家公司，奶酪蛋糕工厂一直在努力寻找能够使员工在组织环境下茁壮成长的那些特质。当然，吸引和甄选的过程并不总是能够让员工的个性与组织文化相一致，这也是在每个组织中都会发生自愿与非自愿员工流动的原因之一。

12.3.4.3 社会化

除了利用 ASA 框架外，组织还可以通过引导和塑造新员工的方式来保持组织文化。开展一项新工作无论对于员工还是组织来说都是充满压力、复杂和挑战的。在现实中，任何组织外部的人都不能简单地通过可从外部观察到的公司物化层面来完全领会或理解一个组织的文化，充分认识一个组织的文化是一个长期的过程。**社会化**是指员工学习社会知识的基本过程，该过程能够使员工理解和适应组织文化。这是一个开始于员工工作之前，直到员工离开组织才会终止的过程。员工需要学习和适应哪些东西才能使他们在组织内的新角色中表现出社会化呢？这方面大部分重要信息可以划分为六个维度，图 12—5 重点突出了这些维度。调查显示，这六个维度中的每个维度都

是社会化过程的一个重要方面。每个维度都对工作绩效、组织承诺和个人—组织匹配有着独一无二的贡献。

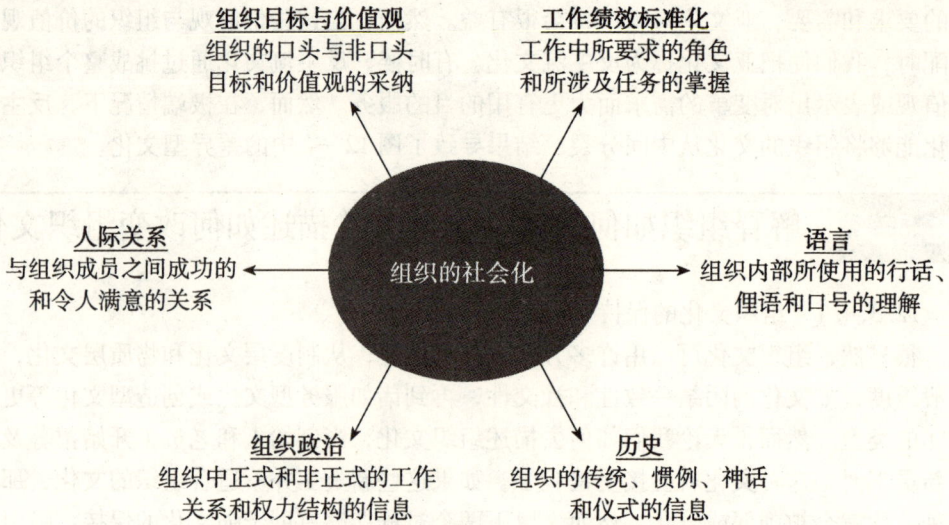

组织目标与价值观
组织的口头与非口头
目标和价值观的采纳

工作绩效标准化
工作中所要求的角色
和所涉及任务的掌握

人际关系
与组织成员之间成功的
和令人满意的关系

组织的社会化

语言
组织内部所使用的行话、
俚语和口号的理解

组织政治
组织中正式和非正式的工作
关系和权力结构的信息

历史
组织的传统、惯例、神话
和仪式的信息

图12—5　大多数社会化活动中所涉及到的维度

Source：G. T. Chao, A. M. O'Leary-Kelly, S. Wolf, H. J. Klein, and P. D. Gardener, "Organizational Socialization：Its Content and Consequences," *Journal of Applied Psychology* 79（1994）, pp. 730 – 43. Copyright© 1994 by the American Psychological Association. Adapted with permission. No further reproduction or distribution is permitted without written permission from the American Psychological Association.

12.3.5　描述组织为确保新员工融入其文化而采取的两个步骤

使员工社会化并降低早期流动的最廉价且最有效的一种方法就是使用**真实工作预览**。真实工作预览甚至发生在员工开始为公司工作之前！这些真实工作预览是指通过提供相关工作正反两方面的信息来确保应聘者准确掌握其未来组织的工作情况。Kal Tire 是加拿大的一家主要汽车零售商，它让求职人员用一整天的时间在公司里来熟悉该组织和他们所申请的工作。通过让求职者理解组织的顾客服务理念以及公路轮胎维修的工作要求，Kal Tire 有效降低了员工刚开始投入工作时对工作内容表现的惊讶感，并缩短了员工社会化的时间。

组织加速社会化进程的另一种方式就是采用辅导制。**辅导制**是指组织中的基层员工（门徒）和比他层级高的员工（导师）形成深厚和长久关系的过程。辅导制能够为低级别的员工提供社会知识、资源和精神上的支持，这既可以发生在员工职业生涯的初始阶段，也可以发生在员工职业生涯的过程当中。辅导制往往是以一种非正式的形式存在于公司中。然而，随着组织渐渐了解到这些关系所带来的强大利益，它们会更加频繁地制订辅导计划，正式地使新员工与他们的导师相搭配。这个过程已经在 Budco 公司得到了很好的应用，Budco 公司与美国通用汽车公司和迪士尼公司合作，是一家提供营销服务与分销的公司。该公司对低级别的四名员工指派两名师傅进行搭档，并且安排他们每月会面两次。在这家850人的公司进行小组指导已经显著地降低了新聘用员工的流动率。但是，辅导制并不是仅仅发生在企业组织内。对于辅导制在大学生中的应用，请参见"**学生中的组织行为学**"专栏。

> "**社会化是一个开始于员工工作之前，直到员工离开组织才会终止的过程。**"

12.3.5.1 组织文化的变革

我们已经知道创建和维持组织文化所需做出的全部努力，但是要改变一个已经建立了的组织文化可能会更加艰难。事实上，据估算组织文化变革的成功率不超过20%。福特公司南美和北美地区的总裁马克·菲尔兹就深知组织文化变革的艰难性，福特公司的前任CEO就尝试过对那些被在职员工称为"毒性的"、"谨慎的"、"等级制的"和"分派系的"组织文化进行变革，但是结果失败了。为了鼓动变革，菲尔兹采取了严厉措施，包括蓄意在员工中制造压力感和危机感。福特公司将其在重大文化变革上做出的新尝试称作为"前进之路"。在"前进之路"的作战室（也就是菲尔兹与同事筹划巨大变革的地方），墙上挂着一张张白纸板，上面写着："战略是文化的早餐"，以及"文化难以语言表达，但却很强大，它随着时间会不断发展，但却难以改变。"为了在那些负责协助制订计划对福特文化进行改革的人当中营造一种变革的氛围，菲尔兹走过许多极端。他曾禁止多媒体演示，曾在会议中使用"变革还是灭亡"这样的词语，也曾让员工穿上袖口印有"革命、纯洁、大胆"这些意味着新型福特的服装。在实践中，有两种变革组织文化的方法：领导层的变化和企业并购。

12.3.5.2 领导层的变化

也许没人能比组织的领导者和高管们拥有更大的文化驱动力。正如组织创始人和发起人为一个新组织定下基调和开发文化一样，随后的总裁和董事长们也都在其文化上留下他们的痕迹。有时，领导者被寄希望于只维持现已形成的文化；但有时领导者又不得不随着组织环境的变化成为变革的驱动力，这种预期就是高层领导变化的最大原因之一。例如，北电网络最近雇用了两名思科的前任高官到公司担任首席运营官和首席技术官，希望这些行政长官会把一些思科公司具有进取精神的文化带到北电网络来，因而能让公司在高新技术产业环境中与其他公司进行更有效地竞争。

12.3.5.3 企业并购

将文化不同的两家公司兼并在一起是达成组织文化变革的万全之计，但问题是无法预测兼并后会产生什么样的文化。兼并后的新文化会如何？这要由两个文化合并的强度以及彼此相似的程度决定，最理想的就是新文化能够代表两家公司被折中的优势。有许多不同文化类型的公司兼并的案例：随便列出几个，如美国在线时代华纳公司、埃克森美孚公司、惠普康柏公司，以及雷诺兹—纳贝斯克公司，等等。但不幸的是，成功兼并的案例却很少，并购的公司中很少有能像管理者们当初预想的那样产生出强势文化。事实上，大多数兼并的公司都能在差别化的文化环境下经营很长一段时间，其中的一些公司从来都没有真正地接受一个新的身份，而当它们接受之后，却又大多被外界看成是失败的。这种感觉在全球化并购中尤为突出，每家公司不仅拥有各自不同的组织文化，而且还来自于不同的国家。要了解更多详细内容，请参见"**组织行为学的国际化**"专栏。

两个不同文化的合并对组织中员工的态度和行为都会产生重要影响。公司合并出于许多不同的战略原因，尽管许多管理者和高管可能已经认识到了文化结合的重要性，但是他们却很少能将文化的匹配看成是决定性的标准。虽不太困难却仍要克服的主要障碍是收购，像众多案例和本章开头的案例中描述的那样，收购方期望被收购的公司能适应本公司的文化。我们已经叙述过通过社会化过程让员工去适应那些固有的文化是多么的困难。与此同时，你能想象改变一个整体组织会有多困难吗？要了解其可能的答案，请参见"**银幕上的组织行为学**"专栏。

> **"使员工社会化并降低早期流动的最廉价且最有效的一种方法就是使用真实工作预览。"**

认为烟酒对他人有害的员工在街角小酒店工作就不是个人—组织的最佳匹配。

☺学生中的组织行为学

作为一名学生，文化对你意味着什么？回顾一下大学第一学期所有你必须学的东西和所面对的所有模棱两可的事情。正如新员工刚刚进入组织时经历现实冲击一样，对大一新生来说，当他们初次接触大学文化时也是一样的。如同组织都有一个影响员工的文化一样，大学也有一个影响学生的文化。最近，在一所大学所做的研究就调查了组织对员工进行社会化的方式是否同样有助于对学生进行社会化。在大学建立辅导制计划以帮助促进向成功学生的转变。

如图所示，是否向大学新生提供导师以及他或她与导师之间关系的质量都对学校的满意度和承诺产生积极影响。反过来，对学校的满意度和承诺的水平对学生毕业意向也会带来积极影响。当然，现在你们中可能有许多人在想，为什么自己的大学没有为你提供这种计划呢！

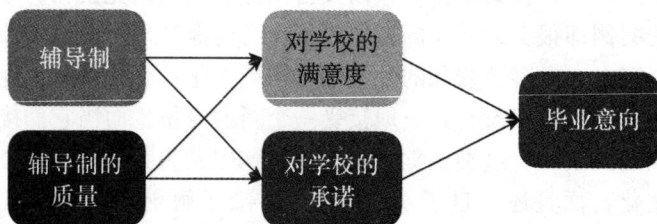

Source：Adapted from R. J. Sanchez, T. N. Bauer, and M. E. Paronto, "Peer-Mentoring Freshmen：Implications for Satisfaction, Commitment, and Retention to Graduation," *Academy of management Learning and Educations* 5 (2006), pp. 25–37.

12.4 组织文化的重要性

通常来说，本节将通过描述组织文化对工作绩效和组织承诺的影响来总结出组织文化的重要性——工作绩效和组织承诺是组织行为学整合模型中的两个主要结果。然而（与第11章的组织结构相似），由于此概念有许多不同的类型和维度，以这种方式来总结文化的重要性难度颇高。高团结一致性文化、高社会性文化、多样性文化、创新型文化等都会对工作绩效和组织承诺产生不同的影响——对于不同的组织和行业类型，其影响也可能会有所不同。

解释个人—组织匹配，并描述与组织文化的匹配是如何影响工作绩效和组织承诺的

不管我们讨论的文化类型如何，有一种观念对于任何组织中的任何员工来说都是很重要的，这就是匹配。试想，你在一家组织文化与你的价值观并不匹配的组织中工作，或在一个生产的产品你并不信任或可能对他人有害的组织中工作，如菲利浦—摩利斯香烟、百威啤酒或哈拉斯赌场。或许，你的雇主是一家希望你去做那些从道德层面来讲是不正当的行为、或生产质量低劣的产品的组织。**个人—组织匹配**是指个人的价值观和个性与组织文化的匹配程度。员工首先考虑他们认为是最重要的价值，然后再判断组织是否分享这些价值，由此来判断他们与组织的匹配性。对你而言，最重要的价值是什么呢？

最近的一项整合分析详细解释了个人—组织匹配对员工的重要性。当员工感到自己的价值观和个性与组织相匹配时，他们就会感受到较高水平的工作满意度，就会对他们的日常工作感受到较小的压力，他们对管理者也会感受到较高水平的信任。总的来说，这些结果解释了为何个人—组织匹配与组织承诺如此高度相关，其中，组织承诺是组织行为学整合模型的两个结果之一（见图12—6）。当员工感到自己的价值观与组织文化相匹配的时候，他们更能对公司产生一种情感依恋。然而，匹配对工作绩效的影响是比较弱的。总而言之，比起任务绩效，公民行为与个人—组织匹配更相关联。所以感到与组织很匹配的员工更可能会去帮助他们的同事，并会为公司的利益做出"额外"的努力。

☺ 组织行为学的国际化

正如前面所提到的，也许没有什么事比兼并或收购另一家大公司更加冒险。尤其对于来自不同国度的两家公司，问题会变得更为严峻。跨国并购后能创建出股东价值的几率仅为30%。然而在2006年，跨国并购却以一个创纪录的速度完成了。为什么会出现这种情况呢？好在我们已经阐述了两家来自同一国度却持有不同文化的公司试图并购时存在的内在困难，这些文化上的差异可能会随着国际文化的作用发挥而放大。来自不同国家的人往往对世界有不同的认识，也持有不同的价值观。例如，戴姆勒克莱斯勒公司购买了三菱汽车公司的控股权，并认为两大公司的强强联合必能导致

高水平的价值观。但不幸的是，最近，由于民族文化的差异（日本 vs. 美、德），这次兼并宣告结束了。日本的管理者倾向于避免"令人不快的事实"以及远离重大的变革努力——这一点戴姆勒克莱斯勒永远无法做到。

有许多跨国兼并失败的例子，其中失败的一个最大原因就是这些企业没有认识到民族文化的差异为他们成功并购带来的冲击（除了组织文化的差异之外）。但是，两大电信巨头诺基亚（芬兰）和西门子（德国）所建立的合资企业就没有成为跨国并购的牺牲品，两家公司的 CEO（西门子公司的科菲德以及诺基亚公司的康培凯）决定不让不同的民族文化和组织文化的差异成为两家公司兼并的致命性问题。为此，文化整合成为了他们优先考虑的事情。

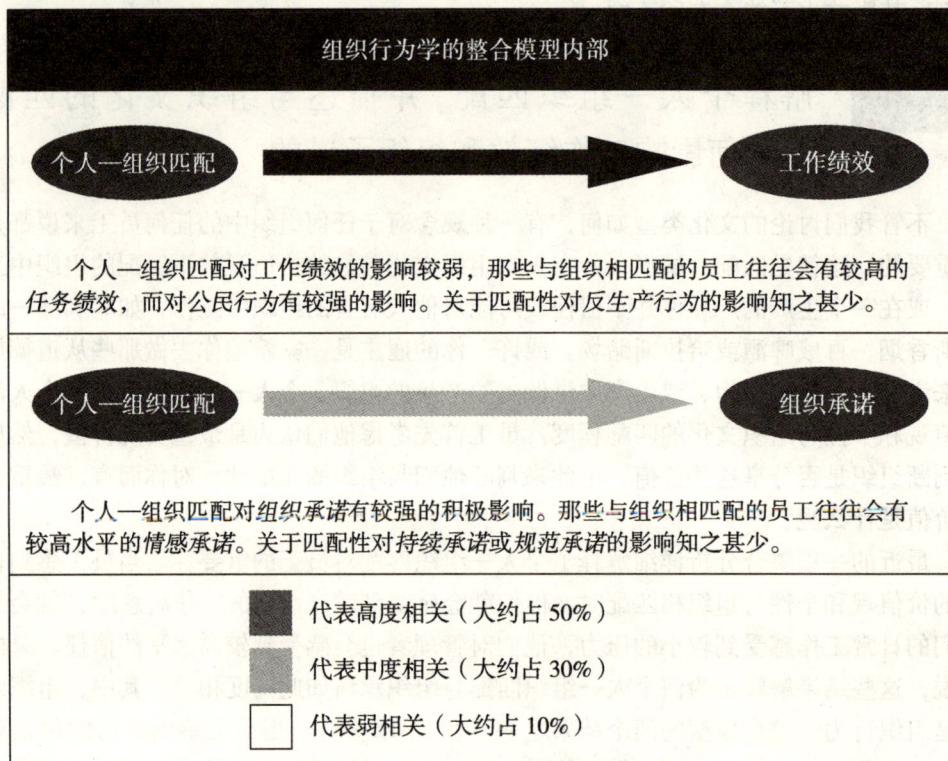

组织行为学的整合模型内部

个人—组织匹配 ➡ 工作绩效

个人—组织匹配对工作绩效的影响较弱，那些与组织相匹配的员工往往会有较高的任务绩效，而对公民行为有较强的影响。关于匹配性对反生产行为的影响知之甚少。

个人—组织匹配 ➡ 组织承诺

个人—组织匹配对*组织承诺*有较强的积极影响。那些与组织相匹配的员工往往会有较高水平的情感承诺。关于匹配性对持续承诺或规范承诺的影响知之甚少。

■ 代表高度相关（大约占 50%）

■ 代表中度相关（大约占 30%）

□ 代表弱相关（大约占 10%）

图 12—6　个人—组织匹配对绩效和承诺的影响

Source：A. L. Kristof-Brown, R. D. Zimmerman, and E. C. Johnson, "Consequences of Individuals' Fit at Work：A Meta-Analysis of Person-Supervisor Fit," *Personnel Psychology* 58 （2005）, pp. 281 – 342. Reprinted with permission of Blackwell Publishing.

☺ 银幕上的组织行为学

《大公司小老板》

"我不确定我能理解你所谈到的事情……""我的意思是，计算机与体育有什么关系？""你是说在杂志上应该增加一个关于计算机的专栏吗？""谁会愿意读它呢？"

在电影大公司小老板(保罗·韦茨导演，环球公司 2005 年出品) 中，丹·福尔曼（丹尼斯·圭德饰）打断了全球通公司 CEO 泰迪·金（马尔科姆·麦克道尔饰）的讲话。全球通公司以恶意收购方式兼并了运动美国杂志，寄希望公司能成为一个

"现金牛"企业。然而，两家公司的文化并不相啮合，各种问题随之产生。在会议上，丹提出的大量每一位运动美国的员工想说但因怕失去工作而不敢说的问题，"我们完全不适应全球通公司的文化！"

泰迪·金的全球通公司是一家毫无忌讳、互相倾轧、以盈利为最大目的的公司，该公司的员工使用类似"协同效应"的语言来诠释他们成功的秘诀。事实上，这非常类似于图利型文化。一个非常能说明问题的文化例子是，全球通公司委派一名毫无销售经验，年仅26岁的卡特·图利亚（泰佛·格瑞斯饰）接任51岁的丹·弗尔曼的工作，因为该公司CEO记得卡特曾涉足过一些与手机有关的事。卡特很快便发现运动美国是一家非常传统、以家庭为导向的公司，该公司重视员工与顾客的关系。但是，他快速的讲话方式和稳扎稳打的作风没有得到其新的下属们的认可，而且这种状况在他与丹的女儿（斯嘉丽·约翰逊饰）约会之后也未能改善。全球通和运动美国的不相融并不像美国许多其他的并购企业那样是基于开发"潜能"的原因，但这样文化不同的两家公司却匆匆拼凑在一起。你可以去租这部电影片，看看丹和卡特之间究竟发生了什么。

请登录www. mhhe. com/ColquittEss网站查询学习资料，包括互动练习、测验、iPod下载和视频内容。

12.5 案例：eBay、PayPal 与 Skype

随着新任CEO约翰·多纳霍接管易趣，他要面临许多问题。其中问题之 就是如何以最佳的方式利用新收购的斯盖普公司。斯盖普是让用户通过互联网的连接来进行电话沟通的软件程序开发商。这些电话（可以打到世界任何地方）对于其他已经安装了斯盖普软件的用户是免费的。斯盖普用户也可以拨打固定电话和手机，不过他们得向易趣支付一笔费用，当然，易趣希望这些用户会选择贝宝来支付这些费用。事实上，斯盖普的新版软件就有"汇款"功能，这令斯盖普的用户使用贝宝能够相互转款。然而，（以25亿美元的价格）购买斯盖普的决定在各界都是颇具争议的，但是毫无疑问，使这次并购产生效果的关键之一就是找到这两个不同企业文化的进行整合的方法。

易趣公司非常重视斯盖普的那种网络公司类型的创新精神，——就像对贝宝公司一样。然而，鉴于贝宝可能会被一些人看作是商业的成功（有些人认为易趣收购贝宝是基于它的技术和品牌原因，而非公司人才的原因），毫无疑问在这个最新的并购事件中，易趣需要斯盖普员工能够与其文化融合起来。而在允许斯盖普的员工保持其自己特有文化的同时，如何着手去实现这一融合将是关键之关键。

- 如果你是易趣的CEO，你会考虑做哪些类型的事情来促进斯盖普的兼并过程，与此同时还能使斯盖普公司继续保持其自己的亚文化？
- 你认为斯盖普会为了利润和业绩而被易趣的文化需求所制服和影响吗？作为一个企业实体，易趣的公司文化会对斯盖普产生怎样的不利影响？

• 你认为易趣是否能够吸取收购贝宝的经验？哪些经验能有助于易趣与斯盖普成功兼并？

12.6 重点掌握

• 组织文化是组织中有关规则、规范和价值观的共享社会知识，用以影响其员工的态度和行为。组织文化包括三方面的内容：物化层、制度层和精神层。其中，物质层文化包括标志、实体结构、语言、事记、例行公事和仪式。

• 组织文化能够用一些维度来表述，如一致性和社会性，可以表现为四种一般文化类型：网络型文化、共有型文化、散裂型文化和图利型文化。组织常常努力创造特殊类型的文化，如顾客服务文化、差异型文化和创新型文化。

• 强势文化能够影响员工的行为和态度，员工服从公司内部的行为准则，以及员工行为与文化的期望一致，就是强势文化的表现。强势文化未必好或坏，一般来说，文化的效力取决于它与企业外部环境的匹配程度，从这方面来讲，适应型文化是非常有益的。

• 组织通过吸引、甄选和留职的过程以及社会化的实践来保持其文化，通过领导层的变革或通过企业并购来改变其文化。

• 组织能使用多种方法促进新员工的社会化，其中包括真实工作预览和辅导制。

• 个人—组织匹配是个人价值观和个性与组织文化的匹配程度。它对工作绩效的影响较小，对组织承诺有很强的积极影响。

12.7 问题讨论

• 你或你的家人是否曾在一家拥有强势文化的组织中工作过？如果是的话，你认为哪些因素使之成为强势文化？你或你的家人喜欢在这样的组织中工作吗？是什么导致了这样的结论？

• 是否能发生员工个人的价值观与组织的价值观互相矛盾的这种情况？如果可能，这种矛盾会如何影响员工工作时的行为和态度？

• 如果让你描述你的大学，它会是什么样的？依照学生的理解，物化层代表什么？大学里有没有哪些基本假设能指导你的言行？

• 文化完全不同的两家公司在同一行业内经营，如何获得双赢？一家公司的文化是否会自动地去适应其环境？

• 如果一个组织想要培育差异型文化，管理者应该实施哪些步骤以确保员工支持新的文化？为了将文化慢慢灌入物化层，公司应做出哪些改变？

• 提到美国邮政公司的文化，你的脑海中会涌现出哪些词语呢？这些印象由何而来？你认为你的印象准确吗？哪些潜在因素会导致它们不准确？

• 想一下你的上一份工作，公司会做哪些独特的事情来降低新员工可能遇到的现实冲击，这些方法会很昂贵吗？

12.8　测评：创新型文化

你经历过创新型文化吗？设计这个测评是用来测量两方面的文化类型。想想你现在的这份工作，或者你的前一份工作（即便是兼职或暑期工作）。如果你未曾工作过，那么就想一下现在或以前的一个社团，该社团开发了指导如何完成任务的高强度规范。用所提供的反应量表回答以下每一个问题，然后用6减去加粗问题的答案，以得出的差作为那个问题的新答案。例如，如果你第7题原先答案是"4"，那么你的新答案就是"2"（6－4），然后计算这两个方面分数的总和。

1	2	3	4	5
强烈反对	反对	不确定	赞同	完全同意

1. 在这里新的观念会很容易被接受。
2. 当需要变革时，这家公司能够迅速做出反应。
3. 这里的管理者能够迅速识别需要区别处理的事情。
4. 这个组织非常灵活多变；它能够改变传统程序以应对新的情况并能解决所产生的问题。
5. 这个组织中的人总是在寻找看待问题的新方式。
6. 在这里，认为遵循规章制度是非常重要的。
7. 如果有助于工作的完成，人们可能会忽视正式的程序和规则。
8. **每一件事都要有章可循。**
9. 在这里没有必要按照文件规定的程序办事。
10. 在这里没有人会为违反规则而特别烦恼。

得分

创新型：加总1—5项。
正规型：加总6—10项。

解释

如果你任何一方面的分数是22分以上（包括22分），那么你的组织或工作团队在这一维度方面就是高水平的。创新型文化往往是高创新性，低正规性。因此，如果你的分数在22分或22分以上，就是创新型的，如果在21分或21分以下就是正规型的，很有可能你已经经历过强势创新型的文化。

Source：M. G. Patterson, M. A. West, V. J. Shackleton, J. F. Dawson, R. Lawthom, S. Maitlis, D. L. Robinson, and A. M. Wallace, "Validating the Organizational Climate Measure：Links to Managerial Practices, Productivity and Innovation," *Journal of Organizational Behavior* 26 （2005）, pp. 379 － 408. Copyright ⓒ 2005 John Wiley & Sons Limited. Reproduced with permission.

12.9 练习：大学的文化

设置这个练习的目的是探究如何通过物化层传递组织文化。这个练习需要使用小组来完成，所以，老师会将你分派到某一个小组中，或者让你创建你自己的小组。这个练习的步骤如下：

标志 想一下与你的大学相关联的标识和图像，它们传递出该大学文化的哪些信息？

实体结构 想一下校园里最显而易见的实体结构，这些结构都传递出什么样的大学文化？

语言 想一下与你的大学连在一起的俚语和口号，它们显示出大学什么样的文化？

事记 你们大学有哪些轶事、报道、传说和神话？它们传递出你们大学文化的哪些信息？

例行公事 你们大学日常或每周的例行工作有哪些？它们显示出你们大学什么样的文化？

仪式 在你们大学举行的正式事件和庆典有哪些？它们都传递出什么样的文化信号？

1. 思考那些能传递出大学文化的物质文化。

2. 如果你在第一步识别出标志、实体结构、语言、事记、例行公事和仪式，那么，哪些核心价值能够概括出你们大学的文化？在幻灯片、笔记本电脑或黑板上列出你们大学最核心的文化，然后列出传递核心文化的三个文化层，并向同学们介绍你的研究结果。

3. 讨论（以小组或班级为单位）两个主要的问题。第一，你喜欢你们的大学的文化被进行怎样的评价？就像小组报告中所描述的那样吗？为什么？第二，如果你希望将你们大学的文化改变成其他价值类型，你会使用哪些程序来改变它呢？

本章术语

组织文化是指组织中有关规则、规范和价值的共享社会知识，用以影响员工的态度和行为。

物化层是指员工和企业外部人员容易谈论的组织文化的方面。

标识是指组织通常用来传达信息的企业形象。

实体结构是指组织的构造和内部部门的设计。

语言是指在组织内部使用的行话、俚语和口号。

事记是指在组织内部流传下来的轶事、记述、传说和企业神话。

例行公事是指组织中每日或每周发生的惯例活动。

仪式是指通常在组织成员面前举行的正式事件。

制度层是指公司明确规定的信念、宗旨和规范。

精神层是指存在于员工中根深蒂固的信念和价值观。

顾客服务文化是一种侧重于顾客服务质量的特殊文化类型。

多样性文化是指一种侧重于培养和充分利用多样化员工群体的特殊文化类型。

创新型文化是指一种侧重于培养创造性氛围的特殊文化类型。

文化强度是指员工认同在组织内部运行方式并相应行动的程度。

亚文化是指组织中员工小范围内形成的一种文化。

反主流文化是指亚文化价值观与组织价值观不匹配的状态。

ASA 框架（即"吸引—选择—减员"框架）表明企业通过与员工个性相匹配的文化将员工吸收到组织内部，个性与组织文化不匹配的员工将离开或被淘汰。

社会化是指员工学习社会知识的基本过程，该过程能够使他们理解和适应组织文化。

真实工作预览是指确保应聘者了解到其未来工作正反两方面情况信息的过程。

辅导制是指组织中的基层员工和比他层级高的员工形成深厚和长久关系的过程。

个人—组织匹配是指个人的价值观和个性与组织文化的匹配程度。

教师反馈表

麦格劳—希尔教育（McGraw-Hill Education）是美国著名教育图书出版与教育服务机构，以出版经典、高质量的理工科、经济管理、计算机、生命科学以及人文社科类高校教材享誉全球，更以网络化、数字化的丰富的教学辅助资源深受高校教师的欢迎。

为了更好地服务中国教育界，提升教学质量，2003 年**麦格劳—希尔教师服务中心**在北京成立。在您确认将本书作为指定教材后，请您填好以下表格并经系主任签字盖章后寄回，**麦格劳—希尔教师服务中心**将免费向您提供相应教学课件，或网络化课程管理资源。如果您需要订购或参阅本书的英文原版，我们也会竭诚为您服务。

书名：	
所需要的教学资料：	
您的姓名：	
系：	
院/校：	
您所讲授的课程名称：	
每学期学生人数：	_____人 ____年级　　学时：
您目前采用的教材：	作者：_____　出版社：_____ 书名：
您准备何时用此书授课：	
您的联系地址：	
邮政编码：	联系电话
E-mail：（必填）	
您对本书的建议：	系主任签字 盖章

东北财经大学出版社

大连市沙河口区尖山街 217 号
邮编：116025
电话：0411 – 84710715
传真：0411 – 84710731
电子信箱：ts@ dufe. edu. cn
网址：Http：// www. dufep. cn

Mc Graw Hill Education

麦格劳—希尔教育出版公司教师服务中心
北京清华科技园创业大厦 A 座 907 室
邮编：100084
电话：010 – 62790299
传真：010 – 62790292
教师服务热线：800 – 810 – 1936
教师服务信箱：instructorchina@ mcgraw-hill. com
网址：http：// www. mcgraw-hill. com. cn